本书受中国政法大学青年教师学术创新团队支持计划资助

（项目编号:20CXTD08）

意大利税法研究

Yidali Shuifa Yanjiu

翁武耀 ◎ 著

人民出版社

前　言

　　作为欧洲主要的拉丁语系国家之一，意大利在法学研究上不仅历史久远，对许多其他国家和地区也影响深远。相比于其他主要的大陆法系国家税法，例如德国税法、日本税法，意大利税法虽然有着一些共同之处，但更有着许多独特之处。为此，研究意大利税法具有重要的价值。本书对意大利税法中的十三项基本和重点问题进行了系统而深入的研究，详细阐释和分析了意大利税法学说相关理论、税收立法以及司法判例。这些问题包括：（1）财税法学科发展，研究的核心内容为税法在意大利是如何从财政学等相关非法学学科以及从民法、行政法等其他相关法律部门中独立出来，成为在学术研究、教学上的一门重要学科；（2）税收法定原则，研究的核心内容为该原则在意大利的适用是如何与代议制民主、政府职能扩张、地方财政分权、国家主权受国际条约限制等相适应，并体现出税收法律保留相对性的特征；（3）量能课税原则，研究的核心内容为该原则在意大利是如何成为宪法上的税法基本原则，即贯穿于实体法和程序法等全部税收法规，对税收立法、执法和司法活动等都具有指导作用；（4）纳税人权利宪章，研究的核心内容为意大利制定该宪章具有哪些创新性，包括具体化宪法规定的关于税收法定原则、量能课税原则的条款以及在课税领域成文法化有利于纳税人权利保护的一般法律原则等；（5）税收制度的演变，研究的核心内容为意大利税收制度从意大利统一以来如何演变，早期、中期和近期三大阶段的税收制度各自有什么特征，税制现代化的进程如何完成；（6）地方财政（税收）自主，研究的核心内容为意大利如何在强化地方财

1

政自主的同时，尤其是加大地方税收自主的同时，确保中央在央地财政关系上依然处于主导地位；（7）增值税法理，研究的核心内容为在意大利从法律的角度增值税的课征属性如何理解，涉及在增值税中如何适用量能课税原则和如何识别应税行为，以及增值税抵扣权如何在法律中规范；（8）非法收益的课税，研究的核心内容为在意大利非法收益从所得税、增值税的角度是如何被课税，既涉及课税的实体规则，也涉及程序规则；（9）反避税，研究的核心内容为意大利税法是如何从法律欺诈、权利滥用反避税理论界定避税以及如何从法律确定性、合同自治、比例原则以及事前裁定等方面限制反避税；（10）税收查定，研究的核心内容为意大利如何构建作为税收征管中枢的税收查定制度，税收查定与纳税义务的产生是什么关系，以及不同税种之间的税收查定存在怎样的异同；（11）税务法院与诉讼，研究的核心内容为意大利为何、如何建立独立、专业的税务法院以及如何设置专门的税务诉讼程序，以有效实现纳税人权利的司法保护；（12）税收犯罪，研究的核心内容为意大利税收犯罪立法经历了怎样的演变，涉及从集中于税收实害行为犯罪到极大扩张逃税预备行为犯罪再到限缩逃税预备行为犯罪，以及现行税收犯罪立法是如何贯彻刑法谦抑理念；（13）欧盟税法原理，研究的核心内容为欧盟税法是如何作为一门独立的税法部门产生和运行，以及对意大利税法产生了怎样的影响。

翁武耀

2024 年 1 月 27 日于北京小关北里

目　录

第一章　财税法学科的发展

一、财政法律思想的演变

（一）从法律形式主义到法的经济解释

意大利关于财政法律思想的演变，需要追溯至法学方法论在 19 世纪发生的重大变化，也正是这一变化，才导致了财政法学科的后续发展，也深刻地影响了意大利税法学科的发展。这里所涉及的法学方法论之争，存在于萨宾学派和普罗库勒学派两大法学学派之间，从公元 1 世纪在罗马就已开始。萨宾学派的创始人为阿特尤·卡比多（Ateio Capitone），该学派的法学家钟爱法律解释的保守、形式主义和宣示的方法，法律解释尤其体现出三段论法（演绎推理）的特征。因此，这种法律解释的方法论也被称为法律形式主义的方法论。普罗库勒学派创始人为安第斯蒂·拉贝奥（Antistio Labeone），该学派的法学家遵循符合社会生活变化的法律解释的方法，解释并不局限于简单的三段论法，而需要将规则所保护的价值和利益在规范的事实、行为中进行理解。基于普罗库勒学派的法学方法论思想，随后在意大利南部法的经济解释方法被提出来，即法律要考虑经济上的理由或动机，换言之，法律需要有经济内容的理由说明，而法律形式主义则完全不考虑经济上的理由或动机。从 18 世纪中叶开始，法的经济解释逐渐巩固，而在 19 世纪，意大利南部的那波利（napoli）法学学派发扬了法的经济解释方法论，并特别关注法学经验与经济、政治和社会经验之间的自然而紧

1

密的关联。① 这样，法律解释的实施需要根据经济、政治、社会等方面的需求，以解决相关的利益冲突。事实上，源于上述法学方法论的变化，围绕与财政学的关系，其中，财政学既涉及财政经济内容的研究，也涉及政治、社会等内容的研究，财政法学科在 19 世纪末产生以后在意大利又经历了两个阶段的发展。

（二）完整主义方法论

完整主义（integralimo）的方法论由意大利帕维亚（pavia）学派所提出，该学派创始人为本韦努托·格里齐奥蒂（Benvenuto Griziotti）。格里齐奥蒂强调财政法学研究的必要性，其在 1914 年指出财政研究的危机是因为缺乏财政法的理论和教学。不过，根据完整主义的方法论，财政学和财政法研究财政这一同一现象，财政现象的分析应当同时是经济学和法学的分析。因此，完整主义的方法论结合了不同学科的理论，而对财政法规则的解释是一种功能解释（interpretazione funzionale），即解释者要通过识别（最初被理解为是对价给付的）原因来认识财政法规则的法律、经济、政治和社会功能。格里齐奥蒂主张财政学和财政法应当统一教学，并进一步指出担任这一教学的教师的培养，必须是"财政的"，使得教师能够从财政现象基本因素的角度理解和评价财政现象，即能够深入了解财政现象的政治动议、法律结构和经济功能。为此，财政现象的法学研究不能仅仅是纯粹的法学家的研究，同样，财政现象的经济学研究不能仅仅是纯粹的经济学家的研究，财政现象的政治学研究也不能仅仅是纯粹的政治学家的研究，而应当是融合相关学科的财政的研究。② 在完整主义方法论下，鉴于财政包含法律、经济等多方面的因素，需要相互协调和补充，财政相关的教学应当统一，财政法在意大利的教学是与财政学统一教学的形式实施的，即《财政学与财政法》统一课程，从 19 世纪 70 年代末开始，意大利的大学就开设了这一课程。③ 对此，应当认为在那个特别强调财政学和财政法关联的年代，开设包含经济学、法学学科的教学是值得赞赏的。

---

① Cfr. Andrea Amatucci, *L'ordinamento giuridico della finanza pubblica*, Jovene, 2007, pp. 1-4 e pp. 12-13.

② 以上关于格里齐奥蒂提出的完整主义方法论，cfr. Andrea Amatucci, *L'ordinamento giuridico della finanza pubblica*, Jovene, 2007, pp. 20-21。

③ Cfr. Mauricio A. Plazas Vega, *Il diritto della finanza pubblica e il diritto tributario*, Jovene, 2009, p. 47.

完整主义的方法论不仅对财政法学家有效，对财政经济学家也有效。该方法与法律形式主义相对立，并超越至在法律解释中利用经济学。不过，该方法所强调的功能解释，虽然在说明法学与经济学在财政领域存在紧密的关联方面具有创造性的重要启示，但是改变了解释的法律属性，同时也赋予了财税行政部门极大的自由裁量权，损害了法律确定性原则，该方法在意大利并没有被广泛地认同。[1]

（三）实质和统一方法论

奥莱斯忒·拉内莱蒂（Oreste Ranelletti）是与格里齐奥蒂同时期另一位意大利著名的财政法学家，不过，拉内莱蒂提出了既不同于法律形式主义也不同于完整主义的方法论。拉内莱蒂将意大利南部的法学研究传统（法的经济解释）成功地移植到财政法这门新的法学学科的构建中，认可财政学和财政法都以财政现象为研究对象，财政法的研究需要考虑财政经济、政治和社会等方面的内容。不过，拉内莱蒂指出财政学和财政法研究的视角是不一样的：财政学研究是经济的视角，旨在达到最符合一般利益的组织和运行模型，即为了确保最有利的国家征收和使用公共服务提供所需要的财源的制度，为此，财政学研究也是社会和政治的视角，财政学也是社会学的学科，尤其也是政治学的学科；财政法是从法学视角研究财政现象的学科，研究国家颁布的有关财政组织和财政活动的规则，涉及税收等捐贡的构成因素、征收程序以及公共开支和预算等，并应当使用公法的研究方法。[2] 因此，在上述财政学和财政法既存在紧密关联又存在差异的基础上，拉内莱蒂认为应当对财政法进行独立的研究，同时也应当认识财政经济、政治和社会等方面的内容，但这些内容是作为财政法律内容研究的基础和前提。[3] 事实上，国家特定的经济、政治和社会的需求或目的决定了相关的法律规范。此外，在1924年，拉内莱蒂建议《财政学与财政法》课程名改为《财政法与财政学》，将财政法置于财政学之前，以突出财政法的教学。[4] 需要特别指出的是，在财政法教学方面作出重要贡献的罗马内利·格

---

[1]　Cfr. Andrea Amatucci, *L'ordinamento giuridico della finanza pubblica*, Jovene, 2007, p. 24.

[2]　Cfr. Oreste Ranelletti, *Lezioni di diritto finanziario*, CEDAM, 2009, p. 40.

[3]　Cfr. Oreste Ranelletti, *Lezioni di diritto finanziario*, CEDAM, 2009, p. 190.

[4]　Cfr. Oreste Ranelletti, *Lezioni di diritto finanziario*, CEDAM, 2009, p. 209.

里马尔迪（Romanelli Grimaldi）亦批评了完整主义观点，他曾在 1960 年明确指出，作为经济学学科的财政学属于抽象、数学类的学科，调查财政事实因果关系法则（leggi causali），而财政法，就像其他法律部门，以权利、义务为研究客体，涉及规范个体间关系的研究。① 此后更多的意大利财政法学者支持将财政学和财政法两个学科分离，并设置《财政学》和《财政法》两个课程，不过，在意大利《财政学与财政法》的统一教学直到 20 世纪末才最终分离。

拉内莱蒂创制的关于财政学是财政法基础和前提的实质和统一方法论，既与法律形式主义相对立，后者财政法律的分析仅仅考虑法学的内容；又与财政学和财政法完整主义相区别，后者强调经济学和法学研究的融合。② 当然，拉内莱蒂创制的方法论在认知财政现象的统一性视野上与完整主义是一致的，只不过财政学研究是财政现象法学研究的基础和前提。这样，拉内莱蒂使用了平衡但正确的方法，在不改变财政法研究法学属性的同时，也使财政法的研究牵涉到财政学。换言之，财政法研究不能忽视财政法律规则的经济、社会或政治方面的内容，如果不从财政的这些方面进行分析，法律就只在形式因素方面存在，结果则将是空洞、毫无实质的，因为未研究这些财政法律规则所追求的目的。③ 事实上，法律形式主义的立场存在缺陷，财政学和财政法完整主义存在过度的问题，即过于突出财政学和财政法的关联，过度求助经济学，而财政法实质和统一的立场处于这前两者的中间，得到了广泛的认同。

（四）那波利学派学者对拉内莱蒂研究方法的遵循和发展

在整个 20 世纪，意大利那波利学派诸多学者的研究遵循了拉内莱蒂的研究方法，并在此基础上予以了进一步的发展，重要的研究成果如下：（1）弗朗切斯科·德阿莱西（Francesco D'Alessio）指出，课征的收入、收入的管理和这些收入的提供所反映的关系构成一项专业化研究的客体，这些关系的研究涉及社会法则和政治法则，而财政学和政治学、社会学正当

---

① Cfr. Mauricio A. Plazas Vega, *Il diritto della finanza pubblica e il diritto tributario*, Jovene, 2009, pp. 53-54.

② Cfr. Andrea Amatucci, *L'ordinamento giuridico della finanza pubblica*, Jovene, 2007, p. 35.

③ Cfr. Mauricio A. Plazas Vega, *Il diritto della finanza pubblica e il diritto tributario*, Jovene, 2009, p. 47.

化财政法律规则的制定、内容。（2）古斯塔沃·因格罗索（Gustavo Ingrosso）指出，鉴于国家这个主体，国家财政活动是政治的。相对于国家的目的，财政活动是工具性的，财政活动为实现国家的目的而采取的措施作用于经济、社会领域；为此，财政法以认识相关制度的经济和社会理由为前提，法律则展示这些制度。（3）文森佐·西卡（Vincenzo Sica）指出，国家和其他公共机构不仅是政治意义上的操作者，也是经济意义上的操作者，通过利用预算、税收和公共开支，公共机构可以在一项经济政策方案的框架下实施操作。西卡进一步指出，对国家体制的结构审查，可以首先根据操作指向或反映的经济效力分析公共机构以及它们的操作，因此该分析在财政经济学评估的范围内；但是，当在一项特定的规则所规范的情势实施中以及在由此产生的关系中，研究公共机构的操作和它们组织的定性，研究客体就发生了变化，也就从财政学过渡到财政法。（4）杰赛普·阿巴蒙特（Giuseppe Abbamonte）指出，对于一项规定在宪法中的财政活动，需要识别其政治上的理由，该理由引导出一项考虑诸多经济和技术理由的（措施）选择；在合宪性审查中，需要研究所涉财政规则在经济领域中应用的结果和研究关于收入和开支的关联。阿巴蒙特还提出对量能课税原则、累进性原则、实质平等原则以及与预算、公共开支相关的一些原则进行体系性的解释，该体系性解释通过协调这些原则的缘由和经济意义上的国家之所以体现经济特征的理由进行。[1]

上述那波利学派学者遵循了拉内莱蒂的研究方法，并在深入财政法经济上理由说明的研究中以及在财政法基本制度研究过程中、基本原则解释层面中发展了该研究方法。此外，他们还特别突出财政体制或财政活动的统一性和体系性。总之，那波利学派发展出一项财政法学研究的正确方法论，强调财政规则目的论的解释，从而有助于财政行政部门自由裁量权的限制和法律确定性原则的维护。从以上对意大利财政法律思想演变以及财政法学科发展的详细阐释不难发现，意大利财政法研究的发达和对促进整个财政法学科发展的重要贡献，并对其他欧洲大陆法系国家的财政法学科发展产生了重要影响。

---

[1] Cfr. Andrea Amatucci, *L'ordinamento giuridico della finanza pubblica*, Jovene, 2007, pp. 35-43.

二、财税法学科的独立性和统一性

在对财政法律思想在意大利的演变进行阐释之后，有必要对意大利财政法学科发展中的一项核心问题——学科的独立性和统一性进行专门论证。事实上，财政法学科的独立性和统一性是财政法学科发展中的一项最重要成果。其中，需要论证的财政法独立性，首先在以财政活动为研究客体的社会科学层面，针对财政学等其他财政相关学科而言，其次在法律部门体系层面，针对宪法、行政法等其他基础法律部门而言。需要论证的财政法统一性，则针对税法、公债法、预算法、政府采购法等财政法内部组成部门而言，即这些法律部门统一于财政法之下，不具有绝对的独立性。财政法的独立性和统一性属于财政法学科定位的两个重要方面，前者是第一位性的，即只有在财政法具体独立性的前提下才需要对其内部组成部门（财政法学科体系）进行界定，因此统一性是独立性的延伸，同时也是独立性的补充，即财政法并不独立于税法、公债法、预算法、政府采购法等法律部门，财政法与这些法律部门不是并列关系，而是包容关系。

（一）财政法学科的独立性

存在于社会现实中的财政活动具有复杂的属性，除了时刻体现出政治的属性以外，还体现出法律的、经济的、社会的等属性。由此产生这样一项问题：财政活动是作为一项单一学科的研究客体，还是财政活动每一项属性所对应的内容分别作为若干不同学科的研究客体。答案已经显而易见，即财政活动每一项属性所对应的内容都应当作为不同学科的研究客体，因为对于一个具有复杂属性的现象，进行一项统一的解释或方法论研究，从学科层面而言是缺乏有效性的。而以每一项属性所对应的内容作为研究客体来寻求针对这一客体的一项统一的方法论则是可行的，因为每一项研究客体具有清晰的同质性。[①] 因此，如同经济学、政治学和社会学，法学也可

[①] *Vid.* Juan Martin Queralt（ed.），*Curso de derecho financiero y tributario*，Tecnos，2011，p.34.

以将财政活动作为研究客体，并具有自身的研究方法论。

当然，财政法构成相对于财政学的独立学科，并不意味着财政法的研究完全脱离于财政学的研究。虽然，经济学家和法学家以不同的方式研究财政这个主题，同样地，需要符合每一个学科的方法论和严密性，使经济学和法学分别发挥它们各自的作用。但是，这样的情况需要避免：受累于形式主义，法学研究不涉及任何经济方面的内容，基于所谓的纯正，与经济学研究完全分离。[1] 财政法学家需要认识财政法所考量和影响的社会、经济现实，财政法的制定、解释和应用不能忽视财政法与这些作为研究客体的现实的关系。事实上，在财政法中，有必要理解财政政治、经济和社会属性的内容，即立法者需要从财政学中获取的内容，因为这些内容对于规则体制的结构具有影响，应当在规则解释中被考虑。例如，在财政学的帮助下，法学家认识建立在自由体制上的中性财政以及如今已过渡到功能财政，即突出国家对经济和社会生活的干预，对于深入分析财政法律规则内容具有重要意义。因此，为了认识财政法律规则的真正内容，法的经济解释方法是必需的，即需要拉内莱蒂创制的财政法实质和统一的方法论。

财政法作为以规范公共财政构造（涉及收支活动）和管理的法律制度为研究客体的法学学科，其独立性还必须从与其他法律部门的关系上来论证。事实上，财政法作为公法，一开始，一方面属于宪法的一部分，因为财政法涉及确定财政活动实施规则立法权的分配，同时还涉及立法机关授权执行机构（政府）征收收入和在事先规定的限制内使用支出，这些都是需要在宪法中进行规范的基本制度。另一方面，财政法属于行政法的一部分，因为财政法规范财政领域中的行政权力运行，涉及行政主体与行政相对人以及行政主体内部之间的关系。例如，在 1924 年之前，拉内莱蒂就认为财政法既是行政法的一个部门，又是宪法的一个部门，尽管基于财政的重要性，财政法构成专业法学学科，同时其亦在行政法中讲授财政法的内容。[2] 不过，也正是因为一开始财政法属于宪法和行政法的一部分，财政法天然具有规范、约束财政公权力的功能。伴随财政法与财政学紧密关联的正确认可，财政法需要以财政学为基本和前提，为财政法学科的独立性奠

---

[1]　*Vid.* Juan Martin Queralt（ed.），*Curso de derecho financiero y tributario*，Tecnos，2011，p. 16.

[2]　Cfr. Oreste Ranelletti，*Lezioni di diritto finanziario*，CEDAM，2009，p. 209.

定了基础。具体而言，就像古斯塔沃·因格罗索指出的那样，相对于行政法，财政法学科上的独立性源于财政法具有这样一种量和质：量体现为（财政法）理论扩张的内在能力大或者财政法教学的必要性强；质体现为上述理论的扩张最先是围绕一项引导线（即一项统一原则）展开的，而在财政法中这一引导线就是经济因素。① 基于此，财政法不再被视为是行政法的一部分。此外，实在法上的财政法内容远不局限于宪法中所规定的基本财政制度，像其他法律部门一样，虽然财政法制度需要有宪法上的基础，但也需要在宪法外更广阔的空间进行研究。

（二）财政法学科的统一性与税法学科的相对独立性

在明确财政法学科的独立性后，接下来需要论证的是财政法学科的统一性，如果前者涉及的是财政法与财政学、其他法律部门的关系的话，那么后者就涉及财政法内部组成部门间的关系。事实上，一项完整的财政活动包括公共收入和开支两项不同的基本因素，而每一项基本因素又都具有丰富的内容，使得每一项基本因素可以分别进行审查。这样就产生一项问题：收入和开支是构成两个不同法律部门的研究客体，即存在公共收入法和公共开支法两个法律部门，还是在一个财政法法律部门内进行统一的研究，即通过一项统一的研究方法或基于同一属性的解释标准。

1. 财政法学科的统一性

上述问题的答案亦是显而易见的，对公共收入和开支的研究，应当在财政法这一法律部门下进行，而不是分别在公共收入和公共开支两个法律部门下进行。这是因为作为财政活动的本质特征，公共收入和开支之间存在紧密的关联，两者具有统一性和互补性，需要在一个统一框架下实现对财政活动的研究，即通过一项共同的方法论以及在共同原则的指导下对财政活动进行研究。

首先，共同的方法论即指财政法实质和统一的方法论，而这实质和统一的认识则是建立在财政法十分依靠经济理由说明的基础上。财政学是一门研究财政活动经济效果的学科，为能够实现经济的目的，立法者在制定

---

① Cfr. Andrea Amatucci, *L' ordinamento giuridico della finanza pubblica*, Jovene, 2007, p. 38.

财政法律规则时需要考虑财政学。这样，为了理解缘由，除了法律形式以外，财政法的研究必须考虑经济实质。而财政学研究包括了公共收入①和开支，通过完整地遵循财政学的逻辑，财政法律体制也应当是统一的，财政法客体的规模与财政学客体的规模应当是一致的，即包括公共收入和开支。否则将无法准确理解财政法律规则的缘由，尤其是在实现经济目的上。总之，如果财政学的统一性是正确的，那么，鉴于财政法也是以财政现象作为客体，尽管涉及法律内容，财政法统一性就不应存在疑问，毕竟财政法的形成是建立在经济理由说明（都来源于财政学）的基础上。②

其次，财政法具有一些共同的原则，适用于整个财政法，包括公共收入和开支领域，如法定原则、财富再分配原则等，这些原则在整个财政法律体制中发挥着基础性地位。③ 值得一提的是，西班牙学者认为，在法学研究下公共收入和开支的共同原则即为财政正义（justicia financiera）原则，财政活动的规范应当基于正义的标准，在公共收入安排中遵循的一项正义标准必然考虑公共开支安排的正义，反之亦然。④ 财政活动中的不同领域遵循一些共同的原则，而这些原则无疑有助于构建有机和体系的财政法律制度。

综上，财政活动内容的广泛和复杂，各项内容之间存在差异性，但是各项内容之间的协调是财政结构有效的必要条件。存在差异的各项财政活动内容在财政法内部形成税等强制性捐贡法、公债法、公共开支法等不同的专业部门，但是根据一般原则和经济说明理由的共同属性，这些专业部门亦相互补充、协调，共同构成一个法律制度体系。⑤

2. 税法在财政法中的地位：相对独立性

财政法统一性的论证中，需要特别关注税法的独立性问题，即如何看待税法在财政法中的地位。之所以需要特别关注税法，这是因为税法在财政法领域中属于基础性的部门。基础性的一方面是因为相比于其他公共收

---

① 其中，税也总是能产生经济效果。
② Cfr. Mauricio A. Plazas Vega, *Il diritto della finanza pubblica e il diritto tributario*, Jovene, 2009, p. 14.
③ Cfr. Andrea Amatucci, *L'ordinamento giuridico della finanza pubblica*, Jovene, 2007, p. 65.
④ *Vid.* Juan (ed.) Martin Queralt, *Curso de derecho financiero y tributario*, Tecnos, 2011, p. 35.
⑤ Cfr. Mauricio A. Plazas Vega, *Il diritto della finanza pubblica e il diritto tributario*, Jovene, 2009, p. 18.

入，税收在现代国家收入中占据着优势的地位，另一方面是因为税收所具有的在宏观和微观两个层面的效力。

首先，在财政法中讨论税法的地位，即独立性问题，需要论证税法的独立性。税法以规范税的设立和应用的法律制度为研究客体，具有一系列固有的制度和原则。纳税人支付的财产给付即为税收债务，税收债务根据法定原则被视为是法律上的债务，即法定之债，建立在公民基础上的立法主权允许征税，而负税能力的真实性原则合法化征税，量能课税对实现征税中的正义发挥基础性的作用。[1] 税法的这些固有制度和原则尽显税法学科的独立性。为此，不能认同这样的一种观点：税收查定（accertamento tributario）和征收活动属于行政执行权活动的内容，因此可以将税法归为行政法的范围。对此，况且不论前文已经论证的财政法从行政法中的独立，事实上，税收查定和征收活动属于税法中程序法的内容，而税法的独立性主要是源于税法中占据基础地位、体现自有领域的实体法的独立，在这过程中，正如下文在专门对税法学术研究在意大利的发展进行详细阐释时指出的，量能课税原则发挥了决定性的作用。

税法学科的独立性还在于应用正确的方法论。法律形式主义放弃方法论的研究，认同税法不具有一项不同于在其他法律部门应用的研究方法，这样一种认知会损害税法研究的统一性，税法将面临粉碎为一系列技术规范的危险，仅在技术专业层面被关注，并且围绕于其他的法律部门周围，基于与相关法律部门的相似性。[2] 例如，呈现为税收刑法、税收行政法、税收企业法、税收国际法、税收欧盟法等。这样，税法就脱离于一个统一的框架，失去自身的统一性，独立性也就无从谈起。税法的统一性只有分析它经济内容的力量才能得到，这无疑需要求助于建立在与财政学紧密关联基础上的实质和统一方法论，而这不适用于刑法、行政法、国际法等其他法律部门。税收法律包括财税以外的目的，例如经济目的，这些目的可以通过财政学得以认识，而目的论的解释是法律解释逻辑阶段的基本构成因素。形式主义缺乏使用经济的概念，认为不应当考虑税法的经济目的，阻碍对税收法律的正确认识。在没有充分的经济理由说明，税务行政部门很

---

[1]　Cfr. Mauricio A. Plazas Vega, *Il diritto della finanza pubblica e il diritto tributario*, Jovene, 2009, p. 23.

[2]　Cfr. Andrea Amatucci, *L'ordinamento giuridico della finanza pubblica*, Jovene, 2007, pp. 60–61.

容易将税收法律应用于法律的逻辑并没有规定的具体案例中，导致产生立法者并不想要的经济效果，从而违背宪法上的税收法定原则和法律确定性原则。同样在合宪性审查层面，还有必要界定最小化损害量能课税原则，即源于其他宪法所保护的内容（涉及财税以外的目的），对量能课税适用的限制，而通过税收法律的经济效果分析，可以实施这样的合宪性审查。[①]

其次，相对于财政法而言，需要论证税法的独立性是绝对的还是相对的。对此，在意大利曾有过这样一种学术观点：基于自有的原则和体系性的制度，税法构成独立的法律部门，税法研究不需要考量与其他法律部门的关联，尤其是与财政法的关联；这是因为财政法内容存在异质性和宽泛性，阻碍了财政法具有同一的研究对象，而税法不具有财政法分支部门的特性。[②] 根据这一观点，税法的独立性是绝对的。显然，基于上文关于意大利财政法独立性和统一性的论证，这一观点无法被认同。事实上，财政法的独立性才是绝对的，税法体现的是相对的独立性，换言之，税法构成财政法的一个部门，税法虽然具有独特性，但是财政法的研究方法和共同原则也适用于税法。财政法和税法的关系属于母法与子法的关系，一条脐带联结着两者，而税法不是财政法的全部，子法的诞生并不伴随母法的死亡。税法需要在财政法和税法这样一种关系的视野下进行研究，或者税法需要作为财政法律体制的一部分进行研究，这也是税法研究的基本方式。事实上，包括税法在内的财政法中的任何一个部门研究都要考虑其他部门，包括不同的公共收入法之间以及公共收入法与支出法之间。财政法治应当建立在公共收入和开支关系的基础上，否则实质平等基本原则的任何分析都将有失偏颇或无效，例如，从社会开支的视野下，国家的再分配功能只能在一项遵循税的量能和累进课税原则的财政体制范围内才能有效实施。[③] 当然，税法的独立性即使是相对的，正如下文将指出的，也可以正当化对税法课程独立的教学。

---

① Cfr. Andrea Amatucci, *L'ordinamento giuridico della finanza pubblica*, Jovene, 2007, p. 63.
② Cfr. Mauricio A. Plazas Vega, *Il diritto della finanza pubblica e il diritto tributario*, Jovene, 2009, p. 36.
③ Cfr. Mauricio A. Plazas Vega, *Il diritto della finanza pubblica e il diritto tributario*, Jovene, 2009, p. 33.

三、税法学术研究和教学的发展

在意大利，税法学术意义上的研究的发展，或者说税法学作为一门独立的法律学科在学术研究中得到确立的过程，主要是关于税法从财政学与财政法、民法和行政法中分离出来的过程，尽管税法与包括民法、行政法在内的许多法律部门存在联系。① 需要指出的是，这种关于税法学术研究发展的历史轨迹的捕捉离不开对当时巨匠们（不管是经济学家还是法学家）关于税法研究提出的各种理念、法律概念以及原则的发掘。

（一）税法学术研究的独立

1. 税法从财政学与财政法中的独立

公法和国家财政职能的概念形成于 19 世纪中期，并成熟于 19 世纪 80 年代。当时意大利有经济学家对于财政活动的认识，就提到财政活动很复杂，显然不能把它与市场经济相提并论，公共财政从经济的角度研究是财政学，从法律的角度研究是财政法。例如经济学家杰赛普·里卡·萨莱诺（Giuseppe Ricca Salerno），其在 1878 年首次开设《财政学与财政法》，认为"公共财政的事实们不是简单的经济现象，不能用私有经济提供的一些标准去评判它们，法律和一般政策是公共财政的来源，不是经济学"②。随后，经济学和财政学家本韦努托·格里齐奥蒂，对财政现象进行了分解，认为财政现象开始于政策选择，到适当的技术形式的辨识，确定法律构造（涉

---

① 还包括宪法、刑法、民事诉讼法等法律部门。特别需要指出的是，在意大利，税务诉讼和税的强制执行有一套自有的规则，在缺乏专门的规定时，才适用民事诉讼法的相关规定。

② Cfr. Stefani Giorgio, *Studio e insegnamento della scienza delle finanze e diritto finanziario in Italia*, in *Bollettino Tributario D'informazioni*, n. 15/16, 2006, p. 1257. 需要补充的是，公共费用在过去是根据市场规则被思考的，但这仅仅在面对生产要素（其中最重要的是劳动要素为公共职员）的需求时才正确的。但是现在公共费用的研究被确认是作为旨在为公共服务和产品提供融资。

及财政法），同时考虑经济上的后果（涉及财政学）。[1] 虽然这导致了当时大部分学者从上述四个方面分别来研究财政现象，或者只从法律或经济学的角度来研究，但本韦努托·格里齐奥蒂认为它们是相互依存的，是税收功能的不可分割的四个组成因素，需要统一的研究和教学，或者说财政学和财政法之间存在互补性，表现为统一的研究和教学。[2] 这样，当时税法作为财政法的一部分统一于财政学和财政法的研究中。并且源于财政学和财政法的这种结合，产生了一个问题：税作为学科的研究，它的财政经济方面是主要的，占优势地位，而法律方面除了税收法律的注释之外，没有进一步的深入钻研了。这也是当时意大利学界对于税作为学科研究的看法。

此后，随着财政现象越发复杂，财政学和财政法需要分别深入研究的需求不断增加，不过主要还是源于两者的研究客体和方法论的要求也不协调，存在差异：财政学，作为公共财政的经济学，作为纯理论和假设的理论，用经济的内容，旨在研究关于国家以及公共机构得以取得收入以及分配对满足公共需求是必要的费用的方式的理论上的一致性。而财政法不拥有同样的理论力量，不管怎么样，它应被视为是一项独立的学科，旨在解释和指引公共财政的事实。这样两者抽象（概念）的水平也是不一样的，财政学采用一些非常简化的假定、假设，财政法则必须是实证性研究。不管怎么样，都需要区别出财政学和财政法不同的方法论，财政学是界定财政现象的客体，财政法在精确的法律的创制中展现它。[3] 而财政法与财政学的分离，意大利学者有一个非常形象的比喻：财政法从财政经济学理论分离，如同雌雄同体的神话人物，分离为男人、女人，而财政法和财政学的不可分割的联系，被比喻为婚姻。[4] 这样，伴随着财政法渐进的确认，税的经济方面与税的法律方面的研究相分离开来，后者就是税法的研究，作为

---

[1]　格里齐奥蒂进一步指出，公共费用的经济效果的研究应当专门用量化的术语来实施，并由经济学家来实施，相反，研究公共需求和为满足这种需求的给付则归属于财政学。

[2]　Cfr. Stefani Giorgio, *Studio e insegnamento della scienza delle finanze e diritto finanziario in Italia*, in *Bollettino Tributario D'informazioni*, n. 15/16, 2006, p. 1258.

[3]　Cfr. Stefani Giorgio, *Studio e insegnamento della scienza delle finanze e diritto finanziario in Italia*, in *Bollettino Tributario D'informazioni*, n. 15/16, 2006, p. 1258.

[4]　Cfr. Gaspare Falsitta, *Osservazioni sulla nascita e lo sviluppo scientifico del diritto tributario in Italia*, in *Rassegna Tributaria*, n. 2, 2000, p. 355.

具有完整的法律规范的研究，是财政法中最有机的部分。[①] 事实上，在意大利 20 世纪 30 年代以前，税法时而作为财政学的分支，时而作为行政法的分支，税法从财政学、财政法中的独立，或者说财政学和财政法的分离以及税法从财政法中提炼的过程，开始于 20 世纪 30 年代，并伴随着独立的深入研究。[②] 行政法学者阿基利·多纳托·贾尼尼（Achille Donato Giannini）开始了以财政法为统一研究客体的研究，代表著作是《财政法与国家会计基本原理》（*Elementi di diritto finanziario e di contabilita dello Stato*, Milano, 1934），强调了财政法中规范征税和税的征收部分作为一个有机的学科，即税法，而财政法中非税的部分是国家会计。这个时期产生了许多代表税法独立性的著作，并在 20 世纪 40 年代末使得税法研究内容得到体系化，独立得以最终完成，相关代表性著作如下：马里奥·普格里斯（Mario Pugliese）的《税收债务》（*L'obbligazione tributaria*, Padova, 1935）；阿基利·多纳托·贾尼尼的《税的法律关系》（*Il rapporto giuridico d'imposta*, Milano, 1937）；阿基利·多纳托·贾尼尼的《税法基本原理》（*Istituzioni du diritto tributario*, Milano, 1938）；乔吉奥·特索罗（Giorgio Tesoro）的《税法原理》（*Principi di diritto tributario*, Bari, 1938）；马特奥·马富奇尼（Matteo Maffuccini）的《税法教科书》（*Manuale di diritto tributario*, Roma, 1942）。此外，在税务诉讼法领域，相关的代表性著作如下：安东尼奥·贝利里（Antonio Berliri）的《税务行政诉讼》（*Il processo tributario amministrativo*, Reggio Emilia, 1940）；恩里科·阿洛里奥（Enrico Allorio）的《税务诉讼法》（*Diritto processuale tributario*, Milano, 1942）。最后，国际税法的代表性著作有曼利奥·乌季纳（Manlio Udina）的《国际税法》（*Il diritto internazionale tributario*,

---

[①] Cfr. A. D. Giannini, *Diritto finanziario e scienza delle finanze*, in *Riv. it. dir. fin.*, 1939, per cui cfr. Francesco Arditi, *La nullità come sanzione di norme tributarie evoluzione storica e prospettive di riforma dei rapporti tra diritto tributario e diritto civile*, Tesi di Dottorato di Ricerca in Diritto Europeo su Base Storico Comparatistica-xix ciclo, Università degli Studi Roma Tre, p. 17.

[②] 在上述的进程中，特别值得一提的是 1919 年德国税收通则的颁布，其标志着在一战后，税法作为财政法的特殊部分且独立于财政学在德国得到了发展，原因如下：（1）1919 年德国税收通则的颁布，这是一部真正的恰当的税法典，包含了在税收领域的一般规则；（2）作为特殊法官的税务法官的建立；（3）伴随着国家社会主义的改革，财政管理的中央集权化，而这从税收的角度看，事实上取消了德国的联邦的特征。Cfr. Francesco Arditi, *La nullità come sanzione di norme tributarie evoluzione storica e prospettive di riforma dei rapporti tra diritto tributario e diritto civile*, Tesi di Dottorato di Ricerca in Diritto Europeo su Base Storico Comparatistica-xix ciclo, Università degli Studi Roma Tre, p. 13.

Padova，1949）。① 当然，正如上文已经指出的，税法的独立性相对于财政法而言是相对的。

2. 税法从民法中的独立

税法和民法（私法）的关系，总体而言，经历了一个从特殊法和一般法的关系到税法从民法中独立出来的过程。对于这一过程，可以将 19 世纪60 年代确定为起始时间，这也与上文提到的国家财政职能概念形成于 19 世纪中期相对应。而从这一时点到之后的相当长一段时间里，基于税的法律关系是一项债权债务关系，在意大利，税法一直是作为民法的特殊法而存在，而这种视野在当时造成的一个后果就是：关于税的特别法律研究甚是缺乏，主要直接适用民法关于债权债务的规定。就如意大利当时的撒丁王国议员杰赛普·阿诺佛（Giuseppe Arnulfo）指出的那样，"大学研究中存在一项巨大的空缺，它们没有致力于关于（税和）费的法律的研究，这其实是一项需要特别的、非常理论的和实践性的研究的领域，但却被法学家们抛弃了，他们主要被号召去适用一般法"②。不过，当时已经有人指出，例如时任国库总检察长的杰赛普·曼泰利尼（Giuseppe Mantellini），基于民法典和财政法律的不同目的和特性（私法和公法的区别），民法与财政法相分离。税收义务建立在公民纳税人和国家之间的这一垂直的、威权式的关系之上，纳税义务不是民法上的义务，不能适用民法典的定义和规定。③ 不过这乃是建立在税不是一种债务的观点之上，征税权归属于国家，税的法律仅仅是形式意义上的法律，并不使一项法律债务诞生，在作为征税者的国家和作为纳税人的公民之间存在根据财政法的、不体现为法律债务的隶属

---

① Cfr. Gaspare Falsitta, *Manuale di diritto tributario-parte generale*, CEDAM, 2010, pp. 11-12.

② Cfr. Francesco Arditi, *La nullità come sanzione di norme tributarie evoluzione storica e prospettive di riforma dei rapporti tra diritto tributario e diritto civile*, Tesi di Dottorato di Ricerca in Diritto Europeo su Base Storico Comparatistica-xix ciclo, Università degli Studi Roma Tre, p. 7.

③ Cfr. Giuseppe Mantellini, *Lo Stato e il codice civile*, Firenze, 1882, p. 240, per cui cfr. Francesco Arditi, *La nullità come sanzione di norme tributarie evoluzione storica e prospettive di riforma dei rapporti tra diritto tributario e diritto civile*, Tesi di Dottorato di Ricerca in Diritto Europeo su Base Storico Comparatistica-xix ciclo, Università degli Studi Roma Tre, p. 8.

的限制，这种隶属的限制不适用民法典。① 因此，被称为是税法和民法的僵硬的分离，被当时认为作为主权表述的税是一种债权债务的法律关系、需要适用民法典的其他学说所否定。②

事实上，上述当时所认为的税法和民法的关系是一种特殊法和一般法关系，即所谓的特殊主义，根据这种观点，税法规范的是国家和公民间的关系，不是个体间的关系，主要内容是追求对于国家的生存必要的财政资源，税法有特殊性的地方，但是这就像其他法律学科一样的，有区别，但不至于产生独立；税的应课税事件来自生活的事实或是一般法律（如民法）给予法律上定性的事实，这一内涵在税法之外，就阻碍税法的完全独立性。③ 而基于此，可以说，税法独立性的缺乏并不是在税收法律的制定的时刻被发现，事实上税收法律当时已经被独立地制定了，而是在解释的时刻反映出来，即税法在对相关借用的法律概念的定义中，不能享有自治（独立）的解释，而是要参考一般法律的规定。

学者们关于税法和民法的关系——基于特殊法和一般法的关系。在20世纪前几十年内发生了变化，也就是在这几十年中，从世界范围来看，税法完成了从民法中独立的进程。其中，关键性变化在于这样一种代表性观点受到了认同：在税法中使用的民法中的概念和规则可以进行一种不同于其原初解读的解读。当税收立法者沉默时，体现为税收规则没有规定，也不再是自动地参考民事规则。④ 而特别值得一提的是，1919年德国税收通则

---

① Cfr. Francesco Arditi, *La nullità come sanzione di norme tributarie evoluzione storica e prospettive di riforma dei rapporti tra diritto tributario e diritto civile*, Tesi di Dottorato di Ricerca in Diritto Europeo su Base Storico Comparatistica-xix ciclo, Università degli Studi Roma Tre, p. 10.

② Cfr. Romano Santi, *Principi di diritto amministrativo*, Milano, 1901, p. 255, per cui cfr. Francesco Arditi, *La nullità come sanzione di norme tributarie evoluzione storica e prospettive di riforma dei rapporti tra diritto tributario e diritto civile*, Tesi di Dottorato di Ricerca in Diritto Europeo su Base Storico Comparatistica-xix ciclo, Università degli Studi Roma Tre, p. 11.

③ Voir Geny, *Le particularisme du droit fiscal*, in AA. VV., M (R) Plange R. Carr (R) P de Malbe, Paris, 1933, p. 195 e ss., per cui cfr. Francesco Arditi, *La nullità come sanzione di norme tributarie evoluzione storica e prospettive di riforma dei rapporti tra diritto tributario e diritto civile*, Tesi di Dottorato di Ricerca in Diritto Europeo su Base Storico Comparatistica-xix ciclo, Università degli Studi Roma Tre, p. 11.

④ Voir Trotabas, *Essai sur le droit fiscal*, in *Rev. Sc. Fin.*, 1928, p. 236, per cui cfr. Francesco Arditi, *La nullità come sanzione di norme tributarie evoluzione storica e prospettive di riforma dei rapporti tra diritto tributario e diritto civile*, Tesi di Dottorato di Ricerca in Diritto Europeo su Base Storico Comparatistica-xix ciclo, Università degli Studi Roma Tre, p. 12.

颁布，是第一部有机和完整规范征税的文本，一般被公认为是最有意义的税法独立的确认，意大利法学家乔吉奥·特索罗视其为真正的、自有的法典。① 而在意大利，最终于 20 世纪 30 年代开始，税法不再被认为是民法的特殊法了，但认为税法和民法是相互干涉、相互借鉴的。这样，先前的两个论点就要被排除，即在法律没有明确规定的情形下适用私法的规定以及相反的德国学说中的应用是要创制出税法自己的原则来。② 相应地，一方面，税收立法如果使用了民法的规则，税法的独立性要求这些规则能释放出一些不同于来源的法对它们的识别的意义；另一方面，基于差异的分析，税法需要构建自己的原则体系，即所谓先破后立："在独立性的探寻或研究中，破坏性的部分仅仅是开始的时刻，还需要建设性的部分或构建部分，即税法一般原则的构建，属于真正的自有的新的建筑框架。这些原则在财政法中出现，并使得其独立"③。而税法从民法中独立出来的意义在于税收不遵从行为的应对措施不需要用民法上的规则，例如法律行为无效性，而是用税法自己的规则，例如，征税机关可以重新对交易行为定性。在意大利，主要由收入局（Agenzia delle Entrate）承担征税的职能。

这里需要补充一点，也是非常关键的一点，税法为什么对使用民法中的概念可以做不同的解释，为什么当税法没有规定时，也不再是自动地参考民事规则，或者说上述提到的差异本质在于哪里？对此，需要指出税收债务公法性这一特殊性，事实上，税法的独立并不否认税收的债权债务关系。当然，公法性并不是源于之前认为的征税机关和纳税人之间这一层基于调查权、优先权等的公法的关系，而是税法在规定应课税事件时，更多

---

① Cfr. Tesoro, *Principi di diritto tributario*, Bari, 1938, p. 6, per cui cfr. Francesco Arditi, *La nullità come sanzione di norme tributarie evoluzione storica e prospettive di riforma dei rapporti tra diritto tributario e diritto civile*, Tesi di Dottorato di Ricerca in Diritto Europeo su Base Storico Comparatistica–xix ciclo, Università degli Studi Roma Tre, p. 13.

② Cfr. Tesoro, *Principi di diritto tributario*, Bari, 1938, p. 10, per cui cfr. Francesco Arditi, *La nullità come sanzione di norme tributarie evoluzione storica e prospettive di riforma dei rapporti tra diritto tributario e diritto civile*, Tesi di Dottorato di Ricerca in Diritto Europeo su Base Storico Comparatistica–xix ciclo, Università degli Studi Roma Tre, p. 13.

③ Cfr. D'Amelio, *L'autonomia dei diritti – in particolare del diritto finanziario nell'unità del diritto*, in *Riv. Dir. Fin. Sc. Fin.*, 1941, p. 3, per cui cfr. Francesco Arditi, *La nullità come sanzione di norme tributarie evoluzione storica e prospettive di riforma dei rapporti tra diritto tributario e diritto civile*, Tesi di Dottorato di Ricerca in Diritto Europeo su Base Storico Comparatistica–xix ciclo, Università degli Studi Roma Tre, p. 16.

涉及的是债务人之间或纳税人之间的关于税负的分配，而不是纳税人跟国家或债权人跟债务人。换言之，税法更多地基于社会连带性去发掘特定的事实和情形，规范共同捐贡（用于分担公共费用）的个别参与，其中纳税人不能超过自己的负税能力去承担税负。这种纳税人与纳税人之间的关系，类似于海商法上对一项船舶服务的费用和损失的分配：对于每一个共同利益者，其他人是否支付那笔费用以及分配得是否正确，对于共同服务来说是相关的。因此税收债权人不能放弃对一部分税收债权，因为相应税收债务代表的是一个固定份额。这样，各种税应当基于统一、整体的视角分析，例如不动产税、所得税、消费税等，因为它们只是分摊税负的不同因素而已，更多是都试图解决纳税人之间的内部的利益冲突，进一步而言，不能用原子论（单个）的角度去思考在一个税收体制中的税的关系。①

3. 税法从行政法中的独立

税法在意大利曾是行政法的一部分，作为行政法的一个分支学科，是关于征税和税的征收的规范，调整公共机构和纳税人之间的法律关系，一种行政性的法律关系。② 这乃是源于当初这样一种认识：行政活动包含发现对于国家运行是必要的财政资源的功能，这些资源来自国家和公共机构的财政活动，因此是一种真正的、自有的行政活动。③ 而偶然的在当时著作中的分离，被认为不是基于学术性的理由，而是基于实务的要求。不过那些肯定税法从民法中独立出来的学说认为在国家财政活动范围内的税收现象的研究，强调财政活动与其他行政活动的差异：国家和公民间的一种特殊

---

① Cfr. L. V. Berliri, *La giusta imposta*, Roma, 1945, pp. 336-345, per cui cfr. Gaspare Falsitta, *Osservazioni sulla nascita e lo sviluppo scientifico del diritto tributario in Italia*, in *Rassegna Tributaria*, n. 2, 2000, p. 367.

② Cfr. A. D. Giannini, *Intorno alla c. d. autonomia del diritto tributario*, in *Riv. It. Dir. Fin.*, 1940, p. 57, per cui cfr. Francesco Arditi, *La nullità come sanzione di norme tributarie evoluzione storica e prospettive di riforma dei rapporti tra diritto tributario e diritto civile*, Tesi di Dottorato di Ricerca in Diritto Europeo su Base Storico Comparatistica-xix ciclo, Università degli Studi Roma Tre, p. 18.

③ Cfr. Romano Santi, *Corso di diritto amministrativo*, II ed., Padova, 1932, p. 12, per cui cfr. Francesco Arditi, *La nullità come sanzione di norme tributarie evoluzione storica e prospettive di riforma dei rapporti tra diritto tributario e diritto civile*, Tesi di Dottorato di Ricerca in Diritto Europeo su Base Storico Comparatistica-xix ciclo, Università degli Studi Roma Tre, p. 18.

的债权债务关系。① 这样就出现了由调整税收债务的主体、应税行为的特殊原则所规范的法律规则体系。这样税法也成为一项学术性的法律规则体系。事实上，在伴随税法从民法中独立出来的 20 世纪 30 年代，诸多意大利行政法学者对税法的研究作出了贡献，例如上文提到的阿基利·多纳托·贾尼尼。

（二）从税法的独立到税法的体系化

如果说上述关于 20 世纪 30 年代税法或者更确切地说税收实体法从经济学科和法律学科独立的分析，更多是在外部的层面确定税法与相关学科的界限，那么这里的分析，基于意大利学者们（大部分是经济学者和行政法学者）提出的对推动税法自成体系、在 40 年代末最终独立具有重要意义的理念、概念和原则，则更多是从内部的角度确定使税法成为独立学科的特别内容要素，当然，事实上若干要点也已经在上文提及。

首先，本韦努托·格里齐奥蒂和他的学派提出来的重要理论有：（1）税法规则的功能性解释，即反避税、反形式主义的解释；②（2）征税理由，尽管应税事件被查实，但是另外一项实质要素如果没有成就，即纳税义务的理由或者负税能力不具备，税收债务就不产生。这是因为负税能力被视为是个人源于归属于国家而取得的利益的间接指示，构成支付税的基本的、直接的理由；③（3）税的社会连带性（功能）的概念，否定了税的对价和对应给付的概念，基于此一方面一些人可以不支付税而享受公共财富，另一方面其他人以单一比例或累进的方式为自己和为那些免税的人支付着

---

① Cfr. Pugliese, *Corso di diritto e procedura tributaria. L' obbligazione tributaria*, Padova, 1935, p. 3 e ss. , e Idem, Diritto finanziario e diritto amministrativo, in *Foro amm.*, 1936, p. 61, per cui cfr. Francesco Arditi, *La nullità come sanzione di norme tributarie evoluzione storica e prospettive di riforma dei rapporti tra diritto tributario e diritto civile*, Tesi di Dottorato di Ricerca in Diritto Europeo su Base Storico Comparatistica-xix ciclo, Università degli Studi Roma Tre, p. 18.

② Cfr. D. Jarach, Principi per l' applicazione delle tasse di registro, Padova, 1936, per cui cfr. Gaspare Falsitta, *Osservazioni sulla nascita e lo sviluppo scientifico del diritto tributario in Italia*, in *Rassegna Tributaria*, n. 2, 2000, p. 358.

③ Cfr. V. R. Pomini, *La causa impositionis nello svolgimento storico delle dottrine finanziarie*, Milano, 1951, per cui cfr. Gaspare Falsitta, *Osservazioni sulla nascita e lo sviluppo scientifico del diritto tributario in Italia*, in *Rassegna Tributaria*, n. 2, 2000, p. 358.

税。① 这样，关于征多少税的量的问题，事实上征税来源（税基）的增长归咎于市场的因素，不是公共服务。

关于上述第（2）项和第（3）项理论，这里值得进一步阐释的是本韦努托·格里齐奥蒂对此的分析，他认为为了公共利益国家完成费用和收入的强制选择，因此是政治的选择——乃根据三项原则：平等原则（有时被修改为负税能力的标准），为公共服务融资的财政连带性原则（基于负税能力的标准），以及基于经济缘由而剥夺的融资原则（从纳税人那里收取税收）。② 征税的基本缘由在于税收的目的性，不存在一项直接的对价与对待给付的关系，而是一项间接的关系，体现于这样一个封闭的逻辑循环之中：国家征税，税滋养公共费用，公共费用提高公共服务，公共服务增加财富，也就是单个纳税人的负税能力，这样创造了国家征税的基础。这样就改变了以往关于税是一种强制性价格的观点，一种完全是经济的观点，而本韦努托·格里齐奥蒂引入了其他的因素，征税的理由并不完全在于经济关系，还在于一种社会关系，特别是道德和政治连带性关系，它们是共为缘由，都必不可少。③

此外，本韦努托·格里齐奥蒂和他的学派为任何国家的税法学者提出了这样一些理论问题和概念：根据经济实质标准的解释、目的解释、扩展解释、限缩解释以及类推的可行性，民法制度对于税法规则解释的意义，避税的概念和构成要件，（纳税人）对财政管理部门征税权的从属和（纳税人）在一项税收债务关系中处于平等（消极）一方的区别，征税（对纳税义务）的创设或宣示效力，征税的前提（应税行为）和征税客体评估标准的区别，税的概念以及是否存在税的缘由等等。④

① Cfr. Benvenuto Griziotti, *Vecchi e nuovi indirizzi nella scienza delle finanze*, in Saggi sul rinnovamento dello studio della scienza delle finanze e del diritto finanziario, Milano, 1953, per cui cfr. Gaspare Falsitta, *Osservazioni sulla nascita e lo sviluppo scientifico del diritto tributario in Italia*, in *Rassegna Tributaria*, n. 2, 2000, p. 360.
② Cfr. Benvenuto Griziotti, *Il metodo della scienza pura e delle successive approssimazioni nello studio della scienza delle finanze e diritto finanziario*, in *Riv. Dir. Fin. Sc. Fin.*, 1953, per cui cfr. Stefani Giorgio, *Studio e insegnamento della scienza delle finanze e diritto finanziario in Italia*, in *Bollettino Tributario D'informazioni*, n. 15/16, 2006, p. 1258.
③ Cfr. Benvenuto Griziotti, *Intorno al concetto di causa nel diritto finanziario*, in *Riv. Dir. Fin. Sc. Fin.*, 1939, p. 298, per cui cfr. Stefani Giorgio, *Studio e insegnamento della scienza delle finanze e diritto finanziario in Italia*, in *Bollettino Tributario D'informazioni*, n. 15/16, 2006, p. 1259.
④ Cfr. Ernest Blumenstein, *Il sistema di diritto delle imposte*, Giuffrè, 1954, per cui cfr. Gaspare Falsitta, *Osservazioni sulla nascita e lo sviluppo scientifico del diritto tributario in Italia*, in *Rassegna Tributaria*, n. 2, 2000, p. 362.

其次，埃齐奥·范诺尼（Ezio Vanoni）是致力于税法学科体系化的税法学者，在20世纪30年代贡献出了多部税法学著作。他是意大利税收体制改革（1950—1956）的方案设计者，特别提出在税的实现过程中，关于课税基本环节要从征税机关向纳税人转移，税的申报、清算、缴纳都应信任于纳税人以及其附属人，同时他还是意大利税法法典化最早尝试的促进者和创造者，即将所得税领域的法律统和在一个单一文本（Testo Unico）中。[1]事实上，单一文本属于某个领域的法律汇编，即将这个领域一定时期内所有有效的立法规则以体系化的方式整合在一个官方文件中。

再次，恩里科·阿洛里奥，关注对体系化的、建立在一般理论上的税务诉讼法的构建，将税收程序法与税务诉讼法相分离。意大利目前有一套独立的税务司法系统，即税务法院。此外，在税收实体法领域，他提出的法律概念或制度包括：税收关系主体，属于一类集体性主体，非人格化的，缺少私法上的法律关系控告、起诉的资格，同时，也是由税的特殊性主体构成，例如扣缴义务人和税收债务人。[2]

最后，需要指出的是，在意大利税法自身研究内容的不断充实仍然是开放的。

（三）税法在大学中教学的历史回顾[3]

以税法学术研究的发展进程中的重要年份为区间点，税法在意大利大学中的教学的历史回顾可以分为以下三个阶段：

1. 第一阶段：1878 年至 1930 年

在这一阶段，税法的教学作为财政学与财政法统一教学的一部分，税法在学术研究上尚未从财政学与财政法中独立出来。教学上采取双轨制，即同一位老师，或者是经济学家或者主要是行政法领域的法学家，既讲财

---

[1]　Cfr. Gaspare Falsitta, *Osservazioni sulla nascita e lo sviluppo scientifico del diritto tributario in Italia*, in *Rassegna Tributaria*, n. 2, 2000, p. 370.

[2]　Cfr. Gaspare Falsitta, *Osservazioni sulla nascita e lo sviluppo scientifico del diritto tributario in Italia*, in *Rassegna Tributaria*, n. 2, 2000, pp. 372-373.

[3]　Cfr. Gaspare Falsitta, *Manuale di diritto tributario-parte generale*, CEDAM, 2010, pp. 11-12.

政学又讲财政法，但很多情况下，呈现为一种跛双轨制，即经济学背景的老师会侧重财政学，而法学背景的老师会侧重财政法。例如，1878 年在帕维亚大学首次引入《财政学与财政法》的教学，由经济学家杰赛普·里卡·萨莱诺授课，而法学家开设《财政学与财政法》课程最早的是奥莱斯忒·拉内莱蒂和阿基利·多纳托·贾尼尼，他们分别在米兰大学法学院和米兰圣心天主教大学于 1925—1926 学年开设了《财政学与财政法》课程。

2. 第二阶段：1931 年至 1950 年

在该阶段，税法，具体而言税收实体法开始独立出来，经过理论内容的不断充实，并在 20 世纪 40 年代末最终完成了体系性的独立。尽管如此，财政学和财政法在学术研究上分离，这一关于财税现象应当分别研究的理论论证，即源于不同的方法论和客体，并没自动地体现于教学中，在大学教学上税法作为一门独立法律学科还没有确立。

3. 第三阶段：1951 年至 1973 年

在该阶段，随着关于公共财政的经济学和税法在现实中的重要性都不断增大，60 小时的教学时间不够用于这两个学科的教学，就需要对这两个学科在教学上也独立地开展。罗马大学政治学院在 1956—1957 学年将财政学引入为补充课程，但并不是必修课程，由埃内斯托·达尔贝托（Ernesto D'Albergo）教授讲授，然后在 1963 年又修改为基础课程，基于此，罗马大学政治学院成为公共财政在经济方面独立教学的发源地。[1] 1972 年米兰天主教大学经济学院首次开设税法课程，由恩里科·德·米塔（Enrico De Mita）教授讲授，而税法作为一门独立法律学科在大学教学上的独立性则在 1973 年确定。[2]

21 世纪以来，根据 2000 年 10 月 4 日大学和科技部关于学科部门分类的法令，[3] 在第 12 大项法学领域，共有 21 个法律部门，税法被编排

---

[1] Cfr. Stefani Giorgio, *Studio e insegnamento della scienza delle finanze e diritto finanziario in Italia*, in *Bollettino Tributario D'informazioni*, n. 15/16, 2006, p. 1258.

[2] Cfr. Maurizio Logozzo, *L'insegnamento del diritto tributario nella facoltà di Economia*, in *Rassegna Tributaria*, n. 4, 2008, p. 1025.

[3] Cfr. Decreto Ministeriale 4 ottobre 2000.

在 12 号，① 该法律部门包括国家、大区和地方公共机构的财政管理的研究，特别涉及征税的制度，以及关于税收处罚、税务诉讼、共同体税法、国际税法和比较税法方面的研究。这样，税法在大学教学中作为一门独立的法律学科，其教学内容不仅仅包含税法的内容，也包含财政法的内容，尽管学科名称上是税法，而不是财税法。需要指出的是，意大利大学所有的法学院和经济学院都开税法，一些政治学院也开设了，其中税法在法学院是必修课，在经济学院是选修课。以意大利博洛尼亚大学法学院针对在 2020—2021 学年注册的本科生的课程方案为例，法学必修课程共 17 门，合计 193 个学分，税法是必修课程之一，针对高年级学生开设，占 9 个学分，课时为 60 个小时，而私法占 12 个学分，刑法占 16 个学分。②

最后，有必要简要介绍一下意大利曾对在经济学院的税法本科教学内容的反思。这种反思的背景是税法课程分裂出来的实务性、专业性的课程越来越多，但是税法课程本身的教学质量并没有提高：在很多的经济学院里已经建立起关于企业税法、税务诉讼法、国际税法、欧盟税法、金融市场税法等极其专业化的教学，虽然这些教学更应放在后大学的教学课程中。这样，一个问题便是作为税法职业者法学教育要旨的理论精通和非全面的部门、专业知识掌握之间的距离越来越难以缩小，虽然对于实践中案件解决而言，似乎后者提供了一种更有用的教学，但缺乏法学教育的本质，体现为一种评论式的教学。在税法课程独立教学后，出现了另外一种担忧，即税法教学的支离破碎。③ 那么，作为三年本科教学中的基础课程，税法应当讲授那些最能体现税收法律教学要旨的内容？有意大利学者认为应当特别关注那些应当符合税法基本原则（尤其是其中的宪法性原则）的税的结构和运行规则。而正是这些基本原则将一门似乎越来越被经验式和（因此是）专断性所支配的学科置于理性的基础之上，这些原则包括：（1）税收

---

① 其他 20 个法律部门包括：私法、比较私法、农业法、商法、经济法、海商法、劳动法、宪法、公法、行政法、教会法、国际法、欧盟法、民事诉讼法、刑事诉讼法、刑法、罗马法与“古代”法、中世纪法与现代法历史、法哲学和比较公法。

② Cfr. Università di Bologna, *Piano didattico di giurisprudenza per studenti immatricolati nell' a. a. 2020–21*, disponibile nel seguente sito: https://corsi.unibo.it/magistralecu/Giurisprudenza – Ravenna/insegnamenti/piano/2020/9233/000/000/2020.

③ Cfr. Maurizio Logozzo, *L'insegnamento del diritto tributario nella facoltà di Economia*, in *Rassegna Tributaria*, n. 4, 2008, pp. 1025 e ss.

法定原则；（2）量能课税原则；（3）国库利益原则，即有关税的目的，具体而言，简易和快速地取得为公共费用融资的税收收入，为此税法可以牺牲一般法的规则而采取自身的规则，当然，在不损害相关原则的基础上；（4）2000 年纳税人权利宪章中的原则，[①] 涉及纳税人基本的、源自宪法的权利；（5）征税活动受制约原则，即征税机关关于税的应用的活动属于一种受制约的活动，因此不是自由裁量的活动。[②]

[①] Cfr. Legge 27 luglio 2000, n. 212-Disposizioni in materia di statuto dei diritti del contribuente. 关于意大利纳税人权利宪章，详见本书第四章。

[②] Cfr. Maurizio Logozzo, *L'insegnamento del diritto tributario nella facoltà di Economia*, in *Rassegna Tributaria*, n. 4, 2008, pp. 1025 e ss.

第二章　税收法定原则

一、税收法定原则的起源

（一）自我课税原则

税收法定原则应自我课税（autotassazione）的要求而产生，即君主或帝王课征税收必须经过被课征人（通过他们的代表所表达）的同意，而在确认这一要求的历史文件中，最著名的是 1215 年英国《大宪章》（*Magna Charta*）。不过，需要指出的是，早在 1091 年之前，在卡斯蒂利亚王国，① 面对国王对税的课征要求，法院就已经主张被课征人具有监控的权利，在 11 世纪和 12 世纪的意大利，当时的地方议会也确认了被课征人自我课税的权利。② 此外，确认自我课税原则的著名历史文件还包括 1628 年英国《权利请愿书》（*Petition of Rights*）、1776 年美国《独立宣言》（*Declaration of Independence*）和 1789 年法国《人权和公民权宣言》（*Déclaration des Droits de l' Homme et du Citoyen*）。随后，体现为法律格言"无代表无征税"的自我课税原则，被包括意大利在内的许多国家作为一项宪法原则所采纳。

在意大利，其 1848 年阿尔贝蒂诺宪章（Statuto Albertino，以下简称"1848 年宪章"），作为当时的意大利王国宪法，首次在宪法上规定了自我课税原则。1848 年宪章第 30 条（以下简称"第 30 条"）规定："如果没有

---

① 西班牙历史上的一个王国（1035—1837 年）。

② Cfr. Gaspare Falsitta, *Manuale di diritto tributario-parte generale*, CEDAM, 2010, p. 146.

议会的同意和国王的批准，（强制性）捐贡（tributo）不可以课征或征收。"①不过，由于该条款仅仅规定课征或征收需要经过议会的同意，并没有明确规定需要通过法律来课征或征收，因此该条款所确认的原则还不能称为税收法定原则。② 当国王向他的民众请求补助（金）和特别税的时候，"议会的同意"这一表述记入了一项最古老的条件，即臣民的同意，通过他们的代表所表达。相对于国王和代表国王的政府，议会处于弱势地位，而第 30条使得议会的地位有所提升。根据自我课税原则，臣民承认特定花费（基于他们的利益）的有用性，同意这些花费并准备支付。事实上，考虑到国家财政的需求，就自己在税收方面的牺牲，臣民无非是希望得到一个理由。

不过，意大利在 1848 年宪章实施的后期，在强制性财产给付领域出现了许多专断者，这并不是因为第 30 条的自有功能没有实现，而是因为 1848年宪章本身的不合适：反映过时的思想，不再符合社会要求。随着宪章机构的垮台，1848 年宪章也失去存在意义，但是第 30 条所规定的自我课税原则存活了下来。

（二）自我课税原则向税收法定原则的演变

意大利在二战之后制定的 1947 年宪法，即意大利现有宪法（以下简称"意大利宪法"），③ 在保留 1848 年宪章第 30 条的同时，基于现代社会的发展变化，对该条款作了较大的修改。1947 年宪法在第一章（公民的权利和义务）第一节（公民关系）第 23 条（以下简称"第 23 条"）规定："如果不是根据法律，人身或财产的给付不可以被课征。"④ 因此，自我课税原则停止成为原宪章制度的一项另类规则，即民众意愿在原宪章中的唯一体现，被并入到法定原则中，即演变为税收法定原则，法律格言"无法律无税收"（nullum tributum sine lege）在意大利宪法中得以体现。鉴于法定原则不仅存在于税法中，还存在于刑法、行政法等领域，相比于自我课税原则，

---

① 该条款意大利语原文：Nessun tributo può essere imposto o riscosso se non è stato consentito dalle Camere e sanzionato dal Re。

② Cfr. Lucio D'Acunto, *Dal principio dell'autoimposizione al principio di legalità*, in *L'Amministrazione Italiana*, n. 6, 1973, p. 800.

③ Cfr. Costituzione della Repubblica Italiana.

④ 该条款意大利语原文：Nessuna prestazione personale o patrimoniale può essere imposta se non in base alla legge。

法定原则是一项更广泛的原则。

第 30 条和第 23 条都是基于公民保护而规定，都肯定公民的意愿，但两者在产生背景、在宪章或宪法中的地位和内容上都存在着差异，因为在 1848 年宪章和 1947 年宪法间的一百年里，意大利在国家政治、经济和思想等方面发生了深刻的变化。首先，1848 年宪章存在于意大利转型和未来发展不确定的时期，国家依然处于封建思想之下，民主思想正被逐步确认，但尚未起主导地位，可以说 1848 年宪章是这两种思想斗争的产物；而 1947 年宪法是基于以下一类民众的要求而产生：完全意识到自己的权利，同时认为这些权利需要得到实现；其次，与 1947 年宪法将公民权利条款置于宪法的基础地位不同，1848 年宪章还是倾向于国王的意愿，强调君主授予，因此将王位置于国家组织的中心，而确保王朝存续的条款在数量和重要性上都占优势。关于公民权利的条款很少，不构成 1848 年宪章的基础，只是作为宪章的补充而存在，因此，第 30 条对整个宪章而言属于另类规则。最后，第 30 条和第 23 条在内容上的差异，简单而言，包括以下三个方面：其一，第 30 条仅仅涉及强制性财产给付领域，而第 23 条还涉及强制性人身给付领域。例如，强制要求向地震灾区缴纳特定的捐贡，属于财产给付，在火灾、水灾等紧急情况下，为完成工事强制要求付出劳动，属于人身给付，两者都会对公民的自由权造成损害；其二，第 30 条不仅规定税的课征，涉及实体纳税义务的确定，还规定税的征收，涉及税收征管程序，而第 23 条仅仅规定税的课征；其三，第 30 条要求议会的同意，这样，地方议会也可以决定税的课征，而第 23 条是要求法律。[1]

从自我课税原则到税收法定原则的演变乃是与时代的变迁相适应。就像下文将阐述的那样，在现代社会，税收法定原则在解释上所应当保护的不再仅仅是私人的利益，还应当保护国家共同体的一般利益。[2] 进一步而言，议会是共同体的代表机构，议会制定的法律与公民（整体）代表性要求相符合，反映的是民众的意愿，而不是多数人的意愿，因此，税收法定原则所保护的一般或公共利益可以说是个人利益（当然也包括少数人利益）

---

[1]　Cfr. Lucio D'Acunto, *Dal principio dell'autoimposizione al principio di legalità*, in *L'Amministrazione Italiana*, n. 6, 1973, p. 803.

[2]　Cfr. Luciana Di Renzo, *Principi di legalità: art. 23 cost.*, disponibile nel seguente sito: http://www.federica.unina.it/giurisprudenza/diritto-finanziario-cattedra-3/art23/2/.

权衡后的合成。

二、税收法定原则适用的基本内容

(一) 课税同意与代表民主制度

在现代社会，尽管自我课税原则已经演变为税收法定原则，但实质精神并没有发生改变，即作为课税民主的概括表述，课税需要纳税人的同意。这里需要进一步阐明的是，同意的含义应当如何理解以及纳税人是如何来表达这种同意的。

首先，同意并不是指集合体中的需要纳税的单个成员的决定行为，否则就无法称为"税"。对税的单个同意，涉及全体一致同意的要求，这是无法接受的，因为如果税的给付将对所有人都有利，即受益无法在不同人之间进行区分，或者说在无法区分的公共服务的费用分摊情形，不同意者，即使不承担相关费用，也将享受一样的利益。这样，同意应当是指实质性和多数的社会默许或接受，这对任何有组织的共存形式的正确运行而言都是必要的，尤其是对任何税制的正确运行而言。事实上，关于有组织的共存形式以及公共费用分摊方式等选择，正是为了取得一个足够的社会认同程度，通过在议会中的政治调解，代表机构在历史上才得以被肯定。所以，课税同意的含义与代表和政治调解机制的运行（当然，并不完美）是一致的。[1]

其次，课税同意有助于公民对直接参与影响国家收入和公共费用的政策选择的诉求得到支持，而这种诉求在今天也已经变得非常强烈，但直接民主制度在税收领域的应用依然十分罕见。在课税同意的表达方面，意大利宪法偏向于通过代表民主制度，换言之，公民只能通过他们在议会中的代表来表达对某一项课税给付同意与否的意愿，并最终体现为法律的颁布与否或废除，公民个人无法直接表达这一意愿。对此，意大利宪法明确规定法律废除公投（referendum abrogativo）不适用于税法，排除了最重要的直

---

① Cfr. Andrea Fedele, *Federalismo fiscale e riserva di legge*, in *Rassegna Tributaria*, n. 6, 2010, p. 1527.

接民主制度在税收领域的应用性。根据意大利宪法第 75 条第 1 款的规定，意大利公民就法律的废除拥有公投的权利，不过该条第 2 款明确规定禁止旨在废除税法（包括实体法和程序法）的公投。禁止的原因在于阻止选民受到蛊惑、煽动，使税收制度因公投而削弱，这样可以避免体现为确定而快速取得税款的国家税收利益受到损害。[1] 除全民公投可能会影响到公共费用的正确分摊以外，禁止通过公投来废除税法的正当性还在于公共费用分摊规范体现集体价值。事实上，"关于财税内容选择的行动乃是为实现共同利益或一般利益，属于集体行动（atto collegiale），体现了功用主义，在这一行动中，单个的个人意志（们）消减为一项旨在集合体整体利益的有效决定"[2]。最后，需要强调的是，直接民主制度不适用的仅仅是公共费用的分摊，对于税收收入的使用，在意大利存在一定程度上符合直接民主要求的制度。[3]

（二）作为课征对象的财产给付的范围

这里所要阐述的是税收法定原则在客体方面的适用范围，即除了税收以外，还有哪些对公民课征的财产给付也需要适用法定原则。对此，首先需要指出的是，根据意大利宪法第 23 条的规定，需要具有法律基础的公民给付义务包括人身给付义务和财产给付义务。其中，人身给付义务包括国家无偿征调公民从事劳务活动或者服兵役等，构成了国家对公民自由权的限制。而国家通过向公民课征税收等财产给付义务，构成了对公民财产权的限制。该条款如此规定，反映出公民财产权的保护应当具有与公民自由权的保护同样的地位。

不过，税收法定原则并不适用于所有能够造成私人财产减少的财产给付。根据第 23 条所使用的"课征"（imposizione）一词，由于课征意指强制性、专断性，即不管缴纳人的意愿如何，适用税收法定原则的财产给付仅指强制性财产给付。至于强制性财产给付的含义，根据意大利宪法法院的

---

[1] Cfr. Gaspare Falsitta, *Manuale di diritto tributario-parte generale*, CEDAM, 2010, p. 68.

[2] Andrea Fedele, *Federalismo fiscale e riserva di legge*, in *Rassegna Tributaria*, n. 6, 2010, p. 1528.

[3] 例如，意大利通过 2005 年 12 月 23 日第 266 号法律（Legge 23 dicembre 2005, n. 266）第 337 条引入的"千分之五"制度。根据该制度，个人所得税纳税人有决定将其缴纳的所得税中的千分之五部分用于特定部门的选择权，在年度申报中注明使用部分。其中，特定部门包括志愿兵役、科学研究、大学教育、医疗、业余体育活动、市执行的社会政策。

判决，可以分别从形式上的强制性财产给付和实质上的强制性财产给付来理解，为此，第 23 条中的强制性含义要宽于传统上的强制性含义。意大利宪法法院一开始仅从形式上的意义来解释，即财产给付课征是通过一项威权公文（atto autoritativo）实现的，其效力不取决于缴纳人的意愿，构成所谓的形式上的强制性财产给付。据此，除了三类典型的强制性财产给付以外，即税（imposta）、费（tassa）和特殊捐贡（contributo），① （行政）罚款、② 山区的集水盆地用水费、③ 公共张贴费、④ 药物的强制性打折、⑤ 基于土地改造费用分摊的捐贡⑥等都被认为属于宪法第 23 条所规定的强制性财产给付。随后，意大利宪法法院认为实质上的强制性财产给付也应当属于宪法第 23 条所规定的财产给付。所谓实质上的强制性财产给付存在于以下情形：尽管源自合同，给付义务构成一项旨在满足基本需求的公共服务的对价，而该项公共服务的提供是基于垄断。在这样的情形，公民只有签订或不签订合同的自由，而这种自由仅仅是抽象的，因为公民只能选择放弃享受某种基本需求或接受事先单方面确定的义务和条件。⑦ 这样，国有财产使用费、⑧ 电费、⑨ 汽车强制保险费、⑩ 消防人员提供的服务费、⑪ 船舶靠岸费⑫等都被认为属于宪法第 23 条所规定的强制性财产给付。因此，准确地说，意大利宪法第 23 条规定的不仅仅是税收法定原则，而是强制性财产给付法定原则，不过，为行文方便，下文论述依然指称税收法定原则，并以税代指所有强制性财产给付，除非特别指明特定的非税的强制性财产给付。需要特别指出的是，在意大利，虽然受税收法定原则约束的强制性财产给

① 关于意大利这三类典型的强制性财产给付，参见［意］加斯帕雷·法尔西特：《意大利法中的公共机构的强制性收入和（强制性）捐贡的概念》，翁武耀译，费安玲主编：《学说汇纂》第四卷，元照出版公司 2012 年版，第 242—245 页。其中，意大利的费，对应我国的行政事业性收费，意大利的特殊捐贡，对应我国的政府性基金等特定政府收入。

② Cfr. la sentenza di Corte Costituzionale del 15 maggio 1963, n. 68.

③ Cfr. la sentenza di Corte Costituzionale del 8 luglio 1957, n. 122.

④ Cfr. la sentenza di Corte Costituzionale del 27 giugno 1959, n. 36.

⑤ Cfr. la sentenza di Corte Costituzionale del 16 dicembre 1960, n. 70.

⑥ Cfr. la sentenza di Corte Costituzionale del 3 maggio 1963, n. 55.

⑦ Cfr. Francesco Tesauro, *Istituzioni di diritto tributario-parte generale*, UTET, 2006, p. 18.

⑧ Cfr. la sentenza di Corte Costituzionale del 10 giugno 1994, n. 236.

⑨ Cfr. la sentenza di Corte Costituzionale del 20 maggio 1998, n. 174.

⑩ Cfr. la sentenza di Corte Costituzionale del 19 giugno 1998, n. 215.

⑪ Cfr. la sentenza di Corte Costituzionale del 15 marzo 1994, n. 90.

⑫ Cfr. la sentenza di Corte Costituzionale del 2 febbraio 1988, n. 127.

付的范围非常广，但依然有一些强制性财产给付并不在宪法第 23 条规定的税收法定原则的适用范围内。不在此范围内，乃是因为这些强制性财产给付已经由其他宪法条款所规范。例如，由宪法第 25 条规范的（刑事）罚金，只能由法律规定，由宪法第 43 条规范的为公共事业而对私人财产的征收、征用，以及由宪法第 41 条规范的表现为消极内容的财产给付，即限制私人的自由经营活动。最后，为更好地理解宪法第 23 条所规定的强制性财产给付，以下通过举例分别就费、特殊捐贡和实质上的强制性财产给付进行具体阐述。

1. 费

费，公民为享受一项公共服务而不得不向公共机构缴纳的强制性财产给付。其中，相关公共服务在个人受益计量上是可划分的，例如教育，同时，与税不同的是，公共服务的享受是基于个人的请求。此外，费的课征乃是基于受益标准，与税的课征基于量能标准也不同。虽然费的缴纳义务不是基于合同，但与实质上的强制性财产给付一样的是，费的强制性也体现在对公共服务的享受公民的选择自由仅仅是抽象的，即要么选择放弃享受，要么选择接受事先单方面确定的义务和条件来享受，因为这类公共服务只有相关公共机构才能提供。在意大利，费属于法律规定的事项，早在1848 年宪章第 30 条的规定下就已经确认。①

2. 特殊捐贡

特殊捐贡，为公共开支融资而课征的一种强制性财产给付，其中，公共开支乃是为满足在个人受益计量上可划分的公共服务，但公共服务的享受不是基于个人的请求。根据意大利税法学者，不同的特殊捐贡事实上在属性上可以分别被归为税或费。例如，道路使用特殊捐贡（contributo di utenza stradale），缴纳主体因实施工业或商业贸易活动，使用他们的交通工具，造成了道路的额外或异常的磨损并加重了公共机构的道路维护义务，因而缴纳这一特殊捐贡，可被视为是一种道路费用的额外收费。再如，国

---

① Cfr. Lucio D'Acunto, *Dal principio dell'autoimposizione al principio di legalità*, in *L'Amministrazione Italiana*, n. 6, 1973, p. 801.

家医疗服务特殊捐贡（contributo al servizio sanitario nazionale）呈现出一种附加税或者所得税的属性，因为其以自然人的收入作为课征事实。[1] 以下再以另一类特殊捐贡为例进行详细阐述。

在意大利，律师等受国家管理的职业可以成立代表该职业人员的机构，一般称为全国理事会，例如全国律师职业理事会（Consiglio nazionale forense），而该职业的注册人员需要每年向该职业全国理事会缴纳一笔特殊捐贡，用于该公共机构职能的履行。对于全国律师职业理事会而言，需要缴纳这笔特殊捐贡的主体具体是指在高级司法机关登记名册中登记的律师职业人员，因为只有这些司法机关的登记名册是归由全国律师职业理事会保管。其中，高级司法机关是指意大利最高法院、国务理事会（属于行政法院）和审计法院。该笔特殊捐贡在税收法定原则的适用范围内关键在于确定其强制性财产给付的属性，对此，意大利最高法院不仅肯定其属于强制性财产给付中的第三类捐贡，甚至还认为其属于一项真正的税，因为该笔特殊捐贡属于非典型的特殊捐贡。全国律师职业理事会在履行其公共职能的过程中承担的费用由以下主体分摊，即从该公共机构的活动中获得特别利益的集合体中的成员。而这样的逻辑，从形式上而言，与一般的税的逻辑是一致的，仅仅是在历史、政治层面有所不同。一致性体现在一旦肯定费用开支的必要性，在纳税人或成员间基于获得利益进行分摊，但是从数量上而言，分摊数额与获得的利益并非一致。[2] 所以，向全国律师职业理事会缴纳的捐贡具有强制性的属性，鉴于其以专断的方式、基于经济属性行为（即从事律师职业）的成就而课征，而相关的收入用于满足全国律师职业理事会职能履行所需的费用。[3]

3. 实质上的强制性财产给付

例如，顾客因为使用电话而向具有经营特许的电话公司支付的电话费。尽管电话费支付义务并不产生于行政措施，而是产生于顾客与服务提供商

① 参见［意］加斯帕雷·法尔西特：《意大利法中的公共机构的强制性收入和（强制）捐贡的概念》，翁武耀译，费安玲主编：《学说汇纂》第四卷，元照出版公司 2012 年版，第 245 页。

② Cfr. Stefania Gianoncelli, *Riserva di legge, soggetti passivi e natura tributaria del contributo al CNF*, in *Giurisprudenza Italiana*, n. 5, 2014, p. 1102.

③ Cfr. Stefania Gianoncelli, *Riserva di legge, soggetti passivi e natura tributaria del contributo al CNF*, in *Giurisprudenza Italiana*, n. 5, 2014, p. 1103.

签订的合同。在这合同签订的过程中，必然介入当事人的主观意愿，而这是否就排除了支付义务属于强制性财产给付的可能性？对此，意大利宪法法院在1969年的一项判决中认为在满足特定的条件下，电话费支付义务也属于宪法第23条所规定的强制性财产给付，理由如下：尽管顾客给付义务的直接来源是合同，顾客和享有特许权的经营者间法律关系的属性也不会受电话公司经营特许的公法特性和法律赋予政府确定费率的权力的影响，但这些结论本身并不足以说明第23条不应当适用。顾客和经营者都是私主体，他们之间关系的发生受私法规范的调整，但这不必然就否定电信服务具有公共性质，1936年第546号国王政令规定电信服务由国家垄断管理。根据先例，给付义务的强制性属性并不仅因为服务的请求取决于私主体的意愿这一事实而被排除。考虑到特殊的重要性，一项服务被保留给国家垄断管理，同时该项服务又是对基本生活而言是不可或缺的，在这样的条件下，如果服务价格由国家单方面确定，就应当与强制性财产给付义务相似了。当上述条件满足时，服务对价的支付义务以顾客产生使用服务的意图为前提，这一事实对于判断是否属于强制性给付义务而言就不再起着决定性的作用。虽然，公民是有签订或不签订合同的自由，但这种自由已弱化为要么选择放弃基本生活需求，要么选择接受以单方面、专断方式事先确定的条件和义务。而这仅仅是一种形式上的自由，因为选择前者将意味着牺牲一项重要的利益。[1]

(三) 作为课征基础的法律的范围

意大利宪法第23条所规定的"法律"（legge），不仅指国家议会通过的法律，即所谓的一般法律，还指任何具有法律效力的规范性文件，即所谓的特殊法律，具体包括法律令（decreto-legge）、立法令（decreto legislativo）和大区法律（legge regionale）。[2] 不过，这些特殊法律得以在税收法定原则下存在基于的缘由各不相同。

1. 法律令与行政程序的效率

在意大利，立法职能由议会承担，但是中央政府也可以颁布具有法律

---

① Cfr. la sentenza di Corte Costituzionale del 9 aprile 1969, n. 72.

② Cfr. Gaspare Falsitta, *Manuale di diritto tributario-parte generale*, CEDAM, 2010, p. 151.

效力的政令，其中之一便是法律令。根据意大利宪法第 77 条的规定，中央政府颁布法律令无须议会授权，不过仅在一些必要和紧急的特殊情况下采用，属于具有法律效力的临时措施。具体而言，法律令规定的内容需要在 60 天内转变为一般法律，否则将从法律令采用之日起（溯及既往地）丧失效力。法律令曾在税收领域被很频繁地采用，这是因为通过中央政府颁布法律令，生效时间短，可以对有关课税问题做出迅速的必要反应。例如，为引入或增加消费课税，颁布法律令可以避免纳税人囤积居奇作为消费课税对象的商品；再如，为引入反避税规则，颁布法律令可以避免纳税人争相实施规则所针对的行为和交易。此外，颁布法律令还是为了应对国家融资的要求，即当出现对财政收入紧急需求的时候，例如国家颁布需要新开支的规则。① 意大利曾习惯性地采用法律令，无疑是为了避免议会程序的拖拉和缓慢。不过，法律令也经常没有被转变为一般法律，规定的内容则是通过中央政府重复颁布相同内容的法律令来维持实施。② 不过，意大利宪法法院在 1996 年的一项判决中否定了这一惯例，③ 同时，意大利 2000 年纳税人权利宪章第 4 条禁止法律令引入新的税种以及规定现有的税种适用于新的其他类型的主体，为此意大利目前更频繁采用的是授权法令（decreto delegato）。

2. 立法令与授权立法

根据意大利宪法第 76 条的规定，议会可以授权政府实施立法职能，但需要确定原则和指导标准，并且政府只能针对议会确定的客体在一个有限的时间内实施。而中央政府实施授权立法，颁布另一项具有法律效力的政令，即立法令，为此立法令又称为授权法令。在税收领域基于授权立法采用立法令，主要原因在于税收规则的技术性，通常体现为法学家通过一般的法学培训所不能掌握的一些知识，例如资本所得，需要了解金融市场，企业经营所得，需要了解会计，此外还体现在税法涉及的一些计算问题，例如资本弱化。无疑，这些税收规则在议会层面讨论和制定存在困难。事

① Cfr. Francesco Tesauro, *Istituzioni di diritto tributario-parte generale*, UTET, 2006, p. 21.
② Cfr. Francesco Tesauro, *Istituzioni di diritto tributario-parte generale*, UTET, 2006, p. 22.
③ Cfr. la sentenza della Corte Costituzionale del 17 ottobre 1996, n. 360.

实上，当税收立法客体涉及的面非常广的时候，尤其需要授权立法。例如，在1971年、2003年和2014年，意大利议会分别颁布专门的法律授权政府实施税制改革，① 而意大利中央政府根据这些授权颁布相关立法令。在授权内容上，以2003年授权法律第5条为例，关于增值税改革的原则和指导标准，该条从九个方面进行了详细规定，例如"逐步减少税基的不可抵扣和扭曲项目，使得与真正和典型的对消费征税的结构相符合""与消费税相协调，以减少重复征税效果""根据特定行业的特殊性，合理化增值税特殊制度""简化和合理化退税规则""对增值税可抵扣的形式要求和所得税可扣除的形式要求进行协调"等。② 同时，2003年授权法律第8条规定执行税制改革的立法令需要在2年内颁布。③

在意大利，税收领域的授权立法早在1848年宪章第30条的规定下就已经存在。由于中央政府实施授权立法受到议会颁布的授权法律的制约，立法令并没有违背法定原则。事实上，在早期基于立法令授权还经常被赋予市、省和其他自治机构的选举机构，当然，授权局限于对这些机构的管理而言是必要的强制性收入的范围内。④ 需要强调的是，符合税收法定原则的立法授权必须是明确的，这一点对于防止政府任意实施授权立法而侵害纳税人财产权尤为关键。

3. 大区法律与地方财政自治

除国家一级，意大利行政区划具体分为大区、省和市三级，大区分为若干省，省又分为若干市。截至2023年，意大利共有20个大区、80个省和7900个市。⑤ 此外，还有14个特大城市。⑥ 根据意大利宪法第117条的规定，大区法律属于大区议会因实施大区竞合或剩余立法权（competenza

---

① Cfr. Legge 9 ottobre 1971, n. 825 – Delega legislativa al Governo della Repubblica per la riforma tributaria, Legge 7 aprile 2003, n. 80-Delega al Governo per la riforma del sistema fiscale statale（根据该法律名称，这次税制改革为国家税制改革，不涉及地方税），e Legge 11 marzo 2014, n. 23-Delega al Governo recante disposizioni per un sistema fiscale più equo, trasparente e orientato alla crescita（根据该法律名称，这次税制改革的目标是建立更加公平、透明和以增长为导向的税收制度）。

② Cfr. l' art. 5 della Legge 7 aprile 2003, n. 80.

③ Cfr. l' art. 8 della Legge 7 aprile 2003, n. 80.

④ Cfr. Lucio D' Acunto, *Dal principio dell' autoimposizione al principio di legalità*, in *L' Amministrazione Italiana*, n. 6, 1973, p. 801.

⑤ Cfr. Comuni e città. it.

⑥ Cfr. Tuttitalia. it.

concorrente o residuale）而颁布的规范性文件，仅在颁布大区法律的大区内有效。意大利宪法法院早在 1965 年的一项判决中就肯定大区法律属于宪法第 23 条规定的法律，理由如下：一方面，如果只有国家（中央）层面的法律才能课征强制性财产给付，那么将排除大区的税收规范权力，而这与其他赋予大区这项权力的宪法条款相违背。同时，如果将法律仅仅理解为因国家实施专属立法权而颁布的规范性文件，也将导致同样的结果。这样解释第 23 条规定的法律概念，属于对第 23 条的任意、不合理的限制解释，鉴于大区因实施其竞合或剩余立法权而颁布的规范性文件属于宪法文本语言所用的"法律"，否则将否定大区所拥有的被宪法法院所认可的竞合和剩余立法权。另一方面，第 23 条的价值在于规定一项立法保留，以保护个人法律权利，因为这种保留旨在排除公权力对个人法律权利的任何限制和侵害，如果这种限制和侵害并没有法律上的基础，或并不是由法律所规定。基于制度的逻辑性，上述保护不管是在国家层面还是大区层面都应当以同样的方式发挥作用。①

大区法律属于第 23 条所规定的法律，源于大区在税收领域享有一定的立法权。事实上，关于立法权限分配的意大利宪法第 117 条并没有将税收规定在国家享有专属立法权的领域，而在国家和大区享有竞合立法权的领域规定了公共财政与税收制度的协调。此外，需要强调的是，没有被明确规定保留给国家立法的领域，大区享有剩余立法权。大区在税收领域享有一定的立法权又源于承认和促进地方自治的需要，具体而言，与实现财政联邦主义密不可分。根据意大利宪法第 5 条的规定，共和国认可和促进地方自治，根据第 119 条的规定，大区（以及省和市）具有收入和开支方面的财政自治以及自有的财源，同时，在不与宪法以及公共财政和税收制度协调原则冲突的前提下，大区可规定自身的税收等强制性财产给付收入。这样，对于由包括立法令在内的国家法律规定的大区自有税而言，② 大区的立法权并非仅仅旨在执行和补充国家法律，还是第一位性的立法权，大区法律也属于第一位性法源（相对于条例、规章等第二位性法源），不受国家立法的

---

① Cfr. la sentenza della Corte Costituzionale del 23 giugno 1965, n. 64.
② 例如，基于 1997 年第 446 号立法令（Decreto Legislativo 15 dicembre 1997 n. 446）引入的大区生产活动税（imposta regionale sulle attività produttive），属于大区税种，从事经营活动的企业基于其在某个大区产生的产值而缴纳的一种税。

限制。也为此，税收法定原则对以财政联邦主义为导向的财政体制改革并不会施加重大的限制，相反，对大区规范自治的扩大的实质性限制来自宪法第 117 条关于"税制协调"的规定。事实上，为避免损害意大利整体税制的协调性，意大利宪法法院基于严格解释，将大区的税收立法权局限于那些大区自有的税，即那些尚未被国家法律所规范的税，而考虑到现存几乎所有的税都是由国家法律引入和规范，大区税收立法权职能局限于因执行国家议会颁布的授权立法而可能引入的新的税收。[①] 因此，目前在意大利，是"税制协调"要求限制了大区以及省、市实现真正和自有的税收政策的可能性，而非税收法定原则。

最后，需要说明的是，根据"无代表无征税"的要求，由大区公民代表组成的大区议会可以规范大区公共费用分摊的标准，换言之，大区法律规范大区税符合税收法定原则之民主课税的精神。不过，省和市议会却并没有这项权力，它们颁布的规范性文件不属于第 23 条所规定的法律，省和市也因此无法对税制以及税制中的税收的构成产生实质的影响。这是因为税收规范权限分配的宪法性设计建立在承认足够宽的选民基础为必要条件的基础之上，而只有足够宽的选民基础，体现出不同方面利益的政治构成才可以有效地实现。而对于省，尤其是对市而言，选民基础太窄，不仅在人数方面，而且在地域差异、生产活动、文化传统和社会关系等方面，这样，当选者对他们选民通常关注的眼前利益更难进行评估和调和，同时，对少数人欺压和排斥的要求也更可能占据上风。[②]

三、税收法律保留的相对性

（一）相对性的基本内容

根据税收法定原则的一般要求，政府对公民课税或公民向政府缴纳税款必须依据法律，课税无疑属于保留给议会制定法律的事项，因此，税收

---

① Cfr. Andrea Fedele, *Federalismo fiscale e riserva di legge*, in *Rassegna Tributaria*, n. 6, 2010, p. 1534.

② Cfr. Andrea Fedele, *Federalismo fiscale e riserva di legge*, in *Rassegna Tributaria*, n. 6, 2010, p. 1531.

法定原则又可以称为税收法律保留原则。不过，进一步考察意大利经验中的税收法定原则适用，税收法律保留并非绝对，而是相对。① 这既与税收法定原则的起源相关，也与意大利宪法第 23 条关于税收法定原则规定的方式有关，尤其是后者。由于第 23 条并没有规定税的课征只能由法律规定，而是规定税的课征需要根据法律，这样，根据意大利宪法法院给出的文意解释，为满足税收法律保留的要求，课税要件在法律中具有基础即可。② 因此，并非所有税收规则都必须在法律中予以规定，法律只需要规定最低限度的内容即可，其他内容可以由第二位性法源进行规定，仅当法律规定的内容在上述最低限度以下，才构成对法律保留原则的违背。那么，课税法律基础或最低限度的内容具体体现为怎样的税收规则？对此，需要从狭义的角度来理解税收规则。

1. 属于法律保留的税收规则

首先，根据税收法定原则的起源，税收法定原则的功能在于限制国家课税权和保护公民财产权，但关注的是课税产生和构成阶段或课税本身，并不关注税收程序法规则所涉及的课税实现阶段或课税的方式，因为后者通常并不侵蚀私人领域。③ 进一步而言，税收法定原则仅关注公共费用的分摊，或者说公民是否承担以及承担怎样、多少的纳税义务需要由议会决定，至于如何实现公民的纳税义务或者说如何将税款入库，并不在原则起源所关注的范围内。因此，根据意大利税法学说，需要法律保留的税收规则仅仅涉及税收实体法规则，例如关于应税行为、税基、税率、处罚等规则，而不涉及税收程序法规则，例如关于税收查定、征收、举证等规则。④ 当然，税收法律保留不涉及税收程序法规则，并不意味着政府在税收程序领域可以不受限制地侵害公民的财产权。在意大利，政府颁布的条例等规范性文件，如果违反宪法、法律而侵害公民的财产权，例如违反宪法第 53 条所规定的量能课税原则，可被法院判定违宪或不适用。不过，尽管税收法

---

① 需要指出的是，与税收法定原则不同，罪刑法定原则属于绝对法律保留原则。

② Cfr. la sentenza di Corte Costituzionale del 26 gennaio 1957, n. 4.

③ Cfr. Enrico De Mita, *Principi di diritto tributario*, Giuffrè, 2007, p. 107.

④ Cfr. Gaspare Falsitta, *Manuale di diritto tributario-parte generale*, CEDAM, 2010, p. 151; Francesco Tesauro, *Istituzioni di diritto tributario-parte generale*, UTET, 2006, p. 19.

律保留不涉及，但并不意味着税收程序法规则就不需要制定法律。事实上，在法治国家，根据依法行政的要求，关于征税机关的设立、征税机关在税款征收方面的权力和程序等基本规则也需要制定法律，而相关内容可能在宪法其他条款中予以规定，例如意大利宪法第 14 条第 3 款规定税务调查、检查由特别法律规范。

其次，如果将税收实体法规则进一步分为定性税收规则和定量税收规则的话，只有前者才是绝对必须在法律中予以规定的内容。[1] 所谓定性税收规则，是指识别是否存在纳税义务的税收规则，涉及应税行为在主体、客体、时间和空间或地域四个方面的规则。其中，主体规则涉及纳税人、扣缴义务人、连带缴纳义务人等内容，客体规则涉及取得收入、消费商品或服务、拥有财产、实施特定行为等内容，时间规则涉及收入取得、交易完成等时间以及纳税义务产生时间等内容，空间规则涉及哪国公民或国籍、居住、住所地、收入取得、财产所在、契约履行地等内容。此外，关于是否应当给予纳税人税收行政处罚的规则也属于定性的税收规则。当然，从合宪性的角度，这些在法律中规定的基本内容必须足够明确。所谓定量税收规则，是指决定纳税义务数额大小的规则，例如税基、税率和罚款金额等。虽然，基于立法授权，定量税收规则可以由政府制定的条例等第二位性法源进行规范，[2] 但这并不意味着定量税收规则完全可以由政府来规范。法律中必须就定量税收规则事先规定相关原则和标准，例如在税基计算标准、税率方面规定最高或同时规定最低限值，来指导和限制政府关于纳税义务数额的选择。对此，意大利宪法法院在早期的判决中就认可这一点，例如在 1963 年做出的一项判决。[3] 该判决涉及矿泉水生产特殊税，属于市税，由水源截取地的市征收，而 1952 年第 703 号法律在引入该税时仅规定最高税率为 3%，具体税率由市确定，税基则为截取的水的价值。定量税收规则可以由政府在一定范围内进行规范，主要是基于两个方面的考虑：一方面是政府需要拥有适当的自由裁量权，尤其是技术性自由裁量权；另一方面是为赋予地方行政部门一定的自治空间，毕竟意大利宪法也认可和促

---

① Cfr. Gaspare Falsitta, *Manuale di diritto tributario-parte generale*, CEDAM, 2010, p. 152.

② Cfr. Andrea Fedele, *La riserva di legge*, in *Trattato di diritto tributario*, diretto da Amatucci, volume I, tomo I, CEDAM, 1994, p. 181.

③ Cfr. la sentenza di Corte Costituzionale del 18 giugno 1963, n. 93.

进地方自治，因此，税收法律保留的相对性也是对宪法第 23 条体系解释的结果。

最后，需要特别指出的是，根据税收法定原则的起源，税收法律保留乃是为限制国家课税权以保护公民财产权，这样，那些对纳税人有利的税收实体法规则，例如税收优惠规则，并不在法律保留的范围内。[①] 事实上，这些税收规则的合宪性问题并不是根据税收法定原则进行考量，而是根据其他宪法条款进行考量，例如意大利宪法第 3 条平等原则条款以及第 53 条量能课税原则条款。

2. 政府第二位性法源规范的税收规则

在意大利，第二位性法源是指由政府制定、不具有法律效力的规范性文件，通常称为条例。而条例又具体分为以下几类：政府条例（regolamento governativo），即专指中央政府条例，由共和国总统颁布；内阁主席或总理条例（regolamento del Presidente di Consiglio），由内阁主席或总理颁布；部际条例（regolamento interministeriale），由中央政府若干组成部门的部长联合颁布；部长条例（regolamento ministeriale），由某一中央政府组成部门（例如经济和财政部）的部长颁布；大区、省和市政府颁布的条例。根据前文的阐述，并非所有课税内容都应当由法律来规范，属于税收法律保留的规则仅仅是税收实体法中的定性规则，即关于应税行为基本内容（不包括税收优惠）的规则。这样，这些基本内容以外的内容，尤其是技术性内容，也可以由第二位性法源来规范，在税收领域也形成了所谓的去法律化（delegificazione）现象。不过，对于上述这些条例具体是如何来规范相关税收规则的，还需要作进一步阐述。

首先，中央政府层面的条例。根据规范政府活动的 1988 年第 400 号法律第 17 条第 1 款的规定，[②] 通过共和国总统颁布的政府条例，根据在税收领域规范的不同内容，可以进一步分为以下三类：（1）执行条例（regolamento di carattere esecutivo）。这类条例仅仅是针对法律规定的基本内容简单地引入细则要求或规定（prescrizioni di dettaglio），以使法律可以被具体地应

---

① Cfr. Pasquale Russo, *Manuale di diritto tributario-parte generale*, Giuffrè, 2007, p. 47.

② Cfr. il primo comma dell' art. 17 della legge 23 agosto 1988, n. 400.

用。这样，在缺乏法律专门授权的情况下也可以颁布这类条例,① 在税收领域大量存在；（2）实施或补全条例（regolamento di carattere attuativo o integrativo）。实施或补全条例针对的是仅仅规定原则规则的立法，比执行条例针对的立法更为一般化，可以说，实施或补全条例规定的内容乃是为使立法规范得以完整，没有这些内容，立法将呈现出"空白"。② 这样，对于税收法律保留的规则，如果立法只规定了原则规则，即没有规定宪法第 23 条所要求的规范内容，不能通过这类条例来实施或补全,③ 但可以通过授权由政府制定立法令。不过，对于不属于税收法律保留的规则，例如税收程序法、税收优惠规则等，可以通过颁布实施或补全条例来规范；（3）授权条例（regolamento delegato）。这类条例针对的是（就某一特定的课税领域）规定了一般规则的立法，通过授权政府制定条例，以达到补全立法规范的目的。值得一提的是，针对这类立法，意大利学界普遍认为，基于补全的目的，规范性文件的属性并不重要，只要规定的内容不违反其他宪法条款，需要补全的立法规范甚至也可以由一般行政行为（atti amministrativi generali）或直接由个人行政措施（provvedimenti amministrativi individuali）来规定。④ 一般行政行为和个人行政措施分别指的是抽象行政行为和具体行政行为。

以上是政府条例规范税收规则的情况，而内阁主席条例、部际条例和部长条例在法律规定或授权的前提下可以规范并不是绝对需要由法律规定的税收规则，尤其是关于纳税数额的定量规则，例如更新不动产定期收益额、确定每年折旧或摊销的额度、确定具体适用的税率以及修订地籍册、批准所得申报使用的表格等。⑤

其次，中央以下政府层面的条例，具体指大区政府、省和市政府颁布的条例。总体而言，就上述政府条例规范税收规则的情况，也适用于这些中央以下政府颁布的条例。由于大区具有立法权，可以制定大区法律来整体规范自有税，而省、市没有立法权，这里仅就省、市政府关于自有税的

---

① Cfr. Francesco Tesauro, *Istituzioni di diritto tributario-parte generale*, UTET, 2006, p. 24.
② Cfr. Gaspare Falsitta, *Manuale di diritto tributario-parte generale*, CEDAM, 2010, p. 77.
③ Cfr. Francesco Tesauro, *Istituzioni di diritto tributario-parte generale*, UTET, 2006, p. 25.
④ Cfr. Gaspare Falsitta, *Manuale di diritto tributario-parte generale*, CEDAM, 2010, p. 154.
⑤ Cfr. Francesco Tesauro, *Istituzioni di diritto tributario-parte generale*, UTET, 2006, pp. 24-25.

规范权做进一步的阐述。针对第一位性法源所规定的基本内容，为贯彻财政联邦主义，省、市政府可以颁布条例来进一步规范。事实上，根据旨在促成地方政府税收自治的 1997 年第 446 号立法令，省、市政府拥有一项一般的条例制定权，只要与它们自有税相关，条例的制定无须法律的规定或授权。不过，省、市政府拥有的规范自治是有限的，换言之，省、市政府条例规范的内容有限，仅涉及不属于税收法律保留的规则，即局限于通过确定具体税率和税基来补全分摊标准（税额）、规范税收优惠和税的实现（程序规则）等。①

3. 欧盟法对意大利税收法定原则适用的限制

这里所称的欧盟法是指欧盟机构根据《欧洲联盟运行条约》（*Treaty on the Functioning of the European Union*）第 288 条的规定为行使欧盟职能而制定的条例、指令和决定，通常称为派生性欧盟法。② 这三类欧盟法源对欧盟成员国都具有约束力，其中，条例可以直接在成员国适用，指令的适用需要转化为国内法，决定的适用仅对其针对的个别主体。为构建欧盟单一市场，欧盟积极促使成员国间的税制协调，为此制定了大量条例和指令，尤其是在间接税领域，例如 1992 年关税条例、③ 2006 年增值税指令、④ 2008 年消费税指令⑤和 2003 年利息和特许权使用费指令⑥等。而欧盟成员国或者直接依据条例进行征税，或者依据指令制定国内法，换言之，欧盟成员国事实上将这些税收领域的立法权让渡给了欧盟机构。制定上述派生性欧盟法源的欧盟机构，例如欧盟理事会（Council of the European Union），又称部长理事会，由各成员政府部长所组成，税收方面的欧盟法，通常由各成员国经济或财政部部长组成的理事会制定，再如欧盟委员会，属于欧盟的执行机构，类似于欧盟的"内阁政府"，考虑到它们不同于欧洲议会，不属于具有直接政治代表性的机构，或者说属于缺乏民主性的机构，就产生关于税收法律保留原则在欧盟税法领域是否适用的疑问，或者说关于欧盟税法

---

① Cfr. Andrea Fedele, *Federalismo fiscale e riserva di legge*, in *Rassegna Tributaria*, n. 6, 2010, p. 1530.

② 关于欧盟法的相关制度，详见本书第十三章。

③ See Regulation 1992/2913/EEC.

④ See Directive 2006/112/EC. 前身为著名的第六号增值税指令。

⑤ See Directive 2008/118/EC.

⑥ See Directive 2003/49/EC.

的制定是否违背成员国宪法上的税收法律保留原则的疑问。

对此，在意大利，虽然有学者指出欧盟运行条约第 288 条规定欧盟机构可以制定关于课征财产给付的欧盟条例和指令并不违背宪法第 23 条，[①] 但更多学者还是认为意大利作为欧盟成员国，对欧盟的赞同限制了法律保留在欧盟法律渊源方面的应用性。[②] 对于前者，主要的论据在于欧盟条例和指令的制定需要遵循欧盟基础条约规定的原则和指导标准，而欧盟基础条约的生效是需要经过成员国议会的批准。这样，问题便延伸为欧盟基础条约中规定的作为制定条例或指令的法律基础是否构成授权立法中法律所要规定的原则和指导标准。这里以 1957 年《罗马条约》（*Rome Treaty*）第 99 条规定的作为制定增值税指令的法律基础为例予以说明。该条规定，为共同市场的利益，委员会应当考量以什么方式协调不同成员国关于流转税、消费税和其他形式间接税的立法。[③] 据此可以判断，对就增值税征税客体、纳税人主体、税基、税率等基本内容进行系统规定的 1977 年第六号增值税指令而言，[④]《罗马条约》第 99 条并不符合授权立法中法律所要规定的关于原则和指导标准的要求。事实上，就协调成员国流转税制度而言，引入什么样的流转税、征税客体的界定、免税的范围、纳税人的特征、税基的构成、税率要求等涉及课税原则和指导标准的内容，都规定在当时欧洲经济共同体理事会制定的 1967 年增值税第一号指令和第二号指令中。[⑤]

事实上，根据意大利宪法第 11 条的规定，相比于国内法，欧盟法的适用具有优先性，可以对国家相关的主权进行限制。这样，在欧盟法下，成员国不再对立法享有垄断，有些领域和权利基础不再由成员国专属规定。而这样的巨大空间，包括财产给付，特别是税，已经不再置于意大利宪法第 23 条所规定的法律保留的范围。[⑥] 此外，不同于平等原则和量能课税原则，税收法律保留原则也不构成基于"反限制"理论可以对欧盟法合法性

---

① Cfr. Enrico De Mita, *Principi di diritto tributario*, Giuffrè, 2007, p. 112.

② Cfr. Andrea Fedele, *Federalismo fiscale e riserva di legge*, in *Rassegna Tributaria*, n. 6, 2010, p. 1525.

③ See the art. 99 of Treaty of Rome (1957).

④ See Sixth VAT Directive 77/388/EEC.

⑤ See First VAT Directive 67/227/EEC and Second VAT Directive 67/228/EEC.

⑥ Cfr. Valeria Mastroiacovo, *Il principio di legalità nel diritto tributario: riflessioni in materia tributaria*, in AA. VV., *Il principi europei del diritto tributario*, a cura di Adriano Di Pietro e Thomas Tassani, CEDAM, 2013, p. 10.

提出质疑的成员国宪法性基本原则。"反限制"理论（theory of contra-limi-
tations）适用于欧盟法和成员国法相冲突的情形，根据欧盟法的优先性，此
时成员国法的适用受到限制，但是，如果欧盟法违背了成员国宪法性基本
原则，可以不适用欧盟法。在税收领域，由于欧盟法强调欧洲单一市场、
经济自由以及消除竞争扭曲，而成员国法更强调财富再分配，两者价值的
差异导致两者之间亦可能发生冲突。虽然税收法律保留原则属于宪法性基
本原则，但在 1973 年作出的第 183 号判决中，[①] 意大利宪法法院明确否定
了税收法律保留原则具有反限制的功能。意大利宪法法院为此指出，关于
农业性提款，确切地说，对来自第三国农产品征收的（边境）费，[②] 法院承
认该提款具有强制性财产给付的特性，承认也同样可以成为一种税，而该
种税的征收仅仅通过建立在部长理事会一致同意决议基础上的欧盟条例即
可，换言之，不需要意大利法律的"媒介"作用，意大利宪法所规定的税
收法律保留原则可以不遵守。

据此，欧盟法规则不适用税收法律保留原则，无疑也体现了税收法律
保留的相对性，而随着欧盟法的应用性越来越广，对于成员国而言，税收
法律保留也在不断弱化。不过，与其他相对性体现的内容不同，意大利学
者对欧盟法税收规则不适用法律保留主要还是持否定态度。因为欧盟派生
性法源制定的权限既不在欧洲议会也不在成员国议会，造成了对民主的实
质损害，而在欧盟法下，税收法律保留原则似乎已经沦为税收法律确定性
原则，即在满足法律确定性的前提下，任何规范性文件都可以用来课征强
制性财产给付。[③] 此外，欧洲一体化的形式正慢慢演变为一种政府间的形
式，演变为一种缺乏国民和议会参与的形式，演变为一种民主权利缺失的
状态。[④] 为此，增加欧盟机构体制的民主性、扩大欧洲议会的权限，已经成
为学者（尤其是税法学者）关于欧盟未来发展建议的一项重要内容。

[①]　Cfr. la sentenza della Corte Costituzionle di 27 dicembre 1973, n. 183.

[②]　农业性提款是指一种特别类型的边境费，当进口来自欧盟以外第三国的农产品时予以征收，以填补欧盟以外农产品的价格和欧盟内部相应农产品的价格的差价，即所谓农产品进口差价税，曾属于欧盟一项重要的自有财源。

[③]　Cfr. Valeria Mastroiacovo, *Il principio di legalità nel diritto tributario: riflessioni in materia tributaria*, in AA. VV., *Il principi europei del diritto tributario*, a cura di Adriano Di Pietro e Thomas Tassani, CEDAM, 2013, p. 10.

[④]　Cfr. Franco Gallo, *Ordinamiento comunitario, ordinamenti nazionali e principi fondomentali tributari*, in *Diritto e Pratica Tributaria*, n. 6, 2006, p. 1145.

(二) 相对性与政府自由裁量权的限制

基于税收法律保留的相对性，政府（包括地方政府）在税额确定方面拥有一定的规范权力，这一权力的行使属于政府自由裁量的范围。不过，为避免对税收法定原则的违背，政府这一权力需要受到制约，换言之，法律需要对政府这一权力的行使规定相关的标准和限制。为避免政府权力行使的任意和专断，法律需要确定应税行为等定性方面的规则、税额的（最高）上限以及相关职能部门对政府权力行使的监控。只有在满足这样的条件下，对税收等财产给付的课征，尽管法律将确定税额的任务赋予政府，才符合税收法定原则。不过，由于每一项课征行为都具有自身的特殊性，法律规定的旨在对政府自由裁量权行使进行制约的标准和限制会因课征行为的不同而有所不同。事实上，定量规则在由政府进行规范时，政府自由裁量权的限制不仅可以通过第一位性法源规定最大限值的税率、税基得以实现，还可以通过第一位性法源规定其他方式得以实现。[1] 这些方式能否被认同，判断的原则是所谓的充足原则（principio di sufficienza），即相关方式是否足以有效限制政府的自由裁量权。

1. 规定税基确定的客观因素

意大利宪法法院 1965 年的一项判决予以了肯定。[2] 该判决涉及的是意大利曾征收的房屋税（imposta sui fabbricati），一种特殊所得税，由房屋所在地（市）征收。1960 年第 131 号法律将作为税基确定因素的系数委托给经济和财政部按年进行调整，[3] 而该系数乘以不动产定期收益，例如地租，即为税基。不过，该法律规定系数需要建立在近些年的平均租金变化基础上进行调整。由于平均租金属于客观数据，这一特点足以对经济和财政部的裁量权进行有效的限制，宪法法院认定 1960 年第 131 号法律没有违背宪法第 23 条的规定。

---

[1] 需要指出的是，除了下文将阐述的三类方式以外，还存在一类方式，即法律规定由被课征主体参与的机构享有课征的决定权。

[2] Cfr. la sentenza di Corte Costituzionale del 31 marzo 1965, n. 16.

[3] Cfr. l'art. 1 della Legge 23 febbraio 1960, n. 131.

2. 规定技术机构的介入

意大利宪法法院 1969 年的一项判决予以了肯定。① 该案涉及电话费费率的确定，具体而言，涉及 1936 年第 645 号国王政令（regio decreto）第 232 条关于电话费率确定的规定，根据该条的规定，电话费费率由邮政和电信部（与国库部和工商业部统一发布）政令批准，即由政府来确定。考虑到电话服务作为一项基本服务，根据公共垄断制度来提供，电话费属于一项第 23 条规定课征的强制性财产给付，费率显然就不能由政府任意确定。因此，第 232 条赋予政府确定服务价格的权力涉嫌构成一项未受限制和监控的权力，从而违背宪法第 23 条的规定。不过，意大利宪法法院并没有予以肯定，主要是考虑到在案件审理时，服务价格确定的权力已经转交给价格部际委员会（Comitato interministeriale dei prezzi），② 政府已经不能再实施这项权力。该委员会根据 1944 年第 347 号立法令成立，属于国家机构，职能是对价格进行监控，由总理、各部部长和三位专家所组成。委员会的这项权力属于专属权力，服务价格的确定方式也在第 347 号立法令以及之后的一些立法令中规定。考虑到委员会的构成以及职能履行方式的特点，例如根据法律所规定的程序、方法，宪法法院最后认为该权力的实施不是没有限制地可以越界成为保留给立法者实施的因素评估，并且该权力的实施与技术性因素相关，这也限制了该权力实施的范围，这些足以使缴纳人免受课征部门裁量权的任意行使，因此法律赋予价格部际委员会这项权力并不违背宪法第 23 条的规定。

3. 规定政府为特定公共服务提供进行融资的需求

此类限制政府自由裁量权的方式在是否符合法律保留宪法规定的问题上最为复杂，争议也最大，以下以三个例子进行阐述。

首先，意大利宪法法院在 1960 年作出的一项判决，③ 该判决肯定了此类方式。该判决涉及一项收费，经 1941 年第 366 号法律修改的关于地方财

---

① Cfr. la sentenza di Corte Costituzionale del 9 aprile 1969, n. 72.
② 在 1993 年，价格部际委员会被经济规划部际委员会（Comitato interministeriale per la programmazione economica）所替代。
③ Cfr. la sentenza di Corte Costituzionale del 6 luglio 1960, n. 51.

政的法律单一文本规定市可以每年征收一次城市固体垃圾收集和运输费，征收对象是建筑物，缴纳人是任何占有或管理建筑物的主体，但关于课征数额，该单一文本第270条仅规定根据建筑物房间的面积和房间的使用来确定。同时，第270条规定市负责制定专门的条例以具体应用该费，尽管市颁布的条例需要先征求内政部的意见并最后经过经济和财政部的批准。不过，虽然所涉法律没有对费的课征规定最大限值的税率，关于课征数额需要根据房间的面积和房间的使用来确定的规定也不足以限制课征的最大数额，而委托给内政部、经济和财政部实施的行政监控也不能有效地对市自由裁量权实施限制，意大利宪法法院并没有认定市制定条例以规范所涉费的应用违反了宪法第23条的规定。这是因为所涉法律第268条规定，为了提供固体垃圾收集和运输相关的服务，市可以规范专门的费，而在1941年第366号法律修改之前，第268条更是明确规定费征收的总数额不得超过市为提供服务而实际承担的成本，宪法法院认为这足以使得市所收的费的数额受到有效的成本限制，即受到为特定公共服务提供所需的财政资金（作为最高数额）的限制，符合法律应当规定特定的课征标准以避免政府或课征部门任意实施裁量权的要求。

其次，全国律师职业理事会征收的特殊捐贡。根据1944年第382号立法令第14条的规定，[1] 这一特殊捐贡的数额由该全国理事会确定。在缴纳的数额方面，尽管属于财产给付的基本内容，在法律保留覆盖的范围内，但是只要具有法律效力的规范性文件明确指出数额确定的标准和限制，即使交由政府或公共机构来履行，也符合法律保留原则。[2] 同时，为确定这种标准和限制，并非必须规定给付的最大限额，法律只需要指出能够限制课征部门自由裁量权行使、确保其无法任意行使的标准就可以。[3] 基于此，罗马所在大区的二审税务法院认为第14条没有违背宪法第23条的规定，鉴于第382号立法令将课征数额的上限严格地与机构职能履行所需花费相挂钩，并且捐贡数额以透明的方式得以确定，即相关花费数额明确在预算中标明，

---

[1] Cfr. l'art. 14 del Decreto Legislativo Luogotenenziale 23 novembre 1944, n. 382.

[2] Cfr. Silvia Cipollina, *La riserva di legge in materia fiscale nell'evoluzione della giurisprudenza costituzionale*, in *Diritto tributario e Corte costituzionale*, a cura di Perrone e Berliri, Edizioni Scientifiche Italiane, 2006, p. 173.

[3] Cfr. la sentenza di Corte Costituzionale del 14 aprile 1986, n. 88.

同时，对于这一花费数额的确定，存在诸多内部和外部的监控。① 不过，仅仅通过法律一般地指出职能履行的费用来限制课征数额，是否符合宪法第23 条的规定，意大利学界也有所疑问。毕竟，这与指出与作为课征数额上限的服务（由取得收入的公共机构提供）成本相挂钩还是有所不同，从限制课征部门自由裁量权行使所体现的价值来看，后者更大。事实上，职能履行所需的费用这种立法的措辞可能为课征部门纯粹地自由决定式的评估打开大门，为此，也遭受批评。② 换言之，这种立法措辞还不能完全足以确保特殊捐贡确定所要求的透明性和公开性，而意大利宪法法院也曾表示不适合以这种立法措辞来限制课征部门的自由裁量权，认为即使将措辞改为"将课征数额严格限制于为确保预算平衡而必不可少的水平"，也不适合用以制约课征部门，因为这仅仅表达了一种"总限额"（limite semplicemente globale）。③ 需要指出的是，根据 2012 年第 247 号法律第 35 条第 2 款的新规定，目前全国律师职业理事会可以确定的课征数额只能局限于"满足因管理而所需的必要费用"④，应当说，对课征部门的限制比 1944 年第 382 号立法令第 14 条的规定有所增加。

最后，1946 年第 297 号立法令针对烟草引入的一项特殊捐贡。⑤ 该特殊捐贡分两部分缴纳，收入归作为受益机构的烟草实验科学研究所使用。第一部分由烟草垄断管理机构缴纳，不属于课征的强制性财产给付，属于国家对科研机构的财政援助。第二部分由获得烟草耕种特许权的公司或具有烟草出口许可的公司在向烟草垄断管理部门转让耕种的烟草或出口烟草时根据价格缴纳，属于强制性财产给付，但是作为第一部分的补充。对于第二部分特殊捐贡，第 297 号立法令第 3 条将课征标准（依价格的一定比例）的确定权赋予给了经济和财政部。这样，关于第二部分特殊捐贡，就产生了第 297 号立法令第 3 条是否违反宪法第 23 条关于法律保留规定的疑问。对此，意大利最高法院在 1969 年的一项判决中基于以下理由予以了否定：

---

① Cfr. Stefania Gianoncelli, *Riserva di legge, soggetti passivi e natura tributaria del contributo al CNF*, in *Giurisprudenza Italiana*, n. 5, 2014, p. 1104.

② Cfr. Stefania Gianoncelli, *Riserva di legge, soggetti passivi e natura tributaria del contributo al CNF*, in *Giurisprudenza Italiana*, n. 5, 2014, p. 1104.

③ Cfr. la sentenza di Corte Costituzionale del 23 gennaio 1962, n. 2.

④ Cfr. l'art. 35, comma 2 della Legge 31 dicembre 2012, n. 247.

⑤ Cfr. l'art. 3 del Decreto Legislativo Luogotenenziale 26 marzo 1946, n. 297.

第 297 号立法令规定了特殊捐贡课征行为的主要内容，例如缴纳主体、课征对象等定性方面的内容，并规定是为了满足研究机构的资金需求。而在定量方面的内容，立法令规定计征依据烟草垄断价格的规则来确定，课征标准（类似于税率）尽管赋予经济和财政部具体确定，但规定了课征标准的确定方式，即最高不超过 5%，同时以满足受益机构的预算要求为上限。这样，经济和财政部的自由裁量权已经受到客观标准的有效限制。[1] 不过，有意大利学者并不认同最高法院提出的关于受到预算要求限制的理由，指出根据宪法第 23 条的规定，强制性给付课征的限制基于明确的立法规则，而不是基于预算。在第 297 号立法令第 3 条的规定下，特殊捐贡的缴纳人需要缴纳的捐贡数额将仅仅取决于受益机构每年财务管理计划中的资金需求，而缴纳人的代表对受益机构财务管理计划制定的参与并不是决定性的，而仅仅是形式上的参与无法达到适合限制权力的客观标准要求。这样对于第二部分的特殊捐贡，使得经济和财政部对课征标准的确定行为并不足以受到有效的限制，违背宪法第 23 条的规定。[2]

（三）相对性与其他限制课税权的宪法条款

税收法律保留的相对性体现在可以由法律以外的规范性文件来规范特定的税收规则，其实质在于允许特定的税收规则由政府而不是由民主政治机构议会来制定。因此，在意大利，政府制定具有法律效力的税收规范性文件，例如法律令和立法令，事实上也可以认为是税收法律保留相对性的体现。基于不同原因，税收的法律保留不得不是相对的，但这对课税权的限制和公民财产权的保护并不会产生实质影响，事实上，也不应当产生实质影响。一方面，税收法律保留的相对性仅在满足特定的条件下并在特定的范围内存在；另一方面，也是更为重要的是除侧重对课税权进行形式意义上限制的税收法定原则以外，意大利宪法还规定了其他侧重对课税权进行实质意义上限制的原则或条款。换言之，税收法定原则要求课税由法律规定，但这并不能确保制定的税法便是税收良法，而其他宪法性原则或条

---

[1] Cfr. la sentenza di Corte di Cassazione del 19 maggio 1969, n. 1726.

[2] Cfr. Fiorenza Salvatore, *Brevi appunti in tema di riserva di legge*, *capacità* e *"prestazioni contributive"*, in *Giurisprudenza Italiana*, n. 4, 1970, pp. 739-742.

款则进一步规定应当制定怎样的税法，而这些原则或条款即代表了税收良法的基本要求。例如：宪法第 3 条规定的平等原则，禁止不合理和不正当的区别对待；第 53 条规定的量能课税原则，明确纳税人只根据他们的负税能力纳税，其中负税能力是一种扣除基本生活保障费用后余下的经济能力，负税能力相同承担相同的税负，负税能力不同承担不同的税负；基于宪法第 3 条和第 53 条而具有宪法上重要性的地域性原则，根据该原则，立法者选择的应税行为必须呈现与意大利法律体制相关联的因素，涉及的因素包括公民、居住地、住所、国籍、收入取得、财产存在于地域内、契约履行、文书使用等；① 第 81 条，禁止议会通过预算批准法案课征新的税等政府强制性收入或修改现有的课征措施。

最后，需要特别指出的是，上述这些宪法性原则或条款，当然也包括税收法定原则在内，都可以作为司法裁判的依据。与这些原则或条款相违背的法律、条例等规范性文件以及抽象行政行为，在意大利，都将被宪法法院、最高法院、国务理事会或其他法院认定违宪、违法或在具体案件中不适用。

---

① Cfr. Gaspare Falsitta, *Manuale di diritto tributario-parte generale*, CEDAM, 2010, p. 144.

第三章　量能课税原则

一、从税赋思想到法律原则的演变

　　量能课税，按照纳税人的负税能力进行税负的分摊，与享受公共服务的利益多少脱钩，强调负税能力相同的人缴纳相同的税负、负税能力不同的人缴纳不同的税负。而这样一种税负公平分摊的思想，在西方税赋思想史上，并非一开始就占据主导地位，率先占据主导地位的是基于受益标准的课税思想。这一税赋思想在近代社会占据主导地位，乃是建立在自由放任、反对国家对市民社会深入干预的古典自由主义、契约主义和个人主义之上，强调个人财产权不得受到国家征税权的任何限制，这样课税仅仅被赋予一种交换的功能，而税主要地体现为一种享受公共服务的对价形式和实质，即费的形式和实质。但在现代社会，随着国家干预主义、社会连带主义和实质平等主义的兴起（伴随着契约主义的抛弃）以及社会、法治国的到来，国家需要承担调节者和分配者的职能，个人财产权也并非绝对，可以在遵循税收法定原则下受到一定的限制。此时，税收与公共开支的利益交换也不能准确衡量，量能课税最终取代了基于受益、交换的课税。① 上述关于税赋思想的变化，其实也是关于税收公平理念从基于受益标准课税向量能课税的变化。

---

① 参见［意］弗兰科·加洛：《道德、国库（税收）和所有权》，翁武耀译，费安玲主编：《学说汇纂》第四卷，元照出版公司 2012 年版，第 136—145 页。

　　量能课税从赋税思想成为宪法以及税法的法律原则，在西方国家，具体而言，在欧洲传统大陆法系国家，① 可以一直追溯到 1789 年的法国《人权和公民权宣言》。该宣言第 13 条规定："为了武装力量的维持和行政管理的支出，公共税赋是必不可少的，它应在所有公民之间按照他们的能力作平等的分摊。"意大利 1848 年宪章第 25 条规定："所有公民必须按照他们的钱财分摊国家开支。"德国 1919 年魏玛宪法第 134 条规定："所有公民毫无差别地基于法律的规定根据他们的钱财分摊所有的公共开支。"而在现行成文宪法领域，意大利 1947 年宪法第 53 条明确规定："所有人必须根据他们的捐税能力（capacità contributiva）分摊公共费用，税制符合累进标准。"西班牙 1978 年宪法第 31 条规定："任何人必须根据他们的经济能力（capacidad económica），通过建立在平等原则和累进征税基础上的税制分摊公共费用，而征税在任何情况下都不能有没收的效果。"② 上述意大利宪法和西班牙宪法所称的捐税能力和经济能力乃是基于对原文的直译，内容上就是负税能力。当然，需要特别指出的是，德国在现有宪法中并没有明确规定量能课税原则，但是其宪法法院依据宪法平等原则和社会国原则，尤其是鉴于平等原则需要在特定领域中具体化的要求，在税法领域中解释出了宪法性的量能课税原则，尤其指出作为平等原则在税法中的具体应用，征税需要根据个人的经济能力来进行。③ 法国大致亦同，④ 其宪法委员会也多次援引《人权和公民权宣言》第 13 条以违反负税能力原则（facultés contributives）为由裁定税收措施的违宪性。⑤

　　事实上，量能课税原则能否作为宪法原则或税法的基本原则，或者还是应以税收公平原则作为宪法上的税法基本原则，在一些国家存在争议，鉴于量能课税原则在适用上存在一些限制。而意大利宪法上所规定的量能

---

① 在美国等英美法系国家，量能课税概念（ability to pay）在成文法中并没有被确认，但这并不意味着英美法系国家税收立法、执法和司法就不可以根据量能课税原则进行解释。

② 需要强调的是，西班牙税法深受意大利税法的影响，而西班牙税法对拉美国家的税法具有很大的影响，例如在税收基本法制定方面，可以说拉丁美洲国家的税法学说是建立在意大利和西班牙税法学说的共同基础之上。

③ Cfr. Bieter Birk, *Diritto tributario tedesco*, Giuffrè, 2006, pp. 12-13 e pp. 48-49.

④ Cfr. Jacques Grosclaude e Philippe Marchessou, *Diritto tributario francese*, Giuffrè, 2006, pp. 20-21.

⑤ 例如，针对 2013 年财政法案中的一项规定，即今后两年内对年收入超过 100 万欧元的个人征收边际税率达到 75% 的所得税。法国宪法委员会认为，该项措施具有实质上的没收效果，超过了纳税人的负税能力，因而严重违背了量能课税原则和平等原则。Voir Décision n° 2012-662 DC du 29 décembre 2012 de Conseil constitutionnel.

课税原则，构成了意大利税法上的基本原则，其相关学说理论也对该原则在适用上的限制予以了回应。

二、量能课税原则适用的基本内容

（一）　量能纳税义务产生的法律基础

意大利宪法第 2 条规定国家承认和保障人作为个体和在社会构成中的不可侵犯的权利，同时规定人需要履行政治、经济和社会共同责任方面的不可推卸的义务，即社会共同责任原则或社会连带原则（principio di solidarietà）。该原则就构成量能纳税义务产生的法律基础。这是因为纳税义务属于这类人的不可推卸的义务，它的履行满足的不是个人需求，而是社会需求，而社会是一个围绕个人和在社会构成中的权利而建立起来的有组织的共同体，此时人的财产不仅作为权利具有重要意义，还作为旨在实现共同利益的义务而具有重要意义。[1] 具体而言，经济共同责任原则要求所有人需要为国家获得在经济方面的必需品作出贡献，其中，很大一方面就体现在为国家的公共费用筹集资金，因此，可以说纳税义务是人基于共同责任的一般义务在经济领域的具体化。这样，税作为一项人对社会在经济方面的共同责任，具有了某种连带性，否定了其对价和对应给付的属性，税基的多少取决于市场因素而不是公共服务。也基于此，一方面一些人可以不纳税而享受公共服务，另一方面，其他人以单一比例或累进的方式为自己和为那些免税的人缴纳税款。最终，可以认为量能课税原则是社会共同责任原则在税收领域的具体化。[2] 此外，需要强调的是，也正是社会共同责任原则使得同样是宪法上的平等原则具有了实质方面的内容，即同样的情形需要同等对待，不同的情形需要不同对待，这样，按照通常所理解的，实质平等原则在税收领域就体现为量能课税原则。

---

[1] Cfr. Alessandro Giovannini, *Capacità contributiva*, in *Diritto on line*, 2013.

[2] Cfr. Luigi Ferlazzo Natoli, *Fattispecie tributaria e capacità contributiva*, Giuffrè, 1979, p. 49.

（二） 作为负税能力的经济能力

由于量能课税是按照纳税人的负税能力大小来决定其纳税数额，因此必须对什么是负税能力等问题进行探究。对此，意大利1848年宪章第25条和德国魏玛宪法第134条给予了初步答案：纳税人的钱财为判断此类负税能力的依据，换句话说，量能课税中的能力是一种经济能力。这一点，也与前述量能纳税义务产生的法律基础相契合。因此，立法者必须依据经济因素来选择应税行为，而不能依据人的发色、性别、人种、宗教信仰、公权力大小等非经济因素，[①] 否则将导致违宪。而通常所说的所得、财产和消费等经济因素就是体现这种经济能力的典型因素，即构成了税负分摊的典型标准。与此相关，在税负多少的分摊中，市场发挥了一个基础和不可消除的作用，因为在判断一项因素是否构成经济因素时，通常以在市场中是否具有潜在的可交换性为条件，即是否可以用货币计算，这样每一项征税价值就都是由市场所决定的，所得税和财产税如此，登记税（imposta di registro）和消费税也是如此。[②] 其中，登记税是对法律行为（包括交易、行政和司法行为）的登记征收的一种间接税。事实上，这些体现经济能力的因素构成了判断纳税人是否具有负税能力的第一个基本因素。而第二个基本因素是这些因素可归属于纳税人，即形成纳税人的负税主体适格。而应税行为也因此规定为纳税人取得收入、拥有财产和实施交易。需要注意的是，这些应税行为的完成在体现纳税人经济能力方面是存在差异的，或者是直接体现经济能力，例如收入的取得和财产的拥有，相关的征税即为直接税，或者是间接体现经济能力，例如交易的实施，相关的征税即为间接税。[③] 而对间接体现经济能力的行为课税的认可，可能导致负税能力概念的客观化，因为任何经济事实，除了取得收入，还包括将一产品置于生产收入的行为以及一项法律行为的完成、使用一个文件等，都可以体现负税能力，包括间接地体现。与此相对应的是，在划分间接税范围时，意大利税法学说采

---

① Cfr. Francesco Tesauro, *Istituzioni di diritto tributario-parte generale*, UTET, 2006, 2006, p. 69.
② Cfr. Gaspare Falsitta, *Il doppio concetto di capacità contributiva*, in *Rivista di Diritto Tributario*, n. 7/8, 2004, p. 889.
③ Cfr. Gaspare Falsitta, *Corso istituzionale di diritto tributario*, CEDAM, 2003, p. 99.

用了"剩余"标准，即所得税和财产税以外的税种都属于间接税。①

（三）负税能力的特征

一项税收规则除了必须基于经济事实来选择应税行为外，还必须满足三项条件，才符合量能课税原则，这也体现了负税能力的三项特征：

其一，自有性，即纳税人应当根据他自己的、而不是他人的负税能力来缴纳税款。具体而言，立法者在选择应税行为和纳税人时，必须以两者存在关联为前提，必须是该纳税人实施了应税行为，也只有这样，纳税人根据其自己的负税能力来纳税。这也与上述可归属性要求是一致的。对此，意大利宪法法院在1976年的一项判决给予了明确肯定：当时，意大利个人所得税法规定，夫妇收入积累后仅以丈夫作为纳税人进行申报并缴纳税款，法院以此认定该规定违反量能课税原则而非法，因为丈夫申报了并非必然是他取得的收入（而是还包括妻子劳动获得的）并直接对缴纳相关税款负责，不符合自有的负税能力原则。②

关于负税能力自有性的条件，还需要就扣缴义务人、纳税继承人和连带责任人等纳税主体扩张的税收规则进行必要说明。这类规则的特点是相关主体没有实施应税行为，但立法者基于国库主义以更快和更便利征收税款的目的，让这些并非是所征税款针对的负税能力的体现者来承担缴纳税款义务。但是，这类规则并不违反量能课税原则，如果相关主体具有可靠的可能性，使税负最终落在实施应税行为、体现负税能力的主体身上。③ 例如，个人所得税扣缴义务人通过源泉扣缴，继承人就被继承人未纳税款以其所继承财产（为限）进行缴纳。或如果赋予相关主体向负税能力体现者就缴纳税款求偿的权利，以最终避免承担源于他人负税能力的税款，例如公证人在登记税的情形有义务缴纳税款，但可以基于求偿权预先向实施应税行为的人取得该笔税款，类似的税款缴纳连带责任人还包括货运代理人、

---

①　Cfr. Francesco Tesauro, *Istituzioni di diritto tributario-parte generale*, UTET, 2006, p. 102.

②　Cfr. la sentenza di Corte Costituzionale del 14 luglio 1976, n. 179. 此外，根据该判决，所涉税收规则违背量能课税原则，还因为处于相同情形的同居（事实家庭）男女双方还是单独申报纳税，由于双方收入不积累于一处，累进税率下适用的边际税率会更低。

③　Cfr. Gaspare Falsitta, *Manuale di diritto tributario-parte generale*, CEDAM, 2010, p. 178.

企业受让人等。不难看出，以上情形属于税从一个主体向另一主体的法律移转，① 那么同属于税的法律移转的税收债务履行承担，是否符合量能课税原则？对此，应当予以肯定：尽管量能课税原则禁止立法者根据他人的负税能力对某人征税，但不禁止立法者规定任何人（如果他愿意的话）可以承担他人的税收债务的支付，任何人都具有支付他人债务的自由，包括税收债务。②

其二，真实性，即立法者据以对纳税人征税的负税能力必须是真实的，而不是虚假的。通常而言，反对基于推定的负税能力对纳税人征税，需要缴纳的税款必须与真实的经济事实相关联。对此，意大利宪法法院曾判定这样一项规则违宪，即规定对于上一年应纳税额未申报的，应纳税额增加10%。判定的理由是未申报仅仅是一项需要处罚的违法行为，不是负税能力的体现，纳税人的活动得到了进一步的发展、收入得到了增加的假定不能合法化税额的上升，因为没有具体或实际的因素可以作为根据。③ 不过，宪法法院也并不绝对否定就应税行为存在、税基确定或经济能力量化等进行推定，其所否定的是那种不允许纳税人提出反证的绝对推定或实质类型化，而在相对推定或形式类型化的情形，纳税人由于可以证明其不具有法律推定下的负税能力，并不违反量能课税原则。④

基于负税能力的真实性，通过定额征税、概括查定（accertamento sintetico）或归纳查定（accertamento induttivo）来确定税基、税额的方法，即通常说的核定征收，以及基于市场价值或平均价值计算商品价值或收入等，似乎可以认为它们违反了量能课税原则。但是它们仍然可以是合法存在，例如对于前一类情形，如果规定适用这些税基、税额确定方法是根据纳税人的选择，或者在纳税人没有设置账簿保管凭证或设置、保管严重不合规、未申报纳税等违反相关义务的情形下，对于后一类情形，如果允许纳税人对可能的真实价值和评价价值之间的明显偏差进行修正。⑤ 此外，负税能力的真实性还要求负税能力必须是扣除为生产相应财富而付出的成本的，作

---

① 区别于经济移转，例如税负转嫁，税的经济移转不属于作为法律原则的量能课税原则考量范围。
② Cfr. Gaspare Falsitta, *Manuale di diritto tributario-parte generale*, CEDAM, 2010, p. 180.
③ Cfr. Enrico De Mita, *Principi di diritto tributario*, Giuffrè, 2007, pp. 87-88.
④ Cfr. la sentenza della Corte Costituzionale del 11 marzo 1991, n. 103.
⑤ Cfr. Gaspare Falsitta, *Manuale di diritto tributario-parte generale*, CEDAM, 2010, p. 171.

为一般规则，这在所得税中应用最广泛。为此，根据意大利最高法院 2021 年的一项判决，[①] 即使是在概括查定或归纳查定下，征税机关在确定税基时也应当认可与查定的所得相关的成本，并给予扣除，否则就是对毛所得征税，违反量能课税原则。但需要强调的是，一般而言，为生产非法收益而支出的成本不得扣除，尽管非法收益亦构成负税能力中的经济能力而需要征税。最后，鉴于货币贬值而引起的财富增加仅仅是名义上的，尤其是所得，并没有真正提高纳税人的负税能力，立法者需要考虑通过在税基确定上进行调整，以避免或减轻财政拖累现象，即贬值引起的对特定收入或增值征税的隐形加剧。[②]

其三，现实性，即征税应当作用于一项表明现有负税能力的经济事实，或者说不能对在过去或未来体现的负税能力征税，负税能力应当在纳税人需要纳税的时候存在。这样，作为所有法律都需要遵循的一般原则，法律溯及既往的禁止在税法领域获得了具有税法特色的解释，即除了法的确定性和合理预期保护外，还在于负税能力的现实性，新的税法不能适用于纳税人在过去实施经济活动、而负税能力已经不复存在的情形。为此，作为一般原则，意大利 2000 年纳税人权利宪章规定了税收规则溯及既往适用的禁止。不过，税收规则可以溯及既往地适用而并不违反量能课税原则，如果满足特定条件的话，对此意大利宪法法院明确规定：从体现负税能力经济事实的实施到适用新规则，经过的时间（跨度）受到合理性的限制，即不能对过久发生的经济事实征税；经济事实实施的经济效果应当依然留存在纳税人的财产中；对于事后的征税，从一开始就具有可预见性，例如鉴于最初就存在于税制中的规则漏洞等。[③] 当然，从未来的角度，负税能力的现实性特别禁止税的提前征收，即对尚未实施的经济事实征税。但是，对于税款提前征收，并非总是不合理的或"欺负人的"，也是可以合宪的，就像（企业）所得税的按月（季）预缴制度，由于应税行为在纳税年度内实

---

① Cfr. la sentenza della Corte di Cassazione del 4 febbraio 2021，n. 2581.
② 尽管意大利宪法也多次要求立法者考虑这一现象，但同时认为贬值引起的财富（仅仅是名义上的）增加并不必然需要从征税中去除，因为通胀以不同的方式作用于纳税人的财产。例如，工人工资的购买力确实降低了，但是这种情况并不发生于不动产财产、独立劳务者报酬和企业利润，鉴于它们会随着货币价值的变化做出迅速的调整。Cfr. Battistoni Ferrara, *Eguaglianza e capacita contributiva*, in *Rivista di Diritto Tributario*, n. 6, 2008, p. 481.
③ Cfr. la sentenza della Corte Costituzionale del 20 luglio 1994, n. 315.

施，税款提前征收并未完全与经济事实相脱离。具体而言，根据意大利宪法法院 1967 年的一项判决，税款提前征收需要满足以下三项条件：税款提前征收并没有完全与经济事实相脱离；纳税人缴纳义务不是无条件的，即当纳税人预见不再生产收入时，可以不缴纳；需要有相关的平衡机制，例如多征收税款的退税权和利息补偿权。[①]

（四）量能课税原则的功能

1. 社会共同责任功能和再分配功能

根据意大利宪法第 53 条第 1 款的规定，除了赋予国家征税权等一般功能外，量能课税原则首先承担着社会共同责任或社会连带性的功能，即要求所有人根据他们的经济能力大小分摊为国家的存在和发展所必要的开支。这样，负税能力的有无和大小决定了纳税人是否需要承担税负以及承担多少。而这一功能还可以从该条第 2 款关于"税制符合累进标准"的规定中得出。众所周知，累进性意味着随着财富的增加征税比例也逐步提高，是确保负税能力大的纳税人承担更多税负的理想方式，量能课税原则并不要求每一种税都实行这一标准，而是要求整体税制具有这一特征。当然，以直接体现负税能力的经济事实作为应税行为的直接税更适合采用该标准。而如果整体税制的特征仅仅是比例性的，[②] 那么即使没有直接加重纳税人间的初始不平等，也将使得这种不平等得到巩固甚至永存。[③] 显然，量能课税原则的社会共同责任功能蕴含着再分配功能。

2. 纳税人保护功能

量能课税原则一方面要求纳税人承担纳税义务，另一方面承认纳税人要求缴纳公正的税的权利。[④] 而公正的税意味着对纳税人权利的保护和国家

---

① Cfr. Francesco Tesauro, *Istituzioni di diritto tributario-parte generale*, UTET, 2006, p. 76.
② 这是一种中性的标准，即不管财富多少，都适用同一征税比例。
③ Cfr. Gaspare Falsitta, *Manuale di diritto tributario-parte generale*, CEDAM, 2010, p. 157.
④ Cfr. Luigi Ferlazzo Natoli, *Fattispecie tributaria e capacità contributiva*, Giuffrè, 1979, p. 49.

征税权的限制，而这一功能决定了量能课税原则得以入宪。[①] 该功能主要体现在以下几个方面：

其一，作为税负分摊的标准，量能课税原则要求立法者必须选择那些体现经济能力的事实或行为作为应税行为，并且为构成据以课税的负税能力，必须满足自有性、真实性和现实性条件，这些都构成对立法者征税权的限制。这种限制源于负税能力概念的内在属性和特征，属于量能课税原则对纳税人的基本保护功能。

其二，负税能力由经济能力体现，但并不等同于经济能力。因为并不是所有的经济能力都可以被称为负税能力，其中用于最低生活保障的那部分就不属于负税能力，需要被排除，即表现为不征税。尽管这一点并不会在宪法量能课税条款中明确规定，但是为满足个人基本需求，无论如何必须是内含在负税能力的概念中的，鉴于负税能力是一种主体适格。因此，最低生活保障费不得课税不仅是人性尊严的基本体现和宪法生存权保障的作用结果，也是量能课税的必然要求。这也是意大利现有宪法采用负税能力概念而未沿用 1848 年宪章采用的"钱财"这一客观性概念的原因。对此，当时意大利一些杰出的制宪之父们阐述到：负税能力概念的采用就意味着最低生活保障收入从负税中排除。[②] 当然，可以扣除的并非仅指为满足纳税人个人的最低生活保障收入，为满足纳税人家庭生存基本需求的收入也应当扣除，因为对家庭的保护也是具有宪法性价值，例如意大利宪法第 31 条规定了对家庭的保护。这样在计算个人所得税应纳税所得时，必须扣除纳税人及其家人的基本生活费用。据此，可以说负税能力是除去用于最低生活保障的那部分经济能力后的剩余经济能力。事实上，除了所得税需要遵循这一点，消费税和财产税也应当遵循这一点，例如，生活必需品的消费不应当征收增值税，首套或一定居住面积以内的居住用房不应当征收不动产税。这些都体现了量能课税原则对纳税人基本生活的保护功能。

---

① 例如，在意大利，关于量能课税原则条款的入宪，不得不提当时意大利最高法院的建议。它认为对于立法者在税收领域的立法权的限制，除了需要作为形式限制的法定原则外，还需要作为实质限制的量能课税原则，涉及税的设立、纳税人和应税行为的识别以及向纳税人要求给付的最大税额确定等规则方面。Cfr. Battistoni Ferrara, *Eguaglianza e capacita contributiva*, in *Rivista di Diritto Tributario*, n. 6, 2008, pp. 477-478.

② Cfr. Alessandro Giovannini, *Capacità contributiva*, in *Diritto on line*, 2013.

其三，尽管量能课税意味着国家可以对具有更大负税能力的人征收更多的税，但是更多税的征收并非没有最大数额的限制。而负税能力就构成了征税的最大数额限制，纳税人承担超过他负税能力的税负是不允许的，因为此时负税能力已经不存在了。而这意味着禁止征税在税率或税额上高到成为对征税客体的没收，否则将导致税的质的转变，成为一种处罚，因为税仅仅是征税物的部分征收，不是全部。[①] 当然，没收的效果并不意味着实际财产的全部没收，达到一个无法忍受的比例即可以认为是没收的效果，因为还需要考虑到基本生活保障费用不征税等因素。而实际上，除了进行合宪性审查，不可能就不可超越的征税数额在税法中进行预先确定，不可超越的征税数额尽管存在，但需要具体查定。例如，前文提到的法国 2013 财政法案年征收边际税率达到 75% 的所得税，即被宪法委员会认定因为超出纳税人的负税能力而成为一种具有没收效果的征税而违宪。[②] 无论如何，征税不能导致贫乏。

作为对公民财产权的限制，征税只有在特定界限内行使才是合法的，因为公民的财产权也受到宪法保护，而这一界限就是纳税人的负税能力。负税能力构成了征税不可逾越的屏障，以保护个体不受税收泛滥的侵害，除了要求不得对没有体现负税能力的行为和事实征税外，在体现负税能力的情况下，还不能置个体于过度的税负之中。具体而言，反对通过重复的征税，造成征税客体渐进式或瞬间的侵蚀，或者将征税的财富完全地从个体手中剥夺，或者威胁到公共部门的财政需要和私人利益之间的平衡。量能课税原则的宪法精神在于在社会国家构建与私人及其经济独立保护之间维持平衡，前者意味着大量介入的部门需要财政资金，后者则被要求分摊公共开支。而征税的过度，只要侵害到私人经济的存在或持续或仅仅是合理的发展，都是与该立法精神相违背的。[③] 需要强调的是，根据对负税能力的正确理解，为应对税款缴纳的钱财来源于且只能来源于同一应税行为，因为如果论及其他的钱财来源，将与判断是否符合量能课税宪法性规则不

---

① Cfr. Gaspare Falsitta, *Manuale di diritto tributario-parte generale*, CEDAM, 2010, p. 160.

② Voir Décision n° 2012-662 DC du 29 décembre 2012 de Conseil constitutionnel.

③ Cfr. Gianfranco Gaffuri, *Garanzie di giustizia e diritto tributario: la capacità contributova*, in *Iustitia*, n. 4, 2008, p. 443.

相干。[1] 关于意大利过度征税的例子，例如作为地方税的市不动产税（imposta comunale sugli immobili）就被学者广泛批评，鉴于其所具有的没收效果：市不动产税的税基是不动产的价值，通常为地籍册上规定的定期收益（例如年金、地租），乘以倍数 100 得出的值，而税率最高为 0.7%，因此税额差不多为 70% 的不动产收益。此外，不动产收益还要承担最低税率为 23% 的个人所得税，且不允许将市不动产税扣除。[2]

三、量能课税原则适用的难点问题

基于对量能课税原则基本内容的阐述，尤其是对纳税人的保护功能，量能课税原则作为税法基本原则的基本轮廓应该说已经显现，不过，还需要就其相关适用问题作进一步的阐述，尤其是意大利税法学说就一些量能课税原则适用限制问题的解释。

（一）量能课税原则与间接税

根据直接税和间接税的分类，毫无疑问，量能课税原则在直接税领域（尤其是所得税）的适用是最理想的，鉴于所得是衡量负税能力最合适的标准。不过，量能课税原则并非只能适用于所得税等直接税，间接税同样可以也应当适用量能课税原则，其之所以不是适用量能课税原则最理想的税种，乃是因为其作用于间接体现负税能力的经济事实和行为之上。这里，分别从增值税和其他间接税两方面进行阐述，以分析量能课税原则在间接税领域适用的特点。

1. 增值税

增值税是目前世界上绝大多数国家在间接税领域中的主要税种，作为

---

[1] Cfr. Gianfranco Gaffuri, *Garanzie di giustizia e diritto tributario: la capacità contributova*, in *Iustitia*, n. 4, 2008, p. 442.

[2] 参见翁武耀：《意大利不动产税对中国房产税制改革的启示》，《中国税务报》2009 年 11 月 18 日。

对消费的征税，税款是由消费者来承担的。但与关税、消费税等其他对消费征税的税种一样，增值税法律上的纳税人是提供消费的商品或服务的厂商。作为一种只对最终私人消费才征税的税种，① 增值税却对商品或服务的生产、分配过程中的所有环节都要征税。这样，私人消费和生产性消费也会被置于征税之中。而为达到私人消费征税的目的，厂商在缴纳增值税时可以抵扣掉其作为消费者承担的增值税税款。而增值税这样的一种征收机制，相比于只在最终消费环节征税并由消费者直接缴纳税款的机制，完全是出于便利征管和确保国库利益的要求。② 这样，对于量能课税原则在增值税中的适用，就需要从两种情形进行分别讨论：第一种情形，即确保增值税纳税人缴纳的税款并不出自于其自身的财富，而是来源于消费者的财富；第二种情形，即增值税纳税人缴纳的税款可能源自其自身的财富。鉴于间接税的税负未必可以最终转嫁给消费者，第二种情形将在其他若干间接税的讨论中一并提及。

在第一种情形，当然也是通常情形，不管是基于厂商经济实力的转嫁还是存在特定的法律保障制度，③ 特别是在以从消费者收到货款（和税款）为缴纳税款条件的情形，④ 税款最终得以由私人消费者来承担。因此，关于量能课税原则能否在增值税中适用，就可以简单归为消费是否能够反映个人的负税能力以及征税是否应当区别不同类型的消费以更好地贯彻量能课税原则。对此，西方学者已经达到广泛认同，认为在当今，如果技术允许的话，增值税不应当对生活基本品的消费进行征税，⑤ 否认增值税的目的是根据受益标准对税负进行分摊。相反，适合作为税负分摊一般准则的，包括从宪法审查角度，唯一的原则只能是量能课税原则，增值税的目的是根据以消费开支体现的个人负税能力进行部分税负的分摊。这样，增值税与所得税等直接税一样，也不再是一种非个体化或客观的税。这一观点也已

---

① 对此，欧盟 2006 年指令第 1 (2) 条明确地指出，欧盟增值税是一种一般消费税或者说对消费征收的税（a general tax on consumption），其中，消费指的是区别于生产性消费的私人消费。当然，这里所指的一般消费税不同于针对特定产品或商品的消费税（excise duty）。

② Cfr. Franco Gallo, *Profili di una teoria dell' imposta sul valore aggiunto*, Roma, 1974, p. 29.

③ 例如在意大利，存在一种求偿制度（istituto della rivalsa），通过这样一种制度安排，商品和服务的提供者可以向购买者求偿他们向征税机关所缴纳的增值税，不过，求偿同时也是一种义务。

④ 例如，意大利目前规定中小企业可以选择纳税义务在收到货款时才发生，即采用现金收付制。参见翁武耀：《增值税抵扣权的产生》，《税务研究》2014 年第 12 期。

⑤ 例如医疗、基本食物和居住房屋，可以通过免税或零税率使之不负担增值税等消费征税的税负。

经成为德国主流学说，并被德国宪法法院所认同，甚至已经被全球学者所接受。① 此外，不仅在像意大利等在宪法中明确规定量能课税原则的国家，在其他国家里，也可以合理认为消费开支是一种除了所得之外的负税能力的补充性体现。消费，具体而言，除了最低生活保障消费和用于所得生产的必要花费以外的消费，确实表现出消费者的自由处置能力，因此具有负税能力。而基于价格的比例征税也反映了横向和纵向征税公平：花费越多，也承担更多税负。这里需要再次强调，量能课税原则仅要求整体税制体现累进征税特征，而不是所有税种都实行累进征税，这样虽然增值税没有对富有或奢侈消费适用更高的税率，如果适用，就更符合量能课税原则，但绝大多数国家还单独开征消费税。因此，在消费征税中，也体现了一定的社会共同（连带）功能。尽管增值税在再分配功能上要比所得税弱，但增值税和所得税的目的基本上不存在差异，不同的仅仅是负税能力的相关体现，一个是收益取得，一个是实际消费。②

2. 其他间接税：负税能力的客观化

其他间接税，例如以生产某类特殊商品（包括非必需品和环境污染物品等）为征收行为的消费税，以登记注册旨在移转财富的法律行为（文书）等为应税行为的登记税，以制作、使用特定法律文件为应税行为的印花税（imposta di bollo）等，由于相关负税能力是间接体现的，因此应税行为本身并不能确保真正体现纳税人的经济能力。以不动产转让进行登记为例，对购买人而言，可以说体现经济能力，而对销售者来言，就不一定了，例如因为家庭困难而销售房子，但是意大利登记税法却要求两者都要缴纳登记税。③ 这样，就产生了一个关于负税能力是否可以仅以客观因素为标准而无须结合主体进行认定的问题。对此，意大利税法学说在关于大区生产活动税（imposta regionale per le attività produttive）是否违反量能课税原则的争议中进行过讨论，而意大利宪法法院给予了肯定解释。

---

① See Joachim Englisch, "VAT/GST and Direct Taxes: Different Purposes", in M. Lang and P. Melz (ed.), *Value Added Tax and Direct Taxation: Similarities and Differences*, IBFD, 2009, pp. 17-22.

② See Joachim Englisch, "VAT/GST and Direct Taxes: Different Purposes", in M. Lang and P. Melz (ed.), *Value Added Tax and Direct Taxation: Similarities and Differences*, IBFD, 2009, pp. 22-25.

③ Cfr. Gaspare Falsitta, *Manuale di diritto tributario – parte speciale*, CEDAM, 2008, p. 731.

　　意大利大区生产活动税，作为一种地方税，以企业或独立劳务者独立地实施自己组织的经济活动为应税行为，虽然税基规定为来自实施的活动的净生产价值，但明确规定许多通常在所得税中可以扣除的成本、费用不得扣除，例如雇佣劳动成本、财务管理成本等。因此，即使企业主发生损失，也需要交纳该税，而此时企业并没有体现出经济能力的财产。对此，意大利少数派学说认为经济能力的识别可以与财产脱钩，负税能力不一定以货币能力来体现，也可以用一种更一般化的经济能力来体现，即这种能力不仅可以通过主体的财产来体现，这构成对立法者的绝对限制，也可以通过主体在社会中的（与经济相关的）作用或者说可能在经济方面或在市场中实施活动来体现，这构成对立法者的相对限制。因此，相比于企业管理人员或雇佣工人，企业主或独立劳务者可以独立地组织自己的活动这项特权，表明其具有一种特权性的社会作用，即财产、时间的支配、处置，可以被认为是一种体现经济能力的因素，不构成立法者非合理的应税行为选择。[1] 意大利宪法法院也是基于该观点而拯救了大区生产活动税。[2]

　　这样，负税能力仅通过客观因素就可以体现，即使纳税人并没有获得收益甚至处于损失，这样一种更灵活和客观的解释，构成所谓负税能力的客观概念。[3] 鉴于此，只要在经济上具有意义，或者至少具有潜在性的生产收益，即可作为应税行为的因素。潜在性赋予了量能课税原则一项进一步的特性，这在法律上是可以鉴别的，即负税的客观能力，毕竟量能课税原则以负税能力作为分摊税负的唯一标准，并以经济能力作为该能力的实质性内涵。[4] 根据负税能力的客观概念，不仅大区生产活动税可以得到符合量能课税原则的解释，登记税、印花税、消费税、不以收到货款为条件支付税款的增值税等间接税都可以得到相应解释。其中，对消费税而言，消费者承担税负是基于经济转嫁，因此也可能由厂商承担消费税，而对增值税

---

① Cfr. Cociani Simone Francesco, *Attualità o declino del principio della capacità contributiva?*, in *Rivista di Diritto Tributario*, n. 7/8, 2004, pp. 839-842. 但有意大利学者指出，大区生产活动税构成了财产的部分没收，会潜在地损害生产财源的完整性，进而侵害个人财产权。Cfr. Gaspare Falsitta, *L'imposta confiscatoria*, in Id., *Giustizia tributaria e tirannia fiscale*, Milano, 2008, p. 217, per cui cfr. Alessandro Giovannini, *Capacità contributiva*, in *Diritto on line*, 2013.

② Cfr. la sentenza della Corte Costituzionale del 21 maggio 2001, n. 156.

③ Cfr. Francesco Tesauro, *Istituzioni di diritto tributario-parte generale*, UTET, 2006, p. 70.

④ Cfr. Franco Gallo, *Le ragioni del fisco*, Bologna, 2011, p. 89, per cui cfr. Alessandro Giovannini, *Capacità contributiva*, in *Diritto on line*, 2013.

而言，可以扩大到增值税纳税人缴纳的税款可能源自其自身的财富的情形。对此，本书第七章还将详细阐释。这里，需要指出的是，如果否定负税能力的客观概念，大部分间接税都将因违宪而被否定，而直接税也存在需要被否定的可能，因为收入也不一定反映真正的经济能力，例如纳税人同时还有签署贷款合同，财产也是一样。最后，另一个不能忽视的事实是，这些间接税一般都是按照征税客体的经济价值或价格的一定比例进行课税，这也是量能课税的一个特征体现。据此，间接税并不构成量能课税原则的适用例外。

不过，需要指出的是，虽然意大利宪法法院和一部分意大利税法学者认可了负税能力的客观化，或者说，认可了客观性征税，即征税与个体化、纳税人真实财富相脱离，亦有一部分意大利税法学者提出了异议，认为征税不应当与个体化、纳税人真实财富等概念相脱离，因为负税能力（原则）被纳入到用于保护不可侵犯的个人权利的基本原则和价值中得益于这些概念。[1] 因此，客观化征税只能局限于一部分税种，即不构成一国税制主体税种的税种。

（二）量能课税原则与受益标准

由于体现税负公平分摊的标准除了量能课税，还包括受益标准，那么，是否应该以公平原则作为税法基本原则？问题在于，与量能课税相比，基于受益标准课税的范围有多大，如果很小是否可以作为量能课税的例外？或者说基于受益标准进行公共开支的分摊还可以归类为税吗，如果成为税法调整范围之外的另一种政府收入，还可以说是体现税法公平原则的税负分摊标准吗？

税是现代国家公共开支的最重要财源，原因在于现代国家是社会国家，是个人自由受到限制、对社会承担共同责任的国家。此外，国家提供的公共服务在个人享受利益计量上的无法划分性，国家相关权力（中央）越集中，将有更多的公共服务无法划分，都决定了以负税能力为标准进行公共费用分摊的税在国家公共开支来源中的重要地位并构成最符合公平原则的

---

① Cfr. Franco Gallo, *Ordinamiento comunitario*, *ordinamenti nazionali e principi fondomentali tributari*, in *Diritto e Pratica Tributaria*, n. 6, 2006, p. 1146.

一种财源。而一些可以划分的公共服务，当然按照受益标准进行公共开支的分摊，是最符合公平原则的，但此时已经不构成税，而是费。此外，尽管属于可以划分的公共服务，例如基础教育和医疗服务，采用受益标准以费的形式来融资，将损害穷人的利益，而导致严重不公平，此时依然需要按照量能课税进行融资。① 因此，以受益标准进行公共开支分摊的范围很小或者需要分摊的公共开支数额很小，且已经属于费而不是税的范畴，这样在税法中体现税负公平分摊的标准就是量能课税，税法基本原则完全可以用量能课税原则代替公平原则。

不过，即便是在以受益标准课税或具有交换性特征的税的极少数情形，例如公路使用课税、社会保险课税或者环境课税，其中，谁污染谁支付原则以受益原则为必要前提，如果不作为量能课税原则的例外，② 也可以适用量能课税原则，或者说受益标准也可以统一于量能课税原则之中。基于负税能力的客观化，纳税人的负税能力的认定可以根据在社会中的作用，例如处于可以享受到特定服务的地位，而不是非得具有财产性质的体现，表现为可以在市场中交换，因为受益亦可以增加纳税人的负税能力，而负税能力也因此具有了连带性和个人主义（受益）的双重内容。以环境税为例，存在以非财产性的或不可以在市场中交换的因素作为分配标准，例如对没有安装用于净化尾气的催化剂的汽车使用人征税。如果将环境税作为非交换性的税来理解的话，其负税能力体现在与污染相关的稀缺环境资源的开发利用，这在经济上是可以评估的。但是即使被作为一种交换性的税，③ 也可以属于量能课税原则的适用范围。这样在负税能力的评估上，现在一些意大利学者提出可以通过受益来衡量，以更加透明地对用于环保的公共费用进行分摊，即可以根据个人在社会内部中担任的不同作用进行评估，包括对社会是否造成了环境损害。因此基于受益标准的征税作为量能课税原则的一种特殊阐述方式，量能课税原则也可以适用于那些带有个人主义的

---

① Cfr. Francesco Tesauro, *Istituzioni di diritto tributario-parte generale*, UTET, 2006, p. 77.
② 换言之，不符合量能课税原则，例如欧盟环境税制度，可以认为其与量能课税原则相冲突，因为该环境税只根据污染物质的排放、扩散这一事实并基于谁污染谁支付原则来征税，仅仅与非经济性的、不体现财富能力的条件相关。Cfr. Franco Gallo, *Ordinamiento comunitario, ordinamenti nazionali e principi fondomentali tributari*, in *Diritto e Pratica Tributaria*, n. 6, 2006, p. 1146.
③ 事实上，为防止对污染的鼓励，不宜将环境税视为一种基于受益标准的交换性的税。

具有交换性特征的税。[1]

(三) 量能课税原则与税收政策工具

作为社会共同责任原则和实质平等原则在税法中的具体化，量能课税原则必然要求对不同情形的主体，即体现为负税能力的差异，给予不同的征税待遇。因此，在以量能课税为基本原则的税法体制内，禁止非建立在负税能力基础上的区别征税。此外，根据判断纳税人负税能力的两个基本因素，即经济能力体现和可归属于纳税人，似乎一国的税法规则应该具有高度的统一性或一致性。但是，现实中的税法规则五花八门，尤其表现为各类优惠措施或加重措施，前者例如免于征税、税额减免、低税率、费用特别或额外扣除、延迟纳税等，后者例如特别征税或附加征税、提高税率、降低或禁止费用扣除等。对此，似乎税收政策工具的实施造成了对量能课税原则或平等原则的违背，就形成了量能课税让位于税收政策衡量的现实局面。那么税收政策工具的使用与量能课税原则存在天然的冲突吗？其实不然，事实上两者在特定的条件下是内在统一的。

首先需要强调的是，量能课税原则本身就否认"中性"征税的概念，相反，它开启了"功能性"征税模式，因此，量能课税原则也必然要求征税的区别对待，例如最低生活保障收入不征税、累进征税或适用高低不同税率等，当然税负不能高到导致没收的效果。进一步而言，量能课税原则允许通过优惠或加重征税规则实施税收政策以达到非税收目的。[2] 其中，非税收目的除了财富的再分配外，还包括照顾或发展处于劣势的主体或地区，这体现出明显的社会连带性，以及鼓励或抑制特定经济活动或消费等。

其次，基于非税收目的的税收政策，当然也需要围绕负税能力而实施，或者说是作用于体现负税能力的经济事实或行为上。在意大利，导致税制复杂和规则多样化的税收优惠或加重措施的使用，旨在实现的政策目的或利益同样需要具有宪法上的重要性，或者被宪法条款所肯定。毫无疑问，立法者不仅要受到量能课税条款限制，当然也需要受到其他宪法条款的限

[1] Cfr. Cociani Simone Francesco, *Attualità o declino del principio della capacità contributiva?*, in *Rivista di Diritto Tributario*, n. 7/8, 2004, pp. 873–884.

[2] Cfr. Franco Gallo, *L' uguaglianza tributaria*, Napoli, 2012, p. 19, per cui cfr. Alessandro Giovannini, *Capacità contributiva*, in *Diritto on line*, 2013.

制，而后者事实上作为一种特殊法而优先适用。① 但也正是这些宪法条款的规定，使得立法者得以判断相关情形在负税能力上是存在实质差异的，基于量能课税原则需要在征税上进行区别对待。② 所以，如果政策背后所要达到的目的或利益同样被宪法所肯定或具有宪法基础，量能课税原则的适用并不否认税收政策工具的使用，相反，税收政策工具的使用可以包含在量能课税之中。因为在这样的条件下，鉴于其中一种情形具有宪法上的重要性，将有助于立法者认定相关情形实质上已经存在差异。例如，由于促进贫困地区发展、环保、弱势群体保护等具有宪法基础，极端贫困地区与非贫困地区、高排量汽车与低排量汽车、残疾人与普通人等，在实质上就可以判断在负税能力上处于不同情形，而可以给予不同的税收待遇。需要指出的是，在税收立法中，是否应当给予相同或不同的对待，取决于立法者就情形相同与否的判断，而税收政策所要实现的目的和利益具有宪法性基础是对立法者判断任意性的一种限制。当然，最终还是需要依靠合理性原则对立法者进行限制，尤其是关于规则所采取的优惠或加重措施是否适当。但对于加重措施而言，其依然需要受到量能课税原则本身的特别限制，表现为禁止对征税客体产生没收效果或征税数额比客体价值还大。③

最后，可以认为对于纳税人负税能力的判断，除了经济能力体现和可归属于纳税人两个基本因素外，还存在诸多非基本因素或偶然因素，这些因素都会影响负税能力的概念，或使之（因不同税种而）多样化，当然这些因素必须同样是宪法性的因素。而这也是税收规则五花八门的原因。据此，如果税收政策工具的使用是为了实现宪法所肯定的目的和利益，量能课税原则和税收政策工具的使用可以也应当是内在统一的。由此可见，税收政策工具也不是可以任意使用的，否则将导致量能课税原则的违背。毫无疑问，基于由基本因素和非基本因素共同决定的负税能力的税负分摊标准一旦确定后，就不得改变。这样，政府或征税机关在实践中如果对部分纳税人适用宽恕规则或进行税的交易，例如征税的放弃、折扣和延迟等，都将因违背量能课税原则而导致违宪。

---

① Cfr. Gaspare Falsitta, *Manuale di diritto tributario-parte generale*, CEDAM, 2010, p. 173.
② Cfr. Alessandro Giovannini, *Capacità contributiva*, in *Diritto on line*, 2013.
③ Cfr. Gaspare Falsitta, *Manuale di diritto tributario-parte generale*, CEDAM, 2010, p. 174.

（四）量能课税原则与税收程序、诉讼法

量能课税作为一种税负分摊的标准，在税的开征以及应税行为、税基、税率确定等税收实体法方面起着决定性作用。但是，作为税法基本原则，量能课税原则的适用范围必须还包括税收程序（诉讼）法，量能课税原则是否也适用于税收程序（诉讼）法，这里以意大利1973年第600号共和国总统令（《所得税查定的共同条款》，① 以下简称"1973年所得税查定法"）第32条规定的程序规则为例进行说明，该条第4款规定，如果纳税人在税收调查阶段，没有根据要求向征税机关提交资料和展示有关证件、登记簿等信息，在行政查定和司法审判阶段，这些资料、证件、登记簿等材料不得以有利于纳税人的目的被考虑。② 由于该规则涉及举证限制，将导致纳税人无法证明自己的真实负税能力。这样，也就引出了关于量能课税原则是否也适用于程序、诉讼法的疑问，如果是的话，该条第4款规则就将违反量能课税原则而违宪。对此，应当予以肯定。

量能课税原则是关于分摊公共费用的基本原则，因此任何影响到根据负税能力进行公共费用分摊的规则都受其限制，这些规则既有实体法，也有程序（诉讼）法。此外，虽然具有独立性，但由于工具性的特性，程序（诉讼）规则是伴随实体规则产生的，因此，税收程序（诉讼）规则不仅需要遵守程序（诉讼）法本身的原则，例如辩护权，还要追求事实真相的达成，即通过识别纳税人真实的分摊公共费用的负税能力。而1973年所得税查定法第32条第4款所涉证据规则已经影响到该公共费用分摊义务的真实性和负税能力对义务的限制作用。③ 事实上，意大利最高法院已经多次肯定程序（诉讼）规则也受量能课税原则的限制，④ 尤其是在税基确定方法的限

---

① Cfr. Decreto del Presidente della Repubblica 29 settembre 1973, n. 600–Disposizioni comuni in materia di accertamento delle imposte sui redditi.

② 该规则的立法目的在于确保征税机关能全面掌握情况作出正确决定，防止纳税人在诉讼阶段因未提供的信息而获益。

③ Cfr. Artuso Emanuele, La "ghettizzazione" del principio di capacità contributiva nel piano meramente sostanziale del diritto tributario: brevi osservazioni su una recente pronuncia della Corte costituzionale, in Rivista di Diritto Tributario, n. 6, 2008, pp. 358–362.

④ 意大利最高法院在2006年一项判决中针对一类似第32条规定的规则指出，该规则的解释除了需要遵循辩护权保护原则外，还需要遵循量能课税原则。Cfr. la sentenza della Corte di Cassazione del 19 aprile 2006, n. 9127.

制方面。① 意大利宪法法院也在许多判决中根据量能课税原则对涉及税收查定等程序规则进行了审查。在前文关于负税能力真实性特征的阐述中，已经说明定额征税、概括查定或归纳查定等税基、税额的确定方法（即税收程序规则）需要符合量能课税原则。值得一提的是，根据第 32 条，纳税人如果没有按要求提供资料、信息以帮助征税机关实施税收查定，包括纳税人因客观原因不能在当时提供的情形，征税机关往往会获得更大的查定权，利用其他不利于纳税人的查定方法来确定税基，这样最终导致的结果往往是纳税人要缴纳比采纳纳税人事后提交的资料信息而确定的税额更多的税。而这构成不正当的处罚，属于处罚上的处罚，鉴于程序义务的违反，本身将受到程序法上的处罚。② 因此，在行政查定和司法审判阶段纳税人事后提供的资料、信息也应当被考虑，从某种程度上这与相对推定因允许提供反证而符合量能课税原则是一致的。

毫无疑问，量能课税原则适用于税收程序（诉讼）法。除了税收查定、证据规则外，其他程序性规则也要以量能课税原则为限制或依据，而量能课税原则的适用不仅有利于纳税人，也会有利于征税机关。有利于纳税人的情形，这里再以退税程序规则为例：需要退还的税，是指应税行为的不成就或超过成就的应税行为所对应的数额，因此，这类不应当缴纳的税并不对应纳税人的负税能力。所以，任何阻碍纳税人税的退还的规则，例如申请的截止期限很短，都将违反量能课税原则。③ 有利于征税机关的情形：例如意大利宪法法院曾毫不犹豫地对纳税人起保护作用的银行保密规则适用进行限制，以帮助征税机关能够查明纳税人真实的负税能力。④

（五）量能课税原则与税收执法、司法及税法解释

量能课税原则作为约束包括实体法和程序（诉讼）法在内的税收立法的基本原则，这一点已无须再赘述。而作为税法基本原则，量能课税原则

---

① 例如，意大利最高法院认为基于归纳查定得出的用于确定收入的因素不得在下一个纳税年度收入确定中使用。Cfr. la sentenza della Corte di Cassazione del 21 dicembre 2007, n. 27008.

② Cfr. Artuso Emanuele, La "ghettizzazione" del principio di capacità contributiva nel piano meramente sostanziale del diritto tributario: brevi osservazioni su una recente pronuncia della Corte costituzionale, in Rivista di Diritto Tributario, n. 6, 2008, p. 369.

③ Cfr. Francesco Tesauro, Istituzioni di diritto tributario-parte generale, UTET, 2006, p. 76.

④ Cfr. la sentenza della Corte Costituzionale del 18 febbraio 1992, n. 51.

也应当约束或指导税收执法和司法。税收执法和司法的目的在于在税负在公民之间进行公平分摊基础上维护国家税收利益和保护纳税人合法权益，而这一目的正是通过量能课税原则来实现的。对此，前文论述也已经多次提及，尤其在税收司法方面，意大利宪法法院、最高法院等法院在大量的案件中通过援引量能课税原则对涉税规则、措施进行了审查或作为裁判依据。① 毫无疑问，量能课税原则当然也是税收执法和司法的指导原则，而适用于执法和司法阶段。因此，担心征税机关基于量能课税原则在执法中获得更大的自由裁量权以致侵害纳税人利益是多余的，撇开量能课税原则本身具有强大的纳税人保护功能和税收司法可以也应当承担起监督、制约功能不说，实践中征税机关诸多基于税法解释的执法活动是建立在量能课税原则之上的，例如，关于实质课税，量能课税原则就是其精神实质和法律基础，因为量能课税原则要求按照纳税人真正的、可归属于该纳税人的经济能力课税，而按照交易的经济实质（体现纳税人真正的经济能力）进行课税正说明了这一点。此外，还需要补充以下两点：

其一，实践中征税机关广泛实施的反避税、逃税调查与量能课税具有紧密的联系。为到达同一法律经济结果，如果纳税人 A 通过法律规定的交易取得一法律经济结果，被课税，而另一纳税人 B 通过不是法律上规定的交易，而是基于迂回或不正常的交易取得了同一法律经济结果，但没有被课税或课征更低的税。这时，如果 B 可以证明其实施相关交易还存在有效经济理由，征税机关就不认定为避税而进行纳税调整，原因即在于存在有效经济理由的情形下，A 和 B 在负税能力上就属于不同情况，可以区别对待，否则就属于实质相同情形，应当同等对待而需要反避税调整。显然，反避税也是建立在量能课税原则基础上的，其目的就在于通过揭开形式上合法交易外表下的实质交易、根据纳税人真实的负税能力来征税。当然，在反逃税领域，确保纳税人根据其真实的负税能力来纳税的目的更显而易见。

其二，量能课税原则作为宪法性原则，当然也是解释性原则，而税法解释在立法、执法和司法阶段都必然存在，尤其在认定存在法律漏洞的时

---

① 当然，也包括初审、上诉法院。Cfr. Enrico De Mita, *Principi di diritto tributario*, Giuffrè, 2007, p. 89.

候，量能课税原则可以被应用进行法律漏洞补充。① 而基于量能课税原则的税法解释是税法研究和教学从私法中独立出来的关键。课税以财产私有化为前提，同时税法是建立在私法对课税对象进行规范的基础上，为防止法律适用的复杂化，税法在对课税进行规范时必然需要使用私法上的概念。不过，由于量能课税原则，对于一些来源于私法的概念或通常术语，税法可以做出不同于私法或通常的解释：例如，企业所得税法中的"企业"包括了具有法人资格的各种类型的企业和有生产经营所得的事业单位和社会团体等组织，而民法中的"企业"是指以营利为目的、独立从事商业生产经营活动和商业活动的经济组织；增值税将不动产无偿赠与他人视同为销售不动产，而私法上仅指有偿转让不动产所有权的行为；个人所得税关于劳务报酬获得次数的解释，将属于同一项目连续性收入以一个月内取得的收入为一次，不同于通常关于获得次数的认识。毫无疑问，这些扩大或限缩解释都是建立在负税能力相同与否的判断基础上的。这也决定了税法对概念解释的不同性，从而决定了税法从私法中独立出来。

最后，需要再次强调的是，在意大利，以量能课税原则为基础建立起来的税法理论和规则的体系化、完整化和复杂化，决定了税法可以从财政法中相对性地独立出来。而量能课税原则强调税负在纳税人之间公平分摊，在保障国库利益之余，还承担再分配等非税收目的的功能，使得税法的公法性不仅仅体现在纳税人和政府间的服从、隶属关系上，还体现在纳税人间的税负公平分摊、贫富差距调节等公共利益维护上，决定税法需要从民法和行政法中独立出来。

---

① 参见施正文：《税法要论》，中国税务出版社 2007 年版，第 56 页。

第四章　纳税人权利宪章

一、宪章制定的背景与原因

关于意大利纳税人权利宪章制定的背景，需要一直追溯到 20 世纪 70 年代初的税制改革。为应对经济危机，政府职能不断扩大，意大利在 1971 年启动了授权立法，以使政府有足够的权力实施二战后的首次重大税制改革，而这样的税制改革不再像过去那样需要花费很多时间。这次改革的主要内容除了提高税率水平以外，还包括调整企业所得税和个人所得税的结构以及引入增值税。不过，改革极大增加了纳税人在课税过程中的义务，琐碎而繁重。这主要是因为改革强调纳税人的自我课税，不过，这里的自我课税是指程序上的纳税人协力义务。事实上，不仅征税机关课税所需要的信息、资料等内容基本上来自纳税人自身的申报，纳税人还要承担税额清算和缴纳义务，而征税机关更多地将重心移至监控和处罚环节。此外，税票（ricevuta fiscale）、附随收据（bolla di accompagnamento）和收银记录装置的引入、税款预缴应用扩展等增加纳税人义务的规定也是源于这次改革。改革将之前由征税机关承担的义务转移至纳税人，使得纳税人自我课税提供了大概 75% 的税收收入。[①] 这无疑非常有利于国库利益，而满足国库需求在相当长的一段时间内（从 20 世纪 70 年代至 90 年代）成为意大利的时代特

[①]　Cfr. Michele Rossi, *Lo Statuto dei diritti del contribuente a dieci anni dalla sua entrata in vigore*, in *Innovazione e Diritto*, n. 7, 2010, p. 77.

征，尤其是从 80 年代中期开始，意大利税收制度在追求国库利益的力度上在发达国家中属于第一位。①

在上述 20 世纪 70 年代初税制改革以后，意大利受经济危机的持续影响，虽然基于授权立法，政府实际上还是掌握了税收立法的主导权，尤其是政府频繁在税收领域颁布基于紧急情况使用的法律令。这样，意大利税收制度一方面逐步碎片化，即税收立法往往根据不同具体事项制定不同的具体规则，丧失了法律应有的抽象性、概括性特点，另一方面税收规则不断溢出，税收规则处于不断变化之中，而且变化非常快，使得税收制度缺乏稳定性。② 需要特别指出的是，税收规范往往出人意外地发生改变，这一状态使得当时意大利司法在大多数情形的作用化为乌有，例如在最高法院和宪法法院裁判税收案件的情形经常发生这样的现象：相关税收规范被裁判认定违法或违宪，但相关规范在裁判出来前已经被撤销或修改。③ 正如 1992 年一项宪法性法律草案（关于制定可能的纳税人权利宪章）所提到的："现在的税收制度越来越取决于政府为应对财政危机问题所采取的措施，而这些措施变得越来越不稳定和紧急。"④

不难发现，在宪章出台之前的意大利税收制度，对于纳税人而言是非常不利的。纳税人一方面需要承担认识和理解支离破碎且复杂的税收规则的重任，另一方面由于课税阶段税收程序主要依靠纳税人的积极合作，纳税人承担了大量程序上的新义务和负担。这无疑极大增加了纳税人的遵从成本，随之而来的是纳税人受行政、刑事处罚的案件频繁发生。⑤

面对上述这样一种并不理想的税收立法状态，意大利在 20 世纪 80 年代中期已经开始反思，试图实施新的税收立法和法典化政策。不过，真正的

---

① Cfr. Franco Gallo, *La relazione all'assemblea dell'Assonime del 7 luglio 1993*, in *Il Fisco*, 1993, p. 7783, per cui cfr. Michele Rossi, *Lo Statuto dei diritti del contribuente a dieci anni dalla sua entrata in vigore*, in *Innovazione e Diritto*, n. 7, 2010, pp. 78-79.

② Cfr. Gianni Marongiu, *Lo Statuto del contribuente e i vincoli al legislatore*, atti di convegno di studi 2008-Lo Statuto dei diritti del contribuente, pp. 10-11, disponibile nel seguente sito: http://www.ilfisco.it/pdf/atti_ convegno_ rossano2008. pdf.

③ Cfr. Michele Rossi, *Lo Statuto dei diritti del contribuente a dieci anni dalla sua entrata in vigore*, in *Innovazione e Diritto*, n. 7, 2010, p. 79.

④ Cfr. Gianni Marongiu, *Lo Statuto del contribuente e i vincoli al legislatore*, atti di convegno di studi 2008-Lo Statuto dei diritti del contribuente, p. 11.

⑤ Cfr. Michele Rossi, *Lo Statuto dei diritti del contribuente a dieci anni dalla sua entrata in vigore*, in *Innovazione e Diritto*, n. 7, 2010, p. 77.

成果并不显著，立法者（议会）的介入也是非常有限，直到意大利颁布1990 年第 241 号法律，即《新行政程序和查阅行政文件权利法》，① 该法旨在改变公民与国家之间的关系，并首次规定关于公民和行政部门关系的规范应当尽可能清晰和高效。但这并没有实质性改变纳税人面临的纳税遵从困境，这正是源于上述 1990 年第 241 号法律的创新，该法许多内容在税收程序中被排除适用。② 不过，社会对改变公民与税务行政部门关系的呼声还是慢慢地对意大利立法者介入税收领域产生了推动作用，尤其是在经济合作与发展组织（以下简称 OECD）国家范围内纳税人宪章、法案或宣言不断出现的情形下，意大利立法者亦跟随这一步伐，最终在 2000 年颁布第 212 号法律，即纳税人权利宪章（以下简称"宪章"）。宪章的目标在于通过简化并构建透明、可理解和稳定的税收制度降低纳税人遵从成本，重新规范纳税人与税务行政部门的关系，改变以往在这一关系中由于国库需求纳税人利益并没有被有效保护的局面。当然，宪章的出台仅仅代表意大利旨在改革纳税人与税务行政部门关系第一次伟大尝试的结束。

二、宪章立法结构、内容与基本特征

（一）宪章的结构和内容概述

宪章原本共有 21 条，在经过多次修改补充之后，附加的条文增加了 16 条，每条都由数量不等的款所组成，内容很丰富。正如上文关于宪章制定背景所阐述的那样，对纳税人权益的侵害，主要源于税收立法层面和税收征管层面。与此相对应，除了最后 6 条，关于宪章及相关条款执行、生效问题，宪章条款分为两个部分：第一部分（主要是前面四条）针对税收立法者，从规范税收立法的角度来保护纳税人的权益；第二部分针对征税机关，从规范税收征管的角度来保护纳税人的权益。显然，这部分涉及纳税人和

---

① Cfr. Legge 7 agosto 1990, n. 241-Nuove norme in materia di procedimento amministrativo e di diritto di accesso ai documenti amministrativi.

② Cfr. Michele Rossi, *Lo Statuto dei diritti del contribuente a dieci anni dalla sua entrata in vigore*, in *Innovazione e Diritto*, n. 7, 2010, p. 79.

征税机关的关系，在这一关系中，由于两者地位的不平衡，纳税人需要受到特别的保护。此外，正如宪章名称所标示的那样，宪章从纳税人权利的角度来规范税收立法和征管，没有专门规定纳税人义务。当然，这并不是说纳税人义务履行不重要，只是面对纳税人已然承担的繁重义务，宪章不宜再专门规定纳税人的义务。不过，宪章在规定纳税人相关权利的时候，事实上也规定着纳税人相关义务的履行，例如为享有、行使相关权利而需要履行的义务。① 宪章的主要内容如下：

第1条"一般原则"，共5款，主要规定宪章条款乃是为执行宪法条款、欧盟法原则而制定，并规定宪章条款构成意大利税法体制的一般原则和税收立法解释标准；第2条"税收规则的清晰和透明"，共5款，主要从形式上的要求规定税收法律应对如何制定以满足税收规则清晰和透明的要求；第3条"税收规则的时间效力"，共3款，主要规定原则上税收规则不具有溯及既往的效力；第4条"法律令在税收领域的使用"，共1款，主要规定法律令不得使用的情形，包括法律令不能规定设立新的税种和规定现有税种适用于其他类型的主体；第5条"纳税人的信息（权）"，共2款，主要规定征税机关应当采取怎样的措施来确保纳税人完整和便利地认识税收领域的立法和行政规则；第6条"公文的认识和简化"，共8款，主要规定征税机关应当采取怎样的措施来确保纳税人认识针对他的行政公文。需要特别指出的是：2023年12月30日，意大利颁布了第219号立法令，对宪章内容进行了很大的补充，引入了第6条附加第1条"对质（contraddittorio）的原则"②，共4款；第7条"公文的清晰和理由说明"，共5款，主要规定针对纳税人的行政公文（例如税收查定）征税机关要说明理由。此外，2023年第219号立法令又分别引入了第7条附加第1条"征税机关行为的可撤销性"③，共2款，第7条附加第2条"征税机关行为的无效性"④，共2款，第7条附加第3条"征税机关行为的不规范性"⑤，共1款，

---

① 例如宪章第十条，参见下文。
② 即原则上所有可以向税务法院起诉的征税行为，都应先经过（征税机关和纳税人之间）对质。
③ 例如，因绝对缺乏相关权限、违反或规避既决案件（裁判）而无效。
④ 包括因违反关于管辖权、程序、纳税人参与和行为有效性的法律而可撤销。
⑤ 当征税行为没有记载或错误记载纳税人可以就征税行为联系的机关、上告的部门以及起诉的司法机关以及相关手续、期限的，不构成可撤销的情形，仅仅是不规范。

第 7 条附加第 4 条"预审讯阶段的缺陷"①，共 1 款，和第 7 条附加第 5 条"通知的缺陷"②，共 3 款；第 8 条"财产完整性的保护"，共 8 款，主要从纳税人税收债务的抵销、承担以及退税等方面规定纳税人财产的保护；第 9 条"期限延长"，共 3 款，主要规定纳税人在特殊情形下，纳税义务履行期限可以中止或延长。此外，2023 年第 219 号立法令又分别引入了第 9 条附加第 1 条"一事再理在税收程序中的禁止"③，共 1 款，和第 9 条附加第 2 条"纳税人数据（信息）泄露的禁止"；第 10 条"信赖和诚信（buona fede）保护"，共 3 款，主要规定纳税人和征税机关的关系遵循协作和诚信原则以及纳税人非因自身过错不受处罚等不利因素。需要特别指出的是，2015 年 8 月 5 日，意大利颁布了第 128 号立法令，名为《关于在纳税人与征税机关关系中的法律确定性条款》，④ 在宪章第 10 条引入了关于反避税的附加第 1 条"权利滥用或避税"，即第 10 条之一（条），共 13 款，系统规定了避税的界定以及反避税相关问题。此外，2023 年第 219 号立法令又分别引入了第 10 条附加第 2 条"税收程序中的比例原则"，共 3 款，第 10 条附加第 3 条"（征税机关）强制性自我保护权的实施"⑤，共 3 款，第 10 条附加第 4 条"（征税机关）非强制性自我保护权的实施"⑥，共 2 款，第 10 条附加第 5 条"解释和适用税法规则的形式"⑦，共 1 款，第 10 条附加第 6 条"通告"，共 3 款，第 10 条附加第 7 条"法律咨询"，共 3 款，以及第 10 条附加第 8 条"简化咨询"⑧，共 4 款；第 11 条"纳税人的事前裁定"，共 8 款，主要规定事前裁定的基本内容；第 12 条"处于税务检查中的纳税人

---

① 当征税机关对纳税人进行检查，调查人员不能待在纳税人处检查超过 30 日，或者，调查特别复杂，最多不能超过 30 日，否则调查取得的证据不能在税收查定或司法程序中被使用。同时，违反法律取得的证据也不能被使用。

② 当征税行为的通知，没有记载征税行为的基本内容，或向一个法律上不存在的主体（与征税行为的对象主体没有任何关系）通知，征税行为属于不存在，不存在就意味着没有效力。如果通知行为违反其他的法律规则，就是无效，但是纳税人提起诉讼可以补救这个缺陷。

③ 除非另有特殊规定，纳税人有权要求征税机关在同一纳税周期下一个税种只能查定一次。

④ Cfr. Decreto Legislativo 5 agosto 2015, n. 128-Disposizioni sulla certezza del diritto nei rapporti tra Fisco e Contribuente.

⑤ 即征税机关在税种识别错位、计算错位等明显违法的情况下需要完全或部分取消自己已经作出的征税行为或放弃征税。

⑥ 即征税机关在一般违法或征税理由不充分的情况下可以完全或部分取消自己已经作出的征税行为或放弃征税。

⑦ 包括解释通告（circolari interpretative）、法律咨询、事前裁定和简化咨询。

⑧ 自然人和小规模纳税人利用远程信息处理服务实施的咨询。

的权利及保护"，共 6 款，主要规定征税机关在对纳税人实施访问、税务调查和检查时需要遵循的要求和限制；第 13 条"纳税人国家保护官"，共 4 款，主要规定旨在维护纳税人权益的保护官制度；第 14 条"非居民纳税人"，共 2 款，主要规定居住在境外的纳税人获取与纳税相关信息的权利；第 15 条"对实施税收检查人员的行为守则"，共 1 款，主要对中央财政部门颁布行为守则进行了一般规定；余下 6 条，共 10 款，主要规定本宪章及相关条款的执行、生效问题。

（二）基于宪法视角的宪章条款

宪法的宗旨在于限制公权力、保护公民权利，这样，在意大利，纳税人权利保护法律体系的构建是以纳税人权利保护的宪法规则为基础。意大利宪法有关纳税人权利保护的规定，需要特别指出以下几条：第 3 条，关于法律面前人人平等原则；第 23 条，关于税收法定原则；第 53 条，关于量能课税原则。这些基本原则，尤其是后两者，事实上，构成了税法在宪法上的基本原则。此外，有利于纳税人权利保护的宪法条文还包括第 97 条，该条规定"按照有关法律的规定，公共机构以保证其良好运转及公平行政的方式组建"。如果说前面三条的规定更多是从约束立法者、限制税收立法的角度来保护纳税人权利的话，那么第 97 条的规定则更多是约束征税机关、限制税收征管的角度来保护纳税人权利。这与上文所说明的宪章就纳税人权利保护条款分为两个部分的结构是相对应的。事实上，宪章第 1 条原第 1 款就明确规定宪章是为执行宪法第 3 条、第 23 条、第 53 条和第 97 条而制定。考虑到宪法有关纳税人权利保护的规定并不限于这些条款，在 2023 年修改后，宪章第 1 条第 1 款就泛指宪法的规定，不再局限于上述 4 条规定。

上述意大利宪法上的基本原则对纳税人权利保护的意义是多方面的。一方面，这些基本原则本身的应用就可以构建起一道限制公权力对纳税人权益侵害的坚实防线；另一方面，这些基本原则构成其他一些有利于纳税人权利保护的一般原则或制度的基础，例如，税收规则清晰、明确原则、税法禁止溯及既往原则、纳税人法律确定性原则或信赖利益保护原则、税务事前裁定制度等等，换言之，这些一般原则或制度是上述宪法上的基本原则应用的某项具体内容或延伸。为此，宪章第 1 条第 1 款的规定，即"为执行宪法的规定和欧盟法、欧洲人权公约的原则，本法条款构成税法体制的一般原则和税收立法的解释标准，并适用于所有税收关系的主体"，表明了宪章制定者对用于保护纳税人权利的宪章条款的定位是非常高的，即基于宪法上的保护，换言之，宪章所规定的条款对应着所有纳税人权利保护的宪法视角。这样，宪章条款也被赋予这样的含义：鉴于宪章属于宪法条款的执行，对宪章条款的背离，如果没有足够的正当化的话，可以因违宪而被谴责。[1] 宪章从宪法的视角来制定保护纳税人权利的条款，用于阐明宪法规则，也使得税法和宪法的关联更为紧密，而纳税人离宪法也变得更为接近。[2] 此外，宪章作为纳税人权利保护的工具，考虑到宪章制度的背景，即为抑制基于国库保护主义的公权力，尽管国库利益的维护亦为一项宪法予以肯定的需求，宪章对宪法规定的提及，使得两项在税收领域的宪法需求间的对立得到了必要的减缓和平衡，即纳税人权利保护和国库利益维护两项宪法需求。[3]

（三）宪章条款的价值

不难发现，意大利宪法上对纳税人权利保护的规定不可谓不完整。同时，在践行违宪审查制度方面，意大利宪法法院从20世纪50年代以来依据上述宪法条文对税收立法、征管所做的违宪判决也不少。不过，对于规范税收立法、征管而言，单纯依靠宪法上的寥寥数条的规定以及宪法法院据此所做的关于相关规定应用的司法判决是不够的。这一点，意大利宪章制定的背景给予了说明。具体而言，为规范税收立法、征管，还需要依靠税法体制中更多、更具体的能得到有效应用的法律原则，例如上文提到的一般原则。不过，这些原则在宪章出台以前，在税收领域并没有成文法的明确规定，仅仅是作为一般法律原则，难以在实践中有效发挥对纳税人权利保护的作用，尤其是在盛行国库利益优先的年代。这样，宪章对相关原则

---

[1] Cfr. Gianni Marongiu, *Lo Statuto del contribuente e i vincoli al legislatore*, atti di convegno di studi 2008-Lo Statuto dei diritti del contribuente, p. 20.

[2] Cfr. Gianni Marongiu, *Lo Statuto dei diritti del contribuente*, in *ANTI*, il 16 luglio 2015, disponibile nel seguente sito: http://www.associazionetributaristi.eu/index.php/articoli-e-pubblicazioni/698-g-marongiu-lo-statuto-dei-diritti-del-contribuente-16-7-2015?.

[3] Cfr. Gianni Marongiu, *Lo Statuto del contribuente e i vincoli al legislatore*, atti di convegno di studi 2008-Lo Statuto dei diritti del contribuente, p. 21.

予以明确规定，意义不言而喻。正如同宪章第 1 条所规定的那样，宪章条款具有税法体制一般原则的价值，而宪章的这个"自我认定"，意大利最高法院给予了肯定，即大部分宪章条款的实际属性是符合这一认定的，源于它们的规范内容、客体、范围、对其他立法规则和税法体制以及纳税人与国家、税务行政部门关系的影响。[①] 不过，鉴于宪章并没有创造这些一般法律原则，或者说，宪章并不是补充原有制度不存在的原则，宪章条款的价值更准确地说在于在税收领域法典化了这些一般法律原则，[②] 纳税人援引这些原则有了明确的立法依据，极大推动了纳税人权利的保护。事实上，经过2023 年第 219 号立法令的修改和补充，在税收领域法典化的一般法律原则又增加了不少，如比例原则，又进一步推动了纳税人权利的保护。

　　宪章条款的价值还进一步体现在作为其他税收规则的解释标准，换言之，宪章所规定的原则代表着这些税收规则解释的一种尺度、坐标。[③] 对此，值得一提的是，这一观点乃是意大利最高法院提出的，所针对的问题是宪章是否具有宪法性法律的属性。关于宪章是否属于宪法性法律，在意大利是存在争议的，目前主流的观点是否定的。宪章仅仅是普通法律，尽管宪章乃是为执行宪法条款而制定，并规定了与法的制定有关的原则，属于真正和自有的关于规则的规则。[④] 而对于在形式上相同的法源，意大利宪法法院提出了领域的法源位阶（gerarchia materiale），以补充形式上的法源位阶。所谓领域的法源位阶，是指有一些规则因为所涉领域的重要性，虽然在形式上具有同样的效力，但是能属于一个更高位阶的规范类型，例如意大利宪法第 2 条规定的社会共同（连带）责任原则在效力上就可以高于其他一些宪法条款。不过，宪法法院否定宪章在与其他普通法律相比时在领域的法源位阶上具有更高的效力。[⑤] 意大利宪法法院的观点无疑弱化了宪

---

① Cfr. la sentenza della Corte di Cassazione del 10 dicembre 2002, n. 17576.

② Cfr. Gianni Marongiu, *Lo Statuto del contribuente e i vincoli al legislatore*, atti di convegno di studi 2008-Lo Statuto dei diritti del contribuente, p. 15.

③ Cfr. Gianni Marongiu, *Lo Statuto del contribuente e i vincoli al legislatore*, atti di convegno di studi 2008-Lo Statuto dei diritti del contribuente, p. 20.

④ Cfr. Raffaele Botta, *L' interpretazione dello Statuto del contribuente nelle sentenze della Suprema Corte di Cassazione*, atti di convegno di studi 2008-Lo Statuto dei diritti del contribuente, p. 40, disponibile nel seguente sito: http://www.ilfisco.it/pdf/atti_ convegno_ rossano2008. pdf.

⑤ Cfr. Raffaele Botta, *L' interpretazione dello Statuto del contribuente nelle sentenze della Suprema Corte di Cassazione*, atti di convegno di studi 2008-Lo Statuto dei diritti del contribuente, p. 40.

章对税收立法者的效力。虽然宪章在生效后意大利最高法院是以普通法律适用之，但是最高法院完全抓住了宪章的重要性：宪章条款或原则在税收关系的每一阶段中作为税收规则的解释和补全工具。[1] 此外，由于意大利没有税法典，最高法院根据宪章裁决的案例数量并不少。为此，最终经 2023 年第 219 号立法令的补充，宪章条款的这一价值（税收立法的解释标准）在宪章第 1 条中被明确规定下来。

（四）宪章条款应用的优先性和普适性

宪章条款具有应用性，不管是纳税人还是法院，都可以援引宪章条款以控诉税收立法或征税机关的征税行为。而这种应用的特点主要体现为优先性，相对于其他税收法规的应用而言，基础则在于上文阐述的宪章条款的价值。不过，宪章条款应用的优先性，显然不是来源于宪章的法源位阶。事实上，正如有学者指出的那样，宪章并不被视为是宪法性法律，仅仅是普通法律，相对于其他法律，在法源位阶中没有特殊的优先效力，作为普通法律，宪章可以被其他普通法律所超越。[2] 不过，鉴于宪章条款具有规范和解释其他规则的价值，进一步而言，由于宪章条款具有执行宪法规则的功能以及构成税法体制一般原则的价值，意大利最高法院认可宪章条款具有"强化的条款"的属性。最高法院进而认为，立法者已经明确地表示了赋予这些一般原则在税收立法中的特殊重要性以及实质上的优先性，相比于所涉领域的其他条款而言。[3] 这样一种宪章条款应用的定位，不仅针对税收立法者，也针对解释者，即宪章条款作为在税收条款（税法体制中的所有税收条款）应用时的解释标准，解释者需要应用这些一般原则。[4] 具体而言，宪章中的一般原则具有对解释者有约束力的注释学导向的功能。在解释或应用任何税收条款（涉及宪章所规范的领域）的含义和适用范围方面的疑问时，解释者都应当以更符合宪章原则的含义来解决。[5] 例如，最高法

---

[1] Cfr. Michele Cantillo, *Lo Statuto del contribuente nella giurisprudenza*, in *ANTI*, il 13 dicembre 2005, p. 1, disponibile nel seguente sito: www. associazionetributaristi. it/files/RelazioneCantillo. pdf.

[2] Cfr. Michele Rossi, *Lo Statuto dei diritti del contribuente a dieci anni dalla sua entrata in vigore*, in *Innovazione e Diritto*, n. 7, 2010, p. 76.

[3] Cfr. la sentenza della Corte di Cassazione del 10 dicembre 2002, n. 17576.

[4] Cfr. la sentenza della Corte di Cassazione del 14 aprile 2004, n. 7080.

[5] Cfr. la sentenza della Corte di Cassazione del 10 dicembre 2002, n. 17576.

院认为，在解释或应用税收规则时，法官应该援引宪章，以符合宪章的含义来解决可能的解释上的疑问。[1] 此外，有学者也认为，宪章条款乃是执行宪法上的原则，即使在法源位阶层面不受影响，这一"自我认定"也赋予了宪章特殊的权威性，因此，针对一般立法的制定，宪章处于优先的地位，要优先考虑。[2]

当然，对于位阶低于法律的法源，宪章具有当然的优先性，这一点，宪章第1条明确予以了确定。宪章第1条原第3款和第4款规定"普通大区通过执行本法规定的条款来规范本法所规定的领域；特殊大区以及特伦托和博尔扎诺自治省在本法生效后一年内采取措施，以将相关的制度与本法规定的基本规则相协调；地方机构在本法生效后半年内采取措施，以将其颁布的章程和规范性文件与本法规定的原则相协调。"不过，需要强调的是，有学者指出，与宪章条款不符的省、市条例规则应当被废除，这个结论不是源于宪章和条例规则处于不同层面的法源位阶，而是源于宪章条款具有一般原则的属性，一般原则的属性发挥决定性的作用。[3] 此外，最高法院还进一步认为：如果省、市未采取相协调的措施，其制定的条例规则与宪章不符，宪章条款也立即适用，不管是否还存在半年的期限。[4] 事实上，经2023年第219号立法令的修改，上述宪章第1条原第3款和第4款已经被删去，但宪章对位阶低于法律的法源的优先性依然被肯定。新的第3款规定："大区和地方组织应在各自权限范围内，在遵循宪法制度和执行基于本法规定的原则所要求的对纳税人的保护的基础上，对本法涉及的领域进行规范。"同时，新的第3款附加第1款规定："国家行政部门应遵守本法的规定，这些规定包括对质权的保护、税收行政文件的访问、信赖利益保护、一事再理的禁止、比例原则和自我保护。作为原则，这些规定约束大区和地方组织，当它们在自主权下制定、调整各自的法规时。特殊大区以及特伦托和博尔扎诺自治省制定、调整自己的立法要符合本法的规定。"

最后，值得一提的是，由于宪章条款属于税法体制中的一般原则，同

---

① Cfr. la sentenza della Corte di Cassazione del 06 maggio 2005, n. 9407.

② Cfr. Michele Cantillo, *Lo Statuto del contribuente nella giurisprudenza*, in *ANTI*, il 13 dicembre 2005, p. 2.

③ Cfr. Gianni Marongiu, *Lo Statuto del contribuente e i vincoli al legislatore*, atti di convegno di studi 2008-Lo Statuto dei diritti del contribuente, p. 25.

④ Cfr. la sentenza della Corte di Cassazione del 22 marzo 2005, n. 6201.

时还是被欧洲法院（European Court of Justice）和欧洲人权法院（European Court of Human Rights）所认可的原则，诸如法律确定性原则、规则清晰、明确原则、规则禁止溯及既往原则，相关的宪章条款对宪章生效前的关系也适用。[①] 事实上，因为这些一般原则也是被欧洲法院和欧洲人权法院所认可的，经过 2023 年第 219 号立法令修改的宪章第 1 条第 1 款补充规定宪章也是为执行欧盟法、欧洲人权公约的原则而制定。此外，宪章对立法者、征税机关、法院和纳税人都有约束力。这也体现了宪章条款应用的普适性。

（五）宪章的创新性

基于上文的论述，这里试图对意大利纳税人权利宪章的创新之处进行总结。当然，这一创新的总结针对的是作为整体的宪章，而不是针对宪章所规定的具体条款或原则。[②] 首先，由于意大利之前从未有过类似的纳税人权利（或纳税人）宪章、法案或宣言，2000 年宪章的颁行本身对于意大利税法体制而言就是一大创新。这样，至少从宣示的角度，促进了意大利纳税人权利的保护。其次，意大利宪章的内容意义远远超出宪章名称本身所表明的意义，也正是这一点，使得意大利宪章从国际比较而言超出了其他国家制定的纳税人宪章、法案或宣言所具有的意义，例如，澳大利亚、加拿大、英国、美国。这些国家的宪章、法案或宣言通常仅针对纳税人，旨在告诉纳税人他们在征税行政程序中的权利并对这些权利给予保护，并只是罗列在相关税法中已经规定的纳税人权利，发挥宣示的作用。而意大利宪章不仅告诉纳税人他们在征税行政程序中的权利，发挥对税务行政指导标准的作用，还通过法典化之前在意大利税法体制中从未被表明的一般原则，进而规范税收立法。最后，由于意大利至今没有制定税收基本法或税法典，也没有制定一般税收程序法，一般程序规则规定于所得税法之中，税法典在意大利可以说是缺失的。而宪章的颁行，构成了意大利税法法典化的第一步。[③] 特别值得一提的是，意大利在 2023 年初提出了未来税法改革的方向，其中一项是对税收领域现行的所有单一文本进行修订，最终起

---

① Cfr. Michele Cantillo, *Lo Statuto del contribuente nella giurisprudenza*, in *ANTI*, il 13 dicembre 2005, p. 2.

② 事实上，正如下文将举例阐述的那样，宪章规定的一般原则的内容都有不同程度的创新。

③ Cfr. Gianni Marongiu, *Lo Statuto del contribuente e i vincoli al legislatore*, atti di convegno di studi 2008-Lo Statuto dei diritti del contribuente, p. 16.

草一部税法典（Codice Tributario），① 税法典分为三个部分，分别是税法的基本/一般原则编、税收征管程序编和分则编。其中，由于意大利税法深受欧盟税法的影响，② 税法的基本/一般原则也包括欧盟税法的基本/一般原则，税收征管程序编包括含纳税履行和税收查定的单一文本、税收行政处罚单一文本、税收救济单一本文以及强制执行单一文本，分则编包括所得税单一文本、增值税单一文本、含登记税、抵押税、地籍税、继承与赠与税、③ 印花税的单一文本、含关税、消费税的单一文本以及地方税单一文本。事实上，2023 年第 219 号立法令对宪章的修改和补充，很大程度上向税法法典化又迈进了一步。目前，为弥补因税法典缺失而产生的规则漏洞，宪章的条款常被意大利法官所适用，而宪章也越来越影响意大利税收规则存在的方式和税法体制。在某种意义上，宪章在推动纳税人权利保护的同时，也推动着意大利税法体制的重新构建。

三、宪章若干重要条款

（一）税收规则的清晰、明确和可认识性

为使纳税人切实、及时履行纳税义务，规范纳税人纳税义务的税收规则应清晰、透明以及可被认识，这也是税收法定所要求的内容。这一要求包含着两层含义，即一方面税收条文本身的清晰、明确，能被纳税人所理解，另一方面这些清晰、明确的税收条文能被纳税人所认识，纳税人可以实际知晓该税收条文，而这构成了纳税人信息权一项重要的内容。④ 关于税收规则的清晰、明确和可认识性这一课税的一般原则，宪章由第 2 条、第 5

---

① Cfr. Francesco Rodorigo, *I quattro pilastri della riforma fiscale* 2023, in *Informazionefiscale*, il 24 gennaio 2023, disponibile nel seguente sito：https：//www. informazionefiscale. it/Riforma – fiscale – tributi – provvedimenti – legge – delega.

② 关于欧盟税法的基本内容，详见本书第十三章。

③ 关于登记税、抵押税、地籍税、继承与赠与税的征收，详见本书第五章。

④ 除了在一般层面上使并不针对特定纳税人的规则、行政行为或意见能被纳税人所认识，纳税人信息权还要求在特殊层面上使针对特定纳税人的公文能被该单个纳税人所认识，主要通过征税机关一些诸如告知、通知的程序。

条以及其他条款中的相关内容共同规定。而宪章之所以将这一原则置于首要的位置，主要是源于当时意大利税收制度、规则根深蒂固的易变性和复杂性。

对于这一原则的具体内容，宪章第 2 条原本共 4 款，规定如下："（1）包含税收条款的法律和其他具有法律效力的规范性文件应当在标题中提及规范对象；内部进一步的划分单位和单个条文的标题应当提及所规范的条款的对象；（2）不以税收为规范对象的法律和其他具有法律效力的规范性文件不能包含税收属性的条款，除非这些条款与上述法律和规范性文件所规范的客体紧密相关；（3）援引规定在涉税规范性文件中的其他条款，需要同时指出意图援引的条款的概括内容；（4）需要修改的税收法律条款，应当通过在该税收法律中规定修改后的文本来体现。"不难发现，为了使纳税人能更清晰、明确理解规范自身纳税义务的（最新）税收规则，宪章第 2 条这 4 款主要从税收规则内容规定或修改的形式要求上对立法者提出了具体标准。① 特别值得一提的是其中的第 2 款，该款明确要求通常情况下只能在税收法律中规定税收规则，从而极大地降低纳税人在繁杂的税收规则体系中寻求、认识相关税收规则的成本。与之相关，更进一步的是，根据 2023 年第 219 号立法令引入的宪章第 2 条第 4 款附加第 1 款（即第 4 款之一）规定："包含应税行为和纳税主体规范的税收规则仅适用于这些规则所提及的情形和仅在这些规则所提交的时间适用。"这样，还需要说明的是，根据宪章第 2 条，宪章不仅试图致力于税收规则的清晰和明确，这一要求在今天不仅针对税收规则，还致力于（作为优先考虑的）税收规则的可寻求性，也即致力于对纳税人而言的税收规则的可（实际）认识性。② 而对于后者，不仅可以基于宪章第 2 条的解读，还可以基于其他条款的解读，尤其是宪章第 5 条，该条规定："（1）征税机关应当采取合适的举措使得纳税人可以完整和便利地认识税收领域的立法和行政条款，并负责编排配套、协调的文本以及让纳税人在每一个征税机构都可以使用这些文本。征税机关也应当采取合适的电子信息方面的举措，以允许信息的实时更新，并让纳税人免费

---

① 意大利最高法院也特别肯定了宪章第 2 条对税收立法者制定、修改法律的规范作用。Cfr. la sentenza della Corte di Cassazione del 14 aprile 2004, n. 708.

② Cfr. Gianni Marongiu, *Lo Statuto dei diritti del contribuente*, in *ANTI*, il 16 luglio 2015.

使用电子信息；（2）征税机关应当及时通过合适的工具让纳税人认识所有的由其颁布的通告和决议，以及任何其他关于组织、职能和程序的规范性文件或政令。"宪章第 2 条和第 5 条致力于税收规则的清晰、明确和可认识性，事实上，不仅有利于纳税人，也有利于征税机关，即也利于征税机关理解和管理"暴雨"般的税收法律体制，当然，也降低了纳税人实施逃避税行为的借口。①

最后，值得一提关于立法者违背宪章第 2 条的后果，而可能的后果应当是不可以处罚纳税人。这是因为宪章第 10 条第 3 款明确规定："当纳税人违反行为是源于税收规则适用范围不确定性这一客观条件，无论如何不得课以处罚。"这样，"那更不用说，当纳税人需要在一法律条文中的数百款中去寻找一项税收规则，而这一条文缺乏标题、内部划分以及相应的识别，或者当纳税人通常只能偶然才遇到这样一项税收规则，即被规定在不管是在名称还是在对象方面都与税收无关的规范性文件中，或者当宪章第 2 条第 3 款和第 4 款被违背的时候，不得课以处罚"②。

(二) 法律令滥用的禁止

在意大利法律体制中，中央政府也可以颁布具有法律效力的政令，其中之一便是法律令。根据意大利宪法第 77 条的规定，中央政府颁布法律令无须议会授权，不过仅在一些必要和紧急的特殊情况下采用，属于具有法律效力的临时措施。具体而言，法律令规定的内容需要在 60 天内转变为一般法律，否则将从法律令采用之日起（溯及既往地）丧失效力。在税收领域，考虑到政府宏观调整的职能，尤其是在经济危机的背景下，法律令在意大利曾被很频繁地使用。这是因为通过中央政府颁布法律令，可以对有关课税问题做出迅速的必要反应，例如，为引入或增加消费课税，通过颁布法律令可以避免纳税人囤积居奇作为消费课税对象的商品。

如果合理、有度使用法律令，允许政府在税收领域通过法律令来规定税收规则，应当说并不违背税收法定原则，甚至应当认为是落实税收法定

① Cfr. Gianni Marongiu, *Lo Statuto del contribuente e i vincoli al legislatore*, atti di convegno di studi 2008-Lo Statuto dei diritti del contribuente, p. 18.

② Gianni Marongiu, *Lo Statuto dei diritti del contribuente*, in ANTI, il 16 luglio 2015.

原则的一项必要内容，毕竟在紧急情况下可以避免议会程序的拖拉和缓慢。不过，意大利曾在税收领域使用法律令，不仅频繁，而且常常伴有滥用的嫌疑，例如，到期未转换为一般法律，而是政府颁布新的法律令，同时，法律令规范的内容往往属于税收基本规则的内容。再如，政府通过颁布一项法律令，推翻纳税人一项由法律规定的已存在很多年的有效权利，难以基于紧急性得到正当化。[1] 又如，对于法律令所规定的规则措施，必要性论证上往往体现为政府纯粹的政策评估，而措施并不呈现一种重要的客观价值。[2] 事实上，法律令的滥用曾内在于意大利税法体制之中，而这无疑严重违背税收法定原则，不利于纳税人权利的保护。对此，宪章第 4 条作出了必要的回应，明确规定："不能通过法律令来规定设立新的税种，也不能规定现有税种适用于其他类型的主体。"宪章第 4 条旨在约束政府行使税收规则制定权，避免税的规范被行政权所支配。事实上，相比于极其自治的政府程序，法律制定、修改的议会程序可以确保一个由议会少数派实施的最好监控，以对作为规范客体的利益进行更大的权衡。[3] 可以肯定的是，宪章该条的规定最终目标是确保意大利税收立法的稳定性、可靠性和谨慎性。

最后，需要补充的是，宪章第 4 条仅仅规定了上述一款内容，同时并没有绝对禁止法律令在税收领域中的使用，仅仅禁止在新税种设立、纳税主体扩大两个内容上的使用，这主要是考虑到绝对禁止与宪法原则相背离，鉴于在绝对禁止的情形下，将无法有效应对实际的紧急状况。[4] 目前在意大利，政府在税收领域合法使用法律令的典型情形就是通过法律令提高或降低现有税收的税率，即仅对相关制度进行非结构性的修改，以操作经济政策，当然，前提是法律中规定有税率调整的区间以及满足紧急性和必要性条件。

（三）税收规则溯及既往适用的禁止

作为法律制度中的一般原则，禁止法律适用的溯及既往，有利于确保

---

[1]　紧急措施往往源于所涉法律状况所具有的不可预见的特殊性，但是，对于一项已经被认识很多年的法律状况而言，就很难主张其具有这样的特殊性。

[2]　Cfr. Gianni Marongiu, *Lo Statuto dei diritti del contribuente*, in *ANTI*, il 16 luglio 2015.

[3]　Cfr. Michele Rossi, *Lo Statuto dei diritti del contribuente a dieci anni dalla sua entrata in vigore*, in *Innovazione e Diritto*, n. 7, 2010, p. 79.

[4]　Cfr. Gianni Marongiu, *Lo Statuto del contribuente e i vincoli al legislatore*, atti di convegno di studi 2008-Lo Statuto dei diritti del contribuente, p. 14.

法律的确定性和结果的可预期性，经济自由和企业创业自由也才能实现。当然，在税收领域的法律适用也应当遵守该一般法律原则，包括对立法者而言。不过，税法溯及既往适用的禁止还可以从量能课税原则中找到基础。具体而言，量能课税要求根据纳税人现有的负税能力纳税，即课税应当作用于一项表明现有负税能力的经济事实，或者说不能对在过去（或未来）体现的负税能力课税，负税能力应当在纳税人需要纳税的时候存在。① 这就是负税能力现实性的特征，根据该特征，新的税法不能适用于纳税人过去实施的经济活动而负税能力已经不复存在的情形。不过，税法溯及既往适用在意大利也曾经常发生，对此宪章第 3 条原第 1 款明确规定："除了第 1 条第 2 款规定的情形以外，税收条款不具有追溯的效力。关于周期税，引入的修改只能从在规定修改的条款生效之日所在的周期的下一个周期开始适用。"其中，宪章第 1 条第 2 款规定的是通过法律制定的税法解释规则。2023 年第 219 号立法令对宪章第 3 条第 1 款作了两处修改。首先，考虑到法律推定课税更进一步限制纳税人的利益，增加了"法律推定不能溯及既往适用"的规定，没有例外。其次， "周期税（tributi periodici）"改为 "周期应付、确定或清算的税（tributi dovuti, determinati o liquidati periodica-mente）"，两者存在一定的差异。所谓周期税，是从纳税义务的产生而言，例如所得税和财产税，关于这两类税种的纳税义务产生，需要考虑一个时间周期，通常是一个公历年度，即一个公历年度内的所得总和才对应一个纳税义务，或者特定财产的拥有需要持续一个公历年度才产生一个纳税义务。与周期税相对应的是瞬间税（imposta istantanea），即纳税义务的产生无需考虑一个时间周期，例如增值税，每一项应税交易的完成产生一个纳税义务。而周期应付、确定或清算的税，不仅包括周期税，还包括那些从应纳税额的确定或清算而言需要考虑一个时间周期的瞬间税，例如，增值税的应纳税额是基于销项税减去进项税得出的结果，这需要按月或按季度来确定。显然，宪章第 3 条第 1 款关于税收规则的修改在下一个周期开始适用的规定适用范围扩大了，有利于纳税人。据此，关于税收规则在时间上的效力，宪章第 3 条第 1 款明确规定了除基于有权解释的解释性规则以外的税收规则不具有溯及既往的效力。而根据意大利最高法院的许多判决，例如

---

① Cfr. Gaspare Falsitta, *Manuale di diritto tributario-parte generale*, CEDAM, 2010, p. 171.

2001 年第 11274 号判决，在税收规则不利于纳税人的时候，规则溯及既往适用的禁止不仅针对实体性规则，也包括程序性规则。[1]

基于上述，不难发现，与法律令滥用禁止一致，溯及既往适用的禁止也不是绝对禁止，主要是考虑到绝对禁止与宪法原则相背离，对已有的错误或不正义也将无法有效采取补救措施。[2] 当然，关于有利于纳税人的税收规则具有溯及既往的效力，本身在意大利也是有争议的，但考虑到宪章本身是有利于纳税人的法律，旨在保护纳税人权利，对宪章第 3 条第 1 款的理解，意大利最高法院 2001 年第 5931 号判决中明确给予了肯定：宪章实质上是纳税人保护的工具，有助于抑制在税收关系中处于更强地位的征税机关的权力，因此，宪章的规则不能阻碍有利于纳税人的条款的批准，源于可能构成所谓立法的自我保护。[3] 因此，以恶意的方式制定的法律，溯及既往被排除，以善意的方式制定的法律，溯及既往实质上是允许的。[4]

（四）信赖与诚信保护

意大利最高法院在 1990 年一项判决中曾指出："征税行政部门不是随随便便的法律主体，而是公共行政部门。这一身份，使得征税行政部门具有了一些特殊的职务权力，以确保以最充分和迅捷的方式实现集体利益方面的目标，基于同样的理由，使得征税行政部门需要遵守一些特殊的义务，其中，首要的义务便是宪法第 97 条规定的公正义务。"[5] 意大利宪法第 97 条规定的公共部门应当良好运行和公平行政，构成了公民与公共行政部门关系的基点。其中，良好运行的概念不再仅仅意味着行政活动的快速、简化和效率，还意味着公民与公共行政部门之间的协作和对目标实现的连带性，[6] 以此得以建立双方相互信任、尊重的关系。宪章执行意大利宪法第 97 条集中体现于宪章第 10 条，其中第 1 款明确规定："纳税人和征税机关的关系遵循协作和诚信原则。"其中，信赖和诚信原则产生于协作原则，属于协

---

① Cfr. la sentenza della Corte di Cassazione del 27 agosto 2001, n.11274.

② Cfr. Gianni Marongiu, *Lo Statuto del contribuente e i vincoli al legislatore*, atti di convegno di studi 2008-Lo Statuto dei diritti del contribuente, p. 14.

③ 即立法对自身规定的错误或不正义实施纠正。

④ Cfr. la sentenza della Corte di Cassazione del 21 aprile 2001, n. 5931.

⑤ Cfr. Gianni Marongiu, *Statuto del contribuente*, in *Diritto on line*, 2016.

⑥ Cfr. Gianni Marongiu, *Lo Statuto dei diritti del contribuente*, in *ANTI*, il 16 luglio 2015.

作原则的发展结果。① 对于信赖和诚信原则，意大利最高法院认为："这一原则从基于私法自治的诚实信用和无辜信赖原则中借用过来，内在于所有的公法关系中，当然，也包括税法关系。这一原则不仅对立法活动，也对行政活动（特别是税务行政活动）构成了一项精确的限制。"② 为此，关于宪章第 10 条第 1 款的规定，可以明确的是，虽然诚信要求既针对纳税人也针对征税机关，但基于纳税人信赖利益保护的目的，这一规定中的诚信要求实质上是针对征税机关而言的。

宪章第 10 条第 1 款所规定的纳税人信赖和诚信原则对纳税人权利保护具有特殊的意义，事实上，这里所阐述的宪章其他四项一般原则在一定意义上都可以从该原则中寻求基础。宪章第 10 条第 2 款和第 3 款则分别规定了两类受该原则保护的情形。第 2 款规定："当纳税人遵循了征税机关公文中规定的内容，即使之后征税机关修改了公文的内容，或者当纳税人的行为是因为直接源于征税机关的延迟、遗漏或错误的事实而实施的，不得向纳税人课以处罚，也不得向纳税人要求支付利息。"第 3 款规定："当纳税人违反行为是源于税收规则适用范围的不确定性的客观条件，或者当纳税人违反行为仅仅是一种形式违反行为，与税收债务无关，无论如何不得课以处罚。"当然，宪章第 10 条所规定的适用情形仅仅是举例性的，并不限制信赖和诚信原则的一般性适用，该条款可以扩展至一系列不特定的情形。③ 关于这些情形，意大利最高法院做出了一些判决，例如：（1）纳税人的信赖可以被征税机关一种能确定为"显而易见的"（apparente）合法情形的活动所引起，例如，征税机关针对纳税人发布的指令，纳税人据此调整自身的一项行为（以符合该指令），或者征税机关以明确或默认的方式接受纳税人的一项行为，这滋长了纳税人合理的信服以及对按照法律实施行为的信服，为此，纳税人的合法信赖应当受保护；④（2）纳税人所有的错误都可以修改，包括文本的错误和文本以外的错误、事实的错误和法律的错误

---

① Cfr. Raffaele Botta, *L'interpretazione dello Statuto del contribuente nelle sentenze della Suprema Corte di Cassazione*, atti di convegno di studi 2008-Lo Statuto dei diritti del contribuente, p. 46.
② Cfr. la sentenza della Corte di Cassazione del 9 novembre 2011, n. 23309.
③ Cfr. Michele Cantillo, *Lo Statuto del contribuente nella giurisprudenza*, in *ANTI*, il 13 dicembre 2005, p. 5.
④ Cfr. Michele Cantillo, *Lo Statuto del contribuente nella giurisprudenza*, in *ANTI*, il 13 dicembre 2005, p. 4.

以及可识别的错误和不可识别的错误;① (3) 虽然不是主管机关, 但收到纳税人退税请求, 该机关应当将该请求传送给主管机关;② (4) 纳税人对征税机关的控诉, 本应针对主管机关, 有关部门应当将纳税人以非主管机关为控诉对象的控诉传送给主管机关, 避免产生未被接受或时效经过的结果。③

(五) 权利滥用的禁止与反避税实施的限制

纳税人为减少税收负担而进行避税交易安排在今天的意大利依然是一项严重的问题。避税损害国库利益以及纳税人间税负公平分摊, 一国有必要采取一般反避税规则等反避税措施。不过, 在片面追求国库利益的背景下, 反避税权力又极易被征税机关所滥用, 从而对纳税人法律确定性、合理预期以及合法节税等利益造成侵害, 因此, 对征税机关反避税权力的限制亦是必要。在 2015 年第 128 号立法令出台之前, 在成文法中, 意大利仅仅在 1973 年所得税查定法第 37 条附加第 1 条引入了一般反避税规则, 同时, 对于应当如何规范征税机关实施反避税, 该所得税查定法也没有主要从保护纳税人上述利益的角度进行系统的规定。而经第 128 号立法令修订后的宪章, 在第 10 条增加了内容丰富的附加第 1 条, 正好弥补了上述两大不足, 尤其是后者。第 10 条附加第 1 条内容如下:

第 1 款规定:"不管纳税人具有什么样的意图, 如果一项或多项交易缺乏经济实质, 本质上为实现不正当的税收利益, 尽管税收规则形式上得到了遵守, 构成权利滥用 (abuso del diritto)。这些交易不能对抗征税机关, 即征税机关根据被规避的规则和原则确定税款, 同时否定纳税人基于这些交易所取得的相关税收利益。"基于应用第 1 款规定的目的, 第 2 款第 (a) 项规定:"缺乏经济实质的交易是指不足以产生有意义的税收利益以外的效果的交易。经济实质的缺乏尤其体现为: 单个交易的定性与交易整体的法律基础不符, 以及法律工具的使用与市场正常的逻辑不符。"第 2 款第 (b) 项规定:"不正当的税收利益是指利益 (包括非立即取得的) 的实现与税收规则的目的或税法体制的原则相冲突。"第 3 款规定:"在任何情况下, 能

---

① Cfr. la sentenza della Corte di Cassazione del 19 ottobre 2007, n. 21944.

② Cfr. la sentenza della Corte di Cassazione del 27 febbraio 2009, n. 4773.

③ Cfr. la sentenza della Corte di Cassazione del 20 aprile 2010, n. 9505.

被非税收（非次要的）有效理由所正当化的交易，都不是权利滥用下的交易。"第4款规定："纳税人具有在法律提供的可选择的不同规则之间以及在承担不同税负的交易之间选择的自由。"第5款规定："为了获知交易是否构成权利滥用下的交易，纳税人可以根据第11条第1款第3项的规定提出事前裁定。"第6款规定："权利滥用的查定需要通过专门的公文来确定，而在这之前，征税机关需要向纳税人送达要求纳税人说明的通知，同时在通知中说明征税机关认定权利滥用的理由，否则前述的公文无效。"第7款主要规定要求纳税人说明的通知需要在规定时间内及时发送。第8款规定："公文的理由需要特别说明，涉及滥用的行为、被规避的规则或原则、实现的非正当的税收利益以及纳税人按规定提供的阐明，否则无效。"第9款规定："征税机关有义务证明滥用行为的存在，涉及第1款和第2款规定的要素。纳税人有义务证明存在第3款规定的非税收理由的存在。"第10款主要规定在纳税人救济程序中查定的税款不停止执行。第11款规定："本条规定针对的主体（权利滥用人）以外的主体可以要求退还因构成滥用的交易而缴纳的税款。"第12款规定："在查定中，只有当税收利益的否定不是因为特定税收条款被违反的时候，① 权利滥用才构成。"第13款主要规定滥用交易不受刑事处罚，但受行政处罚。

综上，宪章第10条附加第1条首次在意大利税收成文法中引入了适用于所有税种的基于权利滥用理论的一般反避税规则，以保护纳税人课税公平的利益，而上述所得税查定法中的一般反避税规则也已经被2015年第128号立法令废除。同时，附加第1条从避税的概念、构成要件（包括肯定要件和否定要件）、纳税人合法节税权、反避税事前裁定权、征税机关反避税查定程序要求、避税认定的举证责任分配、反避税效果中的第三人利益保护、行政处罚性等方面对征税机关实施反避税进行了系统性规定，而从内容上来看，主要是限定了反避税权力实施的边界，以保护纳税人法律确定性、合法节税等利益，这也体现了比例原则在反避税中的应用。当然，宪章第10条附加第1条就反避税的规定，事实上，很好地反映了意大利税法学说关于反避税的认识和理论研究成果，对此，本书第九章将详细阐释。

---

① 即税收利益不是因为纳税人违反税收法律而被否定，这是考虑到避税在形式上并不违法。

第五章　税收制度的演变

意大利自 1861 年统一以来，其税收制度虽然经历了很多次大大小小的改革，但是总体上保持了延续性，并未出现税制的发展中断和重构。其中，一部分小税种从统一以来一直征收至今，一部分重要税种在百年的演变进程中虽然名称有所变化，但核心征收机理保持至今。事实上，意大利税收制度在一个半多世纪以来是如何演变的，特别是税制现代化的进程是如何完成的，不同时期的税制体现出哪些特征，非常值得研究。对此，意大利税收制度的演变总体上可以分为三大阶段（早期、中期和近期），每个阶段又可以细分多个演变节点，以下将分别进行阐释，并将对意大利现行税收制度的特征进行总结。

一、早期税收制度的构建

（一）统一之初的税收制度建立

1861 年意大利统一之后，税收制度亟须整合，为此，从 1862 年开始，意大利引入了诸多税种，统一的税收制度得以建立起来。根据间接税与直接税的基本分类，以及时间的先后，以下分别对引入的税种予以阐释。其中，直接税是指对财富在生产（对应所得）和积累（对应财产）的时候征收的税，即对直接体现负税能力的经济事实或行为征收的税，而间接税是指对财富在转移和消费的时候征收的税，即对间接体现负税能力的经济事实或行为征收的税。此外，直接税还可以进一步分为对人税和对物税，前者考虑纳税人的家庭、经济和社会状况，最适合通过区别征税贯彻实质公平，后者不考虑纳税人的这些状况，就对财富客观地征税。

1. 间接税

首先，1862 年，意大利最先引入了的税种包括登记税、印花税、抵押税（imposta ipotecaria）和地籍税（imposta catastale），这些税都属于间接税。这些税种的征收是延续了统一前原萨沃依王国的相关税制并在意大利全境推广适用，同时，这些税种一直征收至今，可以说是意大利现行税制中历史最久远的税种。

登记税是对法律行为（包括交易、行政和司法行为）的登记征收的税，除了取得财政收入外，开征的目的还在于国家向私人提供了服务。具体而言，国家因登记赋予了行为威信力和确定性。其中，登记的相关法律行为包括不动产交易行为、用益物权的移转或创设行为以及为公共所用而没收不动产行为、司法判决强制转移不动产行为、外国企业在意大利设立行政管理机构（使意大利成为行政管理机构地）等。纳税人通常是提出登记的主体，例如取得房屋的主体，在提出登记相关文书产生纳税义务，并以文书上记载的价值为税基。不过，纳税人也并不总是提出登记的主体，例如，对司法行为，由法院书记员提出登记，但是由裁判的当事人来缴纳登记税。[①] 事实上，因登记公共服务的享受而征收的登记税一开始体现的是费的特征，不过经过演变，登记税逐步体现出税的特征，并成为其核心特征。具体而言，为取得更多的税收收入，征税标准（税基）改为旨在登记的法律行为的特性与经济价值，并适用比例税率，同时，大部分应税行为也不再是登记公共服务的提供，而是强制要登记的法律行为的成就（实施）。当然，费的部分特征还存在，例如，存在按固定金额确定应纳税额的情形以及在法律行为的登记并非强制的情形。[②]

印花税是最古老的税种之一。根据 1862 年第 586 号法律，[③] 当纳税人想使用法律明确规定的公共和私人文件时，例如，向法院或其他司法机关

---

① Cfr. Gaspare Falsitta, *Manuale di diritto tributario – parte speciale*, CEDAM, 2008, p. 731.

② Cfr. Gaspare Falsitta, *Manuale di diritto tributario – parte speciale*, CEDAM, 2008, p. 726.

③ Cfr. Legge unificatrice 21 aprile 1862, n. 586.

出示时，印花税（票）就"征收"在用于这些文件的纸上。不过，在 1923 年之后，[1] 印花税的征税对象发生了重要修改，变为可归属于某一主体的法律文件以及其他任何可以被某一主体法律上使用的书面文件。

由于应税行为的高度相关性，抵押税和地籍税在意大利一直被置于一起论及。抵押税是对在不动产公共登记簿中实施注册、变更、注解（包括增加或取消不动产上的抵押）手续征收的一种税，地籍税是对地籍过户征收的一种税。在一开始，抵押税和地籍税也是更多体现费的特征，即源于对不动产公示公共服务的享受，例如，主要按照固定金额（2 里拉）征税。[2] 但是从 19 世纪末开始，不动产移转的登记注册就按照移转权利的经济价值和比例税率来征税了，同时，大部分应税行为也不再是提供不动产公示服务，而是需要登记注册的行为的成就（实施）。在这个演变过程中，与登记税的关联越来越紧密，即对于作为税基的移转权利的经济价值是根据登记税上的相应价值来确定的。不过，考虑到部分应税行为还是按照固定金额来征税，抵押税和地籍税还是存在费的特征。[3]

其次，除了上述四类作为小税种的间接税外，消费税（特指狭义的消费税）在意大利也有很长的历史，在 19 世纪末伴随工业化的进程已经成为重要的大税种。[4] 一开始，消费税名为制造税（imposta di fabbricazione），因为纳税义务在产品生产时产生，不过，对产品消费的间接影响很大。需要特别指出的是，纳入制造税征收范围的产品是逐步增加的。1864 年对啤酒和碳酸水征收制造税，1869 年对火药和其他爆炸材料征收制造税，1870 年对烈酒征收制造税，1874 年对做咖啡的菊苣征收制造税，1877 年对糖征收制造税，1881 年对种子油征收制造税，1896 年对火柴征收制造税。[5] 此外，制造税的税率因不同的产品而有所差异。上述制造税对意大利渡过在不同时期下出现的财政困难发挥着重要的作用，直到 1993 年被全部取消，取而

---

① Cfr. Regio Decreto 30 dicembre 1923, n. 3273.

② Cfr. Dipartimento delle Finanze, 1862 *imposte ipotecaria e catastale*, disponibile nel seguente sito: https://www.finanze.it/it/il-dipartimento/fisco-e-storia/i-tributi-nella-storia-ditalia/1862-imposte-ipotecaria-e-catastale.

③ Cfr. Gaspare Falsitta, *Manuale di diritto tributario - parte speciale*, CEDAM, 2008, p. 746.

④ Cfr. Gaspare Falsitta, *Manuale di diritto tributario - parte speciale*, CEDAM, 2008, p. 792.

⑤ Cfr. Dipartimento delle Finanze, 1864 *imposta di fabbricazione e consumo*, disponibile nel seguente sito: https://www.finanze.it/it/il-dipartimento/fisco-e-storia/i-tributi-nella-storia-ditalia/1864-imposta-di-fabbricazione-e-consumo.-le-accise.

代之的就是目前所称的消费税（accise）。

最后，还有一项不能忽视的间接税，即关税。关税在意大利统一之前当然也存在，而在统一之后，意大利取消了原来各王国之间征收的所谓内部关税，对来自意大利境外商品进口征收的关税当然保留了下来。

2. 直接税

首先，关于所得税，意大利共引入了动产税（imposta di ricchezza mobile）、土地税（imposta fondiaria）和房屋税三个税种，相互独立，分别对不同来源的所得进行征税。1864 年，根据第 1830 号法律，[1] 意大利首先引入了动产税，该税属于对物税，是对所得（属于动产）的征税，但属于特殊所得税，因为征税对象并不包括所有的所得。关于所得的征税，事实上，在意大利统一之前也已经存在。例如，原萨沃依王国征收的属人动产税（imposta personale e mobiliare）也是对所得的征税，不过在统一后没有被推广适用，这是因为属人动产税存在不公平的问题，例如，仅仅对成年人的所得征税，所得数额也是根据他们住房的租赁价值来确定。1864 年引入的动产税改变了上述征税方式，改为由每个纳税人在居所地的市申报所得，这样纳税人的范围不再限于成年人，税基也由推定确定改为据实确定。其中，动产税纳税人是所有的所得所有者，包括自然人、法人或单纯的事实机构（enti di fatto）以及外国人。[2] 因此，此时在意大利，所得税并不区分个人所得税和企业所得税。不过，基于动产税的目的，纳税人申报的所得仅仅限于非不动产所得，因为土地所得（来源于土地的所得）纳入同年开征的土地税的征收范围，同时 1865 年还开征了房屋税，[3] 对来自建筑物的所得征税。最后，动产税的税率是 8% 的比例税率，应纳税额则是申报的所得与该税率的积。[4] 动产税在 1973 年被取消。土地税也属于特殊所得税和对物税。土地税的纳税人是土地的所有人，征收范围是能够生产所得的耕地，不取决于能否实际生产所得。事实上，土地税是最古老的直接税之一，

[1] Cfr. Legge 14 luglio 1864, n. 1830.

[2] Cfr. Regio Decreto 24 agosto 1877, n. 4021.

[3] Cfr. Legge 26 gennaio 1865, n. 2136.

[4] Cfr. Giuseppe Spidalieri, *Breve storia del sistema fiscale italiano dal 1864 ad oggi*, in *Studiospidalieri*, il 17 Marzo 2011, disponibile nel seguente sito: https://www.studiospidalieri.it/breve-storia-del-sistema-fiscale-italiano-dal-1864-ad-oggi.html.

在当时，土地属于个人最大的财富来源，虽然所得的评估存在难度，但土地税还是成为首要的税收收入来源，且收入稳定。土地税的征收源于当时这样一种观念，国家（或君主）对受其权力支配的所有土地拥有原始权利，因此可以参与到对土地产物的分享。土地税是根据地籍册进行征收和分配。[①] 1973 年，意大利不再征收土地税。房屋税也属于特殊所得税和对物税，对除了农村（用于农民居住的）建筑物以外的所有建筑物的净所得征税。不过，不同于土地税，房屋税的征收并不依靠地籍册，因为房屋税并不根据平均收入征收，而是根据实际所得征税。这样，1865 年房屋税的引入就以对建筑所得独立征税为主要目标，与土地税相分离，以实现建筑所得公平征税。同样，房屋税在 1973 年被取消。

其次，1866 年，为满足地方财政的需求，意大利引入租金收入税（imposta sul valore locativo），[②] 属于市地方税，即对坐落于市的住房拥有征税，不管拥有者是否具有所有权。税基是推定的租赁价格或实际的租金收入。1923 年，租金收入税被取消，但之后又复征，直到 1973 年被最终取消。

最后，1868 年，意大利引入了家庭税（imposta di famiglia），是对最富有的家庭通过累进税率征收的直接税，体现出对人税的特征，税基是家庭的定期收益，并扣除一些生产费用和年金。[③] 不过，家庭税是由法律授权市决定开征与否，因此，也是属于市地方税。此外，虽然也是对所得征税，由于家庭税是对富裕的家庭征税，该税不属于动产税、土地税和房屋税的附加税。其中，富裕与否根据不动产的租金价格、房屋的豪华程度以及社会地位来衡量。[④] 1931 年，家庭税被取消，[⑤] 但之后又复征，直到 1973 年被最终取消。

[①]　Cfr. Dipartimento delle Finanze, 1864-1947 *imposta sui terreni（o fondiaria）*, disponibile nel seguente sito: https: //www. finanze. it/it/il-dipartimento/fisco-e-storia/i-tributi-nella-storia-ditalia/1864-1947-imposta-sui-terreni-o-fondiaria.

[②]　Cfr. Decreto 28 giugno 1866.

[③]　Cfr. Matteo Calogero Lo Giudice, *Relazione tra carico fiscale e delocalizzazione delle imprese in Italia dal 1975 ad oggi*, Tesi di Laurea in Storia dell'economia e dell'impresa（A. A. 2019/2020）, pp. 2-3.

[④]　Cfr. Dipartimento delle Finanze, 1868-1974 *imposta di famiglia*, disponibile nel seguente sito: https://www. finanze. it/it/il-dipartimento/fisco-e-storia/i-tributi-nella-storia-ditalia/1868-1974-imposta-di-famiglia.

[⑤]　Cfr. Regio Decreto 14 settembre 1877, n. 4021.

3. 税制的特征、问题与进一步改革思路

首先，从财政收入的来源构成来看，税种的数量有限，主要税种提供的财政收入也有限，非税收入的贡献度很高，这也导致了公共费用分摊制度实质意义上的不公平性。当时，除了动产税，意大利财政收入很依靠公债收入，而举债的成本是让整个国家的人来承担，有钱人反而获利，因为购买公债可以取得利息。另外，意大利在征税以外，还征收了不少的费，也提供了可观的收入。例如，1862 年征收的保险交易费（tassa sulle società di assicurazione）、铁路运输费（tassa sui trasporti ferroviari）以及 1868 年征收的磨面费（tassa sul macinato）等。[1] 其中，磨面费的征收范围包括所有公民，缴纳主体上实施无差别征收，而农民是主要的缴纳者。因此，不管是公债，还是磨面费，负担的承担者主要是低收入的广大群体，就显得很不公平。事实上，在 19 世纪末的几十年中，意大利发生的多起起义活动就与此有关。[2]

其次，在征收的不同税种之间，间接税和对物税的比重又过大，是税收收入的主要贡献者，同时，税收收入也特别依靠与土地等不动产有关的税收。这样的税制结构，虽然有利于征管，降低了征管成本，与当时征管能力较低相适应，但造成了税制实质的不公平性，又进一步加剧了上述公共费用分摊制度的不公平性。这是因为间接税本身就以征税效率为优先，且容易转嫁，征收范围会涵盖广大低收入群体。而三类特殊所得税虽然是直接税，但还是属于对物税，这样，征税范围非常宽泛。例如，实际缴纳动产税的主体也包括广大低收入群体。同时，作为对物税，这三类特殊所得税没有也无法适用累进税率，而首次引入累进税率的家庭税，虽然发挥了一定的再分配功能，但主要还是为了确保地方财政收入的需要，没有在全国统一征收，影响有限。再如，房屋税主要征收于人口聚集的地区，而非人口稀少的地区，在经济不发达的意大利南部和岛屿上的居民为他们简陋的住房缴纳了税款，相反，经济发达的意大利北部农村居民因为（农村

---

[1] Cfr. Matteo Calogero Lo Giudice, *Relazione tra carico fiscale e delocalizzazione delle imprese in Italia dal 1975 ad oggi*, Tesi di Laurea in Storia dell'economia e dell'impresa (A. A. 2019/2020), p. 3.

[2] Cfr. Mario G. Rossi, *Il problema storico della riforma fiscale in Italia*, in Italia Contemporanea, n. 170, 1988, pp. 5-6.

住房）免税而未缴纳税款，① 这样的征税结果也不公平。

最后，就意大利统一后初步建立的税收制度，源于上述问题，特别是与国家现代化等目标相冲突，在 19 世纪末到 20 世纪初，在意大利产生了改革税制的呼声。其中，重要的改革思路是，在不减少国家税收收入的基础上合理分配税负，取消或减少用于满足基本需求的食品类消费税（即制造税）和费以及其他一些征收于低收入劳动阶层的间接税，尤其是在地方税费方面，并引入更多的直接税和累进税，使税负更多地由富人阶层承担，而不是主要由贫穷的阶级来承担。正如当时天主教民主人士所主张的那样，拥有更多财富的人要支付更多的税，在一个合理的税制下，大众的消费不应当被征税，劳动也不应当被征税。② 据此，相关的改革措施包括减少消费税（例如糖的消费税）、土地税以及低收入动产税的征收，同时引入对动产、土地和房屋所得（综合起来）的累进附加税，对继承遗产征收专门的税。

（二）20 世纪 20 年代至 40 年代的税收制度改革

第一次世界大战结束之后，意大利开始秉承上述改革思路实施税制改革，不过不是激进的改革，而是重组已有税制，重点则是改革直接税，尤其是在完善对人税方面。

1. 直接税

首先，1922 年意大利引入了特别财产税（imposta straordinaria sul patrimonio），③ 属于对人税，当自然人或集体组织（除股份公司以外）的总财产价值达到 5 万里拉，就需要纳税。之所以称为特别财产税，是因为这类财产税仅仅征收一次，并不反复征收，区别于定期反复征收的普通财产税。因此，特别财产税是一种在紧急关头筹集财政收入的特别措施。在 1936 年至 1938 年之间，为取得更多的财政收入，应对在非洲的战争以及备战世界大战所产生的军费需要，意大利扩大了特别财产税的征收范围，增加对不动

---

① Cfr. Dipartimento delle Finanze, 1865 *imposta sui fabbricati*, disponibile nel seguente sito: https://www.finanze.it/it/il-dipartimento/fisco-e-storia/i-tributi-nella-storia-ditalia/1865-imposta-sui-fabbricati.

② Cfr. Mario G. Rossi, *Il problema storico della riforma fiscale in Italia*, in Italia Contemporanea, n. 170, 1988, p. 8.

③ Cfr. Regio Decreto-legge 5 febbraio 1922, n. 78.

产、股份公司资本和工业企业资本的征税。随后，在1947年，还是为了增加财政收入，意大利对自然人的财产根据累进税率（从6%到61.61%）征收特别财产税，自然人包括意大利的公民（不管是否居住在意大利）和在意大利的外国人。[1]

其次，1923年，意大利引入了一般所得税（imposta complementare sul reddito）。一般所得税是对自然人的综合所得根据累进税率征收的直接税，也是对人税，[2] 应税所得范围包括基于动产税、土地税和房屋税征收目的的所有所得。显然，一般所得税是贯彻宪法关于量能课税、累进课税和个体化课税原则的重要举措之一，该税被在1973年引入的个人所得税所替代。

三类特殊所得税在此期间也进行了完善。1924年，纳入动产税征收对象的所得被分为三类：[3] 第一类是资本所得，对全部所得100%征税，第二类是劳动所得（包括自由职业收入、工资以及养老金等），对全部所得的62.5%征税，第三类是资本和劳动混合所得（工业、商业经营收入），对全部所得的75%征税。[4] 据此，动产税下应税所得的生产因素仅包括资本和劳动，同时，劳动所得的税负相对减轻。从1923年开始，土地税仅仅对来自土地财产所有权的所得征税，不对农业所得征税。土地所有人从其土地的耕作活动中取得的农业所得，不管是直接取得还是间接取得（即通过佃农或殖民地制度取得），以及非土地所有人（佃农或殖民地移民）从事农业活动取得的所得，都征收动产税。[5] 不过，在1939年之后，农业所得仅仅是指从经营资金和实施管理活动中取得的所得，适用专门的税率，不包括从事体力劳动的所得，[6] 后者则按照劳动所得征收动产税，税负相对较低。此

---

[1] Cfr. Dipartimento delle Finanze, 1922 *imposta straordinaria sul patrimonio*, disponibile nel seguente sito: https://www.finanze.it/it/il-dipartimento/fisco-e-storia/i-tributi-nella-storia-ditalia/1922-imposta-straordinaria-sul-patrimonio.

[2] Cfr. Matteo Calogero Lo Giudice, *Relazione tra carico fiscale e delocalizzazione delle imprese in Italia dal 1975 ad oggi*, Tesi di Laurea in Storia dell'economia e dell'impresa (A. A. 2019/2020), p. 4.

[3] Cfr. Regio Decreto-legge 16 ottobre 1924, n. 1613.

[4] Cfr. Patrizia De Juliis, 1861-1875: *gli interventi fiscali che "pareggiarono" il bilancio*, in FiscoOggi, il 16 Marzo 2011, disponibile nel seguente sito: https://www.fiscooggi.it/rubrica/attualita/articolo/1861-1875-interventi-fiscali-che-pareggiarono-bilancio.

[5] Cfr. Regio Decreto 4 gennaio 1923, n. 16.

[6] Cfr. Dipartimento delle Finanze, 1864-1973 *imposta di ricchezza mobile*, disponibile nel seguente sito: https://www.finanze.it/it/il-dipartimento/fisco-e-storia/i-tributi-nella-storia-ditalia/1864-1973-imposta-di-ricchezza-mobile.

外，关于房屋税，厂房在 1923 年之后被排除在房屋税的征收范围之外，因为在一般情况下来自厂房的所得已经基于经营活动下的总所得征收动产税了。[1] 1931 年，意大利又对享受免税待遇的农村建筑物的界定进行了修改，将并非从事农业职业活动的主体居住的房屋排除在外。[2] 这样，房屋税的征收变得更加公平、合理。

最后，在地方税方面，1923 年意大利取消了租金收入税，但增加了一般所得税（属于国税）附加，作为市的收入。不过，相比于租金收入税，一般所得税附加不能满足市财政需求，为此，1944 年意大利又取消了一般所得税附加，重新全面开征租金收入税，[3] 并一直征收到 1973 年。此外，因为征收了一般所得税附加，意大利在 1931 年取消了家庭税，同样，家庭税在 1944 年一般所得税附加被取消后又复征，一直征收到 1974 年。

2. 间接税

首先，1923 年，意大利引入了统一贸易税（imposta unica sugli scambi commerciali），对经营者之间的商品销售征税。[4] 不过，意大利在 1940 年引入了一般收益税（imposta generale sulle entrate），替代了统一贸易税，[5] 征收对象也不再限于经营者之间的商品销售，完善了贸易税。一般收益税对根据商品的销售价格全额征税，且在商品生产、流通的多环节征收，能够提供大量的财政收入。不过，因为重复征税，一般收益税不利于生产的专业分工，该税一直征收到 1972 年增值税的诞生。

其次，1923 年意大利还开征了独立的继承与赠与税（imposta sulle successioni e donazioni），[6] 该税是对财产（基于继承和赠与）转移征税，被普遍认为是间接税。在这之前，财富的无偿转移会被征收登记税。继承与赠与税采取分遗产税模式，即以经济能力增加的承受者（继承人或受遗赠人

---

[1] Cfr. Dipartimento delle Finanze, 1865 *imposta sui fabbricati*, disponibile nel seguente sito: https://www.finanze.it/it/il-dipartimento/fisco-e-storia/i-tributi-nella-storia-ditalia/1865-imposta-sui-fabbricati.

[2] Cfr. Regio Decreto 8 ottobre 1931, n. 1572.

[3] Cfr. Regio Decreto-legge 20 ottobre 1925, n. 1944.

[4] Cfr. Giuseppe Spidalieri, *Breve storia del sistema fiscale italiano dal 1864 ad oggi*, in *Studiospidalieri*, il 17 Marzo 2011.

[5] Cfr. Giuseppe Spidalieri, *Breve storia del sistema fiscale italiano dal 1864 ad oggi*, in *Studiospidalieri*, il 17 Marzo 2011.

[6] Cfr. Regio Decreto 30 dicembre 1923, n. 3270.

等）为纳税人，以他们各自继承或受赠的遗产份额为税基来纳税。为此，尽管被归为间接税，继承与赠与税具有一定的所得税属性。1942 年起，意大利增加了对净遗产总价值的征税,[①] 这部分继承与赠与税体现了总遗产税的模式。

3. 特定目的税

由于第一次世界大战的影响，意大利生育率下降很多，为了鼓励结婚和生育，在 1927 年引入了未婚税（imposta sui celibi），对年龄在 25 岁和 65 岁之间的独身者征税。税额为固定金额，根据纳税人年龄的不同，税额有所不同，25 至 35 岁，税额为 70 里拉；35 至 50 岁，税额为 100 里拉；50 岁以后，税额为 50 里拉。[②] 显然，未婚税不是根据经济能力来征税，无法根据负能力是否直接还是间接体现，划分到直接税还是间接税之中，主要是为了实现特定的政策目的而征收。1943 年，未婚税被取消。

4. 税制的特征、问题与进一步改革思路

首先，税制结构趋向完整、合理。具体而言，一方面，引入了特别财产税和一般消费税（即一般收益税），征税的覆盖面更加完整，这也有利于提高税收在财政收入中的比重，税收收入增加的另一项原因是征管手段在这一时期也提高了。另一方面，在直接税中提升对人税属性的改造，特别财产税、一般所得税都根据对人税进行制度设计或征收，在此基础上，累进征税的机制也得以在更多的直接税中应用。这样，直接税在税收收入中的比重得以上升，税制也变得更加公平，税负开始转向高收入者以及有财富的群体。此时，直接税为主的税制结构初步形成，但并不稳定，且直接税的对人税属性还不高。需要特别指出的是，上述直接税的收入包含了未婚税的收入，在法西斯统治时期下，未婚税的收入比土地税的收入还多。[③]此外，这一时期的税制改革还体现出税权的集中化，即限制地方税收自主。

---

① Cfr. Regio Decreto-legge 4 Maggio 1942, n. 434.

② Cfr. Dipartimento delle Finanze, 1927 - 1943 *imposta sui celibi*, disponibile nel seguente sito: https://www.finanze.it/it/il-dipartimento/fisco-e-storia/i-tributi-nella-storia-ditalia/1927-1943-imposta-sui-celibi.

③ Cfr. Mario G. Rossi, *Il problema storico della riforma fiscale in Italia*, in *Italia Contemporanea*, n. 170, 1988, pp. 12-13.

其次，虽然税收制度有所完善，但是离现代化的要求还存在不小的距离，尤其是对穷人的减税以及对富人的征税还需要进一步强化。换言之，税收制度尚未根据1947年宪法第53条规定的量能课税原则和累进征税原则进行进一步改革。为此，在二战之后，意大利提出了税制改革的思路，主要还是降低最底层的群体的税负，增加对富裕的财富征税，考虑到这部分财富更多并非是诚实劳动和个人能力创造的结果。相关措施包括加强直接税的累进性，使最低收入（用于满足中等劳动者家庭基本需求）不征税，对高收入提高税率（甚至接近100%），同时，重组间接税，扩大必要性消费免税，对其他消费，根据非必要程度来调整税率。[①] 事实上，20世纪50、60年代意大利经济的快速发展使得税收制度变得更加不合时宜，不公平的问题也有所加剧。这是因为经济的快速发展使得一般收益税（贸易税/间接税）增加很快，同时，直接税、间接税收入数额及各自比重在不断发生变化，与不动产有关的所得税（直接税）的重要性不断下降。与此相关，原本主要通过地籍册实施的税收查定方法又无法有效应对土地所得以外的其他类别所得的逃税问题，直接税逃税问题严重。为此，直接税为主的税制结构变得更加不稳定。

最后，还存在其他一些问题，也需要在未来税制改革中来解决，包括：（1）部分税种的征收并不协调，例如，一般所得税和三类特殊所得税并存，税制不够简化；（2）意大利在1957年签署了《罗马条约》，开始成为欧共体的一员，意大利需要遵循新的国际（欧共体）规则，其中就包括欧共体税收规则；（3）从20世纪60年代后期开始，公共开支又急剧增加，而税收收入的增长并不能够满足增长的开支需求，意大利又极力寻求公债收入。这样，征税还需要进一步扩大，以提高税收在财政收入中的比重。[②]

[①]　Cfr. Mario G. Rossi, *Il problema storico della riforma fiscale in Italia*, in *Italia Contemporanea*, n. 170, 1988, p. 14.

[②]　Cfr. Mario G. Rossi, *Il problema storico della riforma fiscale in Italia*, in *Italia Contemporanea*, n. 170, 1988, pp. 16–17.

二、中期税收制度的现代化改革

(一) 20 世纪 70 年代初的税制改革

20 世纪 70 年代初，意大利开始对已经不合时宜且缺乏功效的税收制度进行改革，改革的力度很大，重点依然是直接税领域。正如前文所述，改革的目标包括增加税收收入、通过所得税提高征税的公平性、提高征税的易操作性和透明性（简化税制）以及符合欧共体的税收规则。[①]

1. 直接税

首先，1972 年，意大利颁布第 643 号共和国总统令，[②] 引入了市不动产增值税 (imposta sull'incremento del valore degli immobili)。不动产增值税并不是对不动产销售征收的增值税，而是对任何人以任何名义实施的土地和房屋转让增值征税，体现所得税的性质，但属于对物税，适用超率累进税率，共 6 档。第一档是增值额不超过 20% 的，税率在 3% 至 5% 之间，最后一档是增值额超过 200% 的，税率在 25% 至 30% 之间，具体适用税率由市来确定。不动产增值税在 2002 年被最终取消。

其次，1973 年，意大利颁布第 597 号、第 598 号和第 599 号共和国总统令，[③] 分别引入并规范了个人所得税 (imposta sul reddito delle persone fisiche)、法人所得税 (imposta sul reddito delle persone giuridiche) 和地方所得税 (imposta locale sui redditi)，主要是实体纳税义务方面。在所得税征管程序方面，因为三个税种适用共同的规则，意大利另外颁布 1973 所得税查定法、所得税征收法（关于《所得税征收条款》的 1973 年第 602 号共和国总统令[④]) 等法律予以规范。在引入个人所得税、法人所得税和地方所得税

---

① Cfr. Matteo Calogero Lo Giudice, *Relazione tra carico fiscale e delocalizzazione delle imprese in Italia dal 1975 ad oggi*, Tesi di Laurea in Storia dell'economia e dell'impresa (A. A. 2019/2020), p. 4.

② Cfr. Decreto del Presidente della Repubblica 26 ottobre 1972, n. 643.

③ Cfr. Decreti del Presidente della Repubblica 29 settembre 1973, n. 597, n. 598 e n. 599.

④ Cfr. Decreto del Presidente della Repubblica 29 settembre 1973, n. 602-Disposizioni sulla riscossione delle imposte sul reddito.

之后，原来所得税中的对物税（动产税、土地税和房屋税）和对人税（一般所得税和家庭税）就被取消了。[①]

在引入的上述所得税之中，最重要的举措是引入作为对人税的个人所得税。个人所得税继续实施综合（按年）所得征税与累进税率。不过，金融活动产生的所得被排除在外，即按分类所得征税并适用比例税率。同时，个人所得税在引入之初，税率被分为了 32 档，最低税率为 10%（应纳税所得额超过 200 万里拉），最高一档税率为 72%（应纳税所得额超过 5 亿里拉）。不过，到了 1989 年，税率减并到 7 档，最高一档税率为 50%（应纳税所得额超过 3 亿里拉）。[②] 此外，个人所得税以个人作为纳税单位，一直应用至今。个人所得税在 1975 年占全部税收收入的 15%，在 1985 年比重提高到 26%。[③] 法人所得税对任何形式和来源的所得征税，纳税人是法人，但排除国家机关和大区、省、市等地方组织，适用 37% 的比例税率。不过，法人所得税在 2003 年修改为企业所得税（imposta sul reddito delle società）。同不动产增值税，地方所得税也属于地方税，开征之初也是为地方筹集财政收入，重复征税的特征明显。地方所得税是对土地所得、资本所得、经营所得以及其他所得的拥有征税，也属于对物税，适用 16.2% 较低的比例税率。地方所得税收入一开始归属于地方，但是一段时间之后改为归属于中央。地方所得税在 1997 年被取消。

2. 间接税

首先，在间接税领域，税制改革的亮点是增值税的引入。1972 年，根据欧共体增值税规则（增值税第一号到第五号指令），意大利颁布第 633 号共和国总统令，[④] 引入了增值税，虽然同一般收益税一样也是多环节征收，但实施进项增值税的抵扣机制，避免了重复征税，并实现对最终消费的征

① Cfr. Dipartimento delle Finanze, *Anni 70—la grande riforma tributaria*, disponibile nel seguente sito: https://www. finanze. it/it/il-dipartimento/fisco-e-storia/i-tributi-nella-storia-ditalia/anni-70-la-grande-riforma-tributaria.

② Cfr. Studio Amato, *Irpef Aliquote storiche* 2019, disponibile nel seguente sito: https://www. studioamatoroma. it/wp-content/uploads/2019/03/Irpef-Aliquote-storiche-2019. pdf.

③ Cfr. Matteo Calogero Lo Giudice, *Relazione tra carico fiscale e delocalizzazione delle imprese in Italia dal* 1975 *ad oggi*, Tesi di Laurea in Storia dell'economia e dell'impresa（A. A. 2019/2020），p. 6.

④ Cfr. Decreto del Presidente della Repubblica 26 ottobre 1972, n. 633.

税。[1] 在增值税引入之初，标准税率是 12%，随后税率逐步提高，增值税也成为重要又稳定的筹集财政收入的工具，目前标准税率是 22%。此外，1972 年，意大利颁布第 634 号共和国总统令，规范登记税，颁布第 635 号共和国总统令，规范抵押税和地籍税，颁布第 642 号共和国总统令，规范印花税。[2] 其中，印花税的征税规则有重要的修改：印花税的征收对象限于总统令税率表中规定的文件，纳税义务产生时间除了在文件使用时，也有文件制作完成时，征收方式除了传统的固定金额征收以外，按照比例税率（基于文件中记载的价值）来征收的，例如针对汇票。

其次，1972 年，意大利颁布第 637 号共和国总统令，[3] 将分别在 1923 年和 1942 年开征的两部分继承与赠与税合并为一个税。这样，意大利就实施了一种所谓混合遗产税模式。

3. 税制的特征、问题与进一步改革思路

首先，20 世纪 70 年代初的税制改革深刻地改变了意大利的税制结构，确立了现行税收制度的基本框架，当时颁布的许多税种（包括主体税种在内）的征税基本规则在目前依然有效。同时，这一时期的税制改革也开启了意大利现代税收制度改革。例如，贯彻宪法量能课税原则，形成以直接税为主的税制结构是在这一时期完成的，即从 70 年代开始，税收收入就稳定地以直接税为主了，而在对人税和对物税的关系上，对人税也越来越占据优势地位，[4] 税制的公平性无疑得到了有效保障。再如，个人所得税、法人所得税和增值税这些现代税种是在这一时期引入的，同时，个人所得税与增值税一道构成了意大利税收制度的基础以及主要的税收收入来源，尤其是对员工工资实施了源泉扣缴机制。

其次，虽然税制结构整体上已经基本完善，但税制改革还是存在问题，主要存在于直接税领域。核心的问题在于虽然引入了所得类型无所不包的所得概念（这是值得称赞的），但却是虚幻的，即难以实现对各自类型的所

---

① 关于增值税基本制度的阐释，详见本书第七章。

② Cfr. Decreti del Presidente della Repubblica 26 ottobre 1972, n. 634, 635 e 642.

③ Cfr. Decreto del Presidente della Repubblica 26 ottobre 1972, n. 637.

④ Cfr. Andrea Di Gialluca, *Riforma fiscale: evoluzione e prospettive*, Tesi di Laurea in Diritto tributario (A. A. 2011/2012), p. 7.

得都进行有效征税，其中，存在太多的自由职业者使这一情况变得更糟糕，因为这些自然人取得的所得没有税款的扣缴义务人。[1] 这样，对很多形式的所得，税收查定由分析查定（accertamento analitico）沦为使用推定的概括查定，[2] 同时，逃避税问题很严重，名义上对综合（各类）所得的征税，实际仅仅是对部分所得的征税。税制的公平性依然没有很好地实现。具体而言，对普通大众，直接税在改革之后，税负相对又重了起来。一方面，由于累进征税的不断扩大适用，但是意大利在此期间没有匹配有效、严格的税收查定制度等征管手段，高收入者的逃避税行为并不能得到很有效的打击。另一方面，除了对大量自由职业者征税的困难，公债利息依然免税，同时资本利得也享受税收优惠，而普通大众的工薪收入受到严格监管且需要纳税（包括适用累进税率），所得税的扣除制度又不完善（例如，不考虑通货膨胀因素），工薪收入的所得税负担越来越重。在改革后 10 多年时间里，工薪阶层支付的个人所得税从不到 50%上升到 70%。[3] 事实上，税制改革确实带来了税收收入的增长，但是主要来自工薪阶层缴纳的个人所得税。此外，不能忽视的一项问题是，由于累进征税且累进的边际税率过高，过高的税负抑制了对生产活动的资本投入。综上，20 世纪 80 年代开始，意大利又开始注重效率，作为下一步税制改革优先考虑的目标。

最后，这一时期的税制改革还是限制地方税收自主，市不动产增值税和地方所得税的收入最后也都归属中央，这一定程度上与改革以所得税、增值税为主并注重税制的财富再分配功能有关。事实上，地方税中存在的直接税也往往是对物税。为此，20 世纪 70 年代税制的另一特征是税权和税收收入高度集中，并导致地方财政收入的主要来源不是地方税收入，非税收入在地方财政层面的比重有所提高。这样，在 80 年代中期之后，意大利在提出的税制改革思路中开始注重向地方的财政分权。

（二）20 世纪 90 年代的税制改革

20 世纪 90 年代，除着力打击逃避税行为外，意大利实施的税制改革重

---

[1] Cfr. Matteo Calogero Lo Giudice, *Relazione tra carico fiscale e delocalizzazione delle imprese in Italia dal 1975 ad oggi*, Tesi di Laurea in Storia dell'economia e dell'impresa（A. A. 2019/2020），pp. 5-6.

[2] 关于税收查定，详见本书第十章。

[3] Cfr. Mario G. Rossi, *Il problema storico della riforma fiscale in Italia*, in *Italia Contemporanea*, n. 170, 1988, p. 17.

点在所得税和地方税领域，强调效率目标，尤其是旨在减少税负对生产活动资本投入的抑制，并加强地方财政分权。

1. 直接税

首先，根据1992年第333号法律令，[①] 意大利在1992年最后一次征收特别财产税，对在银行等金融机构中的账户余额根据0.6%的税率征税。征税的背景是当时出现严重的经济危机，意大利里拉大幅度贬值。事实上，相比于定期征收的税，意大利民众对特别财产税深感恐惧，该税也并不被认可。

其次，1996年，意大利颁布第239号立法令，[②] 对个人所得税中的资本所得、利得征税规则进行修改，引入了所谓的资本所得替代税（imposta sostitutiva sui redditi da capitale）。具体而言，对自然人的利息、股息根据12.5%的比例税率征税，没有成本费用扣除，按照现金收付制确认所得并实施源泉扣缴，而对资本利得（证券、金融工具的转让所得）适用27%的标准税率或12.5%的优惠税率，利息、股息和资本利得都不纳入综合所得适用累进税率征税。这样，这些资本所得、利得相当于独立按照分类所得征税，替代了综合所得征税，税负得到了减轻，有助于纳税人对资本的投入。事实上，如果实施完全的综合所得征税，就需要对税额抵免和成本费用扣除制度进行大范围的改革。此外，意大利继续降低个人所得税累进税率最高一档的税率，毕竟税率过高会抑制纳税人创造财富的积极性。到1999年底，税率减并到5档，最高一档的税率为45.5%。

2. 间接税

1993年，虽然制造税取消了，但是迎来了现在所说的消费税，纳税义务产生时间也变为特定产品生产或消费的时候，当然，也包括进口的时候。消费税改革主要是执行欧共体消费税政策。伴随共同体1992年消费税指令的生效，[③] 意大利在1993年颁布第427号法律，[④] 在1995年又颁布了第504

---

① Cfr. Decreto-legge 11 luglio 1992, n. 333.

② Cfr. Decreto Legislativo 1 aprile 1996, n. 239.

③ See Directive 92/12/EEC.

④ Cfr. Legge 29 ottobre 1993, n. 427.

号立法令，即消费税单一文本，① 完成了与其他成员国规则的协调。根据单一文本，消费税的征收范围包括矿物油及其衍生物（汽油、柴油、液化石油气、甲烷气体）、酒精饮料、火柴、烟草制品、电能和润滑油。事实上，如同制造税，通过税率的调整，消费税不仅被用于实施宏观调控政策，也是意大利重要财政收入筹集工具，用于应对突发事件或实施国家的特别政策。例如，1996 年，用于联合国波斯尼亚和黑塞哥维那特派团的成立和任务执行，再如，用于地方公共交通雇佣合同的续签和保护国家文化遗产。②

在意大利，虽然没有名义上专门称为环境保护税的税，但是存在诸多具有环保功能的税，其中，最主要的就是对矿物油及其衍生物、电能征收的消费税，也称为能源税。这里需要特别一提的是，为符合《京都议定书》所规定的要求，减少二氧化碳排放量，意大利在 1998 年颁布第 448 号法律引入了碳税，③ 即碳消费税（imposta sui consumi di carbone），对能源产品的征税进行了调整，包括矿物油消费税税率的调整。事实上，对于直接污染环境的行为，意大利主要征收的是非税强制性捐贡，例如，二氧化硫、硫氧化物排放费。不过，也有相关的税，例如，意大利 2000 年根据第 342 号法律引入的大区飞机噪音排放税（imposta regionale sulle emissioni sonore degli aeromobili）。④ 在 2020 年，相关环境税费共 502 亿欧元，占全部财政收入 7%。⑤ 其中，最主要的是能源税，大概占全部环境税费收入的83%。

3. 地方税

这一时期，意大利开始注重对地方的分权，尤其是在加强地方税收自主（包括收入充足）方面。首先，1992 年，意大利颁布第 504 号立法令，⑥

---

① Cfr. Decreto Legislativo 26 ottobre 1995, n. 504—Testo unico delle disposizioni legislative concernenti le imposte sulla produzione e sui consumi e relative sanzioni penali e amministrative.

② Cfr. Dipartimento delle Finanze, 1864 *imposta di fabbricazione e consumo*, disponibile nel seguente sito: https://www.finanze.it/it/il-dipartimento/fisco-e-storia/i-tributi-nella-storia-ditalia/1864-imposta-di-fabbricazione-e-consumo.-le-accise.

③ Cfr. Legge 23 dicembre 1998, n. 448.

④ Cfr. Legge 21 novembre 2000 n. 342.

⑤ Cfr. Giuditta Mosca, *Le tasse ambientali fruttano al fisco 50 miliardi di euro*, in *Repubblica*, il 21 giugno 2022, disponibile nel seguente sito: https://www.repubblica.it/green-and-blue/2022/06/21/news/tasse_ambientali_inquinamento-354318287.

⑥ Cfr. Decreto Legislativo 30 dicembre 1992, n. 504.

引入了市不动产税，对不动产拥有征税，属于普通财产税和直接税，但是属于对物税，收入归市。除了不动产的所有人外，纳税人还包括涉及不动产的用益物权权利人以及融资租赁的承租人。税基是财产的价值，税率和扣除额每年由市当局决定。事实上，市不动产税引入的同时，为避免不动产相关税负过重，市不动产增值税就取消了。不过，市不动产增值税实际一直征收到 2002 年，但不动产的最终价值固定在 1992 年确定的价值，且从 1992 年开始，税收入归国家。

其次，1997 年，意大利颁布第 446 号立法令，[1] 引入了大区生产活动税，属于对物税，收入归大区，提高了市和大区自有收入的充足性。大区生产活动税的征税对象是实施生产、贸易或服务提供等经营活动（生产所得），税基是在大区内实现的净生产价值，但是许多成本、费用不得扣除，因此大区生产活动税名义上是直接税，但实质上接近于间接税。大区生产活动税的标准税率是 3.9%，各大区可以在此基础上适当调增或调减税率，并参照所得税征管程序规则进行征管。这样，除了加强地方财政自主外，该税的引入还出于替代其他一些五花八门的税、费、特殊捐贡的目的，包括取消了地方所得税、增值税税号特许费、国民健康服务特殊捐贡等，以减轻负担和遵从成本。[2]

最后，1997 年和 1998 年，意大利又先后颁布 1997 年第 446 号立法令和 1998 年第 360 号立法令，[3] 分别引入了个人所得税的大区附加和市附加。个人所得税的市附加以扣除成本、费用后的综合所得为税基，即基于个人所得税计算的应纳税所得额，税率不超过 0.8%，具体税率由市决定。个人所得税的大区附加以基于个人所得税计算的应纳税所得额为税基，税率在 1.23% 至 3.33% 之间，具体税率由大区来决定。

4. 税制的特征、问题和进一步完善思路

首先，至 20 世纪 90 年代末，意大利税收制度就已经稳定下来，从现代税收制度的角度，总体上改革已经完成，制度也已经较完善了，相关特征

---

[1] Cfr. Decreto Legislativo 15 dicembre 1997, n. 446.

[2] Cfr. Gaspare Falsitta, *Manuale di diritto tributario – parte speciale*, CEDAM, 2008, p. 841.

[3] Cfr. Decreto Legislativo 15 dicembre 1997, n. 446 e Decreto Legislativo 28 settembre 1998, n. 360.

如下：（1）税收收入占财政收入的比重不断提高，税收国家的性质更为显著；（2）在确立以直接税（尤其以个人所得税以及对人税为重心）为主的税制结构之后，实现了征税的实质公平性或纵向公平，并兼顾到了效率，不过，税制（主要是个人所得税）过高的累进性并不利于效率价值的更好实现；（3）税制也已经相对简化，增值税作为最重要的间接税，也更好地确保了税收中性；（4）地方税也较好地确保了地方财政自主。

　　当然，在接下来的时间里，意大利税制改革的一项特点是适当降低个人所得税的累进性，同时，伴随社会、经济的进一步发展，例如，数字经济新型产业的发展，同时出于履行国际义务、应对国际竞争以及应对新冠疫情等突发事件的需要，意大利税收制度的改革也依然要不断推进。不过，并没有出现大范围的改革，更多是在90年代末确立下来的税制基础上的进一步完善。

　　其次，意大利税收制度深受欧盟（前身为欧共体）税制影响，尤其是受欧盟关于共同市场建立目标的影响，为贯彻欧盟相关税收政策，与其他成员国的相关税制（涉及主体税种）得到了不同程度的整合。[①] 具体而言，首先，伴随1968年关税同盟（Customs Union）的建立，意大利与其他欧共体成员国的关税已经得到了统一。这样，一方面，成员国间的进出口商品征收关税被禁止，另一方面，对与欧盟外国家间的进出口商品实行共同的关税政策，包括税率。其次，增值税从1972年、消费税从1992年开始，源于立法权的让渡（给欧盟），意大利与其他成员国需要执行欧盟增值税、消费税的相关指令，成员国的增值税、消费税基本规则得到了协调，即实现了质的一致性，尽管在税率等方面还存在不同程度的差异。最后，不同于增值税和消费税，因对贸易或经济活动实施的影响更直接，欧盟层面需要实现更大程度的整合，所得税、财产税等直接税还要更多发挥社会管理职能，例如，被用于实施收入、财富再分配，意大利以及其他成员国保留了这部分税收的立法权，因此整合的程度最低，仅仅在涉及跨境所得征税的领域实现了协调，以避免双重征税或不征税。

---

① 相关内容详见本书第十三章。

三、近期税收制度的完善与未来改革展望

进入 21 世纪以来，意大利税收制度通过连续的改革取得了不断的完善，当然，税制改革的目标一直是促进收入增长（包括经济发展）、公平和简化。

1. 直接税

首先，关于所得类征税，不动产增值税在 2002 年被取消。2003 年，根据第 344 号立法令，① 意大利用企业所得税替换了法人所得税，对企业以及公共或私人组织取得的所得征税，但纳税人依然排除国家机关和大区、省、市等地方组织以及集体财产的管理组织等。为应对激烈的国际税收竞争，在适用企业所得税后，税率降到了 33%，从 2008 年起又降到 27.5%，从 2017 年起降到 24%。② 此外，修改的内容还包括消除了对企业合并、分立等特殊交易的特殊征税规则，引入了集团企业合并纳税规则，等等。此外，在 21 世纪初的十几年间，意大利一直在努力降低"税收楔子"③，就是降低工薪收入的个人所得税税负。同时，2023 年个人所得税累进税率也降到 4 档，分别是 23%（应纳税所得额不超过 1.5 万欧元）、25%（1.5 万欧元至 2.8 万欧元）、35%（2.8 万欧元至 5 万欧元）和 43%（5 万欧元以上）。不过，为进一步减税，根据 2023 年第 216 号立法令第 1 条的规定，④ 对于 2024 年，累进税率降到 3 档，即删除了第 2 档 25% 的税率，并将第 1 档税率的适用范围修改为应纳税所得额不超过 2.8 万欧元。

特别值得一提的是，2017 年，意大利引入了经营者所得税（imposta sul reddito imprenditoriale），对经营者（包括自由职业者）取得的经营所得，如果再投资到其经营活动或其管理的其他企业经营活动中，那么这部分所得

---

① Cfr. Decreto Legislativo 12 dicembre 2003, n. 344.

② Cfr. Giuseppe Guarasci, *IRES: aliquota, calcolo e istruzioni*, in *Informazionefiscale*, il 5 gennaio 2023, disponibile nel seguente sito: https://www.informazionefiscale.it/ires-codice-tributo-f24-calcolo-aliquota-cos-e.

③ 征税在降低员工实际收入的同时，也会增加企业雇佣劳动的成本，因此，雇佣劳动成本和员工实际收入之间会产生差别，这就是税收楔子。

④ Cfr. l'art. 1 del Decreto Legislativo 30 dicembre 2023, n. 216.

就征收经营者所得税，按照 24% 的比例税率征税。换言之，这部分所得就不再征收适用累进税率的个人所得税，而未再投资到经营活动，即由经营者个人享用，则还是征收个人所得税。这一所得税制度的改革主要目的是鼓励经营收益再投资到企业之中，尤其是那些小企业。不过，经营者所得税并未实际征收，在延期征收一年后，2019 年又被取消了。①

其次，关于市不动产税，为进一步贯彻量能课税原则，改革的主要内容是对主要住房的减免。主要住房是指自然人或家庭成员通常居住的住房。在 2008 年，纳税人的主要住房被排除在征税范围之外。② 不过，在 2011 年，根据第 23 号立法令（关于市财政联邦主义的规定），③ 市不动产税改为市独有（或自有）税（imposta municipale unica o propria），两者仅仅是名称的修改，关于市不动产税的 1992 年第 504 号立法令依然适用。市独有税还是对物税，但一开始又对主要住房征税，2014 年才对主要住房予以免税。④

最后，为应对数字经济给所得税征收带来的挑战，意大利在 2019 年通过第 160 号法律正式引入了网络税（web tax），⑤ 即数字服务税。数字服务税从 2020 年 1 月 1 日起征收，对通过网络提供无形服务的意大利非居民企业在意大利创造的经营收入征税，特别是数字服务企业，例如 Google、Facebook 等企业。网络税的征收主要是因为这些企业在意大利没有常设机构，为此无法基于非居民企业对来源于意大利的经营收入征收企业所得税。网络税征收的条件是来自数字服务的年全球总经营收入达到 7.5 亿欧元，且其中 550 万欧元来自意大利，税基不扣除成本，有助于简便征收，但扣除增值税等间接税，税率为 3%。事实上，相比于企业所得税 24% 的税率，网络税的税率很低，平衡了网络税税基不扣除成本的问题。需要说明的是，网络税从整体上应当属于直接税，毕竟是对企业从事数字服务生产所得的征税，对年营业收入征收，不是对每笔交易营业额征税，即使税负能转嫁，也与

---

① Cfr. Anna Maria D'Andrea, *Riforma fiscale 2021, torna l'IRI per le partite IVA: cos'è e come funziona*, in *Money*, il 25 giugno 2021, disponibile nel seguente sito: https://www.money.it/riforma-fiscale-2021-partite-IVA-IRI-cos-e-come-funziona.

② Cfr. Dipartimento delle Finanze, 1992 *ICI, imposta comunale sugli immobili*, disponibile nel seguente sito: https://www.finanze.it/it/il-dipartimento/fisco-e-storia/i-tributi-nella-storia-ditalia/1992-ici-imposta-comunale-sugli-immobili.

③ Cfr. Decreto Legislativo 14 marzo 2011, n. 23.

④ 关于市独有税纳税义务如何确定和履行，详见本书第六章。

⑤ Cfr. Legge 27 dicembre 2019, n. 160.

消费税的转嫁存在很大差异，而3%的低税率一定程度上也变相地实现了企业所得税通过高税率对净所得征税的效果。此外，网络税是为弥补企业所得税征收的不能，同时，跨境数字服务本身也征收增值税。当然，类似于大区生产活动税，因为是对全部营业收入的征税，网络税也具有一定（较小）的间接税属性。不过，网络税的开征很容易引起国际双重征税，并引起意大利与其他国家间征税权分配的争议，根据2018年第145号法律，[①]网络税在关于数字经济征税的国际协议（多边公约）达成以后就不再征收，因此，网络税具有临时性征税的特征。对此，2021年10月8日，G20/OECD包容性框架召开第十三次全体成员大会，包括意大利在内的136个辖区就国际税收制度重大改革达成共识，并发布了《关于应对经济数字化税收挑战双支柱方案的声明》，指出："多边公约将要求所有缔约方撤销对所有企业的所有数字服务税以及其他相关类似单边措施，并承诺未来不再引入类似措施。"[②] 不过，基于OECD"支柱二"全球最低税规则，意大利在2023年通过的2024年预算法（Legge di Bilancio），即2023年第213号法律，[③] 引入了全球最低税，对于年营业额超过7.5亿欧元的跨国企业就其收益征收15%的最低税，将欧盟最低税指令转化为意大利国内法，[④] 同时对于回到意大利投资的企业减半所得税的征收。

2. 间接税

首先，源于税负过重，尤其是高于很多其他欧洲国家开征的遗产税，意大利在2001年取消了继承与赠与税，以避免财富外逃。不过，意大利在2006年复征继承与赠与税，对遗产税进行再次修改，实施最初的分遗产税模式，体现出一定的所得税和对人税的特征，税负也得到了降低，与其他欧洲国家的遗产税相比有了竞争力。目前，基本的征税规则如下：如果继承人是死者的配偶或直系亲属，如果继承的财产价值超过100万欧元，超过部分按照4%的税率征税；如果继承人是兄弟、姐妹，如果继承的财产价值

---

① Cfr. Legge 30 dicembre 2018, n. 145.
② 参见《关于应对经济数字化税收挑战双支柱方案的声明（中文翻译）》，国家税务总局官网：http://www.chinatax.gov.cn/chinatax/n810219/n810724/c5169582/content.html。
③ Cfr. Legge 30 dicembre 2023, n. 213.
④ See Council Directive (EU) 2022/2523.

超过 10 万欧元，超过部分按照6%的税率征税；如果继承人是其他亲属，按照继承的财产价值总额乘以 6%的税率征税；如果是非亲属继承财产，按照继承的财产价值总额乘以 8%的税率征税。[1]

其次，随着"电子化"时代的到来，为节约征税成本，意大利在 2006 年对印花税制度进行了修改。根据 2006 年第 296 号法律，[2] 印花税的税款可以支付给中介，如果中介事前与征税机关达成协议的话，同时，征税机关以电子方式、特殊标记或以虚拟方式颁发印花税票。事实上，这一纳税方式的改变大大降低了印花税票的生产和发行成本，并从 2007 年 9 月 1 日起，旧的印花税票退出了历史舞台。[3]

最后，为了应对金融市场的不稳定性、规制投机行为以及取得税收收入，意大利在 2012 年底颁布了第 228 号法律，[4] 首次引入了金融交易税（imposta sulle transazioni finanziarie）。金融交易税是间接税，开征很大程度上还与增值税对金融交易免税有关。金融交易税的应税交易主要包括股票等普通金融工具和衍生金融工具的有偿转让。对于第一类金融工具转让，税基是交易额，税率为 0.2%，如果是在规范的市场或多边交易系统中交易，税率为 0.1%，对于第二类金融工具转让，针对每一类不同的金融工具，根据合约价值大小分成 7 档，确定大小不同的固定应纳税额。

3. 扶持小微自营业者的简易征税

2000 年 6 月欧洲理事会批准了《欧洲小企业宪章》（*European Charter for Small Enterprises*）。通过该宪章，欧盟成员国承诺采取行动以改善小企业的经营环境，其中，该宪章在第七项的行动要求中指出：税收制度的修改应当符合奖励成功、鼓励创业、促进小型经营者发展和创造就业以及有利于小企业的创办和持续经营，成员国应当在征税和个人业绩激励方面采取最佳的实践。意大利作为欧盟重要的成员国，在小企业税收扶持方面亦有着丰富的举措，其中，针对小微自营业者的包税制度（regime forfetario）是

---

[1] Cfr. l'art. 2, comma 49, del Decreto-legge 3 ottobre 2006, n. 262.

[2] Cfr. l'art. 1, comma 80, della Legge 27 dicembre 2006, n. 296.

[3] Cfr. Dipartimento delle Finanze, 1862 *imposta di bollo*, disponibile nel seguente sito: https://www.finanze.it/it/il-dipartimento/fisco-e-storia/i-tributi-nella-storia-ditalia/1862-imposta-di-bollo/

[4] Cfr. Legge 24 dicembre 2012, n. 228.

最具有代表性的税收扶持制度，对扶持意大利自营业者的创业和促进发展发挥了重要的作用。2014 年 12 月 23 日意大利通过了第 190 号法律，[①] 即 2015 年财政稳定法（Legge di Stabilità 2015），该法第 1 条第 54 款到第 89 款针对从事生产经营、艺术和专业服务（例如会计、律师等服务）活动的自然人引入了一项特殊的征税制度——包税制度。而在 2015 年 12 月 28 日意大利议会通过的第 208 号法律，[②] 即 2016 年财政稳定法，对上述包税制度进行了修改，进一步提高了优惠力度。事实上，在 2023 年，意大利依然在放宽适用这一制度。该制度的主要内容概括如下：

（1）适用包税制度的条件

包税制度适用于小微自营业者，关于小微的界定，需要同时满足以下两个条件：首先，纳税人从事自营活动在前一个纳年度年收入不得超过一定的数额。在包税制度引入之初，该数额因业务的不同而不同。上述 2014 年第 190 号法律第 1 条第 54 款一开始规定，饮食行业为 35000 欧元，批发和零售业务为 40000 欧元，食品和饮料兜售业务为 30000 欧元，其他货物的兜售业务为 20000 欧元，建筑和不动产业务为 15000 欧元，贸易中介业务为 15000 欧元，住宿及餐饮服务为 40000 欧元，专业、科技、医疗、教育、金融和保险服务为 15000 欧元，其他经济活动为 20000 欧元。经过 2016 年财政稳定法的修改，上述业务的相关数额得以提高，分别是 45000 欧元、50000 欧元、40000 欧元、30000 欧元、25000 欧元、25000 欧元、50000 欧元、30000 欧元和 30000 欧元。不过，目前这一条件不再区分不同的业务，适用一个统一数额，且相比于包税制度引入之初，数额又大幅度提高了，使得包税制度的覆盖面进一步扩大。经过 2023 年预算法（Legge di Bilancio 2023）第 1 条第 54 款的修改，[③] 这一统一的数额达到了 85000 欧元。其次，纳税人从事自营活动在前一个纳税年度，根据 2014 年第 190 号法律第 1 条第 54 款的规定，承受的费用总额不超过 20000 欧元。不过，根据 2014 年第 190 号法律第 1 条第 57 款的规定，适用了增值税特殊规则的自然人、主要从事建筑物、建筑用地转让交易的自然人以及非居民纳税人等主体不能适

---

① Cfr. Legge 23 dicembre 2014, n. 190.

② Cfr. Legge 28 dicembre 2015, n. 208.

③ Cfr. l'art. 1, comma 54, della Legge 29 dicembre 2022, n. 197.

用包税制度。

（2）包税制度下的应纳税额

首先，计算应纳税额的税基为纳税人从事自营活动所取得的收入乘以法律规定的盈利率的积。这样，除了缴纳的社会保障费允许扣除以外，不适用费用的税前扣除制度，简化了征税机关征管和纳税人遵从的成本。其中，盈利率因业务的不同而不同，根据 2014 年第 190 号法律附件 4 的规定，饮食行业、批发和零售业务、食品和饮料兜售业务都为 40%，其他货物的兜售业务为 45%，建筑和不动产业务为 86%，贸易中介业务为 62%，住宿及餐饮服务为 40%，专业、科技、医疗、教育、金融和保险服务为 78%，其他经济活动为 67%。

其次，2014 年第 190 号法律第 1 条第 64 款规定的计算应纳税额的标准税率为 15%。不过，根据第 1 条第 65 款的规定，为鼓励创业，对于额外满足以下条件的纳税人，在从事自营活动的前 5 年内，适用更低的 5% 的税率：（1）在之前的 3 年内，没有从事过生产经营、艺术和专业服务活动；（2）这一自营活动不是纳税人作为雇员或自营业者已经实施的另一项自营活动的延续；（3）如果需要从事的自营活动是其他主体之前已经实施的，即纳税人继续实施该活动，在前一纳税年度该活动实施产生的收入不超过上述适用包税制度的第一个条件中关于不得超过的年收入的数额。

最后，在缴纳根据上述税基和税率得出的纳税税额以外，纳税人不再缴纳个人所得税、大区生产活动税、增值税以及相关附加费用。

基于上述，相比于一般的征税制度，包税制度的适用使得意大利小微自营业者的税负得到了极大的降低，同时降低的还有税收遵从成本，这一特殊制度体现了意大利扶持自然人从事自营活动的政策目的，尤其是该制度针对最艰难的创业初始阶段规定了更低的税负，体现鼓励创业的政策目的。

4. 应对新冠疫情的税收政策

从 2020 年开始，为应对突发的新冠疫情，意大利陆续颁布诸多法律令，以 2020 年第 34 号法律令为主，[①] 涉及卫生、对劳动和经济支持以及新冠疫情相关社会政策的紧急措施，其中包括一些征税的特别措施。这些征税措施

---

① Cfr. Decreto-legge 19 maggio 2020, n. 34.

的核心内容是降低企业、民众的税负，使这些纳税人能顺利渡过疫情导致的生产、生活困难。不过，由于这些征税措施并不对税制造成变革，尤其是考虑到很多措施是临时性的，这里不再详述相关征税措施的具体内容。总体而言，这些措施主要包括税款缴纳的延期、针对疫情影响下特定开支的税收抵免、口罩、消毒剂等其他医疗和个人防护器材销售的增值税免税（到 2020 年底），2019 年和 2020 年的大区生产活动税减免，从 2020 年到 2021 年自然人提供服务或销售商品的个人所得税免税额提高。① 此外，2019 年底，为促进健康消费和治理环境污染，意大利曾计划开征糖税，即对含糖饮料消费的征税，和塑料税，即对一次性塑料污染物使用的征税，但是受新冠疫情影响，被一再推迟，2023 年也不会征收。②

5. 现行税收制度总结与未来税制改革展望

首先，意大利现行税收制度特征延续 20 世纪 90 年代末确立的税制特征，主要由个人所得税、企业所得税、大区生产活动税、市独有税、资本所得替代税等直接税以及增值税、消费税、登记税、印花税、抵押税和地籍税、继承和赠与税等间接税组成。其中，最重要的国税包括个人所得税、企业所得税、增值税、消费税和资本所得替代税，最重要的地方税包括大区生产活动税、市独有税以及个人所得税的大区和市附加。在现行税收制度下，税收收入是主要的财政收入来源。2021 年，意大利财政收入共 8571 亿欧元，③ 税收收入大概占其中的 65%。这一年，国税收入共 4960 亿欧元，其中直接税税收收入为 2698 亿欧元，占全部国税收入的 54.4%，个人所得税收入为 1982 亿欧元，占全部国税收入的 39.9%。④ 地方税收入（不包括

---

① Cfr. Decreto-legge 17 marzo 2020, n. 18, Decreto-legge 19 maggio 2020, n. 34, e Decreto-legge 14 agosto 2020, n. 104.

② Cfr. Marco Mobili, Gianni Trovati, *Plastic e sugar tax sospese anche nel* 2023, in *Il Sole 24 Ore*, il 30 ottobre 2022, disponibile nel seguente sito: https://www.ilsole24ore.com/art/plastic-e-sugar-tax-sospese-anche-2023-poi-l-abolizione-AET1ThCC.

③ Cfr. Luca P., *Andamento dei conti pubblici in Italia: entrate, spese, saldi e interessi* (1980-2021), in *Grafici*, il 7 marzo 2022, disponibile nel seguente sito: https://grafici.altervista.org/andamento-dei-conti-pubblici-in-italia-entrate-spese-saldi-e-interessi.

④ Cfr. Ministero di Economia e Finanze, *Entrate tributarie: nel 2021 gettito di 496, 09 miliardi*, disponibile nel seguente sito: https://www.mef.gov.it/ufficio-stampa/comunicati/2022/Entrate-tributarie-nel-2021-gettito-di-496.09-miliardi.

国税的共享收入）为 588 亿欧元，① 绝大部分就来自大区生产活动税、市独有税以及个人所得税的大区和市附加收入。2022 年前 11 个月，国税收收入共 4860 亿欧元，比 2021 年同期增长 10.1%。其中，直接税税收收入为 2686 亿欧元，占全部国税收收入的 55.3%，包括个人所得税收入 1878 亿欧元（占全部国税收收入的 38.6%）、企业所得税收入 449 亿欧元和资本所得替代税 82 亿欧元。间接税税收收入为 2174 亿欧元，包括增值税收入 1476 亿欧元，矿物油及其衍生物和烟草制品消费税共 260 亿欧元。2022 年前 11 个月，地方税收入为 541 亿欧元，其中，大区生产活动税大概占 50%，市独有税、个人所得税的大区和市附加大概共占 49%。②

　　其次，伴随经济、社会的不断发展，再完善的税收制度也需要不断改革，何况意大利现行税制并不完善。未来，意大利税收制度将在以下几个方面进行改革：（1）个人所得税，这也是未来税制改革的重点领域，改革的思路是更好地实现征税的纵向公平，重点在减轻低收入者税负方面，并进一步兼顾效率，避免高累进税率带来征税的扭曲。对此，由于累进税率的第一档税率 23% 较高，意大利可能会借鉴德国模式，引入免税区制度，即应纳税所得额不超过 9000 欧元部分不征税，也可能借鉴美国工作所得税抵免（Earned Income Tax Credit）制度，规定当收入低于第一档税率门槛（1.5 万欧元）时，就其应纳税额，给予一个税款抵免额度，用于抵免或退税。③ 关于有争议的纳税单位问题，意大利还是会延续现行的个人为纳税单位制度，这是因为以家庭为纳税单位，④ 虽然对于收入来源（夫或妻）不均衡的家庭，可以消除或减少征税的不公平，但是会抑制收入的第二位赚取者投入劳动。在意大利，第二位赚取者通常是女性（妻），而 2019 年欧洲议会也认为从性别平等的角度个人为单位纳税比家庭为单位纳税更可取。⑤

① Cfr. Ministero di Economia e Finanze, *Rapporto sulle entrate - dicembre* 2021 *andamento delle entrate tributarie*, disponibile nel seguente sito：https：//www. finanze. it/export/sites/finanze/. galleries/Documenti/entrate_ tributarie/ReTeC-2021-12. pdf.

② Cfr. Ministero di Economia e Finanze, *Rapporto sulle entrate - novembre* 2022, in *Informazionefiscale*, disponibile nel seguente sito：https：//www. informazionefiscale. it/IMG/pdf/retec-2022-11. pdf.

③ Cfr. Giovambattista Palumbo, *La riforma del sistema tributario*, in *Informazionefiscale*, il 6 luglio 2021, disponibile nel seguente sito：https：//www. informazionefiscale. it/riforma-sistema-tributario-legge-delega-proposte.

④ 理论基础是家庭成员根据家庭总收入流作出决策。

⑤ Cfr. Risoluzione del Parlamento europeo del 15 gennaio 2019 sulla parità di genere e le politiche fiscali nell' Unione europea（2018/2095）.

此外，关于税率，为使累进税率的曲线变得缓和，意大利将进一步减并税率至三档，并进一步降低整体的平均税率，这是因为对劳动所得征收高税率是经济增长和就业的根本障碍，加剧了税收制度的扭曲。[①] 为此，在2024年适用的三档税率很有可能确定下来成为一项稳定制度。同时，对资本所得征收替代税，也导致了不同所得之间税收负担的不平等，并减少了个人所得税的收入。为此，个人所得税未来虽然会延续综合与分类相结合的征税制度，但是会提高资本所得的比例税率水平，使之接近累进税率中的第一档税率。（2）企业所得税，为促进经济和社会发展（包括环境保护）、创造更多的就业机会，主要的改革思路是减轻企业税负、增加相关税收优惠政策，意大利未来可能进一步通过降低税率或减少税基的方式，鼓励企业绿色转型发展、小企业合并和企业将利润再投资于生产活动。关于利润再投资，经营所得税也可能会再被引入。此外，意大利还很有可能引入损失的向前结转制度，允许企业向前一个纳税年度结转损失并给予退税。[②]（3）大区生产活动税很有可能会被取消，并以企业所得税附加来替代，这是因为大区生产活动税存在不合理性，税的征收并不限于企业盈利的情形，同时地方以附加的方式取得税收收入会使税制更加简化。（4）增值税，改革的目的、思路与企业所得税改革基本相同，意大利未来很有可能降低税率，目前22%的标准税率过高，同时，为鼓励企业绿色转型发展增加税收优惠措施。（5）继承与赠与税，如同21世纪初短暂取消后又复征，未来如何改革在意大利争议依然很大，这是因为该税的征收虽然有助于国家对财富进行再分配，但是会抑制财富创造的积极性以及使财富逃离意大利，尤其是在税负较重（相比于其他国家的遗产税）的情况下。为此，一方面，有建议增加税负，例如，提高对价值超过500万遗产继承的税率，另一方面，有建议减轻税负，例如，提高配偶或直系亲属继承遗产的免征额，甚至再一次取消继承与赠与税。[③] 不过，从确保充足税收收入的角度，意大利再次取消继承与赠与税的可能性很小，毕竟上述其他税种的改革也都以减税为主，而意大利并没有重视公共开支减少的改革。事实上，未来意大利以减税为内容的税制改革很大程度上要受制于减少公共开支的改革。

---

① Cfr. Francesco Rodorigo, *I quattro pilastri della riforma fiscale* 2023, in *Informazionefiscale*, il 24 gennaio 2023.

② Cfr. Giovambattista Palumbo, *La riforma del sistema tributario*, in *Informazionefiscale*, il 6 luglio 2021.

③ Cfr. Giovambattista Palumbo, *La riforma del sistema tributario*, in *Informazionefiscale*, il 6 luglio 2021.

第六章　地方财政（税收）自主

一、地方财政（税收）自主的基础与目的

关于地方财政自主的含义，① 存在狭义与广义之分。其中，狭义的地方财政自主是指地方在开支上的自主以及财源的充足（以下简称"地方财政自主"），② 而广义的地方财政自主则在狭义理解的内容上，增加了地方在机构组织（包括人员）、行政以及政策（决定）方面的自主。这样，广义的地方财政自主又可以称为地方自主。事实上，地方在机构组织、行政以及政策方面的自主是地方财政自主的基础或前提，而地方财政自主则是地方自主的基石及有效保障，③ 为此，探究意大利法律体制中的地方财政自主问题，有必要从分析意大利地方自主相关法律问题入手。

关于地方自主，首先需要指出的是，当前世界上绝大多数国家宪法都赋予本国地方组织一定水平的自主性，而自主水平的高度并不必然取决于国家的结构形式，即联邦制结构抑或集中制结构。其中，有些联邦制国家并不认可地方拥有较高水平的财政自主性，相反，一些集中制国家却予以认可。事实上，自主水平的高低取决于一国历史、传统、中央与地方的组

---

① 为简化论述以及与我国"地方"概念保持一致，下文论述的意大利"地方"这个概念包括次中央及其以下的地方组织，并非仅指最低一层的地方组织。

② Cfr. Davide De Grazia, *L' autonomia finanziaria degli enti territoriali nel nuovo Titolo V della Costituzione*, in *Le Istituzioni del Federalismo*, n. 2, 2002, p. 275.

③ See Eme Okechukwu I. and Izueke Edwin, "Local Government and Fiscal Autonomy for Local Government in Nigeria", in *Review of Public Administration and Management*, n. 3, 2013, p. 101.

织形态与关系、中央与地方的相互影响等因素。① 在意大利，现行 1947 年
宪法第 5 条在规定意大利共和国统一且不可分割的前提下承认和促进地方自
主（autonomie locali），② 这无疑构成了意大利地方自主的一般原则，即地方
自主不仅被宪法所认可，宪法还应当促进地方自主。事实上，源于执行该
宪法上的一般原则，尤其是关于促进地方自主的要求，意大利宪法以及相
关法律在多方面规定了地方自主以及财政自主的内容，不乏体现意大利特
色的制度，也形成了较高水平的地方自主性。根据宪法第二编第五章"大
区、省和市"的相关规定，地方自主主要包括以下几个方面：（1）在机构
组织方面，宪法第 114 条规定了不同层级的地方组织，分别是大区、特大城
市、省和市，且这些地方组织以相同的方式，与中央一道，内含于意大利
共和国之中，即作为自主主体，这些地方组织不是间接地构成国家的一部
分；③（2）在组织职能方面，根据宪法第 118 条的规定，行政职能与立法职
能相分离，市被也赋予了自有的职能（即事权，下同），同时，纵向的辅助
性原则④被宪法化；（3）在立法权分配方面，根据宪法第 117 条第 2 款、第
3 款和第 4 款的规定，立法权由中央与大区享有，而在中央与大区之间，针
对一些特定事项，例如大区以下的地方组织（市、省、特大城市）的基本
职能配置，中央享有专属立法权，针对其他一些特定事项，中央与大区享
有竞合立法权，针对其他未规定的事项，大区则享有剩余立法权；（4）在
条例、规章制定权方面，宪法第 117 条第 6 款的规定，中央在专属立法权范
围内享有，大区在剩余立法权范围内享有，特大城市、省和市在各自的组
织规范及职能履行范围内享有。需要特别指出的是，根据宪法第 116 条的规
定，特伦蒂诺-上阿迪杰等五个大区实施特殊的地方自主制度，属于特殊的
自治大区。⑤ 此外，上阿迪杰大区由特伦托和博尔扎诺两个特殊的自治省

---

① Cfr. Mauricio A. Plazas Vega, *Diritto della finanza pubblica e diritto finanziario*, Jovene, 2009, p. 62.

② 该条规定："统一且不可分割的共和国承认并促进地方自主，在属于国家职能的范围内实行广泛的行
政上的分权，并使其立法的原则和方式符合地方自主和分权的需要。"

③ Cfr. Rita Perez, *Autonomia finanziaria degli enti locali e disciplina costituzionale*, in *Rivista Giuridica del Mezzo-giorno*, n. 4, 2010, p. 2.

④ 辅助性在本质上是决定由哪一层次的权力主体行使权力的方法，其最终目的在于以最贴近公民的方式
有效地行使权力，这就符合地方自主的目的。这样，在政府职能的分配上，根据纵向的辅助性原则，下级
政府能履行的职能，由下级政府承担，如果下级政府无法独立履行，就由上级政府提供辅助。参见刘莘、
张迎涛：《辅助性原则与中国行政体制改革》，《行政法学研究》2006 年第 4 期。

⑤ 其他四个特殊自治大区是弗留利-威尼斯朱利亚、撒丁、西西里以及瓦莱达奥斯塔。

组成。

　　以上意大利宪法对于地方自主与分权强化的规定，乃是在2001年宪法关于地方自主条款改革后（以下简称"2001年宪法改革"）的结果。在这一年，意大利颁布了第3号宪法性法律，① 关于宪法第二编第五章"大区、省和市"的修改，对地方自主条款进行了大幅度修改。2001年宪法改革首先源于意大利签署的《欧洲地方自主宪章》。1985年，欧洲委员会（Council of Europe）发布《欧洲地方自主宪章》（*European Charter of Local Self-Government*），从1988年9月1日起开始生效。② 截止到2023年，46个成员国都已经签署并批准该宪章。该宪章要求签署国有义务确保本国地方组织在政策、行政和财政上的非依赖性，同时要求建立在地方差异化原则的基础上，而在签署国实现这一要求的方式上，宪章要求地方自主在国家内部法律中认可，并尽可能在宪法中认可，并进一步规定地方组织的选举性、辅助性原则以及组织和财政的自治。作为欧洲委员会的创立成员国，意大利有履行《欧洲地方自主宪章》义务，在意大利落实关于地方自主和财政自主的宪章要求。其中，最重要的就是2001年宪法改革，修改地方自主以及财政自主条款。其次，2001年宪法改革源于意大利1997年通过颁布第59号法律与第127号法律实施的关于行政联邦主义（federalismo amminis-trativo）的改革。③ 当然，这一改革也与上述《欧洲地方自主宪章》的要求具有紧密关联。上述两部法律都旨在去集中化，其中，第127号法律要求促进地方组织的"个性化"，而第59号法律在职能的分配中引入了差异化原则，源于不同地方组织在人口、地域、结构上的不同特征。④ 此外，在立法权分配上，第59号法律推翻了原来有利于中央的分配推定逻辑，即意大利宪法最初所遵循的逻辑，并以有利于大区和其他地方组织的分配推定逻辑代替之。具体而言，不再列举大区和其他地方组织的立法权限范围，而是列举中央行政的立法权限范围，同时，基于这一变化，立法职能与行政职能的对应性也被取消了。这样，基于上述行政联邦主义改革，即通过职能

---

① Cfr. Legge Costituzionale 18 ottobre 2001, n. 3-Modifiche al titolo V della parte seconda della Costituzione.

② See Council of Europe, "Details of Treaty No. 122", available at the following site: https://www.coe.int/en/web/conventions/full-list? module=treaty-detail&treatynum=122.

③ Cfr. Leggi 15 marzo 1997, n. 59, e 15 maggio 1997, n. 127.

④ Cfr. Rita Perez, *Autonomia finanziaria degli enti locali e disciplina costituzionale*, in *Rivista Giuridica del Mezzogiorno*, n. 4, 2010, p. 8.

的分配实现了地方组织的差异化以及高度的自主，以中央行政为中心和基础的制度向建立在大区和其他地方组织自主基础上的制度转化。[1]

当然，至于意大利为何在宪法上强化地方自主和分权，离不开地方自主本身所具有的优势。首先，地方自主有助于减低不公平性，即如果在不同地区之间或者不同公民之间实施统一的政策，会导致实质公平的减损，[2]这也是为什么实施地方自主需要引入差异化原则。其次，地方自主是效率原则的要求，即地方自主有助于提高公共管理的效率，提升政府公共服务提供的数量和质量，尤其是提供最符合本区域民众特殊需求的公共服务，这也是宪法上赋予地方权力的前提。再次，从政治缘由的角度，地方自主符合代表性原则，即不同层面的政府都能参与到政策的制定中，确保政策反映出大多数（包括国家层面和地方层面）的意愿，当然，也就更符合地方选民的意愿。[3] 最后，地方自主突显地方管理者的责任，并与选举产生相互影响，即地方选民据此可以选择管理者，更便于实现地方的自我监督，这又可以确保前面几个方面的优势。对此，值得特别一提意大利 2009 年第 42 号法律（旨在执行下文将阐释的宪法第 119 条），[4] 该法第 1 条将所有层面政府责任的最大化承担以及公民实施的民主监督的落实确立为该法的两项目标，第一次将两者相关联并将公民置于地方分权的进程中。[5]

二、地方财政（税收）自主立法历史沿革与现状

基于上述，地方自主在意大利宪法中处于重要和特殊的地位，并有着较高的水平，一方面，这为意大利在法律制度构建上提升高水平的地方财政自主性奠定了的基础，另一方面，从保障地方自主的角度，这也要求意大利构建相适应的地方财政自主法律制度。对此，与地方自主在意大利宪

[1] Cfr. Rita Perez, *Autonomia finanziaria degli enti locali e disciplina costituzionale*, in *Rivista Giuridica del Mezzogiorno*, n. 4, 2010, pp. 9-10.

[2] Cfr. Antonio Riolo (a cura di), *Federalismo fiscale: scenari e prospettive*, Ediesse, 2010, p. 44.

[3] Cfr. Andrea Amatucci, *L'ordinamento giuridico della finanza pubblica*, Jovene, 2007, pp. 120-121.

[4] Cfr. Legge 5 maggio 2009, n. 42-Delega al Governo in materia di federalismo fiscale.

[5] Cfr. Antonio Riolo (a cura di), *Federalismo fiscale: scenari e prospettive*, Ediesse, 2010, p. 22.

法中的制度构建发生过较大的变化相对应，意大利宪法关于地方财政自主的相关法律制度也经历过改革。

（一）地方财政自主立法的历史沿革

1. 2001 年宪法改革前

意大利关于地方财政自主的宪法条款规定在宪法第二编第五章"大区、省和市"中的第 119 条，而 2001 年第 3 号宪法性法律第 5 条对宪法第 119 条进行了大幅度的修改。修改前第 119 条共 4 款，第 1 款规定："在关于协调国家、省和市财政与大区财源的共和国法律规定的形式与限制下，大区拥有财源。"第 2 款规定："就履行正常的职能所必要的花费，大区被赋予属于大区自己的税收等收入以及对国家收入的分享。"第 3 款规定："为了采取特定的措施，尤其是为了开发意大利南部以及海岛，国家基于法律分配给一些大区特别收入。"第 4 款规定："根据共和国法律确定的方式，大区有自己的财产。"根据修改前的第 119 条，意大利宪法认可的地方财政自主仅仅是大区财政自主，其中，第 1 款宣示性地指出了这一点；而第 2 款则是大区财政自主的核心条款，即规定了大区财政自主的范围和程度。显然，源于地方自主制度改革较晚，意大利实施地方财政自主较迟，这是因为修改前的第 119 条仅仅规定大区财政自主与其国家法律所确定的正常职能相适应以及大区被赋予相关收入，使得大区财政体现出几乎是补全式的派生特征，即大区的财源在当时的实践层面主要来自中央的财政转移支付，而不是直接依靠大区自身的税收等收入，这实质规避了宪法关于大区财政自主的要求。[1] 大区财政这一特征，在很多年后，尤其是意大利颁布 2000 年 2 月 18 日第 56 号立法令后[2]才得到改变。根据该立法令，中央对大区的大部分转移支付被取消了，取而代之的是大区汽油消费税附加、个人所得税附加和对增值税收入共享的提高。关于个人所得税附加，目前市也有。至此，意大利开启了大区税收机制，即大区共享增值税等税收收入，并构成大区

---

[1]　Cfr. Antonio Riolo (a cura di)，*Federalismo fiscale*：*scenari e prospettive*，Ediesse，2010，p. 30.

[2]　Cfr. Decreto Legislativo 18 febbraio 2000，n. 56-Disposizioni in materia di federalismo fiscale.

重要的财源。[①]

对省、市的财政自主，修改前的宪法第 119 条规定并没有涉及。事实上，省、市的财政自主在意大利颁布 1992 年第 504 号立法令后才有了重要进展。该立法令重新安排了省和市的财源，尤其是后者，立法令设立了市不动产税，使得市的课税自主得以实施，同时中央转移支付急剧下降。此外，意大利通过颁布 1997 年第 446 号立法令又设立了大区生产活动税，该立法令第 28 条规定了省、市对该税的附加税，进一步增加了省、市的地方税收入，减少对转移支付的依赖。例如，在此之后，市的税收收入占全部收入比重提高到 37.8% 至 48.8%。[②]

2. 2001 年宪法改革后

基于强化地方财政自主的需要，2001 年宪法改革延续之前的相关立法令修改，重新安排了意大利的地方财政结构，并宪法化了一些创新的原则。2001 年改革后的第 119 条共 6 款，首先，第 1 款规定："市、省、特大城市和大区有财政收支的自主权。"这样，意大利宪法明确认可了包括市在内的地方组织的财政自主权，既在收入方面，也在开支方面。当然，第 1 款属于原则性的规定，有赖于后面 5 款的执行和具体化。其次，第 119 条第 2 款规定："市、省、特大城市和大区有自主的财源；根据宪法以及公共财政、税收制度相协调的原则，可设立并征收自己的税收和其他收入；支配涉及其管辖区域的国库收入的共享。"第 3 款规定："对于居民税收能力较弱的地区，国家规定一项不限制用途的平分基金（fondo perequativo）。"第 4 款规定："源于上述条款的财源能为市、省、特大城市和大区完整地提供履行其公共职能所需要的资金。"基于上述三款，意大利宪法事实上要求每一层面的地方组织财源上都要自足，并规定了地方组织三项收入来源，分别是自有税收等收入、国库收入的共享以及平分基金，其中，前两项属于普通财源。这不仅意味着地方财政的非依赖性，即地方得以不受制于中央的偶然政策，还意味着地方财源的自我确定。事实上，修改后的第 119 条正式结束

---

① Cfr. Antonio Riolo (a cura di), *Federalismo fiscale : scenari e prospettive*, Ediesse, 2010, pp. 30–31.

② Cfr. Rita Perez, *Autonomia finanziaria degli enti locali e disciplina costituzionale*, in *Rivista Giuridica del Mezzogiorno*, n. 4, 2010, p. 12.

了在 2001 年宪法改革前地方财源长期依靠中央财政转移支付的历史。此外，宪法确立了基于职能履行的需要完整提供资金的原则，即上述三项财源共同对每一层地方组织要承担的开支提供融资。基于这一原则，在三项财源之间，宪法又确立了协作和连带性原则。[①] 事实上，在地方财源与其职能之间建立这样一种关联，对于保障地方自主至关重要，也是地方财政自主有效实现的特征。再次，第 119 条第 5 款规定："为了促进经济的发展、社会的共处并存与团结一致，为了消除经济和社会发展上的不平衡，为了便利个体权利的实际行使，或为了采取（市、省、特大城市和大区）正常职能以外的措施，国家对特定的市、省、特大城市和大区给予补充性的财源及实施有利于这些地方的特别干预。"这一款在核心内容上延续了修改前第 119 条第 3 款的规定，主要体现的是中央对特殊地区基于特殊目的的宏观调控，[②] 手段包括提供限制用途的补充财源。最后，第 119 条第 6 款规定："根据国家确定的一般原则，市、省、特大城市和大区有其自己的财产。仅在为向投资提供资金的情况下，市、省、特大城市和大区才能举债。在这些合同债务上，不允许国家任何形式的担保。"相比于修改前第 119 条第 4 款，这一款增加了对地方组织基于投资需要举债的认可，这也是基于该款对地方组织拥有自有财产的认可，这无疑增加了地方组织获取自有财源的方式，同时鉴于举债必须地方自行还本付息，进一步体现了地方财政的自主性。

综上，修改后的宪法第 119 条针对所有地方组织（除了实施特殊地方自主的大区以及省）确立了一套统一的财政自主制度。这样，不仅地方自主，作为基石和保障手段的地方财政自主也具有了宪法上的价值，成为一项稳定的原则，相关制度安排也不再是临时性的，在长期的时间内不可以被修改，除非得到议会广泛和深思熟虑的同意才可以修改。[③] 当然，第 119 条对地方财政自主制度的重新安排仅仅是意大利迈向财政联邦主义的重要一步，甚至只能算是开始的一步，因为宪法所规定的内容仅仅是对财政联邦主义实现而言是必要的因素，尚不充足。例如，财政联邦主义在很大程

---

① Cfr. Antonio Riolo（a cura di），*Federalismo fiscale：scenari e prospettive*，Ediesse，2010，p. 31.

② 主要是为了解决意大利经济发展中的二元性问题，涉及南北经济发展质量的差异化。

③ Cfr. Rita Perez，*Autonomia finanziaria degli enti locali e disciplina costituzionale*，in *Rivista Giuridica del Mezzogiorno*，n. 4，2010，pp. 13–14.

度上取决于地方组织在本地域范围内能够实际地获取的收入的数额，即不从中央预算中获取的收入的数额。但在第 119 条规定的地方组织财源中，即使忽略国库收入共享，虽然没有了财政转移支付，但还包括平分基金与补充财源。[①] 当然，由于补充财源的用途有限制，中央对地方的宏观调控进一步得到加强。

3. 2012 年宪法修改后

2012 年意大利颁布了第 1 号宪法性法律，[②] 主要内容是在宪法第 81 条中引入预算的财政收支平衡的原则，涉及财政内容的宪法第 119 条也受到影响，作了相应的两处修改。首先，第 1 款针对地方组织拥有财政收支的自主权增加了"在遵循各自预算平衡以及来自欧盟法律体制的经济和财政限制的条件下"的要求，其次，第 6 款针对地方组织举债又增加了"在详细说明分期还款计划并遵守预算平衡的条件下"的要求。显然，这两处修改是旨在对地方财政自主增加新的限制，这里不再赘述。

（二）地方财政自主现行制度

1. 普通财源中的自有税等自有收入

首先，正如上文已经指出的，从贯彻地方财政自主的角度，地方的自有税（可以简称为"地方税"）或其他自有收入无疑是地方普通财源中最重要的一类，意大利宪法第 119 条在地方税以及地方非税收入方面也确实给予了很大的自主权。具体而言，第 2 款规定地方组织"设立并征收"自己的税收和其他收入，不同于修改前第 2 款所使用"被赋予"一词，事实上认可了地方组织的征税权以及取得其他收入的权力在界定它们财政自主制定中的中心地位。以地方税为例，其中，"设立"一词反映了地方组织可以规定税收关系的基本内容，即可以构建地方税，"征收"一词则意味着地方

---

① Cfr. Rita Perez, *Autonomia finanziaria degli enti locali e disciplina costituzionale*, in *Rivista Giuridica del Mezzogiorno*, n. 4, 2010, p. 15.

② Cfr. Legge Costituzionale 20 aprile 2012, n. 1 - Introduzione del principio del pareggio di bilancio nella Carta costituzionale.

组织拥有与实现税收关系有关的所有权力，包括税收查定、确定和征收等权力。[1] 不过，2009 年第 42 号法律第 2 条强调地方组织实施税的征收要与其职能履行产生的利益相关联，以使财政责任与行政责任相匹配，同时要求在地方税的征收中地方组织要克制并承担相关的责任。[2]

其次，为更好地理解意大利地方自有税的征收，以下以市独有税为例进行详细阐释。市对市独有税的自主权较大，征收主体便是不动产所在地的市本身，如果相关不动产跨越两个市以上的辖区，以该不动产大部分所处的辖区的市为征收主体。事实上，由于地方税收自主权，作为征收主体的市具有确定税率、补全或废弃有关立法规范中相关内容的权限，当然市同时还具有税收查定、征收和处罚等方面的税收征管权。

（1）市独有税的应税行为

根据 1992 年第 504 号立法令第 1 条的规定，市独有税的应税行为是对不动产的拥有，不管是以何种指定的方式使用不动产，这样也就包括了在企业经营活动当中充当工具的不动产。当然，作为市独有税征税对象的不动产并不是指所有的不动产，而是特指位于意大利国家领地内的建筑物、建筑用地和农用土地。根据第 504 号立法令第 2 条的规定，这里所说的建筑物是指已在和必须要在城市建筑地籍册登记注册的每一处不动产单元，包括该单元所占据的和构成该单元附属物的土地，建筑用地是指基于一般或执行城市规划、以建筑为目的而使用的土地，农用土地是指根据意大利民法第 2135 条规定的用于耕作、林业、饲养等农业活动及其相关活动的土地，其中相关活动包括作为农业正常实施的、直接与农产品转化（加工）、转让相关的活动。不过，根据 2019 年第 160 号法律第 1 条，[3] 主要住房免税，但是除豪华住房、别墅、城堡等以外。此外，政府拥有的建筑物、文化用途的建筑物、铁路和地铁站、港口、机场等建筑物也享受免税待遇。

根据 2011 年第 23 号立法令第 9 条的规定，市独有税纳税人是不动产的所有人或者是用益物权人、使用或居住权人和永久佃权人，非居民亦然。如果不动产以融资租赁的方式被让与，纳税人是承租人。由于不动产税是

①　Cfr. Davide De Grazia, *L'autonomia finanziaria degli enti territoriali nel nuovo Titolo V della Costituzione*, in *Le Istituzioni del Federalismo*, n. 2, 2002, p. 278.

②　Cfr. l'art. 2 della Legge 5 maggio 2009, n. 42.

③　Cfr. l'art. 1 della Legge 27 dicembre 2019, n. 160.

按年计征的，一个纳税年度（公历年度）对应一个独立的纳税义务，税负是根据各纳税人相应的份额和根据对不动产占有的月数（占有 15 天以上的以 1 个月算）这样的比例缴纳。

（2）市独有税的税基和税率

市独有税的税基是不动产的价值，不过，不动产的价值计算有些复杂，且根据不同的不动产，税基的计算有所不同，根据 2019 年第 160 号法律第 1 条，具体如下：①在地籍册登记的建筑物，地籍收益（官方赋予给每一个不动产的价值，根据特定不动产能够生产的平均收益来确定）先乘以固定增长率 5%，得出重新评估的地籍收益，再根据不同类型的建筑物，乘以不同的系数（50 到 160 不等），这样得出的价值就是税基；②建筑用地，税基就是市场价值；③农用土地，在地籍册中记载的所有权收益（来自土地所有权的收益，根据不同的市规定的评估率以及土地上的耕作类型来确定）先乘以固定增长率 25%，得出重新评估的所有权收益，再乘以系数 135，这样得出的价值就是税基。

关于税率，国家法律对不同不动产的情况规定了市独有税的税率，但是市政当局可以在法律规定的范围内修改，提高或降低税率。对此，市政当局通过市议会的决议来确定具体适用的税率。根据不同的不动产，税率有所不同，根据 2019 年第 160 号法律第 1 条的规定，相关税率举例如下：①主要住房（限于豪华住房、别墅、城堡等特殊类型的住房），税率是 0.5%，市可以提高 0.1%，或者可以降低到零；②其他住房和建筑用地，税率是 0.86%，市可以提高到 1.06%，或者可以降低到零；③农用土地，税率是 0.76%，市可以提高到 1.06%，或者可以降低到零。事实上，在原先征收市不动产税的时候，根据不同的不动产，市每年需要在 10 月 31 日之前在 0.4% 到 0.7% 之间确定来年具体适用的税率。此外，根据意大利 1998 年第 431 号法律第 2 条的规定，[1] 对于主要用于居住的出租房可以确定比 0.4% 更小的税率。为此，总体上，相比于市不动产税，现行市独有税下的市税率确定权更大，自主性有所扩大，毕竟可以将税率调整到零税率。

（3）市独有税的征收

征收机制建立在纳税人主动申报缴纳的基础之上。根据 2011 年第 23 号

---

① Cfr. l'art. 2 della Legge 9 dicembre 1998, n. 431.

立法令第9条的规定，纳税人必须在每年6月16日之前向市缴纳前一年度税款总额的50%税款，在12月16日前缴纳余下的税款，当然，纳税人也可以在6月16日前一次性缴纳完毕所有税款。纳税人在同一辖区内的诸多不动产，总和缴纳不动产税。除此之外，纳税人必须在关于占有开始的那年的收入申报期限内，申报所占有的（全部）不动产，在接下来的年数里，只需申报发生的变化即可，相应的税收总额也发生变化。根据2006年第296号法律第1条的规定，① 对于纳税人不诚实、不完整和不准确申报或者未申报，以及延迟缴纳或者未缴纳，市需要实施纠正查定或依职权查定，并发出说明理由的查定通知，该通知必须在纳税人申报、缴纳或者应当申报、缴纳之年后的第5年内完成。关于税收行政处罚，市也应当在同一期限内作出。此外，如果需要强制执行，市需要在查定成为最终性的时候起的第3年内向纳税人发出执行通知。

2. 普通财源中的国库收入共享

地方对国库收入的共享主要是指地方享有国税（或非地方税）的一部分收入，属于地方的派生收入。根据宪法第119条第2款关于"支配涉及到其管辖区域的国库收入的共享"的规定，意大利所采取的是一种直接共享制度，即地方共享的收入是本区域内产生的国税的一部分，相当于中国的共享税收。与直接共享制度相对应的是间接共享制度，即各地区产生的国税收入集中到一个基金之中，然后按照标准分配给不同地区。为此，类似于地方税，选择直接共享制度，相对也更有利于地方自主参与到财税制度的构建中，② 同时，通常发达地区在国库收入共享这部分财源上会取得更多收入，从照顾欠发达地区而言，只能依靠第119条第3款和第5款规定的特殊财源。此外，建立在地方税和直接共享国库收入基础上的地方财源制度，在透明化财源来源方面更佳，这也就有助于地方自主要求的地方政策实施的责任化。

---

① 　Cfr. l' art. 1 della Legge 27 dicembre 2006, n. 296.

② 　Cfr. Davide De Grazia, *L' autonomia finanziaria degli enti territoriali nel nuovo Titolo V della Costituzione*, in *Le Istituzioni del Federalismo*, n. 2, 2002, p. 280.

3. 平分基金

由于意大利不同地区之间，例如南部、中部以及北部地区之间，存在发展以及贫富的差异，地方前两项财源，尤其是地方实施征税权，会导致资源分配在不同地区间的不平衡。为纠正这种不平衡，意大利宪法第 119 条第 3 款特别规定了平分基金这一地方特殊的财源，为此，并不是所有地区都享有这一财源，只有居民纳税能力较弱的地区才享有。换言之，平分基金的引入可以说是为了确保意大利中部、南部与北部同等的公共服务给付水平，主要确保公民享有民事、社会权利的水平基本持平。显然，平分基金必然是国家（通过法律）规定的，资金来源于国库收入（中央财源），不是来源富裕地区收入，因此，不同于地方税与国库收入共享，平分基金是旨在纠正财政联邦主义的负面影响。不过，平分基金的最终目的并非是完全消除不同地区之间的差异，仅仅是减少这种差异，这是因为高度的绝对平等与财政联邦主义制度并不相符。[1]

关于平分基金，还需要明确其与两项普通财源在使用上的关系，即是否存在各自的使用范围。换言之，与中央、大区立法权分配相对应，是否单靠大区自有税来满足涉及仅属于大区立法权范围的职能履行的资金需求，偶尔可以用共享收入来补充，涉及中央专属立法权范围的职能履行，是否由平分基金来承担？例如，根据宪法第 117 条第 2 款的规定，上述提到的涉及应当在整个国家范围内被保护的民事和社会权利的公共服务给付，因为在基本水平层面实行国家统一性原则，属于中央专属立法权范围，是否由平分基金来承担？显然，意大利宪法第二编第五章并没有规定区分不同职能（权限范围）来确定不同的对应财源，而是仅仅规定地方自有收入、国库共享收入和平分基金收入相互补充地为地方组织的职能履行融资，三项财源整体上与地方组织的职能匹配。此外，宪法第 119 条第 2 款也明确规定来源平分基金的收入不限制用途。事实上，如果专属于地方组织的职能履行单一地用地方税来提供融资，富裕地区在这些职能的履行上会开支更大。这样，如果贫困地区不提高税负的话，开支水平就会与富裕地区形成很大

---

[1] Cfr. Davide De Grazia, *L' autonomia finanziaria degli enti territoriali nel nuovo Titolo V della Costituzione*, in *Le Istituzioni del Federalismo*, n. 2, 2002, p. 286.

差异，而提高税负又会收入分配的不公平，因此，由宪法第 119 条第 2 款和第 3 款规定的财源补充地提供融资。[①]

4. 补充财源

正如上文已经指出的是，宪法第 119 条第 5 款规定的补充财源，源于中央对特殊地区（依然包括意大利南部以及一些海岛等地区）基于特殊目的的宏观调控。具体而言，如同平分基金，主要也是旨在实施覆盖不同地区的平等政策或均等化公共服务。不同的是，补充财源具有用途的限制，根据第 5 款的明确规定，需要用于促进经济的发展、社会的共处并存与团结一致，消除经济和社会发展上的不平衡，便利个体权利的实际行使，以及实施地方组织正常职能以外的措施。因此，对于均等化公共服务而言，如果说平分基金属于一般措施的话，补充财源属于特别措施，至少从立法形式上来看。当然，第 5 款同时规定的特别干预也是如此。这样，第 5 款规定的措施看起来更不符合第 119 条旨在确认和保障的地方财政自主的要求，为此，需要结合宪法第 118 条规定的辅助性原则来理解。换言之，补充财源或特别干预是旨在为政府特别活动的实施提供融资，而这些特别活动是按照职能分配的辅助性原则分给不同层面的政府来实施。[②] 此外，需要强调的是，地方组织正常的职能履行由前三项财源来满足，补充财源不能用于地方组织正常的职能履行，因为为了避免给地方财政自主带来严重的限制，至少在正常职能履行的范围内，需要尽可能避免地方组织在财政上受制于中央自由裁量的选择。

当然，第 5 款可能对地方财政自主造成的过度限制，问题在于第 5 款规定的补充财源和特别干预介入的目的（缘由）太过于宽泛或一般化，尤其是便利个体权利的实际行使。换言之，对于目前规定的介入目的，应当规定进一步的要求，例如，由于也涉及民事和社会权利，需要规定基本水平以外的给付要求，同时结合不同特殊地区的情形。事实上，国家补充财源和特别干预介入应当仅存在于极端的特殊情形，相关的要求远不是地方组

[①]　Cfr. Davide De Grazia, *L'autonomia finanziaria degli enti territoriali nel nuovo Titolo V della Costituzione*, in *Le Istituzioni del Federalismo*, n. 2, 2002, pp. 286-288.

[②]　Cfr. Davide De Grazia, *L'autonomia finanziaria degli enti territoriali nel nuovo Titolo V della Costituzione*, in *Le Istituzioni del Federalismo*, n. 2, 2002, p. 292.

织正常的职能履行能满足的，或者超出了地方组织介入的可能性。①

5. 开支的自主

除了收入的自主以外，意大利宪法第 119 条第 1 款还规定了地方组织开支的自主。据此，地方组织在收入使用上就不应当受到限制，例如不受来自中央或上一层政府的影响，否则，即使收入是自足的，地方开支的自主也将失去实质的意义，进而侵蚀地方财政自主乃至地方自主。这是因为开支自主的丧失意味着地方预算安排失去自主性，使得地方组织的预算选择无法与自身的政策方针相一致，地方组织就无法自主履行自身的职能。正是从这个视角，意大利在 1995 年颁布了第 549 号法律，② 取消了一系列用途受限制的财政转移支付，并用大区对国库收入的共享来代替。目前，在地方的财源中，除了补充财源和限于资本开支的举债收入以外，不仅地方税、国库收入共享收入用途没有限制，平分基金也没有用途的限制。同时，第 4 款规定上述三项财源完整地为地方组织职能履行提供资金，可以被解读为确立了预算一体性原则，即所有收入构成不可分割的一体，用来为所有开支融资，③ 自然也要求取消收入用途上的限制。不过，考虑到平分基金引入的缘由，为维持基本水平的民事、社会权利保护，一些地方组织的预算选择会受到来自中央的一定限制，即上述三项财源需要覆盖这块的费用。这也是因为提供基本水平的权利保护这项公共服务属于永久性的要求，不能通过介入具体偶然性的补充财源来满足。④ 不过，意大利 2012 年宪法修改使得宪法第 119 条又增加一项对地方财政自主限制的内容，即预算收支平衡，主要针对的就是地方公共开支不断扩大的状况，尤其是源于省、市等地方组织的开支也已经可以自行展开，使得地方开支自主也受到一般性的限制。

---

① Cfr. Davide De Grazia, *L'autonomia finanziaria degli enti territoriali nel nuovo Titolo V della Costituzione*, in *Le Istituzioni del Federalismo*, n. 2, 2002, p. 294.

② Cfr. Legge 28 dicembre 1995, n. 549-Misure di razionalizzazione della finanza pubblica.

③ Cfr. Davide De Grazia, *L'autonomia finanziaria degli enti territoriali nel nuovo Titolo V della Costituzione*, in *Le Istituzioni del Federalismo*, n. 2, 2002, p. 289.

④ Cfr. Davide De Grazia, *L'autonomia finanziaria degli enti territoriali nel nuovo Titolo V della Costituzione*, in *Le Istituzioni del Federalismo*, n. 2, 2002, pp. 290-292.

三、地方财政（税收）自主的实施边界

意大利宪法第 119 条从立法上认可了地方财政自主并规定了相关具体内容，不过，还有待分析地方组织能够在多大范围上实际享有财政自主权。事实上，考虑到地方财政自主仅仅是重要的宪法性价值之一，意大利宪法还要保护其他重要或更为重要的价值。事实上，地方分权不能绝对化，许多政策或职能需要保留在国家层面实施，而良好的地方（财政）分权必然以存在一个强有力且负责任的中央为基础，以避免在一个统一国家内部出现不平等、失调，甚至分裂。① 这样，地方财政自主必然受到来自第 119 条本身以及其他宪法条款的限制，意大利地方组织实际能实施的财政自主也会小于前文所阐述的内容。换言之，除了第 119 条规定的相关条款以外，意大利地方财政自主实际的内容还需要结合宪法中的其他原则和规则来界定。例如，针对地方取得自有收入，宪法第 119 条第 2 款就明确规定"根据宪法以及公共财政、税收制度相协调的原则"。而这些宪法上的原则和规则通常表现为对地方财政自主实施的限制，也就是地方财政自主的实施边界。除了上文已经提到的来自预算收支平衡的限制（针对地方开支自主）外，主要还有如下几个方面：

（一）立法权配置与税收法定原则

1. 地方税与地方非税收入

在意大利，对于地方财政自主实施的制约，主要体现在地方组织设立、规范地方税方面。具体而言，虽然宪法第 119 条第 2 款规定地方组可以设立、征收地方税，但是源于地方税的设立、规范涉及立法权的问题，而宪法其他条款关于税收立法权有着明确分配，地方组织实际并不能完全自由设立、规范地方税，尤其是并不是所有的地方组织都有着开征地方税的

---

① Cfr. Antonio Riolo（a cura di），*Federalismo fiscale: scenari e prospettive*，Ediesse，2010，p. 45.

权力。

根据宪法第 117 条关于中央与大区立法权分配的规定，在财税方面，国家（中央）税收和会计制度、公共预算的协调以及财源的平分由中央享有专属立法权，同时，上文提到过的涉及在整个国家范围内被保护的民事和社会权利的公共服务给付基本水平的确定也属于中央专属立法权的范围，而公共财政、税收制度的协调属于中央、大区竞合立法权的范围。这样，似乎各层地方组织都可以设立地方税。但需要注意的是，宪法第 117 条将立法权仅仅分配到大区这一地方组织，也正是基于这个原因，宪法第 23 条规定的税收法定原则，虽然将符合法定要求的"法律"外延扩大到大区议会制定的规范性文件，即所谓大区法律，但并没有扩大到大区以下的地方组织议会制定的规范性文件。因此，基于剩余立法权，只有大区可以设立地方税，并拥有规定地方税税收关系基本内容的权力。事实上，大区以下地方组织没有设立地方税的权力，也便于中央与大区协调一国之内的税收制度。例如，市不动产税，作为市的地方税，在 2001 年宪法改革前由中央颁布立法令所引入，[①] 在改革以后，还是受到中央的影响或由中央设立。在 2008 年 5 月 21 日，中央颁布政令就取消了第一套房的市不动产税。[②] 随后，在 2011 年，意大利引入了对不动产征收的市独有税，替代了之前的市不动产税，虽然两者仅仅是名称变化了而已，但市独有税重新对主要住房征收不动产税。显然，大区以下地方组织的自有税开征并不在大区的剩余立法权范围内。对于大区而言，由于税制的协调属于中央、大区竞合立法权范围，大区真正自有的税收立法权仅仅限于不涉及国家税制及其协调的范围，而这个范围是非常有限的，下文将进一步阐释税制协调对地方财政自主的限制。事实上，基于竞合立法权，特别由大区法律规范的内容是协调大区与次大区的地方组织间的财政与税收制度，为此，大区可以为省、市设立他们的税收，[③] 同时，如同中央设立地方税，省、市具有规范税的非基本因

---

① Cfr. Decreto legislativo 30 dicembre 1992, n. 504.

② Cfr. Arielkai, *ICI addio: eliminato dalle abitazioni principali*, in *FiscaleWeb*, il 22 maggio 2008, disponibile nel seguente sito: https://www.fiscaleweb.com/2008/05/22/ici-addio-eliminato-dalle-abitazioni-principali.

③ Cfr. Davide De Grazia, *L'autonomia finanziaria degli enti territoriali nel nuovo Titolo V della Costituzione*, in *Le Istituzioni del Federalismo*, n. 2, 2002, p. 295.

素的权力，例如在一定的范围内确定税率，① 毕竟这些地方组织拥有条例、规章的制定权。

至于地方非税收入，大区以及省、市在自主权实施上的限制与地方税是一致的，至少对一些特定的非税收入而言，这是因为意大利宪法第 23 条规定的法定原则还适用于税收以外的强制性财产给付，例如费、特殊捐贡等。其中，作为市收入的垃圾处理费（Tassa sui rifiuti），就是由 2013 年第 147 号法律引入并规范的。② 不过，总体上，省、市还是有设立和征收税收以外的自有收入的可能性。

2. 地方其他财源

首先，关于国库收入共享，由于属于需要协调的公共财政，且不能由大区来确定对国税收入的共享，因此应当在中央立法权范围内，由国家法律来规定大区或其他地方组织对国税收入的共享比例。不过，根据 2009 年第 42 号法律第 2 条的规定，大区可以设立次大区的地方组织对大区自有和共享收入的共享。③ 其次，关于平分基金，根据宪法第 119 条相关条款本身的规定，由国家法律来规定。不过，有意大利学者指出，国家法律应该限于规范基金本身的构建以及资金分配的方式、标准或条件，大区应当有权根据法律规定的标准或条件以行政的方式来确定可获得分配资金的对象地区，这是因为大区能够更好地掌握地方错综复杂的情形，例如在整体上属于富裕的地区内部存在一些欠发达的地区。④

（二）财税制度的协调

源于宪法第 119 条第 2 款的直接规定，地方需要在财税制度协调的条件下实施财政自主。事实上，作为对地方财政自主限制的财税制度协调，其产生及强度与地方财政自主的产生与力度紧密相关。具体而言，2001 年宪

① Cfr. Davide De Grazia, *L'autonomia finanziaria degli enti territoriali nel nuovo Titolo V della Costituzione*, in *Le Istituzioni del Federalismo*, n. 2, 2002, p. 279.
② Cfr. l'art. 1, comma 639, della Legge 27 dicembre 2013, n. 147.
③ Cfr. l'art. 2 della Legge 5 maggio 2009, n. 42.
④ Cfr. Davide De Grazia, *L'autonomia finanziaria degli enti territoriali nel nuovo Titolo V della Costituzione*, in *Le Istituzioni del Federalismo*, n. 2, 2002, p. 295.

法改革后，鉴于不同层面地方组织自主的财税制度，意大利的财政、税收制度已经从（中央统一制定下的）单一性模式转变为（中央、地方都参与制定下的）多重性模式了，[1] 为此，就产生协调不同层面的财税制度的需要。考虑到国家税制的重要性，尤其是其中的增值税、所得税已经覆盖了最大的两部分税源或应税行为，即实施经营（消费）活动与取得所得，显然，不同层面的地方组织财政自主实施的空间越大，就越需要协调。正如意大利宪法法院所强调的，地方实施财政自主需要遵循旨在协调财税制度的一般法则，[2] 对此，就地方税收自主采取谨慎立场的 2009 年第 42 号法律作了进一步明确的规定。例如，根据该法第 2 条的规定，"各个税收以及税收制度整体上要合理、协调，税收制度要简化""就国家征税（即关于国税）尚未涉及的行为和事实，大区法律才可以设立地方税"，[3] 等等。关于后者，意大利宪法法院指出这实意味着双重征税的禁止。[4] 事实上，就协调不同地方组织间的征税权实施，双重征税的禁止提出了非常高的要求。以上这些关于税制协调的一般法则，无疑从实体内容上极大限制了地方开征自有税的范围。

不过，从更好实施协调的角度，中央无疑应处于最重要的地位，在界定地方财政自主实施的空间方面，中央也就发挥着中心的作用，尽管大区的作用也很重要。这样，关于上文提到的属于中央、大区竞合立法权范围的财税制度协调，其中的财税制度无疑包括中央、地区所有层面的财税制度，同时，也有学者指出，财税制度的协调应当归属于中央的专属立法权范围更为合适。[5] 这样，就税收而言，源于协调概念的宽泛性，意大利国家法律不但发挥着在中央和地方之间分配税源的基本功能，甚至直接规定地方税的基本规范。例如，大区生产活动税就是中央通过颁布 1997 年第 446 号立法令引入的，该立法令同时还详细规定了大区生产活动税课征的基本要素。不过，该立法令第 28 条规定，大区可以通过颁布大区法律设立省、

[1]　Cfr. Davide De Grazia, *L'autonomia finanziaria degli enti territoriali nel nuovo Titolo V della Costituzione*, in *Le Istituzioni del Federalismo*, n. 2, 2002, p. 270.

[2]　Cfr. Antonio Riolo (a cura di), *Federalismo fiscale: scenari e prospettive*, Ediesse, 2010, p. 34.

[3]　Cfr. l'art. 2 della Legge 5 maggio 2009, n. 42.

[4]　Cfr. Antonio Riolo (a cura di), *Federalismo fiscale: scenari e prospettive*, Ediesse, 2010, p. 40.

[5]　Cfr. Davide De Grazia, *L'autonomia finanziaria degli enti territoriali nel nuovo Titolo V della Costituzione*, in *Le Istituzioni del Federalismo*, n. 2, 2002, p. 270.

市对该税的附加税,而附加税的税率由省、市在特定限制内确定。① 由此,有学者认为,地方税的征收是出于国家议会原初的征税权力与地方议会派生的征税权力的共存,地方税同时由国家法律和地方法规规范是符合逻辑的,甚至一些地方税全部由国家法律规范也是存在的,鉴于大区设立地方税仅仅属于派生的权力,且只要税收收入归属于地方组织,地方税的属性并不会改变。②

综上,为确保意大利整体税制的协调性,现存几乎所有的税种都是由国家法律引入和规范,大区能够设立的税收局限于未来因执行国家议会颁布的授权立法而可能引入的新的税收。③ 这无疑极大地限制地方税自主权,意大利宪法法院甚至曾指出,某一项税的基本规则如果由国家负责规定,即使是部分地,这项税就不属于地方税。④ 因此,目前在意大利,真正限制地方实施税收自主的是宪法关于税制协调的要求,而不是税收法定原则,因为大区法律也是符合法定原则的法源。此外,对于非税收入,源于财政制度协调的要求,情况类似。不过,考虑到通常费、特殊捐贡等非税收入在中央层面较少开征,制度协调的需求相对较小,地方的自主权相对会更大。

(三) 量能课税原则

根据宪法第 119 条第 2 款的规定,地方设立自有税需要根据宪法。与课税相关的宪法条款,除了上文已经提到的关于税收法定原则的《宪法》第 23 条以外,还包括关于量能课税原则的宪法第 53 条。该条规定:"所有人必须根据他们的负税能力分摊公共费用;税制符合累进标准。"事实上,不同于税收法定原则从形式内容的角度限制税收立法权的实施,作为税法另一项宪法性基本原则,量能课税原则是从实质内容的角度限制税收立法权的实施,当然也就包括地方税收自主权的实施。这样,在意大利,大区本已经非常有限的税收自主权还将进一步受到限制。为此,就执行地方财政自主的立法,2009 年第 42 号法律第 2 条强调这些立法"不改变税制累进性

---

① Cfr. l' art. 2 del Decreto Legislativo 15 dicembre 1997, n. 446.

② Cfr. Mauricio A. Plazas Vega, *Diritto della finanza pubblica e diritto finanziario*, Jovene, 2009, p. 62.

③ Cfr. Andrea Fedele, *Federalismo fiscale e riserva di legge*, in *Rassegna Tributaria*, n. 6, 2010, p. 1534.

④ Cfr. la sentenza della Corte costituzionale del 22 settembre 2003, n. 296.

的标准，遵循在公共费用分摊中的量能课税原则"①。

关于量能课税原则对大区实施税收自主的限制内容，首先就具体某一地方税而言，需要贯彻基于负税能力的同等或区别课税，尤其是只能仅对体现负税能力的行为或事实征税。此外，量能课税原则所要求的平等课税也限制着地方制定破坏公平竞争的税收优惠政策。② 其次，虽然贯彻累进标准最能实现量能课税原则要求的量的区别课税，但通常由所得税等直接税来贯彻累进，大区就不必然需要对某一地方税严格按照累进标准进行设立，只是需要确保不破坏税制整体上的累进性。换言之，大区设立地方税不能破坏意大利目前以直接税为主的税制结构。最后，基于量能课税原则对地方税收自主实施的限制，在部分内容上与基于上文阐释的税收制度协调的限制存在重合，换言之，上文提到的有些关于地方税收自主实施限制的要求也可以从量能课税原则中找到依据。例如，关于税制整体上的合理性和协调性，税制整体上的累进性无疑是重要的标准。再如，对同一行为或事实的双重或多重征税会不合理地加重纳税人的税负，产生没收或阻碍、制约经济活动发展的效果，而这也就是量能课税原则关于课税最高限制的要求。

（四）地方自主的限制

为消除地方自主可能带来的一些负面影响，例如，公共服务的非均等化，经济、市场的非一体化，等等，地方自主本身也受到宪法上的限制。换言之，根据辅助性原则，许多不适合地方履行的职能需要由中央来承担。这样，作为保障地方自主的重要手段，地方财政自主无疑需要受到相应的限制。对此，一项最直接的限制来自于意大利宪法第 120 条第 1 款。出于维护国家统一市场的需要，该款规定："大区不得对在各大区之间的输入、输出及通过行为征税……"此外，第 120 条第 2 款更是明确规定："在国际条约和欧盟共同体规范未得到遵守的情况下，或者出现了有关公共安全和秩序的严重危险，或者当要求保护司法的统一性或经济的一体化，尤其是对

---

① Cfr. l'art. 2 della Legge 5 maggio 2009, n. 42.

② Cfr. Davide De Grazia, *L'autonomia finanziaria degli enti territoriali nel nuovo Titolo V della Costituzione*, in *Le Istituzioni del Federalismo*, n. 2, 2002, p. 272.

涉及到公民民事和社会权利的公共服务给付的基本水平的保障时，中央替代大区、特大城市、省及市，从而不考虑地方组织管辖区域的边界……"根据该款，中央可以在很多方面实施直接介入或宏观调控，而不考虑地方自主，这样，地方财政自主就会间接地受到相应限制。例如，正如上文已经提到的，基于涉及公民民事和社会权利保护的基本公共服务均等化的要求，中央对部分地区财源获取上的干预，即平分基金与补充财源，是为了消除不同地方之间财力状况的不平衡。这一点的宪法依据，更是源自意大利宪法第 2 条规定的社会共同责任原则以及第 3 条规定的平等原则，因此，在社会国原则下，地方财政的一项重要因素就是均衡，不管公民在哪里居住，他们应当享受同等质量和数量的公共服务。[1] 这样，地方的财源不得不要部分地依靠中央，开支也将受到来自中央的约束。换言之，此时需要中央实施一项真正的再分配活动，这就不可避免地限制了地方自主以及地方财政自主。[2]

（五）总体评价

关于意大利地方财政自主的宪法第 119 条，仅仅是对广义的地方财政自主安排进行了补全，并没有就修改中央与地方的关系规定新的规范，为此，撇开来自意大利宪法其他条款的限制，第 119 条虽然规定了财政自主的内容，但同时也规定了中央对地方财政自主限制的诸多途径。这就导致了宪法第二编第五章内部的紧张关系，即产生了两种关于地方自主不同的解释。具体而言，第五章的一些条款在强调中央与大区以及其他地方组织间的平等关系，甚至对大区采取了更有利的立场，即采取权限分配有利于大区的推定逻辑。但是，另一些条款（第 119 条）在财政方面则认可了中央与大区以及其他地方组织间关系的不平等，这是因为宪法第 5 条和第 120 条规定了国家的优先性及不可分割性和政策统一性原则。[3] 而这些原则在今天的意大利还依然十分重要。总之，在意大利，地方财政自主制度还在建设之中，

[1] Cfr. Andrea Amatucci, *L' ordinamento giuridico della finanza pubblica*, Jovene, 2007, p. 119.
[2] Cfr. Rita Perez, *Autonomia finanziaria degli enti locali e disciplina costituzionale*, in *Rivista Giuridica del Mezzogiorno*, n. 4, 2010, p. 20.
[3] Cfr. Rita Perez, *Autonomia finanziaria degli enti locali e disciplina costituzionale*, in *Rivista Giuridica del Mezzogiorno*, n. 4, 2010, pp. 21-22.

宪法上的规范仅仅是为地方财政自主打下了基础，还存在许多症结尚未解决，使得从财政上过大地限制了地方自主，换言之，意大利试图完全实现地方财政自主，还有很长一段路要走。[①]

事实上，当前世界上绝大多数国家宪法都赋予本国地方组织一定水平的自主性，而自主水平的高度并不必然取决于国家的结构形式，即联邦制结构抑或集中制结构。意大利是单一制国家，即使在 2001 年宪法改革强化地方自主和中央对地方的分权之后，依然如此，没有向联邦制国家转变。[②]此外，意大利还面临南北地区发展非常不平衡的问题，也正因为如此，意大利宪法在地方财源构成引入平分基金和补充财源。具体而言，在立法上，意大利确认并促进地方财政自主的同时，主要通过财税制度协调、量能课税、基本公共服务均等化等实质法治原则来限制地方财政自主，而不是主要通过立法权分配、税收法定等形式法治原则来限制，因为大区也享受一定的税收立法权，税收法定要求的法律也包括大区法律。在形式法治原则的限制路径下，地方财政自主会非常有限，在税收立法方面甚至会缺失，而实质法治原则限制路径可以包容地方更大的财政自主，同时中央依然可以掌控大局，地方财政自主实际能享受的大小依然取决于中央。可以肯定的是，意大利实质法治原则限制路径为单一制国家实现地方财政自主法治化提供了一条具有重要参考价值的路径。

---

① Cfr. Matteo Di Bari, *L' autonomia economico-finanziaria degli enti locali*, in *Diritto*, il 16 gennaio 2018, disponibile nel sito seguente: https://www.diritto.it/l-autonomia-economico-finanziaria-degli-enti-locali-analisi-del-nuovo-dettato-dell-art-119-cost.

② See Albert Breton, Angela Fraschini, "Is Italy a federal or even a quasi-federal state?", POLIS Working Papers, 2016/234. March 2016: 1-26.

第七章　增值税法理

一、增值税课征属性与负税能力

（一）课征属性问题概述

关于增值税课征属性的表述，有将增值税视为一种对经营者在经营活动中创造的新增价值的课税，也有将增值税视为一种对消费的课税。事实上，上述两种表述分别遵循了法律和经济的角度，前者强调法律本身所规定的课征客体，后者强调税负由消费者承担这一经济结果。那么，增值税的课征属性到底应当如何理解？对此，还需要从量能课税谈起。

经济学家提出的关于公共费用分摊标准的税赋思想，主要有受益理论和量能课税理论。虽然受益理论在当今课税领域并没有完全失去应用性，即在一些特殊部门的课税依然可以用受益标准来解释，例如，旨在为新道路建设和维护筹集资金而对汽车使用课征的税，但主流的税赋思想已经被公认为是量能课税理论。对此，暂且不论许多公共服务的享受无法在公民之间进行量上的划分，以下一个简单的事实便可以提供有力的论据：现实中，低收入者享受更多的公共服务。不过，量能课税理论成为现代国家主流的税赋思想，面临着界定量能课税或公民体现的负税能力这一概念的困难，这是因为该概念的界定目的在于对任何课税都提供基于量能课税理论的正当理由，即将唯一的正当化标准引入到不同形式的课税之中。为此，需要扩大量能课税的范围，不能将负税能力的概念仅仅理解为与特定的所得或财产的可支配性相关的经济能力。因为这种理解太狭隘，不管是从经济的角度，还是从法律的视角，已无法涵盖所有不同和复杂的体现负税能力的现实。否则，像增值税这样的税种，就无法根据量能课税理论得到正当化。事实上，量能课税标准虽然是由经济学家创制，但创制的更像是一个空匣子，里面的内容还特别需要由法学家通过法学理论来明确界定。

事实上，关于增值税课征的属性，从法律的角度进行探讨，包括两项核心问题，其中第一项核心问题就是如何增值税中适用量能课税原则，换言之，如何识别据以课税的负税能力在增值税中的体现。从法律的角度对增值税课征属性进行探讨的第二项核心问题是如何在增值税法中识别、理解增值税的应税行为。该项问题与第一项核心问题直接相关，换言之，后者在很大程度上决定了前者，这是因为立法者规定的应税行为必须与负税能力的体现相关。由于意大利宪法第 53 条明确规定了量能课税原则，意大利在根据欧盟增值税第四号和第五号指令[①]引入增值税、[②] 制定本国执行法律时，就增值税是否符合量能课税原则、如何体现负税能力以及如何识别增值税应税行为等问题，意大利学界产生过激烈的争论并提出过许多不同的理论观点。其中，意大利上述执行法律是指 1972 年第 633 号共和国总统令，名为《增值税的开征和规范》,[③] 以下简称 1972 年增值税法。对此，意大利那不勒斯"菲里德里克二世"大学税法教授拉斐尔·佩罗内·卡帕诺（Raffaele Perrone Capano）在其 1977 年出版的《增值税》（*L' imposta sul valore aggiunto*, *Jovene*, 1977）一书中进行了专门梳理和评注。

（二）负税能力在增值税中的体现

1. 消费

从经济的角度，增值税是一种对消费的课税，即增值税税负通过转嫁由消费者承担。事实上，对消费的课税，存在很多不同的形式，除了增值税以外，还有其他不同形式的课税，例如，单一环节课征的销售税、多环

---

① See Fourth VAT Directive 71/401/EEC and Fifth VAT Directive 72/250/EEC.
② 意大利在 1973 年 1 月 1 日引入增值税并开始应用。
③ Cfr. Decreto del Presidente della Repubblica 26 ottobre 1972, n. 633-Istituzione e disciplina dell'imposta sul valore aggiunto.

节课征但没有抵扣的营业税等。由于不同的特征，这些消费的课税在贯彻量能课税原则方面并不总是呈现出统一性。为此，关于量能课税原则是否在增值税中得到遵循，首先需要审查消费是否体现作为经济能力的负税能力。对此，帕尔马大学税法教授、但不认同增值税的费德里科·马费佐尼（Federico Maffezzoni）认为，消费并不体现经济能力，而仅仅体现满足需求的必要性（necessità di soddisfare bisogni）。因此，根据该学者，建立在这样一项应税行为上的增值税是违背量能课税原则的：一项面对最终消费者的应税交易的完成。[1] 对马费佐尼教授提出的观点，可以从两个方面予以评价。其一，该观点事实上将税收债务的产生仅认定为一项面对最终消费者的应税交易的完成；不过，这显然与增值税多阶段课税特征不符合。因为一项面对非最终消费者的应税交易的完成也产生增值税的税收债务。其二，正如卡帕诺教授所认为的那样，如果没有限制条件，认为消费并不体现经济能力而仅仅体现满足需求的必要性，也是不能认同的。事实上，基本消费体现满足需求的必要性，因而一般是不征税的，除此以外，至少从经济的视角，其他消费的可支配性（disponibilità a consumare）体现出可征税的经济能力。[2]

2. 从最终消费者到增值税纳税人

关于增值税负税能力识别的问题，帕多瓦大学税法教授弗朗西斯科·莫斯凯蒂（Francesco Moschetti）提供了一种新的思路，即负税能力的识别不能关注于最终消费者，还要关注于增值税纳税人。对此，莫斯凯蒂教授首先认为对公共费用分摊的概念要宽于税收债务的概念。承担税负的主体分摊公共费用，即使并非是严格意义上的纳税义务人。在增值税中，多个主体在分摊公共费用，包括纳税人和最终消费者，其中，纳税人在自身的进项交易中承担的税属于临时的税负，因为其可以从自身的销项交易产生的税中扣除。但是，纳税人承担税负的临时性和最终消费者与国家在税收关系上的不相关性不能排除纳税人和最终消费者都在分摊公共费用，为此，

---

[1]　Cfr. F. Maffezzoni, *Nozione di valore aggiunto imponibile e profili costituzionali della relativa imposta*, in *Diritto e Pratica Tributaria*, 1970, parte I, p. 531, per cui cfr. R. P. Capano, *L'imposta sul valore aggiunto*, Jovene, 1977, p. 201.

[2]　Cfr. R. P. Capano, *L'imposta sul valore aggiunto*, Jovene, 1977, p. 202.

负税能力的识别不仅需要关注于最终消费者，也需要关注于纳税人。①

不过，莫斯凯蒂教授的观点存在商榷的地方，因为严格意义上，从经济的角度，纳税人承担的税负是临时的观点并不准确。因为暂时性的前提是纳税人可以且在大部分情形下是有义务把税负完全向前转嫁，而现实几乎不可能满足这一前提。此外，卡帕诺教授特别指出，包括在纳税人可以向最终消费者完全转嫁税负的情形下，有没有税的存在，对纳税人而言完全是不同的。在有税存在的情形下，纳税人在市场中提供商品或服务的价格提高了，而这显然会引起一些不可忽视的结果，即一些由于与税的介入相关的替代和收入效应而产生的结果，不管是从需求的角度还是从供给的角度而言。② 因此，纳税人实施一项应税交易而产生的税收债务是真正且完美的债务，直接与负税能力的体现相关，因为纳税人也体现了负税能力，这样，作为法律关系中的纳税人缴纳增值税并承担一部分税负。不过，需要强调的是，虽然建立在抵扣权和求偿义务③基础上的多阶段课征、税款分批课征的增值税制度，使得税的转嫁具体了法律上的意义，以确保税由最终消费者承担，但这一事实并不意味着只有消费才代表负税能力的体现，因为在间接税中，税的负担总是（至少）部分地转移给最终消费者。④

3. 整个经济链

那不勒斯"菲里德里克二世"大学税法教授安德里亚·阿马图奇（Andrea Amatucci）对增值税中的负税能力体现提出了另一种观点，他认为是整个经济链体现了负税能力，负税能力与所有的纳税人相关，在他们对整个增值"培养"的贡献范围内。因此，间接地，负税能力需要与每一个纳税人对增值所带来的贡献（通过自身的应税交易）相关联。每项单个应税交易的重要性体现在纵向意义上，因为它们在经济链之中，而该经济链条的终端是向最终消费者的商品转让或服务提供。该链条的最后一项交易代表了一项中止条件，即该条件一旦成就，与先前阶段应税交易的完成相关的

① Cfr. F. Moschetti, *Il principio della capacità contributiva*, CEDAM, 1973, p. 204, per cui cfr. R. P. Capano, *L' imposta sul valore aggiunto*, Jovene, 1977, pp. 215–216.
② Cfr. R. P. Capano, *L' imposta sul valore aggiunto*, Jovene, 1977, p. 217.
③ 关于意大利增值税法中规定的求偿义务及其对最终消费作为负税能力体现的影响，参见下文的分析。
④ Cfr. R. P. Capano, *L' imposta sul valore aggiunto*, Jovene, 1977, p. 218.

初步、临时的效果（税收债务）就变为最终的效果。[1]

根据上述观点，可以说阿马图奇教授对增值税征税方式进行了重构，不过，上述观点在有些问题上还存在模糊、不明之处。例如，考虑到法律规定实施免税交易的经营者不能抵扣进项税，如果相关商品和服务用于免税交易，就产生一个问题，即从负税能力的角度，以什么名义让经营者负担增值税。而阿马图奇教授认为，如果在经济链条中的一项或多项交易是免税的，考量产生税收债务的应税行为就需要独立于这些免税的情形。这样，为了避免一项最终性的税收债务在中止条件（向最终消费者的商品转让或服务提供）未成就时也发生，免税交易就不应纳入征税方式的纵向重构中，同时，如果经济链并不是以面对最终消费者而结束，从税收负担和负税能力的角度看，与先前阶段应税交易的完成相关的税收债务就变为从未发生。[2]

对此，卡帕诺教授认为，在一项应税经营活动中，如果利用了免税服务或产品，提供的产品或服务包含的不仅是与经营活动最后一个阶段相关的增值税，还包含了一部分不可抵扣的增值税，只有将免税交易也纳入征税方式的纵向重构中，上述情形才可以从负税能力的角度被正当化。此外，面对各种不同的交易，阿马图奇教授用（税款）临时的支付和（最终消费者）最终的"贫瘠"（depauperamento）这两个术语进行区别、讨论，前者针对纳税人之间的交易，后者针对纳税人跟最终消费者之间的交易，也存在不明确之处。加上税负转嫁效果的不确定性，事实上，在增值税中，通过求助税负归宿的经济现象来从法律的视角解释征税方式是很难的，而考虑到纳税人负担的税收债务的法律性质，用"贫瘠"这一术语来论理毫无意义。[3]

4. 与一项经营活动相联的经济能力

曾在博洛尼亚大学、罗马大学等多所高校任教的财政学教授埃内斯

---

[1]　Cfr. A. Amatucci, *L'ordinamento giuridico finanziario*, Jovene, 1977, p. 94, per cui cfr. R. P. Capano, *L'imposta sul valore aggiunto*, Jovene, 1977, p. 236.

[2]　Cfr. A. Amatucci, *L'ordinamento giuridico finanziario*, Jovene, 1977, pp. 88–89, per cui cfr. R. P. Capano, *L'imposta sul valore aggiunto*, Jovene, 1977, p. 236.

[3]　Cfr. R. P. Capano, *L'imposta sul valore aggiunto*, Jovene, 1977, p. 238.

托·达尔贝托以不同的视角论证了课征增值税所作用的负税能力。该学者认为，面对公共机构的贡献，在环境或市场创造方面，以至于商品、服务生产、流通和消费进程得以便利化，经营者即使没有取得净收入或获得净利润，从公共服务利用的角度，它们也体现出负税能力。这些经营者在购买者——消费者汇集的"市场"中从事活动，而它们所消耗公共服务，在数额上非常接近于商品、服务生产、销售的毛收入的数额。[1] 根据卡帕诺教授的解读，达尔贝托教授将受益原则与量能课税原则进行了相互补充，在一定程度上，也可以说将受益原则融于了量能课税原则之中，而相关的负税能力可以概括为与公共服务（有差异的）使用相关的经济能力。因此，根据这样一种负税能力，多阶段课征的增值税正当性可以得到有效论证，或者说，可以有效论证这样一种应税行为：与增值税税负向最终消费者转嫁是否实际发生无关。[2] 需要强调的是，如果经济条件允许增值税完全转嫁至最终消费阶段，那么，税的应税行为可以视为是消费，税在经济链的最后阶段在花费的时刻，即在购买商品、服务的时刻课征于最终消费者的收入之上，即课征于最终消费者的负税能力的推定体现之上。但是，即使在未将消费视为应税行为的情形，或者在税无法完全向前转嫁的情形，例如因为经济原因或立法者的明确选择，后者例如规定用于免税交易的商品或服务上的增值税不得抵扣，即在经济链所有阶段，根据达尔贝托教授所识别的负税能力，增值税也都可以课征。

曾在卡利亚里大学等多所高校任教的财政学教授切萨雷·科夏尼（Cesare Cosciani）进一步发展了达尔贝托教授的观点，用生产或交易中的每一项经营活动的增值价值代替假定的经营活动毛价值。该增加的价值是确定可划分的公共生产因素给每一项经营活动所带来的贡献的要素。私人生产因素的使用取决于经营者的选择，而公共生产因素因为没有市场价格，其对经营活动的贡献属于固定要素，同时公共生产因素的利用与私人生产因素的使用直接相关，随着后者的增加而增加。对扣除投资后的增值课征的税，构成了经营者的一项成本，该成本不仅等同于其他的生产因素，而且

---

[1] Cfr. E. D'Albergo, *Fondamento dell'imposta sugli introiti lordi*, in *Studi sull'imposizione sulle vendite*, diretti da C. Cosciani, Giuffrè, 1968, per cui cfr. R. P. Capano, *L'imposta sul valore aggiunto*, Jovene, 1977, p. 207.

[2] Cfr. R. P. Capano, *L'imposta sul valore aggiunto*, Jovene, 1977, p. 208.

与这些因素直接相关，即该成本随着经营增值的增加而增加。因此，对于在经营活动上分摊可划分的公共服务的一部分成本而言，增值税是一项好的标准。[①]

综上，上述两位财政学教授通过将量能课税原则与受益原则相补充（合并），或者更确切地说，通过对量能课税原则进行重构，即负税能力理解为与一项生产活动或交易相连的经济能力，可以认为已经对增值税课征提供了理论上的正当性论证，该负税能力直接与立法者抽象地识别出的应税行为相连。需要再次强调的是，这样一种可征税的负税能力体现的识别，对课征增值税的所有阶段都适用，同时不取决于增值税转嫁现象具体实现的方式。

5. 负税能力体现与增值税非消费税的属性

上述意大利学者关于增值税中负税能力体现的观点，虽然都存在不同程度上的不足，但总体而言在逐步完善。例如，从马费佐尼教授的观点到阿马图奇教授的观点，已经越来越接近下文所要归纳的观点。特别值得一提的是，达尔贝托教授和科夏尼教授的观点虽然提出的更早，但以受益原则为基础并融入于量能课税原则之中，对下文所要归纳的观点奠定了基础。当然，为使下文所要归纳的观点令人信服，财税法学者依然有必要从法律的角度对量能课税原则在增值税中的适用进行深入分析。事实上，关于增值税负税能力定位的大部分困难，源自大多数财税法学者所实施的将关于所得的负税能力的概念调换于增值税领域中的结果，而关于所得的负税能力的概念显然无法适应增值税负税能力的定位。可以确定的是，所得代表的仅仅是一种负税能力的（重要）体现。

（1）纳税人求偿义务与最终消费作为负税能力的体现

根据意大利1972年增值税法第18条第1款的规定，商品或服务销售方必须以求偿的名义将交易产生的增值税款记入顾客的借方，即从顾客的账户中获取资金，换言之，需要由顾客来偿还税款。基于该条款的规定，承担增值税税款缴纳义务的纳税人还需要履行一项所谓的求偿义务，即商品

[①] Cfr. C. Cosciani, *L'imposta sul valore aggiunto*, Roma, 1968, p. 120, per cui cfr. R. P. Capano, *L'imposta sul valore aggiunto*, Jovene, 1977, p. 209.

和服务的销售者有义务向购买者求偿他们向征税机关所缴纳的增值税，而当事人不能通过协议或约定来违背这一法律上的求偿义务。对于购买者而言，纳税人缴纳了应当由他承担的增值税，购买者应当随价款一并将该税款支付给纳税人，这也是购买者对这笔增值税实施抵扣的前提。因此，对于纳税人而言，求偿义务同时也是一项权利，该项权利即使没有像在意大利增值税法那样在法律中予以明确规定，事实上，也可以从民法中关于不当得利的原则中推论出来。① 那么在增值税中，纳税人的求偿义务对增值税中的负税能力识别是否有重要影响，具体而言，法律中这一求偿义务的存在是否有利于得出增值税中的负税能力是由最终消费来体现。

上述问题的答案关键在于判断求偿义务的存在是否可以促进税负的向前转嫁。对此，应当认为，税负转嫁明显是经济法则的结果，与任何意图促进转嫁的法律规则无关，增值税立法规定纳税人求偿义务主要目的并非是便利税负的向前转嫁。根据卡帕诺教授，求偿义务的规则很重要，但是是因为另一项相对而言并不足道的目的。如果一项对增值课征的税，例如增值税，增值的确定是建立在财务基础上，即建立在会计账目严格记录、保存的基础上，不是直接确定，规定纳税人求偿义务可以阻止承担缴税义务的主体的会计中出现缺漏。事实上，只有在这样一种最限制的意义上，法律规定的求偿义务才可以有效地实现和履行。② 不可否认的是，作为销售者，纳税人为吸收增值税的负担，可以向顾客降价，在这种情况下，原本由顾客负担的税额发生了转移，即由纳税人（的生产因素）负担，相应地纳税人也降低了自身的利润。此时，对顾客而言，虽然名义上的税额还是支付给了纳税人，但原本顾客是要支付更高的价款，结果似乎税并没有课征于购买行为之上。这里一个不能忽略的事实是，纳税人在任何情况下都应当开具发票、记载相关税额，与销售金额相对应，并由顾客来支付税额。如果不规定适用求偿义务，在纳税人的会计中和在作为非最终消费者的购买者的会计中都会出现缺漏。当然，此时纳税人可以顺利履行求偿义务，但此时求偿义务的完成，显然并不代表纳税人将税负向前转嫁给了顾客。

---

① 关于增值税中纳税人的这项求偿权，cfr. Franco Gallo, *Profili di una teoria dell'imposta sul valore aggiunto*, Roma. 1974, pp. 45–63.

② Cfr. R. P. Capano, *L'imposta sul valore aggiunto*, Jovene, 1977, pp. 226–227.

为此，科夏尼教授认为，增值税总是由使用作为生产因素的商品或服务的企业来承担，增值税不是一种对消费的课税，而是对中间生产因素的课税。[①] 据此，欧盟增值税征税机制特别规定的纳税人法律求偿义务，就像意大利增值税法中明确规定的那样，试图通过税负转嫁，无法促成在最终消费的销售环节中识别唯一的负税能力的体现。事实上，税负转嫁不取决于立法者的意图，也不取决于税款缴纳者的意图，例如法律上的纳税人，而是取决于市场的一般条件，但市场的一般条件可能允许转嫁，也可能不允许转嫁。

（2）每一项应税交易体现负税能力

总体而言，增值税是对消费的课税，但从法律方面而言，不能被归入为对消费的课税。这是因为虽然意大利 1972 年增值税法试图将税向最终消费者的转嫁法律化，通过在法律上规定由增值税纳税人负担的一项求偿义务，即向自己的顾客求偿税款的义务，但规范增值税的法律规则与消费现象并不相关。这样，面对多阶段课征、税扣税以确定应纳税额的增值税，负税能力传统的概念在解释课税正当性方面遇到了困难。而为了克服这一困难，关键是如何以完整的方式将企业实施生产、商业活动纳入到负税能力体现的范围中来。这样，问题可以进一步简化为如何从理论上论证企业实施具体经济内容的活动也要对公共费用进行分摊的正当性，即使在这些活动中并没有呈现出有关负税能力直接的评估因素，例如所得。对此，根据卡帕诺教授，一方面可以认为，上述经济活动在企业具体的实施中从（可划分的）公共服务的存在中享受到了利益，而这并不取决于企业是否盈利，亏损的企业在自身的生产、商业活动中也利用和纳入了一部分公共服务。另一方面可以认为，企业参与到公共费用分摊中的经济能力体现为增值的生产，一种间接体现的负税能力或有关负税能力间接的评估因素，而该经济能力无疑在特定的时期内企业未实现净收入的情形也存在。[②] 因此，每一项应税交易对应可征税的负税能力的体现，增值税可以作用于任何生产和商业活动。

---

① Cfr. C. Cosciani, *L'imposta sul valore aggiunto*, Roma, 1968, p. 120, per cui cfr. R. P. Capano, *L'imposta sul valore aggiunto*, Jovene, 1977, p. 209.

② Cfr. R. P. Capano, *L'imposta sul valore aggiunto*, Jovene, 1977, p. 203.

基于上述阐述，课征于厂商经营活动之上的增值税的正当性也可以从受益原则中找到理论基础。对此，科夏尼教授就认为受益原则也可以用于解释增值税。[①] 因此，这里需要进一步明确的一个问题是：能否单以受益原则对增值税进行理论上的正当化论证？事实上，根据卡帕诺教授，如果根据受益原则，增值税的正当性将来自纳税人使其特定的、体现出毫无疑问的经济能力的事实情势（situazioni di fatto[②]）参与到公共费用融资中的意愿，而该意愿取决于经济活动（相关事实情势）从由国家提供的不可划分的公共服务的存在中获取的受益或者这样的经济活动对社会所呈现的社会成本，这不足以合法化增值税的课征。而根据量能课税原则，立法者所规定的应税行为与经济能力的体现必须相关联，而应税行为具有规范性和稳定性的特征，这样，根据逻辑而非任意的标准，可以代表负税能力的间接体现，也就是可以置于课税。[③] 而这无疑也从法律的角度对负税能力概念做了更为深入的解释。因此，单靠受益原则无法提供增值税课征的正当性，需要用量能课税原则来补充。同时，可以明确的是，关于课征增值税在理论上的正当性，相比于根据每一项经营活动都对社会所呈现的社会成本或者根据受益原则，根据量能课税原则进行论证更合适。毕竟，在公共服务的享受中无法识别公共费用分摊的钥匙，受益原则不能解释所有形式的课税，其只能解释针对一些特殊部门的课税。

二、增值税应税行为

当一国对增值税立法，法学层面的讨论核心问题是如何识别增值税的应税行为，这也是关于增值税课征属性在法律角度下的第二项核心问题。当然，鉴于应税行为必须与负税能力的体现相关联，前文对于第一项核心

---

① Cfr. C. Cosciani, *Istituzioni di scienza delle finanze*, UTET, 1970, p. 342, per cui cfr. R. P. Capano, *L'imposta sul valore aggiunto*, Jovene, 1977, p. 206.

② 相对于法律情势而言，例如，为保护某一主体利益，法律赋予该主体的某项权利就属于该主体的法律情势。举例说明，当一个主体使用和处置某一特定的财产，无论是否存在一项法律情势，例如该主体是否对该财产具有所有权，即为事实情势。

③ Cfr. R. P. Capano, *L'imposta sul valore aggiunto*, Jovene, 1977, p. 206.

问题的阐述对第二项核心问题的解答具有重要的影响。此外，对第二项核心问题的解答，乃是基于对意大利现有增值税法中的相关制度、条文的解释。

（一）消费

如果认同负税能力是由最终消费者所体现，那么，增值税课征方式将按照以下内容被构建：以消费作为税的应税行为。该应税行为在法律层面上可以转变为面向最终消费者的交易的完成。对此，意大利多名学者给予了认同。

1. 产生主税收债务的面向最终消费者交易的完成

曾在博洛尼亚大学等多所高校任教的财政学和财政法教授安东尼奥·贝利里认为，增值税的应税行为是纳税人向非纳税人（最终消费者）进行的商品转让或服务提供等交易的完成，此时产生的税收债务是一种主税收债务。根据这一观点，增值税无疑属于对消费的课税。这样认定的原因有两个方面：一是欧盟增值税第四号和第五号指令文本的模糊性，未予以明确，二是从效果上来看，欧盟模式的多阶段对增值课征的税与单一阶段对消费课征的税极其相似。这样，关于与向最终消费者的交易不同的交易，作为纳税人的经营者所承担的税收债务，仅仅构成一种从债务（obbligazione accessoria），该债务的履行，使第三人获得一项源于抵扣的税的债权。此外，如果商品没有进入最终消费，那先前对经营活动的中间因素所征的增值税就没有依据，需要退还。[1]

不过，上述观点事实上是无法令人信服的。就像卡帕诺教授所指出的那样，从债务以存在主债务（obbligazione principale）为前提，从债务追从主债务，而贝利里教授认为从债务产生的时刻，主债务是否以及何时产生并不令人所知。同时，意大利增值税法也没有规定主交易和从交易，都是独立的交易。此外，上述观点是建立在作为增值税特征的恢复（recupero）效果基础之上。所谓恢复效果是指征税机关在获得增值税款方面的保障，根据该效果，不管在经营环节是否存在免税或逃税，进入最终消费的商品

---

[1]　Cfr. A. Berliri, *Appunti per una costruzione giuridica dell' IVA*, in *Giurisprudenza delle Imposte*, 1968, pp. 351 e ss, per cui cfr. R. P. Capano, *L' imposta sul valore aggiunto*, Jovene, 1977, p. 419.

上的增值税还是一样的，征税机关不会损失税款。但是，这种恢复效果不仅在进入最终消费形成主债务的情形存在，在经营活动中的每一项交易都产生独立不同的债务的情形也存在。因此，增值税的恢复效果对增值税应税行为的识别没有影响。[1]

2. 产生最终性税收债务的面向最终消费者交易的完成

那不勒斯第二大学税法教授曼利奥·因格罗索（Manlio Ingrosso）认为，税的征收取决于向最终消费者的商品转让和服务提供，此时产生的税收债务是一种最终性的税收债务。然而，与贝利里教授观点不同的是，产生于之前环节的税收债务不应当是从债务，而是初步的债务（obbligazione pre-liminare），相对于最终性的债务（obbligazione definitiva）而言。因此，不是单项商品转让或服务提供决定了增值税税收债务的产生，而是整个商品转让或服务提供。[2] 曼利奥·因格罗索教授的观点建立在经阿马图奇教授进一步阐述的整个经济链体现所有对总增值有贡献的主体的负税能力的观点基础上，将所有的税收债务置于一个统一的范畴内予以考量。

不过，曼利奥·因格罗索教授观点的问题在于没有将经济效果与法律效果相分离。卡帕诺教授特别指出，税的经济效果尽管能被税的法律构造所显著影响，但是它们在税的法律关系之外，对税收债务的产生没有影响。后者的基础总是也仅仅在于一项法律规则，其将税收债务的产生与应税行为的查实相关联。此外，对实施了严重违法行为的增值税纳税人，征税机关可以进行归纳查定，即使该纳税人未向最终消费者实施应税交易，此时，增值税纳税人所承担的税收债务可以说是最终性、具体实质意义的债务。[3]因为从法律的角度而言，如果不是针对实质性的税收关系的当事人，查定就没有正当性，而最终消费者显然在法律规定的税收关系之外。

3. 商品进入最终消费

曾在国际社会科学自由大学（又称罗马"LUISS"大学）等多所高校任

[1] Cfr. R. P. Capano, *L'imposta sul valore aggiunto*, Jovene, 1977, p. 419.
[2] Cfr. M. Ingrosso, *Le operazioni imponibili ai fini dell'IVA*, in *Diritto e Pratica Tributaria*, 1973, parte I, pp. 448 e 33, per cui cfr. R. P. Capano, *L'imposta sul valore aggiunto*, Jovene, 1977, pp. 430-431.
[3] Cfr. R. P. Capano, *L'imposta sul valore aggiunto*, Jovene, 1977, p. 431.

教的税法教授弗兰科·加洛（Franco Gallo）认为，增值税的正当性理由在于该税课征于商品进入最终消费（immissione al consumo dei beni），因此实质意义上的应税行为在税的分批和提前缴纳阶段是不存在的。换言之，在整个增值税应用的机制中，并不存在实质性的应税行为。在增值税应用机制下的应税交易仅仅属于这样一种意义上的应税行为：属于启动税的应用程序，用以确定各种程序和实体义务履行的开始时刻。增值税纳税人并不是体现负税能力的主体，而是通过实施应税交易成为相关法律情势（situazioni di diritto）① 的主体，例如承担提前支付部分税款的义务，获得一项相对于购买者（基于求偿）或国库（基于抵扣）的债权。此外，增值税纳税人负担的财产给付虽然属于意大利宪法第 23 条规定中课征的强制性财产给付，但是与税收债务的产生无关。②

　　针对上述观点，卡帕诺教授提出了异议。首先，课征的财产给付与税收债务不存在实质的差异。如果有的话，也是仅仅从经济的角度，即对于增值税纳税人而言，由于可以抵扣，课征的财产给付不具有最终性。不过，从法律的角度，相关当事人间的法律关系都是最终性的法律关系。其次，加洛教授认为商品进入最终消费才是增值税的实质性应税行为，据此，经营者仅仅暂时地提前缴纳税款，并没有负担税款。不过，增值税法规定了许多抵扣和求偿不能发生的情形，例如逃税和免税的情形，经营者需要负担税负。对此，加洛教授的解释是，在这些情形，增值税纳税人是一项独立的税收债务的承担者，此时，经营行为是一项立法者选择的体现负税能力的应税行为。加洛教授对增值税课征这样的一种法律重构，存在一项重大的限制，即无法对增值税应税行为进行统一的法律重构，因为在正常情形和逃税、免税等不正常情形，应税行为是不一样的，而增值税法只允许识别一个应税行为。③ 需要再次强调的是，尽管对抵扣权的限制并不是增值税理想方案所固有的，至少从理论上来言，但是有关抵扣权限制的例外情形不会影响对增值税应税行为的识别。

---

① 为保护其利益而赋予一主体的某项权利就属于人的主体法律情形。
② Cfr. F. Gallo, *Profili di una teoria dell' imposta sul valore aggiunto*, Roma. 1974, pp. 201-203.
③ Cfr. R. P. Capano, *L' imposta sul valore aggiunto*, Jovene, 1977, pp. 434-435.

4. 消费的财富

关于认同以消费作为增值税应税行为，还有必要介绍一下米兰大学税法教授詹弗兰科·加富里（Gianfranco Gaffuri）的观点。该学者认为，在经济财产中，需要区分作为生产（收益）来源的工具和非生产（收益）来源的工具，基于对经济关系和私人财产的保护，只有后者对应的财富才构成合法的课征基础。由于被消费的财富没有或已经失去了生产（收益）的特性，因此，对消费的课税总是符合量能课税原则，无须调查消费的财产的属性、使用范围和普及性，同时消费构成一项适合的应税行为。[①] 对于该观点，没有异议的是，至少从经济的角度看，对消费课税符合量能课税原则，但问题在于加富里教授说的消费课税是否也包括增值税。事实上，根据增值税立法在法律上的重构，增值税是对生产、交易活动中的增值课税。此外，正如卡帕诺教授所指出的，加富里教授追求形式主义的标准，而引入量能课税原则条款的意大利宪法的制定基于现实主义的导向，立法者在规定某一应税行为为负税能力的体现时，关于应税行为与负税能力之间是否存在因果关联，不仅需要进行数据调查，还需要进行逻辑调查。[②]

5. 面向最终消费者的交易之否定

综观上述四位意大利学者关于认同以消费作为增值税应税行为的观点，应当说，都仅仅是一种理论上的设想，一种建立在税的转嫁和税的归宿基础上的设想。但是，从法律的角度，增值税应税行为的规定不可能与最终消费者相关，这是因为关于税的转嫁现象和税的归宿现象，无法得出一个单一的或可以一般化适用的结论。为此，卡帕诺教授认为，如果增值税应税行为的识别取决于这样一项如此不确定的因素，应税行为的规定就属于任意、专断的规定，而这有违对纳税人的宪法保护。此外，如果认同增值税是建立在税可以完全转嫁、在最后阶段课征于可归为最终消费者的负税能力的体现的基础上，那么，增值税就应当体现一般化的特征，适用统一

---

① Cfr. G. Gaffuri, *L'attitudine alla contribuzione*, Giuffrè, 1969, p. 191, per cui cfr. R. P. Capano, *L'imposta sul valore aggiunto*, Jovene, 1977, p. 222.

② Cfr. R. P. Capano, *L'imposta sul valore aggiunto*, Jovene, 1977, p. 223.

税率，直到零售环节。而现实的规则是，增值税是选择性的，即不同的行业可能适用不同的税率，一些行业也可能享受免税待遇。在这样的情形，事实上，基于显著的替代效应和收入效应，在消费层面意图执行的差别（课税）影响会追溯到（至少部分）生产层面，即在生产上也随之进行区别，这从涉及最终消费者的负税能力的视角而言，是没有正当理由的。①

为此，认为增值税应税行为为向最终消费者的销售行为的观点的信服力实质性地减弱了。事实上，按照这一观点，增值税将被设计为单一阶段的税，这种方案会复杂化和加重税收征管，引起的逃税风险也会很大。而欧盟增值税所采用的方案，即多阶段课征、适用不同税率的增值税，代表了销售税中的最理想的妥协方案。需要强调的是，关于增值税应税行为的识别，正常情况下，消费仅仅代表一种间接和可能的负税能力体现的因素，而意大利立法者所认可的负税能力体现的因素是每一项生产或交易活动。这样的负税能力体现的因素可以对多阶段课征的增值税提供理论上的正当理由，无须调查研究税转嫁现象具体实现的方式。而卡帕诺教授也特别指出，如果增值税建立在由最终消费者体现的负税能力的基础上，增值税在经济方面与法律方面的内容就无法明确地区分开来；立法者所设计的税的规则虽然可能有利于税的转嫁，但不管怎么样，税的转嫁属于不易从法律的角度予以确定的经济规则；此外，在任何情况下，都应当是法律上的纳税人体现与应税行为相连的负税能力，而不是事实上的纳税人或负税人。②因此，从增值税的法律结构而言，即对增值的多阶段的课税，是不能认定增值税为消费的课税。

（二）每一项应税交易的完成

1. 作为增值税的应税行为

基于上述第一部分的阐述，可以肯定的是，虽然从经济的角度看，增值税很大程度上是一种课征于消费的税，但从法律的角度，需要否定其在应税行为识别方面绝对性的作用。所以，认为只有面对最终消费者的应税

---

① Cfr. R. P. Capano, *L' imposta sul valore aggiunto*, Jovene, 1977, p. 212.

② Cfr. R. P. Capano, *L' imposta sul valore aggiunto*, Jovene, 1977, p. 214.

交易的完成是增值税应税行为的观点，是源于将税的经济效果和法律效果混同。因此，从法律的角度，最终消费不是增值税的应税行为，增值税直接的功能不是对消费课征。对此，曾在罗马大学担任税法教授的吉安·安东尼奥·米歇利（Gian Antonio Micheli）认为增值税是一种有关消费的税（imposta afferente ai consumi），不是消费的税（imposta di consumi），因为法律并没有将消费视为应税行为的规范因素。① 增值税的客体不是消费，或者说不仅仅是消费，而是来自具有经济内容的经营活动的财富的每一次流动，正是这项经济内容，被意大利立法者视为是负税能力的体现。而卡帕诺教授也认同这样的观点：作为法律效果的税的"打击"（percussione），即因应用某一税收而向纳税人（被"打击"的主体）的征收，更胜于作为经济效果的税的归宿，因此，增值税总是由使用可征税商品和服务的企业来承担税负。② 这样可以进一步认为，由于增值税应税交易表现为商品或服务销售行为，而税基即为销售额，增值税可以说是对销售的课税。

不过，上述应税行为的认定似乎无法解释意大利 1972 年增值税法第 21 条的规定。该条规定，在对未存在的交易开具发票或发票上记载的交易额大于实际的交易额的情形，纳税人的税款缴纳义务也存在。事实上，第 21 条的功能是使（在发票中证明的）外观优于经济现实，这一功能在税法中也是经常被应用，目的是为了保护文件或发票的可信任性，同时也是为了增值的确定方式能够正确运行，即基于财务基础、通过税抵扣税的确定方式。此外，需要注意的是，第 21 条是应用于具有欺诈因素的不正常情形，在其他情形，发票中的错误是可以进行修正的。③

还需要说明的是，意大利增值税法中的求偿义务和与求偿义务紧密相关的发票开具（对每一项应税交易）是否对这里所实施的对增值税应税行为的识别有影响？就像前文已经分析的那样，求偿义务的功能应当尽可能进行限缩的解释，而这里需要指出的是，求偿义务和发票开具的主要功能是创造一个持续关联，针对所有的应税交易，它们属于程序规则，旨在确

---

① Cfr. G. A. Micheli, *L'IVA: dalle direttive comunitarie al decreto delegato*, in *Riv. dir. Finanz.*, 1973, parte I, pp. 433 e ss, per cui cfr. R. P. Capano, *L'imposta sul valore aggiunto*, Jovene, 1977, p. 414.

② Cfr. R. P. Capano, *L'imposta sul valore aggiunto*, Jovene, 1977, p. 415.

③ 关于意大利对发票错误开具的处理及其对抵扣权行使的影响，参见翁武耀：《论增值税抵扣权的行使——基于中欧增值税法的比较研究》，《国际商务》2015 年第 5 期。

保在多阶段课征的税的正确运行，对增值税应税行为这一实体性内容的识别没有影响。此外，卡帕诺教授还指出，不同于上述针对一国内部市场中的交易的增值税征收方式，针对进口环节的增值税征收方式——对每一项交易进行查定、清算和征收，在确定进口商品增值方面简单、快速许多，但也证明了单个应税行为产生一项独立的税收债务，同时，无论是在进口环节，还是在内部市场中，增值税的应税行为都应当是同一的。[①] 事实上，根据欧盟 2006 年增值税指令第 2 条和意大利 1972 年增值税法第 1 条的规定，欧盟增值税的应税行为就是这里所认定的经营者实施的每一项应税交易的完成。

2. 独立而不同的税收债务的产生

增值税对经营者而言是一种成本，在税负转嫁的范围内影响着价格，但这并不能得出，由于纳税人因为转嫁而没有受到增值税的侵蚀，就没有产生由该主体负担的税收债务。虽然纳税人缴纳增值税在一定程度上总是暂时的，这与增值基于财务基础确定、税款分批缴纳相关，同时纳税人具有抵扣权和求偿权，但这些并不足以说明应税行为是商品进入消费。而从现有的增值税立法审视，包括欧盟增值税指令、意大利增值税法，即从严格的法律层面而言，通向最终消费者因素从没有被法律所考虑。此外，如果增值税对纳税人而言不是一种税收性质的负担，那么有税或无税就不应当影响价格，也不应当存在有些纳税人诚实纳税、有些纳税人则实施逃税的情况，其中，法律对后者还规定纳税人要受到处罚。

税的经济效果是独立的，并不影响税的法律效果。因此，增值税的客体是每一项经营活动的增值，从法律角度看，即不管是否转嫁税负，对于经营者而言，每一项应税交易的完成都产生一项真正和独立的税收债务。此外，有以下事实更进一步证明了这一点：其一，不管是在欧盟增值税指令，还是在意大利增值税法，商品进口也产生独立的增值税税收债务，而法律将商品进口这一客观事实与增值税的缴纳相联结，无论进口的商品是否进入消费；其二，在逃税的情形，税款应当由商品或服务销售者缴纳，意大利 1972 年增值税法第 60 条还规定销售者不能行使求偿权利。对此，卡

---

① Cfr. R. P. Capano, *L' imposta sul valore aggiunto*, Jovene, 1977, p. 428.

帕诺教授认为，法律禁止求偿并不是一种处罚，因为逃税割裂了不同的交易阶段间的关联，而该关联存在于增值税通过抵扣和求偿实现的征收程序之中，同时需要征收所逃的税款。[①] 此时增值税的产生无疑与经营者向最终消费者进行的交易的完成无关，也就证明了单个应税交易导致不同、各自独立的税收债务的产生。此外，在购买方不能履行债务或破产的情形，增值税还是需要由商品或服务销售者缴纳。因此，如果将增值税的应税行为认定为经营者实施的每一项应税交易的完成，通过多阶段征收增值税和不同的主体来缴纳税款，可以分摊无力偿付或逃税的风险。

最后，关于增值税应税行为的理解，还需要补充周期考量的意义。罗马大学税法教授奥古斯托·凡托齐（Augusto Fantozzi）认为，增值税应税行为是一个复杂的事实，由纳税人在计税周期（例如一个月或一个季度）中实施的进项和销项应税交易的总和所构成，纳税人根据总的销项税与进项税的差额纳税。为此，该学者将这样的增值税定性为所得类型的增值税，接近于直接税。[②] 这一观点，显然也无法认同，否则对增值税应税行为也无法进行统一的认定，例如进口增值税的应税行为是每一项商品进口，不是按周期来课税。当然，正如卡帕诺教授所指出的，不能否认增值税中需要有计税周期的考量，但这种考量仅仅是为了促使抵扣和求偿机制具有可操作性，而税收债务在每一项应税交易完成的时候瞬间就产生了。[③] 这样，计税周期的考量从税收查定的角度是有意义的，但是从应税行为的识别角度没有意义。据此，每一项应税交易的完成产生一项税收债务，这些税收债务彼此独立而不同，同时税收债务的产生无须考量计税周期，增值税属于瞬间税。

三、增值税抵扣权

抵扣作为增值税的一项核心制度，相应地，抵扣权是增值税纳税人的

[①] Cfr. R. P. Capano, *L'imposta sul valore aggiunto*, Jovene, 1977, p. 425.

[②] Cfr. A. Fantozzi, *Profili giuridici dell' imposta sul valore aggiunto*, in *Rassegna Parlamentare*, n. 3/4, 1972, pp. 175 e ss, per cui cfr. R. P. Capano, *L'imposta sul valore aggiunto*, Jovene, 1977, p. 440.

[③] Cfr. R. P. Capano, *L'imposta sul valore aggiunto*, Jovene, 1977, p. 440.

一项核心权利，围绕它的立法应当成为整个增值税立法的核心。在欧盟，作为欧盟增值税的基本法规，2006 年指令关于抵扣的第五章就使用了"抵扣权"（right of deduction）的概念。在执行欧盟指令的成员国增值税国内法方面，意大利在其 1972 年增值税法第 19 条关于抵扣的规定中使用了"抵扣权"（diritto alla detrazione）的概念。

（一）抵扣权的产生

根据欧盟 2006 年指令第 167 条的规定，意大利 1972 年增值税法第 19 条第 1 款规定了关于购买或进口的商品和服务的税的抵扣权在税需要征收的时候产生。不过需要指出的是，在最初，意大利立法者并没有采用欧盟指令中"可征收性"这个概念，而是采用了"交易实施的时刻"这个概念。根据 1972 年增值税法第 6 条的规定，税在交易被认为已经实施的时候变得可征收。税的可征收性与交易实施在发生时间上还是一致的，都表明纳税义务的产生时刻。该第 6 条还就交易在什么时候被认为已经实施进行了规定，这里就其一般规则作一下简单说明：对于不动产转让，以签署协议的时刻为交易已经实施的时刻；对于动产转让，以交付或运送的时刻为交易已经实施的时刻。但是，如果所有权转移的时间发生在这些时刻之后，以实际发生转移的时刻为交易已经实施的时刻，然而对于动产，无论怎么样，不超过交付或运送之后的一年；对于服务提供，总的规则是以对价支付的时刻为交易已经实施的时刻。至于对于非基于企业经营目的消费的服务提供，以服务提供完成的时刻为交易已经实施的时刻，或者如果这些服务提供是持续性的或周期性的，以服务提供时的下一月为交易已经实施的时刻。不管怎么样，之前已经全部或部分支付对价的或已经先开发票的，以支付对价或开发票的时刻为交易已经实施的时刻。

这样，根据意大利增值税法上述关于抵扣权产生的规定，国库利益和纳税人利益都得到了保障，可以避免各自承担税款预融资的成本，如果规定抵扣权产生早于或晚于纳税义务产生的话。其中，由于以商品或服务的提供得到履行或者说交易实施完成为纳税义务产生的时间，例如只要商品的所有权发生转移，无论是否实际收到款项都应计征税款，体现了权责发生制。此外，对于纳税人而言，也意味着无须等到其所购买的商品或服务被实际地使用、在这之前就可以进行进项税的抵扣了，这样也体现了欧盟以及意大利增值税立即抵扣的要求。当然，如果事后所购买的商品或服务实际在企业征税业务中的使用出现偏差，可以通过抵扣调整的规则予以纠正。这样，纳税人被更好地免于承担税负，即使是现金流方面的负担。这些都体现出对增值税中性原则的有力贯彻。

（二）抵扣权的范围

抵扣权的范围乃是为确定可抵扣的进项税。关于这一点，比较明确的是，购买的商品和服务只有被用于应税交易，或者说只有基于应税交易目的的使用，购买的商品和服务上被征收的进项税才可以被抵扣。换言之，可以抵扣的进项税的量与在应税交易的使用成正比。事实上，当商品或服务基于应税交易目的而使用，可抵扣的税款应当是在购买商品或服务时所承担的所有的税款，体现为增值税抵扣完整性特点。[1] 而购买的商品和服务被用以不产生销项税的免税交易或不征税交易时，相关的进项税就全部不能被抵扣，[2] 这一抵扣权的限制乃是为保障税收中性、公平竞争以及财政收入的必然措施。[3] 基于税收中性原则和简化适用的目的，抵扣权应当在商品或服务购买完成的时候或者说在进项税纳税义务产生的时候产生，纳税人无须等到购买的商品或服务被实际使用的时候才行使，这也就是所谓增值税的立即抵扣原则。不过，在抵扣权产生时，购买的商品和服务到底最终会以什么目的而使用事实上是不确定的，纳税人可能会将购买的商品和服务从原来的基于应税交易目的的使用转变为基于免税交易的使用，或者相反。此外，还存在实际未使用的情况。因此，抵扣调整便不可避免，而由于抵扣调整的存在，之前基于立即抵扣原则的抵扣，就被称为是初始抵扣。因此，对于进项税抵扣的必要条件的理解，即基于应税交易目的的使用，必须建立在立即抵扣和初始抵扣的基础上。

---

[1] Cfr. Salvini Livia, *La detrazione IVA nella sesta direttiva e nell' ordinamento interno: principi generali*, in *Rivista di Diritto Tributario*, n. 1, 1998, pp. 135-145.

[2] See ECJ's judgment of 30 March 2006 (Case C-184/04).

[3] 在经营者实施免税交易时，由于没有销项税，进项税再被抵扣，就有违公平以及会对财政收入造成损失，而在经营者实施不征税交易时，事实上此时该经营者成为了最终消费者的情形，进项税再被抵扣，有违本意为确保经济活动中的税收中性的原则。

1. 相关性原则与立即抵扣

　　显而易见的是，基于应税交易目的的使用并不是指购买的商品或服务实际地被用于应税交易中。相反，对它的认定是建立在商品或服务购买之时对商品或服务在未来应税交易中使用的合理评估之上的。因此，问题就在于满足什么样的条件就可以成立这样一种合理评估、进而可以立即抵扣相关的进项税？意大利税法根据所得税法中的关于成本费用扣除的相关性原则（principio d'inerenza）对这一问题进行了解释。[①] 尽管意大利在其1972 年增值税法里没有明确地规定相关性原则，但是通过相关条款的解读可以推断出它。1972 年增值税法第 19 条第 1 款规定，纳税人可以从销项税的总额中抵扣已经由或者应当由它承担的、在经营活动中实施的进口或购买的商品和服务上征收的增值税税款总额。根据该条规定可以推断出，作为进项税抵扣的必要条件在于商品或服务的购买或商品进口是基于纳税人实施经营活动的需要，换言之，商品或服务的购买对于经营活动的实施是必要的，或者说，无论如何，是有关的，相关的进项税才可以抵扣。[②] 当然，这里的经营活动必须是应税交易的活动。这样，相关性原则就表现为商品或服务的购买与纳税人实施的应税交易存在一项关联时，进项税就可以抵扣，并不要求购买的商品或服务被实际使用。相对应，认定这种关联的存在仅要求商品或服务在征税经营活动中具有通常的可使用性即可。需要特别指出的是，对于这种关联，作为欧盟 2006 年指令解释者的欧洲法院从因果关系的角度进行了解释，认为当包括增值税在内的进项成本与征税销项交易之间存在这样一种因果关系，就表明这项成本与销项交易有关，进项税就可以抵扣：纳税人在事前承受进项成本，是为了事后能够获得作为征税税基的经济收益。[③] 而这一点，可以说与所得税法关于成本费用扣除的（与企业生产经营活动）相关性原则是一致的。因此，可以将基于应税

---

① 关于增值税抵扣与相关性原则，cfr. Marco Greggi, *Il ruolo d'inerenza e le eagioni della detraibilità dell'imposta*, in AA. VV., *Lo stato della fiscalità dell'Unione europea*, a cura di Adriano Di Pietro, Roma, 2003, I, pp. 377–434。

② Cfr. Antonio Paladino, *Inerenza all'esercizio d'impresa e detraibilità IVA : orientamenti giurisprudenziali*, in *Altalex*, il 6 dicembre 2002, disponibile nel seguente sito : https://www.altalex.com/documents/news/2002/12/09/inerenza-all-esercizio-d-impresa-e-detraibilita-iva-orientamenti-giurisprudenziali.

③ See ECJ's judgment of 8 June 2000 (Case C-98/98).

交易目的的使用理解为基于应税交易目的的购买，满足这一条件，相关进项税的抵扣权就应当被赋予纳税人，即使他们是在过去执行这些应税交易，① 或者由于外部的情况变化，他们不能够按照原计划的应税交易来实际使用那些进项交易购买的商品或服务。② 总之，相关性原则的解释，贯彻了增值税立即抵扣的特征，也说明了立即抵扣是建立在关于商品或服务会使用于应税交易的合理预期的基础上，从而可以尽可能消除纳税人在实施经济活动中的增值税负担，实现税收中性原则。

2. 直接可归属标准与立即抵扣的修正

当基于合理预期确定购买的商品或服务与应税交易存在关联时，进项税就可以抵扣，不管商品或服务的实际使用。那么，反过来，如果确定购买的商品或服务是与免税交易或不征税交易存在关联时，情况又应该如何？事实上，对于纳税人而言，尤其对实施混合交易的纳税人而言，即同时从事应税交易和免税交易，甚至还实施不征税交易，进项税的立即抵扣并非是绝对，而是需要进行一定修正。根据意大利 1972 年增值税法中的直接可归属标准（criterio di riferibilità diretta），当购买的商品或服务直接可归属于免税或不征税交易时，即具有确定的去向，通常基于会计上的分开核算，相关进项税的抵扣权在一开始就被排除了，而没有必要一直等到查实商品或服务实际使用的时刻。③ 换言之，购买的商品或服务直接用于非应税、免税交易或活动的，不产生进项税抵扣权。因此，在纳税人实施混合交易的情形，为排除抵扣权而对基于免税或不征税交易目的的使用进行理解时，需要结合相关性原则和直接可归属标准，查明分别与应税交易、免税交易或不征税交易相关联的商品或服务购买。当然，如果在纳税人实施混合交易的情形，无法将对购买的商品或服务直接归属于某项特定的应税交易、免税交易或不征税交易时，就需要根据（预）比例抵扣规则来行使相应的抵扣权。

---

① See ECJ's judgment of 3 March 2005 (Case C-32/03).

② See ECJ's judgment of 15 January 1998 (Case C-37/95).

③ Cfr. Enrico Fazzuni, *Il diritto di detrazione nel tribute sul valore aggiunto*, CEDAM, 2000, p. 74.

(三) 抵扣权的行使

根据欧盟 2006 年指令第 168 条 (a) 项的规定,作为抵扣权的客体,进项税是指纳税人就另外一个纳税人向其实施或将要实施的商品或服务提供而应当支付或已经支付的增值税。因此,为了行使抵扣权,当纳税人就这一增值税有义务支付时就足以。而这一时刻的成就,最终需要通过开具发票记载相关税额来实现。相应地,欧盟 2006 年指令第 178 条 (a) 项进一步规定,为了行使抵扣权,纳税人必须拥有相应的发票。这样,发票(包括纸质和电子发票[1])的拥有就成为纳税人行使抵扣权的一项必要条件,纳税人可以抵扣的增值税税额也只能是发票中记载的。而在意大利 1972 年增值税法中,虽然没有明确规定为了行使抵扣权必须拥有发票,但是在第 25 条规定了纳税人行使抵扣权必须将发票先行登记,据此仍然可以推断出这一必要条件。

1. 抵扣权行使的形式条件

抵扣权的行使必须拥有作为文件要素之发票。尽管这是程序方面的形式条件,但与抵扣权的产生和范围所确定的实体性条件一样,对于纳税人行使抵扣权而言都至关重要。事实上,购买商品或接受服务的纳税人从销售方取得了发票,就可以行使抵扣权。这样,抵扣权的行使,一方面不以纳税人向销售方预先支付(通常随价款)税款为必要,即使事后没有支付给销售方;另一方面也不以纳税人从销售方取得商品或接受服务为必要,即不以交易实施为必要。这与发票除了具有抵扣凭证的功能外还是征税机关管控税源的工具有关,因为发票的开具对于销售方而言,也意味着其向征税机关缴纳税款义务的产生。不过,这样的规定也再一次确认了增值税抵扣所应具有的立即性特征,以确保纳税人连现金流方面的不利益都不需要承担。[2]

---

① 为应对电子商务的迅猛发展,欧盟在 2010 年 7 月 13 日出台了所谓增值税发票第二指令 (Council Directive 2010/45/EU),对欧盟 2006 年指令中关于发票的条款进行了修改,明确定义了电子发票,并要求成员国同等对待电子发票与纸质发票。该指令于 2013 年 1 月 1 日起生效。
② 为确保抵扣的立即性,一方面抵扣权应当在可抵扣增值税纳税义务产生的时刻产生,另一方面纳税人无须等到购买的商品或服务被实际使用于应税交易的时候才确认为可抵扣地增值税并行使抵扣权。

那么，拥有发票对于抵扣权行使而言，是否就是绝对的？仅仅基于发票的拥有就可以认定抵扣是合法的吗？当然，答案是否定的。原因在于发票的拥有虽然是必要条件，但仅仅是形式条件，而非实质条件，其需要受到来自抵扣合法性实质方面的限制：用文件证明的、在发票中记载的交易真实存在，同时该交易是应税交易。此外，在满足上述两项限制条件的情形下，但发票中记载的税额大于实际应当支付的，抵扣合法性实质方面的限制还包括税额已经实际支付。[1]

2. 抵扣权行使的限制

根据抵扣权行使的实质条件，对于拥有发票而行使抵扣权的合法性限制主要来源于交易不存在下的发票开具，通常被称为虚开发票。意大利最高法院在 2013 年的一项判决中再次强调，仅是发票开具（即使记载合规）并不能证明交易的真实性，纳税人不能仅仅因为交易在发票中记载这一事实而可以行使增值税抵扣权和所得税成本费用扣除权，纳税人需要证明相关交易的实际存在。[2] 因此，毫无疑问的是，如果开具发票对应的交易不存在，纳税人不得对发票中记载的税额进行抵扣，即抵扣权被排除。而不存在的交易首先存在于发票中记载的交易从未发生或部分发生的情形，这属于客体的不存在交易，其次还存在于交易在不同于发票中记载的主体之间发生的情形，这属于主体的不存在交易。此外，虽然交易完成、商品纳入到受票方企业的财产管理中，但交易中的一方或双方是不真实的纸上公司，也属于主体的不存在交易。这样，需要特别强调的是，不存在交易不仅存在于发票中记载的交易完全缺失的情形，还包括任何在交易现实与它在发票中记载的事项之间存在偏差的情形。不管是哪种情形，开具的发票都属于虚开发票，具有处罚性。此外，根据意大利 1972 年增值税法第 21 条第 6款的规定，虽然发票中记载的税款不能被抵扣，但还需要缴纳给征税机关，从某种程度这也体现为对非法行为的处罚。[3]

---

[1] Cfr. Enrico Fazzuni, *Il diritto di detrazione nel tribute sul valore aggiunto*, CEDAM, 2000, p. 41.

[2] Cfr. la sentenza della Corte di Cassazione del 15 ottobre 2013, n. 23325.

[3] Cfr. Valerio Giuliani, *Fatture a società inesistenti. La buona fede va provata*, in *FiscoOggi*, il 16 novembre 2011, disponibile nel seguente sito: https://www.fiscooggi.it/rubrica/giurisprudenza/articolo/fatture-societa-inesistenti-buona-fede-va-provata.

第八章 非法收益的课税

一、非法收益可税性的确立

(一) 可税性争议与立法引入

非法收益，即源于非法活动而产生的收益。在意大利很长一段时间里，不管是司法判例还是学说理论，对于非法收益是否应当课税这个问题曾进行了持久的探讨和争论。其中，反对征税的代表性理由有以下三个方面：(1) 税是享受国家提供的公共服务的对价，也可以说是享受社会保护的对价，这样，对来自不受政府保护、被法律所否定的非法活动的收益征税，存在矛盾；(2) 如果对来自犯罪等非法活动的收益征税，会被认为在这些非法活动中，存在的是纳税人而不是犯罪分子或违法分子，税法就被置于伦理之外，甚至令人认为征税将意味着国家认可了犯罪等非法活动以及合法化违法分子取得的非法收益；[1] (3) 除了征税以外，还有其他手段可以阻止罪犯等主体从非法活动中取得经济利益，例如损害赔偿、归还等措施，尤其是对犯罪等违法行为的收益的没收，这样，一个事项不能同时产生纳税和复原两项义务。[2] 对此，主张征税的代表性理由认为：(1) 不对非法收益征税会导致不公平，即相关主体既获得了取得非法收益的好处，又获得

---

[1] Cfr. Domenico Irollo, *La tassazione dei proventi dell'illecito nell'esegesi del disposto di cui all'art.* 14, *comma* 4, *legge n.* 537/1993, in *Rivista di Diritto Tributario*, n. 1, 2001, pp. 33-34.

[2] Cfr. Antonio Karabatsos, *La tassazione dei proventi illeciti*, in *FiscoOggi*, il 15 aprile 2005, disponibile nel seguente sito: https://www.fiscooggi.it/rubrica/attualita/articolo/tassazione-dei-proventi-illeciti-1.

了不缴纳税款的好处，这样，会增加对从事非法活动取得非法收益的激励；（2）从伦理或道德本身来决定是否应当征税是徒劳的，国家立法实践有时遵循的是实用主义，国家可以做它想做的事，只要遵守特定的形式技术，例如，国家管理射幸游戏（博彩）并从中牟利，又如，在处罚私人卖淫活动的同时又管理妓院；① （3）所得税的应税行为就是所得的拥有，而所得是一项经济上的概念，与来源无关，而对来源于非法活动的收益不征税，会违反意大利宪法第 3 条规定的平等原则和第 53 条规定的量能课税原则。②

最终，非法收益的可税性得到了更为普遍的认同，并在 1993 年得到了立法上的明确肯定。在 1993 年 12 月 24 日，意大利颁布了名为《公共财政纠正措施》的第 537 号法律，③ 在该法第 14 条第 4 款（以下简称"第 14 条"）中确认了对非法收益进行征税的原则，确立了收入合法与否对于征税的非相关性原则。当然，第 14 条的规定也吸收了一些反对对非法收益征税的意见，例如，纳税和复原两项义务不能同时产生。第 14 条规定如下："在通过 1986 年 12 月 22 日第 917 号共同体总统令批准的关于所得税的单一文本第 6 条第 1 款中规定的所得类型，应当理解为包括那些来自被判定为是民事、刑事或行政非法的事实、行为和活动的收益，如果这些收益还没有被刑事扣押、没收。参考每一种所得类型的规定来确定这些相关的所得。"同时，1994 年意大利中央财税主管部门通过颁布第 150/E 号通告强调这一规定具有溯及既往的效力，④ 因为它规定的是一项已经根植于意大利法律体制中的原则。⑤ 此外，意大利在 2006 年颁布了第 223 号法律令，名为《关于经济和社会复兴、压缩和合理化公共开支以及收入取得和打击逃税的紧急条款》，⑥ 其中第 36 条第 34 款附加第 1 款（即第 34 款之一）对第 14 条作了解释，规定："背离纳税人权利宪章第 3 条（关于溯及既往禁止）的规

---

① Cfr. Domenico Irollo, *La tassazione dei proventi dell'illecito nell'esegesi del disposto di cui all'art. 14, comma 4, legge n. 537/1993*, in *Rivista di Diritto Tributario*, n. 1, 2001, pp. 35-36.

② Cfr. Giovambattista Palumbo, *Tassazione più che legittima per i proventi illeciti*, in *FiscoOggi*, il 27 novembre 2007, disponibile nel seguente sito: https: //www. fiscooggi. it/print/pdf/node/47641.

③ Cfr. Legge 24 dicembre 1993, n. 537-Interventi correttivi di finanza pubblica.

④ Cfr. Circolare n. 150/E del 1994 del Ministero delle Finanze n. 150/E.

⑤ Cfr. Giovambattista Palumbo, *Tassazione più che legittima per i proventi illeciti*, in *FiscoOggi*, il 27 novembre 2007.

⑥ Cfr. Decreto-legge 4 luglio 2006, n. 223-Disposizioni urgenti per il rilancio economico e sociale, per il contenimento e la razionalizzazione della spesa pubblica, nonché interventi in materia di entrate e di contrasto all'evasione fiscale.

定，1993 年第 537 号法律第 14 条第 4 款的规定应当作如下解释：当非法收益不能归入到关于所得税的单一文本第 6 条第 1 款中规定的所得类型时，该非法收益就应当被视为是其他所得。"正如该条款明确指出的，这一修改内容也具有溯及既往的效力。上述 2006 年第 223 号法律令已经转变为 2006 年第 248 号法律。① 这一修改对打击逃税以及意大利当时严重的贿赂现象产生了重要的积极影响。不过，在意大利，虽然立法者已经确立非法收益可征税性的原则，但在实践应用中，还是留给了解释者许多如何来具体应用的问题，而这些问题如果无法得到正确的解决，该规则是无法在实践中得到有效应用的。因此，为更好地理解第 14 条关于非法收益征税条款的具体应用，有必要阐释意大利税法学说理论对于该条的解读和评析。

（二）立法的适用范围

1. 不相关性原则

第 14 条所确立的非法收益可税性蕴含了不相关性原则，事实上具有两层含义：第一层含义即指对收益进行征税，不与该收益的合法或非法的性质相关，这也是从第 14 条本身的规定所必然推论出来的，表明立法者追求一个以经济性因素为主的所得的概念；第二层含义是指对于非法行为，不区分是民事的非法行为还是行政的、刑事的非法行为，即对于非法行为以统一的路径来处理。其中，第二层含义的不相关性原则，即对于民事、行政和刑事非法行为同等一致处理的原则，是第 14 条所明确规定的，尽管意大利对这种统一路径处理方式也有过不同的意见。事实上，采取统一路径的优点在于避免了对各种不同形式的非法活动类型进行识别的问题。考虑到相关非法行为界限的模糊性，例如，民事和刑事非法的界限并非总是那么明确、清晰，在实践中常出现两者混合的情形，如偷窃，如果不采取统一的路径，会使得问题变得复杂。此外，问题还会存在于行政非法活动的情形，这是因为意大利法律中对于需要受行政处罚的非法活动缺乏一个独立的定义，相反，是通过消极的形式，即规定不是行政处罚的活动，相比于相应的犯罪活动来定义的，即被定义为"行政处罚不适用于那些被确定

---

① Cfr. Legge 4 agosto 2006, n. 248.

为是犯罪的非法活动"①。而这种定义方式又增加了区分行政非法和刑事非法的难度。

2. 相关概念含义

首先，"收益（provento）"。收益通常是指任何的财富增加，但是由于第 14 条援引了通过 1986 年 12 月 22 日第 917 号共同体总统令批准的关于所得税的单一文本，即 1986 年所得税单一文本，② 其中，第 6 条第 1 款是关于所得类型的规定，分别是土地所得、资本所得、雇用所得、独立劳务所得、经营所得和其他所得。

其次，"非法的事实（fatti）、行为（atti）和活动（attività）"。事实上，这里所使用的"事实"一词并不是一个合适的表述，因为对于非法或合法的鉴定只能以法律的行为为对象，非法性只有当是来源于一人有意或无意的行为时才是责任的来源。因此认为即使立法者没有提及事实，而是只提到行为和活动，效果上也不会有什么改变。③ 在这里有区分意义的是"行为"和"活动"，根据所得税单一文本对于不同所得类型的规定，即既有偶然的所得又有具有稳定、持续来源的所得等，前者是针对偶然的一项非法行为，后者则是针对有组织、反复实施的非法活动，其又可以称为是非法经营业务（impresa illecita）。④ 不过，虽然从法律的角度，对行为和活动进行上述的区分存在一定的必要性，但是，通常意义上活动也可以包含行为，以下为行文便利，也以非法活动统一指称。

最后，非法收益在合法活动中再使用而得到的收益。对于这一性质的收益，正如第 537 号法律的政府部门报告所指出的那样，⑤ 这种收益需要排

① Cfr. Domenico Irollo, *La tassazione dei proventi dell'illecito nell'esegesi del disposto di cui all'art.* 14, *comma* 4, *legge n.* 537/1993, in *Rivista di Diritto Tributario*, n. 1, 2001, p. 39.

② Cfr. Decreto del Presidente della Repubblica 22 dicembre 1986, n. 917-Testo unico delle imposte sui redditi.

③ Cfr. Domenico Irollo, *La tassazione dei proventi dell'illecito nell'esegesi del disposto di cui all'art.* 14, *comma* 4, *legge n.* 537/1993, in *Rivista di Diritto Tributario*, n. 1, 2001, p. 46.

④ Cfr. V. Panuccio, Voce *impresa illecita*, in *Enc. Giur. Treccani*, XVI, 1988, p. 2, per cui cfr. Domenico Irollo, *La tassazione dei proventi dell'illecito nell'esegesi del disposto di cui all'art.* 14, *comma* 4, *legge n.* 537/1993, in *Rivista di Diritto Tributario*, n. 1, 2001, p. 46.

⑤ Cfr. Relazione Ministeriale di accompagnamento alla Legge 24 dicembre 1993, n. 537. 通过政府部门报告，意大利相关政府部门解释和阐明一项法律草案或正在审议中的法律中存在的尚不明确的内容，相当于一种解释，但政府部门报告不具有法律上的约束力。

除在第 14 条的适用范围之外。首先这是因为这种收益本身的可税性无可争议，其次，也是更为重要的，根据所得税法关于所得征税的一般规则就可以对这种收益征税，此时，并不会认为是对非法收益的征税。

3. 增值税

在规定非法收益的可税性时，虽然第 14 条明确援引了的是所得税法相关规则，但是第 14 条规定的非法收益征税事实上还包括增值税的角度。对此，意大利最高法院许多判决予以了肯定，认为根据第 14 条的规定，非法活动还要征收增值税，因为第 14 条代表了意大利法律体制中的一项体现一般原则的规定，同时也是一项严密的解释标准。① 当然，下文还是主要从所得税的角度对第 14 条进行阐释，仅涉及非法收益征收增值税的相关问题将专门阐释。

二、非法收益课税的条件

这里所要论述的是从实体法的角度，探讨在满足什么样的条件下可以对非法收益进行课税。按照意大利税法学说，这里的条件可以分为积极条件和消极条件两个方面，只有同时满足这两方面的条件，才可以对非法收益进行课税。

(一) 积极条件

1. 基本解读

根据第 14 条的规定，这里的积极条件是指非法收益可以被归入为所得税单一文本第 6 条第 1 款规定的所得类型之一。立法者添加这样一个条件，表明并非所有的来自非法活动的收益都可以归入为上述第 6 条第 1 款规定中

---

① Cfr. Giovambattista Palumbo, *Tassazione più che legittima per i proventi illeciti*, in *FiscoOggi*, il 27 novembre 2007.

的所得类型，这也进一步说明了并非所有的非法收益都可以征税。不过，在这方面，缺少一个明确的规则，即关于如何将非法收益按其性质分别归入到资本所得、劳务所得、经营所得和其他所得的具体规则。而具体规则的缺失，在相当程度上造成了非法收益可税性在实际应用中被架空的风险。具体而言，如果通过解释，指出卖淫收入既不能归入独立劳务所得也不能归入来源于职业活动中偶然的行为的所得，就不能对其征税。尽管立法者应当明确一个关于非法收益归入所得税法相关所得类型的具体规则，但是目前而言，非法收益归入问题的解决留给了解释者。考虑到立法者追求一个以经济性因素为主的所得的概念，解释者对于这个问题的解决主要需要参考非法收益客观上的特征，例如，从经济方面看，麻醉品、军火贸易、毒品交易、走私构成了商品的转让，卖淫构成了服务的提供，高利贷则是一种资本的利用。[1]

2. 非法收益归入相关所得类型的具体情形[2]

首先，应当归入到经营所得的情形：（1）来自非法交易麻醉品等货物的收益，因为客观上是商业性的；（2）整体上是实施合法经营活动的业主的单个非法行为的收益，如建筑商对建筑用地的地皮滥用操作；（3）商家销售掺假食品或假冒商品取得的收益；（4）没有行政许可或无预先授权的商业活动的收益；（4）为不存在的商业交易开具发票的收益，即虚开发票的收益，此时发票就是转让的商品。

其次，应当归入到独立劳务所得的情形：（1）自由职业者以滥用的方式开展其自身活动而获得的收益；（2）以欺诈的方式行使占星术、占卜术的收益；（3）经常性地、没有隶属限制的妓女提供服务的收益。需要说明的是，在妓院里的妓女的收益属于雇佣所得，妓院的管理者的收益归为经营所得。当然，卖淫本身并不是一种犯罪，[3] 从民法的角度，源于违反善良

---

[1] Cfr. Renato R. Lupi, *Diritto tributario-parte speciale*, Milano, 1992, p. 22.

[2] Cfr. Domenico Irollo, *La tassazione dei proventi dell'illecito nell'esegesi del disposto di cui all'art.* 14, *comma* 4, *legge n.* 537/1993, in *Rivista di Diritto Tributario*, n. 1, 2001, pp. 54-56.

[3] 参见黄风译：《最新意大利刑法典》，法律出版社 2007 年版，第 179—182 页。

风俗原则，顾客和妓女签订的合同是无效的。①

再次，应当归入到资本所得的情形：高利贷收益。

最后，应该归入到其他所得的情形：公职人员因腐败而获得的收益，例如接受贿赂。

3. 不征税的非法收益

根据这里所讲的积极条件，那些不是来自形式上是商品销售及服务提供的非法行为，而是来自对他人财产进行侵害的非法行为的收益，由于无法归入所得税单一文本第 6 条第 1 款规定的任何一项所得，而不予以征税，例如诈骗、敲诈、抢劫、偷盗、侵占。② 对此，至少在 2006 年第 14 条修改之前，这是没有异议的。此外，也有学说从另外一个角度指出，这些活动可归为来自类似继承、赠与等的免费的财产增加，因此不应征所得税。③ 不过，还存在一种征税的可能，即是否可以归入为其他所得。事实上，对于其他所得的解释，其暗含着另一个对于非法收益征税的途径，也就是以税法中规定的其他所得条款视为兜底性质的条款，在解释上包括了所有来自非法行为的收益。相比于第 14 条确定的这种需要将非法收益分门别类地归入到相关已规定的所得类型的途径，上述途径的好处在于简单、便捷，同时又可以将上述基于前者的途径而无法加以征税的来自抢劫、偷盗等非法行为的收益纳入到征税范围之中。而意大利最高法院在 1995 年第 4381 号判决中也曾设想未来引入一个新规则，即在肯定了其他所得该类型的兜底条款的特性的基础上，提供一个对所有来自非法行为的收益进行征税的权宜之计，这样即使某些非法收益被排除于相关所得类型之外，也可以对其征税。④ 这样，根据 2006 年第 223 号法律令第 36 条第 34 款附加第 1 款对第 14 条的解释，意大利已经肯定了其他所得兜底条款的特性，至少从理论上扩大了征税的非法收益范围。不过，考虑到 2006 年第 14 条修改目的的主要为

---

① 事实上，根据意大利民法典 2033 条的规定，谁支付了他不应该支付的款项，就有权利要求返回，但根据第 2035 条的规定，对于因违反善良风俗而支付的应该支付的款项，则无权要求返还。Cfr. l' art. 2033 e l' art. 2035 del Codice civile.

② Cfr. Domenico Irollo, *La tassazione dei proventi dell' illecito nell' esegesi del disposto di cui all' art.* 14, *comma* 4, *legge n.* 537/1993, in *Rivista di Diritto Tributario*, n. 1, 2001, p. 56.

③ Cfr. Renato R. Lupi, *Diritto tributario-parte speciale*, Milano, 1992, p. 22.

④ Cfr. la sentenza della Corte di Cassazione del 19 aprile 1995, n. 4381.

明确贿赂收益的可税性，以更有力地应对贿赂腐败问题，修改之前贿赂收益也是被视为其他所得，来自抢劫、偷盗等非法行为的收益实践中是否征税还有待相关案例明确。

4. 增值税征收的特别条件

根据意大利 1972 年增值税法第 1 条的规定，增值税应税行为为在企业经营或从事艺术、自由职业活动中实施的商品转让和服务提供，以及商品的进口。因此，从增值税的角度对非法收益课税，还必须以非法活动构成企业经营或艺术、自由职业活动为特别条件，即具体表现为在这些活动中的商品或服务销售。不过，对这一非法活动征收增值税的条件还需要进一步阐释。基于欧盟增值税指令中的经济活动概念，作为意大利增值税法上的企业经营或艺术、自由职业活动概念执行的对象，欧洲法院对此有过专门的解释。首先需要说明的是，欧洲法院一直强调增值税的税收中性原则，防止增值税从生产者到消费者的多阶段征收、进项税抵扣的机制的落空，并避免任何源于应税活动的不同特性而引起的差异。[1] 其次需要强调的是，对于欧盟增值税指令中的经济活动的构成，实施主体的活动实施目的、结果不具有相关性。[2] 不过，非法活动也并非很容易就能成为增值税意义上的经济活动，因为在满足经常性、营利性等要件外，欧洲法院特别指出，在走私麻醉品以及在内国非法销售麻醉品的情形，当这些产品并不构成由相关当局严格监控的、基于医疗和科学使用的经济循环中的一部分时，不应该征收增值税，因为这种情况下不构成增值税指令中的经济活动。[3] 同样，在进口假币的情形，欧洲法院也持这一观点。[4] 事实上，欧洲法院一直认为，当以欺诈的方式流入到商贸领域的商品和在合法的经济循环中销售的商品之间产生一种竞争关系时，增值税才应当缴纳，例如，走私香水、非法实施赌博业以及以非法的条件进口计算机系统。[5] 同样，在高利贷这一非

---

[1] Cfr. Saverio Capolugo, *La tassazione dei proventi illeciti ai fini IVA*, in *Il Fisco*, n. 16, 2007, p. 2252.

[2] 关于欧盟增值税指令中经济活动的特征，参见翁武耀：《欧盟增值税指令中增值税纳税人范围的界定》，《中国税务报》2010 年 5 月 5 日。

[3] See ECJ's judgment of 5 February 1981 (Case C-50/80).

[4] See ECJ's judgment of 6 December 1990 (Case C-343/89).

[5] See ECJ's judgment of 28 May 1998 (Case C-3/97).

法活动的情形，欧洲法院也认为应当在增值税规则适用的范围内。[①]

　　基于上述欧洲法院的判决，欧洲法院在对待非法活动是否应当课征增值税的问题上的基本立场可以概括为：增值税中性原则不允许在合法经营和非法经营活动之间在增值税方面存在区别对待，除非考虑到一些商品的特殊性质，即不具有可替代性，在合法和非法经营之间排除了任何形式的竞争，非法活动就不征收增值税。例如，麻醉品和伪币，基于它们内在非法的特性，不会进入当局严格监控的经济循环中，而如果换成香水，由于它可以进入经济循环之中，进口走私的香水就应当征收增值税。因此，正如意大利学者所总结的那样，一项被认定应受责难的非法活动本身并不脱离于征税之外，这种脱离仅仅发生在当考虑到一些商品的特殊性质，在合法和非法经营之间排除了任何形式的竞争的时候。换言之，鉴于税收中性原则的遵守构成了正确的竞争规则得以确保的基本前提，当相关非法活动和合法活动形成竞争关系时，为确保本来在合法经营部门中的竞争不被扭曲，必须对相关非法的商品或服务销售也征收合法交易应当征收的增值税。[②] 总之，非法活动增值税上的课征条件建立在税收中性原则、确保公平竞争并考虑涉案商品内在特性的基础上。事实上，意大利最高法院在说明非法活动征收增值税时也是援引欧洲法院的相关判决。[③] 此外，如果考虑到增值税是多阶段征收，从经济的角度由最终消费者承担税负，即增值税是以一种"客观的方式"对最终消费者征收，当从税收的角度也确定非法经营具有重要性，不可能再去考虑商品或服务销售活动的性质是非法还是合法。[④]

（二）消极条件

1. 对征税和惩处关系的处理

　　这里所称惩处，是指剥夺行为人所有的收益。虽然根据第 14 条的规定，对非法收益的征税和惩处存在调和的可能，但是依然有持不同立场的观点，

---

① See ECJ's judgment of 7 July 2010 (Case C-381/09).

② Cfr. Saverio Capolugo, *La tassazione dei proventi illeciti ai fini IVA*, in *Il Fisco*, n. 16, 2007, p. 2253.

③ Cfr. la sentenza della Corte di Cassazione del 17 novembre 2006, n. 24471.

④ Cfr. Saverio Capolugo, *La tassazione dei proventi illeciti ai fini IVA*, in *Il Fisco*, n. 16, 2007, p. 2254.

例如认为惩处没有留给征税的空间，征税不具有一种替代的或选择的功能，抑制违法行为的首要目标是完全剥夺从非法行为中获得的收益，而通过征税不能达成该目标，甚至认为，这种财富在任何情况下征税机关都不得染指，即使在实践中惩处措施显得不具有可实现性。① 其他一些学说则从另一路径表现出与此相同的立场，即建立在惩处和直接税应税行为（所得的拥有）之间的关系上，认为所得的拥有概念暗含着一个法律上有效的权利，即合法化以及保证纳税人对所得的支配，而对非法行为的收益进行征税在任何情况下都是行不通的，因为在法律方面惩处将使得收益的获得变得不稳定。② 当然，上述这种关于对非法收益的征税和惩处不可调和的立场并没有被接受，例如，根据意大利1973年第597号共和国总统令（《个人所得税的开征和规范》)政府部门报告,③ 立法者所使用的所得拥有的意义是指收益在物质上的可支配性、可使用性。因此，只有当惩处剥夺了非法行为人的收益时，这些惩处才阻碍征税的实施。但惩处并不是总是发生，例如：没收有时是非强制性的，即法官可以判处，或者被告可以提出诉讼来阻碍；又如，一有罪判决，存在来源犯罪的收益或财产，但在豁免及过了追诉时效的情形下，以及在相关收益已经不存在的情形下，例如已被罪犯耗尽，没收也被排除了；再如，在返还和赔偿义务的情形，这些都需要由受害者首先来提出，而受害者可能缺失，也可能这些不包括整个利益范围。④ 换言之，由于意大利法律将没收分为强制的和非强制的两种情形，在强制没收的情形，非法收益的征税自然无法实施，而在非强制没收的情形，只有没收实际应用的情况下，征税才被排除。此外，还需要看到，征税与惩处是出于不同的目的，税法、行政法或刑法等不同法律部门对同一（非法）事实进行规范也是可以的，相关间接税的规定也确认了这一点。例如，意大利1973年1月23日第43号共和国总统令（《海关领域立法条款单一文本的

① Cfr. Adriana Salvati, *I proventi illeciti e la disciplina positiva comunitaria e interna*, in *Rassegna Tributaria*, n. 4, 1999, p. 1099.

② Cfr. Domenico Irollo, *La tassazione dei proventi dell'illecito nell'esegesi del disposto di cui all'art. 14, comma 4, legge n. 537/1993*, in *Rivista di Diritto Tributario*, n. 1, 2001, p. 41 .

③ Cfr. Relazione Ministeriale di accompagnamento al Decreto del Presidente della Repubblica 29 settembre 1973, n. 597-Istituzione e disciplina dell'imposta sul reddito delle persone fisiche.

④ Cfr. Domenico Irollo, *La tassazione dei proventi dell'illecito nell'esegesi del disposto di cui all'art. 14, comma 4, legge n. 537/1993*, in *Rivista di Diritto Tributario*, n. 1, 2001, p. 41.

批准》)第 338 条规定，① 罚款的支付并不免除支付关税的缴纳义务，除非走私的货物已经被没收。再如，意大利 1972 年增值税法第 21 条规定，增值税需要根据发票中记载的数额缴纳，即使发票的开具背后根本不存在真实的交易或者超过了真实的数额，而后者是一种犯罪行为，需要受到惩处。

这样，根据第 14 条的规定，如果相关惩处措施已经执行，就阻却征税，而所谓对非法收益征税的消极条件就是指未发生阻却非法收益征税的事由。这表明意大利第 14 条立法者强调的是非法收益取得者对收益的物质上的可支配性、可使用性，而不是法律上的归属，即认同纳入在所得税单一文本第 1 条规定的所得拥有应该被理解为是一种外在、物质上的可支配性，事实上也就不考虑是相关主体是合法还是非法拥有。② 对此，意大利最高法院在 2000 年一项判决中指出：已经存在了一个返还和赔偿的宣判的事实，并不意味着这个判决已经被执行了，换言之，并不意味着存在一个这样的证明，即非法的或合法的财富的增加已经被"调零"了。③

2. 可阻却征税的惩处措施

根据第 14 条的规定，这里的阻却事由是指非法收益被扣押或没收。换言之，如果非法收益已经被扣押或没收了，就不再需要征税了。对于这个问题，有以下两个方面需要分析。

（1）阻却事由的外延

关于第 14 条所规定的阻却事由的外延，又可以从两个方面进行阐释。首先，第 14 条关于阻却事由的规定存在一个明显和缺乏合理性的区别对待的问题：一方面，第 14 条对所有来自民事、行政和刑事非法行为的收益征税；另一方面，消极条件却只规定了刑事的扣押或没收，没有规定民事和行政的扣押或没收。事实上，民法所规定的恢复（返还）和赔偿义务，如同行政法规定的扣押或没收一样，也具有耗尽或消耗相关主体原本持有的非法收益的效力。这样任何关于作用于主体可支配性的经济能力的措施的

---

① Cfr. l' art. 338 del Decreto del Presidente della Repubblica 23 gennaio 1973, n. 43-Approvazione del testo unico delle disposizioni legislative in materia doganale.

② Cfr. Circolare n. 150/E del 1994 del Ministero delle Finanze.

③ Cfr. Domenico Irollo, *La tassazione dei proventi dell' illecito nell' esegesi del disposto di cui all' art. 14, comma 4, legge n. 537/1993*, in *Rivista di Diritto Tributario*, n. 1, 2001, p. 44.

区别对待都是缺乏正当理由的。因此，需要通过解释的方法，扩大阻却事由的外延，即扩大到那些对于征税而言具有同样效果、但没有被法律所明确规定的惩处措施。换言之，不仅仅是刑事的扣押或没收，还包括行政法所规定的扣押或没收以及民法所规定的相应的恢复（返还）和赔偿义务等措施。① 事实上，第537号法律的政府部门报告已经引用了民法所规定的两个惩处措施，即恢复（返还）和赔偿，以作为阻却征税的两个惩处措施，② 因此，目前的规定更多地源于立法上的遗漏。其次，是关于扣押作为阻却事由的可行性。第14条明确规定了扣押也是一种阻却事由，对此在意大利是存在争议的。一方面，这里的扣押是否应该包括所有类型的扣押，例如，意大利刑事诉讼法规定的基于对有助于犯罪的查实的证据的保全这种刑事强制措施，为了避免相关物件在罪犯手中而加重、延续犯罪的结果或便利其他犯罪的实施的先予扣押，为担保罚金、相关措施实施费用和其他任何需要交付给财政局的费用的支付以及保证民事义务的履行而为的财产扣押。③ 另一方面，无法否认的是，扣押仅仅是预防性的措施，并不是最终的措施。这样，鉴于扣押并不是现实的剥夺了当事人收益，而仅仅是一种可能性，虽然此时对非法收益征税亦不现实，但也不应当产生阻却征税的最终效果，这一效果需要在最终采取没收措施之后产生，换言之，如果出现被扣押的收益又被归还给当事人的情形，实施征税也是可行的。

（2）阻却事由发生的时刻

关于阻却事由在什么时候成就可以发生阻却的效力，即关于阻却事由为达到一个阻却征税的效果而应该发生的时间界限。具体而言，产生阻却征税效果的阻却事由之没收需要已经实际的执行，还是一个已经生效的涉及没收的判决就足够了。对此，鉴于第14条同时规定了扣押，意大利有学者认为甚至一个仍然可上诉的涉及没收的判决足以产生阻却征税的效果，因为正如上文所指出的那样，扣押也不是一个最终的法律措施。④ 至于具体有效阻却事由发生的时间界限，由于第14条没有给出一个明确的规定，这

---

① Cfr. Domenico Irollo, *La tassazione dei proventi dell'illecito nell'esegesi del disposto di cui all'art.*14, *comma* 4, *legge n.*537/1993, in *Rivista di Diritto Tributario*, n. 1, 2001, pp. 60–61.
② Cfr. Relazione Ministeriale di accompagnamento alla Legge 24 dicembre 1993, n. 537.
③ Cfr. gli artt. dal 253 al 265 e dal 316 al 321 del Codice di Procedura Penale.
④ Cfr. Domenico Irollo, *La tassazione dei proventi dell'illecito nell'esegesi del disposto di cui all'art.*14, *comma* 4, *legge n.*537/1993, in *Rivista di Diritto Tributario*, n. 1, 2001, p. 64.

样根据意大利学说的解释，这个时间界限可能与以下三个时间界限相一致，换言之，有三种选择：计税周期期满的时间、所得申报的截止日期以及征税机关实施监控活动（例如税收查定）期限的截止日期。不过，在这三种选择当中，意大利税法学界主要关注于第一种和第三种可能性。

首先，关于第一种选择，即计税周期期满的时间，在意大利，个人所得税是以公历一年为一个纳税年度，企业所得税的纳税年度也是公历上的一年。这样，在计税周期期满前发生的扣押或没收可以发生阻却征税的效果，而发生在计税周期期满之后的扣押或没收不产生阻却征税的效果，已经征收的税款当然也无须退税。不过，有学者也指出，在相反的情形，即当在计税周期期满之前进行的扣押或没收，之后该措施被撤销或排除适用，也并不引起已经被阻却的征税又恢复的效果，如果在立法上还没有引入这样一项规则，即明确规定之前因为未处于纳税人可支配范围内（因扣押或没收）而未征税的来自非法行为的收益如果归还于当事人需要征税。其次，关于第三种选择，即税收查定的截止日期，换言之，只要阻却事由发生在税收查定期限截止前，非法收益就可以被免于征税。这是考虑到计税周期的截止并不意味着纳税义务的最终确定，征税机关可能仍然需要进行查定活动，以最终确定纳税人应缴的税款。与此相对应的是，这使得没收成为了一种具有溯及性的征税解除条件，当它被证实时，征税的效力就停止了，这就允许纳税人取回可能之前未被证实已采取没收等措施而对非法收益征收的税款，不过，这样会增加征纳双方的征管、纳税成本。① 考虑到税收查定的期限较长，根据意大利所得税查定法第 43 条的规定，征税机关查定通知应该在纳税人提交申报年度之后的第 5 年的 12 月 31 日前发出，如果纳税人未申报，则在申报应当提交的年度之后的第 7 年的 12 月 31 日发出，增加的征纳成本并非可以忽略。为此，上述第一种选择事实上更具有优势，即简单划一，避免了与源于扣押、没收措施的临时性和可能性相关的问题。

---

① Cfr. Domenico Irollo, *La tassazione dei proventi dell' illecito nell' esegesi del disposto di cui all' art.* 14, *comma* 4, *legge n.* 537/1993, in *Rivista di Diritto Tributario*, n. 1, 2001, pp. 66-67.

三、非法收益课税的实现

当非法收益满足了上述积极条件和消极条件后，接下来的问题便是如何具体对其进行征税。这里就涉及所得税税基、税率的确定、增值税进项税的抵扣以及纳税人程序性（协力）义务、征税机关查定方法。

（一）所得税税基、税率的确定

首先，关于税基的确定，从第14条关于积极条件的规定中可以自然地推断出，一旦非法收益被确定为其中某一个所得类型，那么该非法收益税基的确定就应该根据确定该所得的税基相关规则进行。接下来，基于个人所得税还是企业所得税，需要根据现金收付制或是权责发生制，将在该计税周期发生的该所得相关的收益或成本加以汇总以确定应纳税所得额。不过，关于非法收益税基的确定，存在一项争议问题，即实施非法活动产生的成本是否可以扣除。对此，需要先指出意大利所得税法中一条对于非法收益税基确定具有重要意义的规定，即所得税单一文本第75条第4款，该款规定对于为没有在会计账目中记录的收益而支出的费用，只要它们满足确定性和精确性要求，就可以税前扣除。显然，非法收益一般不大可能在会计账目中记录，但在实施这些非法活动过程中存在相对应的费用，例如罚金，属于为在相关非法收益而支出的费用。因此，有观点认为，这一罚金应当给予税前扣除，何况，在非法收益被归入为经营所得或独立劳务所得的情形下，这一罚金也是符合费用税前扣除的一般标准，即真实性、确定性和相关性。[1] 不过，认为非法活动的成本不可以扣除的观点也不占少数，[2] 特别是实施犯罪的成本在计算税基时不可扣除，如果所得税法允许扣除非法活动的成本，会产生激励非法活动的不利影响，甚至令人感觉非法

---

[1]　Cfr. Domenico Irollo, *La tassazione dei proventi dell' illecito nell' esegesi del disposto di cui all' art.* 14, *comma 4, legge n.* 537/1993, in *Rivista di Diritto Tributario*, n. 1, 2001, p. 70.

[2]　Cfr. Enrico Mastrogiacomo, *L' indeducibilità dei costi penalmente illeciti*, in *Il Fisco*, n. 42, 2005, p. 6646.

活动得到了认可，而不允许扣除，也可以视为一种间接的处罚。对此，意大利在 2002 年颁布第 289 号法律,[1] 在第 14 条第 4 款中补充了第 4 款附加第 1 款，规定在所得税所得的确定中，可归属于被认定为犯罪的事实、行为或活动的成本或费用不得扣除。当然，也需要特别指出的是，如果非法收益的可税性，回避了征税的伦理问题，基于同一逻辑，非法活动的成本具有可扣除性也并非绝对不可以。事实上，如果从兼顾两种不同观点的角度，可以区分不同类型的为非法活动而产生的费用，例如，如果税前扣除因生产假冒商品被处罚的费用不存在讨论空间的话，税前扣除因生产假冒商品而购买原材料的费用存在讨论空间。此外，需要特别一提的是，意大利在 2012 年颁布第 44 号法律,[2] 修改了上述第 4 款附加第 1 款，规定财产或服务提供如果被直接用于完成被认定为非过失犯罪（即故意犯罪）的行为或活动，这些财产或服务提供的成本或费用就不能作所得税的税前扣除。经过这一修改，即上述"可归属于"改为"直接用于"，界定变得更严格了,[3] 不得扣除的有关犯罪实施的成本或费用范围有所缩小。

其次，关于税率的确定，问题并不复杂，主要在于确定是适用个人所得税的税率还是适用企业所得税的税率。而适用企业所得税税率则限于已合法成立的企业实施某种非法活动或交易而取得所得的情形，换言之，以"企业"的名义从事非法活动而获得收益，在无法获得法人资格的情况下，只能按照个人所得税进行征税。

（二）增值税进项税的抵扣

在肯定非法收益需要课征增值税（产生销项税）的前提下，非法活动实施主体是否可以要求抵扣其为实施非法活动而在购买或进口相关商品或服务的环节中承担的增值税？对此，与在所得税领域对认定非法活动成本的可扣除性具有较大争议的情形不同，在增值税领域似乎在理论上更应当肯定上述主体的增值税抵扣权，鉴于实施作为增值税核心原则的中性原则

---

[1] Cfr. l'art. 2, comma 8, della Legge 27 dicembre 2002, n. 289.

[2] Cfr. l'art. 8 della Legge 26 aprile 2012, n. 44.

[3] Cfr. Stefano Scorcia, *Costi da reato: deducibilità negata se l'impugnazione è oltre i termini*, in *FiscoOggi*, il 26 novembre 2015, disponibile nel seguente sito: https://www. fiscooggi. it/rubrica/giurisprudenza/articolo/costi-rea-to-deducibilita-negata-se-limpugnazione-e-oltre-termini.

必须确保进项税的抵扣。但是，即使在理论上确认了这种抵扣权，在实践中也不一定能行使，因为进项税的抵扣需要遵循一些严格规则的限制。例如，旨在抵扣的增值税需要根据意大利增值税法在年度申报中提出，作为抵扣凭证的发票、进口单据应当合法地在购买账册中登记。[①] 而鉴于非法活动通常没有合法、正常的企业组织结构以及相关会计账簿的保存，非法活动实施主体一般无法满足上述这类规定的要求，以致这种抵扣权的实施是极其困难的，这其实也可以看作是对非法活动实施主体的一种间接处罚。

（三）税收征管

首先，关于纳税人的程序性义务，这里主要是指在会计账目中记载非法收益以及申报非法收益的义务，这也是正常纳税人通常需要履行的协力义务。不过，第14条并没有规定这一程序性义务，这样客观上可以回避一些更为棘手的问题。具体而言，如果取得非法收益的主体需要根据立法的规定履行记账或申报的义务，未履行是否应当受到处罚？进一步而言，如果第14条进行规定，是否会侵犯嫌疑人不自证其罪的权利？毕竟，在实施相关犯罪活动后，如果要求犯罪嫌疑人在会计账目中记载为此取得的非法收益以及相关犯罪活动，并对收益进行申报，否则将面临甚至刑事处罚的后果，无异于强迫嫌疑人供述罪行。因此，意大利大多数学者肯定立法上不规定上述纳税人程序性义务的做法。[②] 不过，需要指出的是，根据意大利现行税收犯罪刑事立法的规定，[③] 在没有没收的情况下，在申报中没有记载非法收益或记载的非法收益低于实际数额，可以构成不申报（逃税）罪或不诚信申报（逃税）罪。[④] 事实上，纳税人程序性义务规定与否在非法收益征税问题上并不是那么重要，而第14条选择不规定，一方面是基于非法活动本身的特点，即它们是以隐蔽的特性而存在的，规定设置会计账目并记载的义务可能与此类活动的特性相矛盾，另一方面，即使没有这种义务的

---

① Cfr. Saverio Capolugo, *La tassazione dei proventi illeciti ai fini IVA*, in *Il Fisco*, n. 16, 2007, pp. 2254–2255.

② Cfr. G. Falcone, *Riflessioni sulla tassabilità dei proventi da attività illecite*, in *Il Fisco*, 1994, p. 9015.

③ 详见本书第十二章。

④ Cfr. Enrico Corucci, *Il delitto di dichiarazione infedele*, in AA. VV., *La nuova giustizia penale tributaria*, Collana diretta da C. Conti etc., CEDAM, 2016, p. 298.

规定，征税机关还是可以通过其他手段来实施税收查定，即推定式的概括查定。① 此外，征税机关还可以从第三方获得纳税人取得非法收益的信息。对此，2016 年财政稳定法（Legge di Stabilità 2016②）特别对第 14 条第 4 款补充了一项内容，即当刑事违法行为产生非法收益时，相关调查部门应当即刻告知征税机关，使征税机关能够实施查定。

其次，关于税收查定，意大利税法在这方面规定了很多征税机关查定纳税人应纳税所得额的方法，主要有分析查定和概括查定两类。③ 而对于暗地取得的收益，例如非法收益的取得，征税机关确定金额既可是通过分析查定也可以通过概括查定。以空壳公司虚开发票取得非法收益为例，应税所得自然不能根据虚开的发票或相关会计账目中记载的交易金额来确定，分析查定似有困难。开票方虚开的对价，即非法收益，通常由受票方利用虚开的发票而取得的税收利益（减少的税额）所决定，换言之，至少等同于受票方取得的税收利益，这样，基于受票方取得的税收利益进行的概括查定通常更为便利。不过，针对纳税人"实施"不存在的交易，意大利最高法院在 2007 年一项判决中曾指出，除了概括查定，征税机关通过分析查定来确定开票方取得的对价也是可以的，这是因为来自非法活动的收益就是一项应税客体。④ 尽管如此，不难否认概括查定对于非法收益征税而言具有重要的意义，因为通过概括查定，征税机关就可以通过纳税人实施非法活动的花费进行推定，以证明被逃避的非法收益的存在，无须将其引到某一具体所得类型。⑤ 关于这点，需要说明的是，在第 14 条立法之前，一部分反对对非法收益进行征税的学者认为，通过概括查定这种手段，征税机关就可以以间接的方式对非法收益进行征税，只不过，在该种路径下征税并不是作用于非法的财富增加，而是作用于没有被法律所证明是合理的财

---

① Cfr. Domenico Irollo, *La tassazione dei proventi dell'illecito nell'esegesi del disposto di cui all'art.* 14, *comma* 4, *legge n.* 537/1993, in *Rivista di Diritto Tributario*, n. 1, 2001, p. 73.

② Cfr. Legge 28 dicembre 2015, n. 208.

③ 前者是指对于每一项收入范畴，都是根据其收入减去成本的方式一笔一笔地核算出，然后加以加总，得到总收入，后者则是根据一些经济事实，例如开支，来推算总收入，不再一笔一笔地核算单项收入。

④ Cfr. Giovambattista Palumbo, *Tassazione dei proventi illeciti: lecito ogni tipo di accertamento*, in *Litis*, il 3 novembre 2010, disponibile nel seguente sito: https://www.litis.it/2010/11/03/tassazione-dei-proventi-illeciti-lecito-ogni-tipo-di-accertamento/.

⑤ Cfr. Domenico Irollo, *La tassazione dei proventi dell'illecito nell'esegesi del disposto di cui all'art.* 14, *comma* 4, *legge n.* 537/1993, in *Rivista di Diritto Tributario*, n. 1, 2001, p. 73.

富的拥有。① 这样，按照这种观点，纳税人本来可以通过表明其收益的非法来源性来阻碍征税机关的查定行动进而被课征税款，而之所以征税机关仍然可能达到对其征税的目的，乃是因为纳税人担忧如果表明了非法来源性，随之可能面临的是处罚、没收等更严厉的措施。不过，这种观点其实是回避了对非法收益征税的问题。此外，需要强调的是，即使在概括查定下，征税机关需要对纳税人实施非法活动并取得收益的相关事实承担举证责任，且在征税阶段不能依靠证人证言。

---

① Cfr. E. Potito, *Il sistema delle imposte dirette*, Milano, 1989, p. 18, per cui cfr. Domenico Irollo, *La tassazione dei proventi dell' illecito nell' esegesi del disposto di cui all' art.* 14, *comma* 4, *legge n.* 537/1993, in *Rivista di Diritto Tributario*, n. 1, 2001, p. 73.

第九章　反避税

一、反避税的理论基础

（一）避税与法律欺诈

1. 法律欺诈

法律欺诈英语为 fraud on a statute，意大利语为 frode alle legge，是一比避税更加古老、适用范围更广的概念。这一概念可以一直追溯到罗马法，接下来关于法律欺诈的分析亦基于罗马法的传统。[①] 根据罗马法的描述，法律欺诈是指逃避一项法令的意图但是遵循该项法令的措辞。法律欺诈表现为从事了法律并没有明确禁止的、但是法律所不希望被从事的行为。[②] 基于此，法律欺诈的本质可以概括为：一项立法令得到了表面上或形式上的遵循，但是该项立法令的意图（或者法律的精神、目的）却被实质性地违背了。或者说，实施相关行为所取得的结果，尽管形式上符合法律文义，实质上却是法律制度所禁止的。简而言之，法律欺诈存在于这样的情形："为取得一项本没有资格取得的利益或为避免适用一项不利规则，某主体通过

[①] 不过，关于法律欺诈的罗马法传统，实质上可以归集于以下这些残存的罗马法文献：(1) D. 1, 3, 29: Paulus, *libro singulari ad legem Cinciam*: *Contra legem facit, qui id facit quod lex prohibet, in fraudem vero, qui salvis verbis legis sententiam eius circumvenit*; (2) D. h. t., 30: Ulpianus, *libro IV ad edictum*: *Fraus enim legi fit, ubi quod (lex) fieri noluit, fieri autem non vetuit; id fit; et quod distat ρητὸν? πὸ δι? νοι?? hoc distat fraus ad eo quod contra legem fit*. Cfr. Umberto Morello, *Frode alla legge*, Giuffrè, 1969, p. 14。

[②] See Adolf Berger, *Encyclopedic Dictionary of Roman Law*, The Lawbook Exchange, Ltd., 2002, p. 477.

技术上无可非议的方式用一项法规作掩护，并基于欺诈手段使之适用……
该主体的行为享有某种合法性的推定，因为表面上符合法律规则"①。

　　法律欺诈的构成条件本质上与避税的特征是一致的，差异仅仅在于避税增加了税收的因素。传统上根植于罗马法中的法律欺诈一般理论在实践中主要局限于私法或民法部门，具体而言，局限于合同法部门，并伴随着"法律欺诈的交易"这一概念。② 需要说明的是，在罗马法中，税法从未像今天这样被视为是一项独立的法律部门或学科。③ 当今，法律欺诈理论早已跨出了民法领域，可以在任何法律部门适用，包括税法。④ 但是，法律欺诈理论在税法中的适用具有特别的意义。通常而言，面对欺诈行为，一项一般的纠正措施是：一方面需要使欺诈行为无效，例如在税法中，体现为基于税法的目的不适用欺诈行为，使得欺诈行为在税收方面不具有意义。因为对于征税机关而言，最符合其需求而要取得的结果是补偿税款，而不是侵犯当事主体的自治领域。不过，需要指出，根据比例原则，在交易构成法律欺诈的情形，交易在征税的层面基于税收的目的不适用足以，因此民事上的有效性与否征税机关并不触及；⑤ 另一方面需要对交易根据不存在欺诈行为的情形下而应当适用的规则来处理。⑥ 但是，需要补充的是，由于税法经常使用在民法中建立的概念和规则且税法在征税中考虑的一些特定经济效果来源于民法的特定（交易）形式，⑦ 税法中的法律欺诈研究并不能完全脱离于民法。

---

① Gestri Marco, *Abuso del diritto e frode alla legge nell' ordinamento comunitario*, Milano, 2003, p. 12.

② 参见意大利民法典第 1344 条关于法律欺诈中的合同的规定：当合同构成一项来规避适用一项强制性规则的工具时，缘由将被认定为非法。再如，葡萄牙民法典第 21 条规定：在适用冲突的法规时，不应当考虑基于旨在避免适用本应当适用的法律的欺诈意图而创造的事实或法律情势。此外，就像西班牙立法所规定的那样，为躲避一项规则、追求法律体制所禁止的或与法律体制相左的结果而实施的行为属于法律欺诈的概念范畴。Cfr. Gestri Marco, *Abuso del diritto e frode alla legge nell' ordinamento comunitario*, Milano, 2003, pp. 31 e 35.

③ See Marco Greggi, "Avoidance and Abus De Droit: The European Approach in Tax Law", in *e-Journal of Tax Research*, n. 1, 2008, p. 25.

④ 还包括行政法、国际私法和刑法。

⑤ Cfr. Silvia Cipollina, *La legge civile e la legge fiscale: il problema dell' elusione fiscale*, CEDAM, 1992, p. 156. 根据避税以存在有效商业交易为前提这一事实，亦可以得出同样的结论。

⑥ Cfr. Gestri Marco, *Abuso del diritto e frode alla legge nell' ordinamento comunitario*, Milano, 2003, p. 32.

⑦ 这将显著简化关系，并确保高程度的法律确定性，尽管税收立法追求的目的与民事立法者追求的目的存在显著差异、对于规避行为民法和税法使用不同的方法和技术。Cfr. Umberto Morello, *Frode alla legge*, Giuffrè, 1969, p. 131.

2. 属于税收法律之欺诈的避税

这里，需要就避税根据法律欺诈理论作进一步解读。当然，已经明确的是，避税违背立法意图，但形式上符合法律，而合法节税不但形式上符合法律，同时也符合立法意图。但仍然不明确的是，什么是立法意图或精神？为什么存在一项形式上符合法律但是实质上却不被法律所认可的行为？关于第一个问题，一般而言，如果不涉及具体的规则，可以作如下回答：立法意图是指立法者在立法时所想要的、预期想达到的某项内容，并且其正确表述某种程度上与（被规避的）法律解释紧密相关。事实上，除了规则解释的问题外，法律欺诈同时还可归纳为当事主体实施的业务的法律形式和经济实质间的不一致问题。面对包括税法在内的不同法律，这一问题的归纳将使得对统一探讨要点的概括成为可能。① 毫无疑问，通过解释对规则进行正确理解是查明规则缝隙或漏洞的前提条件。关于第二个问题，可以说，相关行为的存在与利用立法者试图填补但因为特定原因而没有填补的规则漏洞相关。值得一提的是，其中的特定原因，如果从政治学的角度进行分析，可以从以下两个方面进行探寻：首先，根据启蒙主义者的立场，规则缝隙或漏洞体现了立法者的错误、遗漏、无知和不称职；其次，根据阶级优越论者和/或代表特定利益集团的游说主义者的立场，规则漏洞或不连贯其实是得到了作为同谋者的立法者含糊不清的默许或纵容。② 除此之外，也还有些法律自身特点的原因："鉴于法律规则的抽象性，法律规则很难将所有可能的具体行为的变数都规范进来，结果，法律规则很难适用于一些个别的、旨在实现与立法规则的精神截然相反、相冲突的目的的行为"③。对税法规则而言，其形式主义传统或税法制度的形式要求，也进一步造就了规则缝隙或漏洞。在税法中，制度的形式要求体现在以下两个方面：规则解释和对民事形式的尊重。④ 在这样的背景下，显然就很容易产生

---

① Cfr. Umberto Morello, *Frode alla legge*, Giuffre, 1969, p. 224.

② Cfr. Fabrizio Mancinelli, *Evasione ed elusione: alcuni aspetti politici e giuridici*, in AA. VV., *Evasione ed elusione*, a cura di Fabrizio Mancinelli, Napoli, 1989, p. 9

③ Gestri Marco, *Abuso del diritto e frode alla legge nell' ordinamento comunitario*, Milano, 2003, p. 2.

④ Cfr. Umberto Morello, *Frode alla legge*, Giuffrè, 1969, p. 224.

制度的形式要求和实质要求间的冲突，① 并可能进一步转化为交易的法律形式和经济实质的对立。当然，上述两个问题是相关的，因为规则缝隙或漏洞的填补需要求助于阐明真实立法意图的解释。据此，可以说"避税可被视为对立法者意在填补但基于特定原因没有填补的领域的开发利用"②，或者"避税牵涉到税法的解释，避税利用缝隙和漏洞，因为法律忘了提及应税行为"③。从这一点看，避税是指意在利用税法漏洞以取得一项税的节省的行为。

"法律欺诈的问题旨在描绘出这样的交易安排：通过一些在严格的实在法下并不被非难的手段，以绕开和规避对当事人不利的法律条款"④。基于该观点，可以认为避税在于规避税收规则以支付更少的税款。这样，为识别避税，需要强调"规避税法规则"这一条件，即行为实质上与税法体制并不符合，⑤ 或者说"税的规避"（aggiramento dell'imposta）⑥。具体而言，这样的行为构成了对税收规则的欺诈：没有直接违反但却规避了税法体制所规定的义务和禁止，并取得了不正当的税收利益。毫无疑问，避税成就要求内含于法律欺诈概念中的且无论如何是由规避概念所诱发的"诡计"。例如，在关于增值税免税主体实施避税行为的案例中，A 公司与其关联企业通过一系列繁杂、不自然的交易安排或"诡计"，使得 A 公司企业集团获得了一项税收利益，抵扣了原本 A 公司不能抵扣的增值税。事实上，这一交易安排规避了关于抵扣权限制的规则，即进项业务用于免税交易，相关的进项增值税不得抵扣。从而这些交易安排违背了增值税制度中性原则或目的（构成增值税法律的欺诈），因为免税主体具有最终消费者的性质，没有

---

① 与其他法律相比，特别是民法，这种冲突在税法体现得更加明显。因为，一方面，需要以显著的方式（通过对形式的尊重和法律的"僵硬"解释）确保可预见性，以允许国家对收入的预测和公民对其需要缴纳的税款的准确把握，而另一方面，面对大量的避税行为，却需要实现特定程度的实质正义（税负均摊）。

② Paulus Merks, "Tax Evasion, Tax Avoidance and Tax Planning", in *Intertax*, n. 5, 2006, p. 276.

③ Frans Vanistendael, "Taxation, Tax Avoidance and the Rule of Law", in *Asia-Pacific Tax Bulletin*, n. 3, 2010.

④ Umberto Morello, *Frode alla legge*, Giuffrè, 1969, p. 1.

⑤ Cfr. Alessandro Giovannini, *Il divieto d'abuso del diritto in ambito tributario come principio generale dell'ordinamento*, in *Rassegna Tributaria*, n. 4, 2010, p. 982.

⑥ 意大利税法诞生和发展的奠基人之一、但最具有影响的本韦努托·格里齐奥蒂教授创设了该概念。本韦努托·格里齐奥蒂教授认为，为避免"税的规避"，需要对可应税行为和交易的真实内容进行探寻。Cfr. Gaspare Falsitta, *Osservazioni sulla nascita e lo sviluppo scientifico del diritto tributario in Italia*, in AA. VV., *L'evoluzione dell'ordinamento tributario italiano*, coordinati da Victor Uckmar, CEDAM, 2000, p. 81.

销项税就不应当抵扣进项税，否则将造成与其他银行或免税主体的不公平竞争。

此外，对于避税而言，具有特殊意义的法律欺诈另一基本要点，是关于主体意图在识别（通过间接的方式得以实现）法律欺诈过程中的作用。对此，意大利学界理论层面和司法判例层面存在意见相左的两派观点，且各自都有大量的支持者。① 这两派观点分别由所谓的主观派和客观派所代表。主观派认为识别当事主体逃脱规则适用的意图是规避行为认定所必不可少的，而客观派则认为不需要识别主体的规避意图。这里，不再就两派各自的理由展开探究，但需要简单地指出的是，即使对主观派而言，为了识别规避意图，问题也都沦为对客观经济因素的查实，并从这些客观经济因素中推断出法律欺诈的存在。如果必须要在主观派和客观派之间进行选择，后者应当更可取，至少在面对避税的情形下。事实上，仅仅对于税收欺诈而言，即危害性相对较大的逃税，才需要考虑主观意图。相对应的，在下文将要讨论的权利滥用概念中，一般而言，并非必须具有专门的滥用意图，即主体有意或至少知道其基于法律并不意图达成的目的在利用该法律，必须的仅仅是主体为一法律立场的达成建立起了形式要素，并客观地利用这一立场，为了一项并不符合该立场根据的目的。②

根据上述分析，避税乃是违背法律意图、精神或目的的法律欺诈，一方面体现在对税收规则漏洞的利用，另一方面体现在对税收规则的规避，更准确地说，体现在对税法体制所规定的义务和禁止的规避。避税作为一种为减少纳税或延迟纳税所采取的行动，乃是以立法者显然并不意欲或不可能意欲的方式实施的。

3. 法律欺诈理论对反避税的意义

法律欺诈渗透于并内含于避税之中，避税本质上即属于税收法律欺诈，体现为对税收规则立法意图的违背，尽管形式上符合规则文义。因此，可

---

① Cfr. Umberto Morello, *Frode alla legge*, Giuffrè, 1969, p. 21.

② See Horst Eidenmüller, "Abuse of Law in the Context of European Insolvency Law", in *European Company and Financial Law Review*, n. 1, 2009, p. 8.

以理解的是，在一些意大利语文献资料中，① 在表达避税时，使用的并非是规避（elusione）的概念，而是欺诈（frode）的概念，不过是在具有上下文的情形下。② 因为，这里所指的欺诈是法律欺诈概念中的欺诈，而不是税收欺诈概念中的欺诈，后者属于逃税的范畴。避税是为取得一项税收规则所否定的结果而规避该税收规则的适用，作为税法（欺诈性）规避概念的缩写，避税应当是一个税法的专有概念，用以指称税收法律欺诈这一概念。此外，从功能的角度看，特别是从意大利对付避税现象所采取措施的发展来看，③ 法律欺诈和避税的关系可以作如下概括：为了打击避税现象，特别是在税法制度中不存在反避税规则的情形下，基于税收目的，可以建议一项类似于在民法典中所采取的应对模式，④ 换言之，可以讨论在税收领域适用一项基于法律欺诈模式的一般反避税规则。据此，一方面，避税应当基于法律欺诈的概念进行定义；另一方面，如果在税收规则中缺乏避税的定义，法律欺诈理论具有对付避税问题的功能，至少从理论思考的角度。这里需要进一步阐述两个方面的内容：首先，这种理论上的思考以假定缺乏对避税进行定义的一般反避税规则和法律欺诈的民事规则（例如意大利民法典第 1344 条）在税收领域适用的不可能或直接适用性的排除为前提。关于后者，意大利学说和司法判例已经得出相应结论；⑤ 其次，这种理论上的

---

① 例如，欧盟 2006 年第 69 号指令（Direttiva 2006/69/CE del Consiglio, del 24 luglio 2006, che modifica la direttiva 77/388/CEE per quanto riguarda talune misure aventi lo scopo di semplificare la riscossione dell'imposta sul valore aggiunto e di contribuire a contrastare la frode o l'evasione fiscale e che abroga talune decisioni che autorizzano misure derogatorie）。

② 这意味着如果没有上下文，欺诈的概念通常是指逃税而非避税。

③ 在意大利，在引入了一般意义上的反避税规则之前，为了反避税的需求，在税法制度中寻求潜在的原则和类推地适用其他法律制度中的自有概念是两种应对路径，而意大利学界更多地忽视了第一种路径，试图将避税现象置于交易无效的牢笼之中，通过最先根据虚假行为概念、之后根据法律欺诈概念的解读。Cfr. Paolo M. Tabellini, *L'elusione della norma tributaria*, Milano, 2007, p. 1.

④ Cfr. Vacca Ivan, *Abuso del diritto ed elusione fiscale*, in *Rivista di Diritto Tributario*, n. 12, 2008, p. 1078. 这里，牵涉到一个关于在其他非税收法律中的关于法律欺诈的条款在税收领域的适用问题。对此，在意大利，特别是在第一条一般意义上的反避税规则出台之前，已经讨论过了民法典第 1344 条在税收领域中的适用问题，但是并没有得出一致的观点。Cfr. Luciano Carta e Francesco Fratini, *Elusione tributaria e verifica fiscale*, Cacucci, 2000, pp. 97–101. 但是，大部分意大利学者还是持否定的意见，理由包括在税收领域识别强制性规则的困难，第 1344 条作为反避税的手段不适合，例如在避税的实施仅仅是通过一项行为而不是第 1344 条所指的法律交易或者是通过一系列关联交易的情形，而这些关联交易单个看待的话，都是合法的，但是第 1344 条的适用范围限制于单个交易，以及诉讼上的难度。Cfr. Angelo Garcea, *Il legittimo risparmio di imposta: profili teori e casi materiali*, CEDAM, 2000, p. 15.

⑤ Cfr. Fiorentino Stefano, *Il problema dell'elusione nel sistema tributario positivo*, in *Rivista di Diritto Tributario*, n. 7/8, 1993, p. 818.

思考在于查明是否存在一项一般的反欺诈原则，其不是成文的或可以根据其他法律体制的原则所推断出的，而该原则的适用意味着欺诈或规避交易对征税机关的不可对抗性或者（更直接地）无效。对此，意大利有学者也曾指出，"不存在这样的一般反欺诈原则，这样，仅仅是那些被特殊规则所规定的（因此是禁止的）规避交易在税收上才被否定的"①。

（二）避税与权利滥用

1. 权利滥用

为揭示避税的构成，在上文关于避税与节税和逃税的分析中，已经指出了其滥用方面的因素。这里，基于从另外的视野对避税性质进行分析的目的，需要专门就权利滥用理论对避税的影响及权利滥用和避税的关系进行探究，这也是进一步深入研究避税构成中滥用因素的需要。

那么，什么是权利滥用?② 有意大利学者指出，权利滥用首先本质上属于历史问题，然后才是观念问题。该作者对二项关于滥用的传统思想观念进行了分析，该二项观念分别涉及对滥用行为的不同监控形式：第一项观念，源于天主教的灵感，旨在对伦理和道德价值的尊重，超越行为的抽象法律价值，体现为对行为的动机进行监控；第二项观念，相反，受到世俗观念指导，关于滥用与否，表达了对值得保护的利益进行客观审查的评价标准。③ 同时，还有意大利学者指出，权利滥用首先是一种社会现象，然后才是法律现象，或者以半法律性质对其进行归类也是恰当的。该学者进一步指出，权利滥用是一种社会现象，并不是法律概念，相反，属于法律一直以来都不能在所有的无法预料的适用中进行规范的现象之一，即属于一种精神状况，属于道德评价范畴。该作者还强调了这种评价和伴随的谴责是如何在当事主体精神层面上发挥影响的，即使得当事主体不能专心行使法律对其承认的权利，因为一般道德良心并不赞同这样的权利行使。此外，

---

① Cfr. Franco Gallo, *Note minime sull'abuso del diritto in materia fiscale*, in *Giurisprudenza delle Imposte*, n.1, 2010.
② 权利滥用概念源自法国，法语为 abus de droit，诞生于19世纪中期法国的一项司法判决。该概念构成了个人或法人在面对其他个人、法人和国家、行政机构时的（法国）宪法上的地位的中心内容。
③ Cfr. Rescigno, *L'abuso del diritto*, in Riv. Dir. Civ., 1965, I, p.216, per cui cfr. Fiorentino Stefano, *Il problema dell'elusione nel sistema tributario positivo*, in *Rivista di Diritto Tributario*, n.7/8, 1993, p.812.

该作者还强调了这种评价和伴随的谴责是如何对立法政策产生影响的，即准备旨在认定当前具有合法性质的情形为非法的修改和改革。[①] 权利滥用理论诞生于存在绝对权利（例如所有权）、权利行使没有任何限制的观念的结束以及绝对权利的行使也应当满足一些特定条件的观念的认同。通常而言，"权利滥用概念意味着主体权利的行使需要受到限制。滥用发生在权利所有者以不正常的方式或不管如何基于法律体制所尊重的目的之外的目的行使权利的情形"[②]。事实上，权利滥用理论的诞生和之后的发展，可以一直追溯到罗马法时代和欧洲中世纪时代。[③] 根据罗马法传统，滥用发生在一项权利的行使与公平、诚信等一般原则不一致，或者甚至与基本的道德规则不一致的情形。此外，在一些古罗马法律文献中还指出："一事物的拥有者对该事物具有完全的权利，但更应尊重他人的利益以特定方式并在特定界限内行使这一权利，并以后者的利益为重"[④]。今天，大部分国家的法律体制都已经认可了权利滥用这一概念，例如，在一些欧洲国家，甚至在法律体制中，更准确地说在民法中，明确规定了权利滥用规则。[⑤] "权利滥用理论存在于大陆法系国家之中，涉及合法权利的恶意或反社会的行使可产生民事责任的问题"[⑥]。当然，权利滥用理论存在于意大利等大陆法系国家，与大陆法系国家"用权利概念作为核心表达工具、抽象推理演绎而成法典秩序"[⑦] 的传统密切相关。基于此，可以得出，权利滥用理论在于认可权利的

---

① 这些观点由意大利学者洛顿迪（Rotondi）在 1923 年发表的一篇文章中提出。Cfr. Fiorentino Stefano, *Il problema dell'elusione nel sistema tributario positivo*, in *Rivista di Diritto Tributario*, n. 7/8, 1993, p. 812.

② Elisabetta Vassallo, *Abuso del diritto nell'ordinamento tributario*, in *Altalex*, il 8 febbraio 2011, disponibile nel seguente sito: https://www.altalex.com/documents/news/2011/02/08/abuso-del-diritto-nell-ordinamento-tributario.

③ 关于权利滥用理论在罗马法和中世纪法中的经验, see Marco Greggi, "Avoidance and Abus De Droit: The European Approach in Tax Law", in *e-Journal of Tax Research*, n. 1, 2008, pp. 25–27。

④ Marco Greggi, "Avoidance and Abus De Droit: The European Approach in Tax Law", in *e-Journal of Tax Research*, n. 1, 2008, p. 30.

⑤ 根据葡萄牙民法典第 344 条的规定，如果一项权利的所有者在行使权利时明显地超越了源于诚信、公序良俗和该项权利的社会或经济目的的限制，就构成滥用。此外，根据希腊民法典第 288 条的规定，禁止权利的行使明显地超越了源于诚信、公序良俗和该项权利的社会或经济目的的限制。Cfr. Gestri Marco, *Abuso del diritto e frode alla legge nell'ordinamento comunitario*, Milano, 2003, pp. 29–30. 值得一提的是瑞士民法典第 2 条直接规定，一项权利的明显滥用不受法律保护，德国民法典第 226 条、意大利民法典在关于物权的第 833 条规定了类似的条款。参见徐国栋：《论权利不得滥用原则》，《中南政法学院学报》1992 年第 3 期。

⑥ Elspeth Reid, "The Doctrine of Abuse of Rights: Perspective from a Mixed Jurisdiction", in *e-Journal of Comparative Law*, vol. 8, 2004.

⑦ 冉昊：《两大法系法律实施系统比较——财产法律的视角》，《中国社会科学》2006 年第 1 期。

所有者将承担责任，如果其以不正常、极端或滥用的方式行使该权利的话。

2. 属于税法中的权利滥用的避税

虽然罗马法或中世纪法从未以独立学科的形式看待税法，也并未处理过现在所讲的避税现象，[1] 但是，毋庸置疑的是，当今需要也可以将源自民法的权利滥用理论适用于税法，至少对意大利等大陆法系国家而言。对此，有必要援引一位意大利学者面对权利滥用理论在税法中适用的质疑时所阐明的理由。首先，该学者认为，滥用发生在这样的情形："虽然行为或交易符合主体的法律情势和一项规则的内容，但是行为或交易的决定是为追求在法律体制中缺乏积极评价的利益，并蔑视债权人的客观利益，而对这一利益的尊重构成了个人法律自由的外部限制"[2]。随后，该学者提出："从实质要点来看，税收债务与民事债务是一致的，两者存在差异不是因为税收债务的本质内容，而是因为税收债务的实现和执行以及可能的诉讼法方面的内容"，"权利滥用概念一方面与在行为和交易中表现的主体法律情势、纳税人所追求的具体利益挂钩，另一方面与国库债权人的（潜在）权利挂钩，这些交易的法律效力不得对抗征税机关，但这些交易在私法上的效力并不无效"。[3] 据此，民法和税法的内在联系再一次得到了论证，源自民法的权利滥用理论也可以扩大到税法中适用，基于税收目的的结果与基于私法目的的结果相分离。

显然，通过对权利滥用性质的探究，可以分析得出避税的性质。已经可以明确的是，权利滥用是指权利和交易自由的扭曲使用，通过交易或行为的不自然创设，例如在关联方交易的情形，其在于权利行使方式的不正常，与经济活动的正常状态不符合，这与诡计、脱身之计和计谋等词汇相对应。但是，基于更细致的分析，权利滥用在于超越公平或诚信等一般原则、公序良俗、社会经济目的或（甚至）基本道德规则所施加的限制，其中，诚信原则和社会经济目的对于基于税收目的的权利滥用具有特殊意义。

---

[1]　See Marco Greggi, "Avoidance and Abus De Droit: The European Approach in Tax Law", in *e-Journal of Tax Research*, n. 1, 2008, p. 27.

[2]　Alessandro Giovannini, *Il divieto d'abuso del diritto in ambito tributario come principio generale dell'ordinamento*, in *Rassegna Tributaria*, n. 4, 2010, p. 982 e ss.

[3]　Alessandro Giovannini, *Il divieto d'abuso del diritto in ambito tributario come principio generale dell'ordinamento*, in *Rassegna Tributaria*, n. 4, 2010, p. 982 e ss.

当然，诚信原则更多指的是客观诚信原则。① 换言之，对权利滥用的评价，应当基于根据客观诚信要求的行为判断，节税能否被认定为合法或不正当，只能根据这样一种复杂的评价结果。② 因此，从逻辑上来讲，权利滥用理论和客观诚信理论具有同一内涵。"两者的特征在于都要求一项两方面的评估：一方面，它们对私人权利的评估，在尊重法律交易自由和交易自我决定下，基于其自身的不同类别的利益和促使其采取行为或交易的实质理由的实现；另一方面它们对债权人权利的评估，根据行为与行为真实目的在实质上相符的原则，基于其真实要求的实现"③。而在税收领域对不可违背的社会经济目的的强调，意味着对宪法所赋予税的或者说在现代社会税应当具有的、内在性的社会功能的强调。这一社会功能正是社会共同（连带）责任的功能，意指"税是一种个人的经济牺牲，为了对共同努力进行融资，而共同体的成员必须付诸承担，基于这样的事实：他们在经济上、社会上和政治上共同组成了这一共同体。而成员对税的承担并非因为他们获得或要求获得一项利益"④。需要进一步指出的是，与这一税的社会共同责任功能相关的因素，就是据以征税的负税能力。负税能力发挥着限制和正当化社会共同责任（大小）的作用。税的社会共同责任功能则表现为负税能力越大，应当承担更多的税负。因此，基于税收的目的行使一项权利，应当与税的社会性的连带功能相符合，或者说应当与旨在确保税负公平分摊的量能课税原则相符合，⑤ 否则将构成权利滥用。量能课税原则要求不同情形应当不同对待，相同情形应当同等对待，而避税却违背了（实质）相同情形应当同等对待的要求。例如，AB 两企业都在某地从事机械生产业务并具

---

① 主观诚信强调对损害他人法律情势的无知，而客观诚信是指在当事人主体关系中公正和相互忠诚的一般义务。

② Cfr. Alessandro Giovannini, *Il divieto d' abuso del diritto in ambito tributario come principio generale dell' ordinamento*, in *Rassegna Tributaria*, n. 4, 2010, p. 982 e ss. 此外，该作者还强调：不应当把权利的扭曲使用归结于一项既普通又微不足道的、虽然是不公正或不诚信的行为，或归结于一项含糊不清的道德或社会的勤勉规则，或归结于一项"不符合逻辑的税的节省"的模糊概念，而是应当直接归结于一项内在于法律体制中的原则，即客观诚信原则，并归结于作为该原则砥柱的相关行为规则，这些规则本身并不容忍任何规定的规避。

③ Cfr. Alessandro Giovannini, *Il divieto d' abuso del diritto in ambito tributario come principio generale dell' ordinamento*, in *Rassegna Tributaria*, n. 4, 2010, p. 982 e ss.

④ Gaspare Falsitta, *Osservazioni sulla nascita e lo sviluppo scientifico del diritto tributario in Italia*, in AA. VV., *L' evoluzione dell' ordinamento tributario italiano*, coordinati da Victor Uckmar, CEDAM, 2000, p. 83.

⑤ 事实上，量能课税原则不但对税收立法施加了一种限制，而且对私法自治的自由阐述施加了限制。Cfr. Angelo Garcea, *Il legittimo risparmio di imposta: profili terori e casi materiali*, CEDAM, 2000, p. 13.

有境外收益，但是 B 企业在低税负地区开曼群岛注册了一家 C 企业，属于空壳公司，通过转移定价将利润转移至 C 企业和由 C 企业获得境外收益的方法，B 企业取得了少缴税和延迟纳税的税收利益。显然，在低税负地区设立空壳公司、转移定价构成了"诡计"或不正常的交易方式，而由于没有在开曼群岛实际实施经济活动，B 企业和 A 企业实质上仍然处于相同的情形，这样 B 企业（集团）获得 A 企业没有的税收利益，将违背量能课税原则，因为实质相同的情形没有得到同等待遇。事实上，对权利是否滥用的评价，需要根据具有宪法重要性的价值来实施，因为社会共同责任和负税能力（或公平原则）通常都被明确规定在宪法之中，例如意大利宪法，因此，基于这些相关条款的解释，对于反避税而言，将涉及宪法路径。

　　关于权利滥用，还有必要说明一下与之相关的另一概念，即法律滥用（abuse of law）。事实上，法律滥用概念常见于英语的文献中，在法语、意大利语等拉丁语系文献中并不常见，原因在于意大利语等拉丁语系语言中的权利（例如意大利语 diritto），同时还具有法律的含义，而英语 right 仅具有权利而不具有法律的含义。不过需要指出的是，意大利语 diritto 在表示法律时仅指抽象意义上的法律，例如学术研究和教学中指称的"某某法"，并不具体表示立法机关发布的实在法上的"某某法"，后者有另外的词来表示，例如意大利语 legge。而英于中的 law 和汉语中的法都可以表示上述两种意义上的法律。因此，在法语、意大利语等拉丁语系文献中，作为一种学说理论，并根据该理论的起源，权利滥用是最初含义也是标准表述。而法律滥用则是权利滥用的派生含义，[①] 可理解为滥用规范权利滥用客体的权利的法律。因此，权利滥用必然伴随着法律滥用，可以说，法律滥用和权利滥用是同质的，它们针对同一事物，只不过基于不同的视角。事实上，在关于税法的英语文献中，使用法律滥用概念以替代权利滥用概念并不少见。而在法语、意大利语等拉丁语系文献中，通常使用权利滥用概念，该概念意指以滥用法律、导致与法律意图相违背的方式使用或要求某项权

---

① 关于法律滥用，存在这样一种定义："作为一般概念，这是一项关于一特定法律条款的范围的解释性概念。它包含两方面的因素：（1）违背法律目的的法律利用；（2）为满足该法律条款的形式要求，利用者采取了深思熟虑的行动"。See Horst Eidenmüller, "Abuse of Law in the Context of European Insolvency Law", in *European Company and Financial Law Review*, n. 1, 2009, p. 10.

利。① 权利滥用的客体即为权利，例如，税法中的合法节税权、享受税收优惠权、所得税利息等成本费用扣除权、增值税中的抵扣权、税收协定利益享有权等。规范相应权利的法规，则构成法律滥用的客体。关于权利滥用和法律滥用两个概念的这一关系，最后以欧盟税法中的避税行为举例说明。根据欧盟一体化和建立欧洲单一市场的要求，欧盟基础条约赋予了欧盟成员国人员以及商品、服务和资本在欧盟境内各个成员国间自由流动的权利，而欧盟内跨境避税行为的发生往往与该项权利的滥用密不可分。事实上，避税纳税人对自由流动权利的滥用，其实也是对赋予纳税人该项权利的欧盟法的滥用。例如，在英国脱欧前，英国 A 公司为获得一项减少纳税和延迟纳税的税收利益，利用欧盟法赋予的人的自由流动的权利，或者说是去其他成员国设立企业从事经营活动的自由，包括市场准入权和市场平等权，在爱尔兰设立子公司，并将利润转移至该公司，以享受爱尔兰相比于英国的低税负待遇。这样，在特定的情形下，例如所设立的子公司仅仅是空壳或皮包公司等不正常交易安排，（企业设立）自由流动权利的利用将构成为实现避税的滥用，不符合设立该项权利背后的目的。因为，这种自由流动的权利目的在于使得各个成员国间的经济和社会在欧盟范围内相互渗透，而要达到此目的，势必要求设立的企业稳定地和持续地参与到另一成员国的经济生活中并在那里获得利润，或者说要求在这个成员国内通过固定的企业或机构、无特定期限地从事真实的经济活动。②

3. 权利滥用理论对反避税的意义

关于（税的）规避与权利滥用的内在关系，意大利税法中有这样一种观点，权利滥用和（税的）规避是一种竞合关系，并且根据特殊性原则来解决两者的适用问题。③ 当然这一观点，更多是基于反避税的角度阐述两者在适用上的关系，即如果税法中引入了反避税规则，在反避税时即适用该规则，而不再援引一般的权利滥用理论。不过，关于权利滥用理论对避税的意义，可以从以下三个方面来理解：首先，从内涵的角度看，在包括意

---

① See Paulus Merks, "Tax Evasion, Tax Avoidance and Tax Planning", in *Intertax*, n. 5, 2006, p. 276.

② See ECJ's judgment of 12 September 2006 (Case C-196/04).

③ Cfr. Guglielmo Fransoni, *Abuso di diritto*, *elusione e simulazione*: *rapporti e distinzioni*, in *Corriere Tributario*, n. 1, 2011, p. 13.

大利在内的一些大陆法系国家，规避概念深嵌于权利滥用概念之中，[1] 换言之，如同法律欺诈渗透于并内含于避税之中，权利滥用也渗透于并内含于避税之中，而避税是权利滥用在税法应用中的效果。因此，在一些国家，避税就是被视为一种权利滥用。[2] 其次，从实践中术语使用的角度看，规避和滥用是两个对称概念，[3] 可以说，权利滥用是旨在打击（税的）规避的别名。在很多案例中，特别是在意大利等大陆法系国家，法规规避概念被滥用概念所替代。总之，"在使用滥用概念的国家里，法律滥用概念被视为是避税的同义词"[4]。因此可以理解，在税收领域，如果涉及权利滥用，通常在司法判例中，就是指避税。[5] 最后，就像在法律欺诈的情形里，权利滥用理论也具有应对避税问题的功能，即使在税法规则中存在避税定义的情况下。而在实践中，所谓的"权利滥用禁止"规则，即基于权利滥用理论、通常作为司法解释结果的一般反避税规则，也已经出现，并在税收领域中适用，欧盟税法以及一些诸如意大利等欧盟成员国内国税法对此已经给予确认。这里以欧洲法院一项判决为例，根据该判决，如果满足以下两项条件，即构成权利滥用：纳税人交易尽管形式上符合共同法规定的条件，但是该共同法追求的目的并没有达成；纳税人旨在取得一项来源于共同法上的利益，但是通过不自然的手段来满足为取得这项利益所必要的条件。[6] 此外，在意大利，更是在立法上规定了以权利滥用来界定避税的一般反避税规则，即纳税人权利宪章第 10 条附加第 1 条。

---

[1]　See Marco Greggi, "Avoidance and Abus De Droit: The European Approach in Tax Law", in *e-Journal of Tax Research*, n. 1, 2008, p. 23.

[2]　在其他一些国家之所以并没有使用权利滥用这一概念来指称避税，原因在于权利滥用概念仅仅在大陆法系国家被认可。

[3]　Cfr. Francesco Tesauro, *Istituzioni di diritto tributario-parte generale*, UTET, 2006, pp. 247-249.

[4]　Marco Greggi, "Avoidance and Abus De Droit: The European Approach in Tax Law", in *e-Journal of Tax Research*, n. 1, 2008, p. 24.

[5]　但是，必须强调的是，权利滥用并不构成与规避概念平行的概念，而是构成了一项与避税概念相比，适用范围更广的概念，并且主要出现在司法判例中。Cfr. Giancarlo Zopponi, *Abuso del diritto e dintorni (ricostruzione critica per lo studio sistematico dell'elusione fiscale)*, in *Rivista di Diritto Tributario*, n. 7/8, 2005, p. 809.

[6]　See ECJ's judgment of 14 December 2000 (Case C-110/99). 这样，基于反避税的目的，欧洲法院在判决中认可了在欧盟税收领域权利滥用禁止原则的适用。基于欧洲法院判决的效力，事实上像意大利等国法院也认同了权利滥用禁止原则在税收领域的适用，特别是当本国的反避税立法的适用范围被不涉及的税收领域。

(三) 法律欺诈与权利滥用在反避税中的关系

在分别从法律欺诈和权利滥用两个角度对避税的基本问题进行阐述之后，还需要从一个统一的视角对法律欺诈和权利滥用在避税中的关系作一个总结。

首先，根据在前文分析的结论，特别是其中关于避税的性质在于法律欺诈和权利滥用，可以确定，法律欺诈和权利滥用通常交错在一起，其中一个概念包含了另一个概念中的特定内涵。例如，在描述法律欺诈时，也提及滥用的因素，而在描述权利滥用时，特别是在法律滥用的情形，也提到违背立法意图这一因素。对此，有这样一段关于权利滥用的描述："如果法律是根据其形式措辞而违背其目的而适用，仅构成一项法律滥用。这意味着法律滥用在本质是关于一项特定的法律条款的正确解释。而正确解释并不拘泥于一项规则的措辞，也需要考虑该项规则的基本目的。因此，法律滥用是一种解释概念，并不是一项与该规则目的相分离的独立原则"[1]。但需要强调，法律欺诈和权利滥用可能的差异仅仅在于在阐述各自理论时采用了不同角度：法律欺诈主要从结果的角度进行展开，权利滥用主要从方式或形式的角度进行展开。[2] 此外，权利滥用表现为一种反社会和反道德的行为，而反社会性或反道德性产生于法律欺诈目的的达成。[3] 因此，法律欺诈和权利滥用属于两个对称概念，换言之，用一个概念可以来描述另一个概念。一方面可以说，法律欺诈是权利滥用的前提，另一方面也可以说，权利滥用实质上存在于导致法律欺诈的交易中。

其次，法律欺诈和权利滥用是两种反避税理论，或者说用来监控主体权利行使的手段，作为对特定危险的回应。[4] 特定危险是指：为满足个人的合法利益，立法者规定的有利于私人的法律制度和主体法律情势可能基于恶意的目的或不值得保护的目的而被利用。基于权利滥用可以确定法律欺诈现象、[5] 基于法律欺诈也可以确定权利滥用现象，两者存在相通之处。但

---

① Horst Eidenmüller, "Abuse of Law in the Context of European Insolvency Law", in *European Company and Financial Law Review*, n. 1, 2009, pp. 9-10.

② 事实上，似乎从法律欺诈和权利滥用各自的命名本身中也可以得出这一结论。

③ Cfr. Paolo Costantini e Federico Monaco, *L'elusione tributaria*, Maggioli, 1997, p. 39.

④ Cfr. Gestri Marco, *Abuso del diritto e frode alla legge nell'ordinamento comunitario*, Milano, 2003, p. 2.

⑤ Cfr. Paolo Costantini e Federico Monaco, *L'elusione tributaria*, Maggioli, 1997, p. 38.

是，在税收领域，作为反避税工具的权利滥用理论的使用并不应当与税收规则欺诈交易理论相混淆，毕竟法律欺诈和权利滥用属于两种不同的法律制度。事实上，在欧洲大陆法系国家，作为在税收领域适用的反避税原则，在法律欺诈和权利滥用之间，不同国家或者不同时期有着不同的选择，例如，德国从 1977 年开始，在税法体制中就适用法律规则滥用理论，[1] 意大利直到 1997 年才认可权利滥用在税法中的适用，之前一直偏向于选择税收规则欺诈交易理论。[2] 意大利曾忽视权利滥用制度在税法中适用，原因主要在于权利滥用禁止原则与法律确定性原则相左，担心如果该制度被广泛使用，将损害纳税人受保护的利益。

再次，需要指出，与意大利等传统大陆法系国家不同，英美法系国家在制定反避税规则时，通常是根据实质重于形式理论或商业目的理论，而不是法律欺诈或权利滥用理论。当然，在认定避税构成要素方面，以实质重于形式理论或商业目的理论作为基础的反避税规则和以法律欺诈或权利滥用理论作为基础的反避税规则并不存在实质差异，但是前者特别强调有效经济理由或合理商业目的的缺失，后者则强调法律规则的滥用或立法意图的违背。而在避税认定与否方面，是否存在除税收利益之外的有效经济理由不应直接相关，同时，过于强调有效经济理由，将不利于对纳税人合法节税权的确认。

最后需要强调的是，对避税的研究不能脱离于民事法律交易的研究，这是因为一方面，民法和税法具有紧密的关系，即税法在规定应税行为时，必须参照私法上的规定。事实上"避税产生问题显然是民法和税法之间的关系得到梳理和正确处置的结果"[3]，另一方面，法律欺诈理论和权利滥用理论都与民法具有天然的联系，两种理论在税收领域中的应用或多或少都牵涉到私法交易。因此，可以说避税在于滥用民法提供的形式，这也说明对于民法深受意大利等传统大陆法系国家民法影响的国家、地区，在反避税规则的制定中需要考虑法律欺诈理论或权利滥用理论。

---

[1] 具体参见德国税收通则第 42 条反滥用条款。

[2] Cfr. Paolo Costantini e Federico Monaco, *L'elusione tributaria*, Maggioli, 1997, p. 38.

[3] Pasquale Pistone, *Abuso del diritto ed elusione fiscale*, CEDAM, 1995, p. 274.

(四) 避税的定义

通过基于法律欺诈理论和权利滥用理论对避税进行的深入分析，使得深入地审视避税和合法节税的界限成为可能：(1) 避税乃是通过一项旨在规避一税收规则的交易，选择一反常的税收规则，因此导致一项税法制度不认同的税收利益，而合法节税乃是通过一项旨在满足所选择规则的适用条件的交易，在被税法制度视为具有同等尊严、可相互替代的税收规则中，选择其中税收负担最小的规则；① (2) 避税的特征在于交易工具的"机警"使用和对税法制度漏洞和缺陷的利用，而合法节税的特征在于其与规范应税行为原则的完美契合；② (3) 避税体现为一项权利的扭曲行使，而合法节税体现为一项权利的适当行使；(4) 避税违背税收规则的立法意图或规则制度的原则，而合法节税符合税收规则的立法意图或规则制度的原则。

事实上，对于避税而言，描述要比定义更加容易，但对避税概念实施一项统一的定义仍然是可能和必要的，尤其是当一国需要引入一般反避税规则等反避税措施时。避税首先仅仅是一项理论或逻辑概念，如果一国税法制度没有考虑并引入反避税措施的话，避税在法律上就不具有重要意义。需要特别指出的是，在定义避税时，存在一些预先需要特别注意的要点：(1) 鉴于避税和合法节税的模糊界限，定义应更多致力于避税和合法节税的区别，而不是避税和逃税的区别；(2) 在定义中，必须表明避税以存在有效的商业交易为前提；(3) 避税概念应当包含来自于法律欺诈和/或权利滥用的因素；(4) 与反避税中的客观审查相对应，在定义中应当排除主观因素，即纳税人的避税主观意图；(5) 鉴于纳税人具有选择税收负担上最小的行为或交易的权利，在定义中没有必要"嵌入"有效经济理由的因素；(6) 在定义中，在意大利这样将量能课税原则视为宪法上的税法基本原则的国家，有必要强调量能课税原则的违背。

作为总结，根据意大利税法学说从法律欺诈与权利滥用理论对避税性质的深入分析，这里对避税实施一项统一的定义，即可以适用于所有不同的税种：避税是纳税人实施的一种税的节省行为，通过商业或民事上有效

---

① Cfr. Angelo Garcea, *Il legittimo risparmio di imposta: profili terori e casi materiali*, CEDAM, 2000, pp. 65 e 70.

② Cfr. Angelo Garcea, *Il legittimo risparmio di imposta: profili terori e casi materiali*, CEDAM, 2000, p. 66.

的行为或法律交易的扭曲或不正常使用，尽管形式上符合税收规则或法定应税行为要件，但实质上不符合相关规则的立法目的，从而导致一项不正当的税收利益，纳税人取得该税收利益将违背量能课税原则。

二、反避税的理论边界

反避税的理论边界是指在国家引入或征税机关采取反避税措施时需要遵循的一些原则，这些原则的遵循能有效阻止纳税人合法私人利益受到侵害。而这些原则主要包括法律确定性原则、合法预期原则、合同自治原则、中性原则和比例原则。

（一）　法律确定性原则与合法预期原则

法律确定性原则是指法律必须赋予受该法律规范的人们以安排自身行为的能力。这意味着，法律相对人事实或行为的法律后果是可以准确预见的，或者法律相对人权利应当得到可以预见的应用。法律确定性被普遍认为是法治的一项基本要求，同时，法律确定性在一定程度上必然存在于法律保留原则所塑造的制度中，因此法律保留原则不仅仅产生征税选择的民主化。[1] 总之，法律确定性是实证主义法律传统所创制的一项基本保护（制度），"在税收领域，在征税要求实现的每一个阶段，从纳税义务产生到完全实现，法律确定性都为纳税人保护构筑了屏障"[2]。

那么，反避税措施的适用会对税法中的法律确定性原则造成怎样的损害？首先，反避税措施，尤其是一般反避税规则和税收规则的反避税解释，是征税机关用于否定纳税人商业交易税收待遇的工具。其次，反避税措施赋予给征税机关在反避税中的自由裁量权越大，纳税人商业交易对应的纳税义务就越难以预见，尤其是考虑到避税和合法节税本身模糊的界限。此外，规则应用的不确定性削弱了纳税人对税收规则的合法预期。结果，形

---

① Cfr. Vacca Ivan, *Abuso del diritto ed elusione fiscale*, in *Rivista di Diritto Tributario*, n. 12, 2008, p. 1071.

② Pasquale Pistone, *Abuso del diritto ed elusione fiscale*, CEDAM, 1995, p. 276.

成了当代税法的一项痛处，即难以对征税正义与规则应用的确定性进行协调。换言之，"对两项相反的要求总是很难进行调和：一方面是保护法律确定性和合法预期，另一方面是打击旨在规避欧盟法规所规定的禁止的行为，该行为改变和损害了法规的目的"①。当然，不管是在意大利税法体制中，还是在欧盟税法体制中，也存在保护法律确定性和合法预期的要求。欧洲法院一再重申合法预期和法律确定性保护原则是欧盟法律体制中的重要原则，包括意大利在内的欧盟成员国在实施欧盟指令赋予它们的权力时应当遵循这些原则。②

需要特别一提的是，在欧盟增值税制度中，其中，包括了意大利增值税制度，尽管打击任何一种可能的增值税避税或滥用行为是欧盟增值税指令所承认和促进的一项目标，这项目标的实现也应当遵守法律确定性原则。对此，欧洲法院已经一再给予了确认，同时在著名的哈利法克斯（Halifax）案判决中，欧洲法院再一次重申："对于那些受欧盟法规所规范的人们而言，欧盟法规应当是确定的，它的应用应当是可预见的。当涉及一项将引起金钱负担的规则时，法律确定性的要求必须以更为严格的方式被遵守，以允许相关主体能够准确地明白由其承担的义务范围。"③ 因此，在欧盟增值税制度中同样存在平衡反避税与保护纳税人商业关系法律确定性的难题，换言之，"这里不仅关涉到滥用，关涉到基本权利和每一个成员国需要为用于福利而筹集资金之间的平衡，也关涉到税收待遇的可预见性"④。

（二）合同自治原则与中性原则

合同自治或合同自由原则是指一项合同的经济经营者在从事经济活动中对确定合同内容的自治性。尽管合同自治的行使本身应当受到民法所规定的一些特定限制，但合同自治在经济社会和在法治社会中的基本作用是毋庸置疑的。合同自治是交易活跃的必然要求，与经济经营自由紧密相关，

---

① Paolo Centore, *L'evoluzione della giurisprudenza comunitaria in tema di frodi IVA*, in *Rivista di Giurisprudenza Tributaria*, n. 10, 2006, p. 845.

② See ECJ's judgment of 3 December 1998 (Case C-381/97) and ECJ's judgment of 12 January 2006 (Cases C-354/03, C-355/03 and C-484/03).

③ See ECJ's judgment of 21 February 2006 (Case C-255/02).

④ Marco Greggi, "Avoidance and Abus De Droit: The European Approach in Tax Law", in *e-Journal of Tax Research*, n. 1, p. 42.

而意大利宪法第41条明确规定了经济经营自由。可以说，合同自治推动着经济财富的增长，而后者正是税收的来源。因此，存在这样一项被广泛认同的观点："税款正确和迅速的征收以交易自由为前提。"①

不过，就像法律确定性原则，合同自治原则在征税机关实施反避税时也会受到侵害。众所周知，一项交易方案或安排通常是在不同交易或合同形式间（例如买卖、租赁、投资、合伙等）进行自由选择的结果。而这些不同的交易或合同形式往往承担着不同的税收待遇。如果因为税收待遇，例如取得一项特定的节税，与立法目的相违背，某项交易方案或安排基于反避税的目的被否定，那么，上述的自由选择也同时在税收层面被否定了。因此，征税机关实施反避税，特别是利用一般反避税规则，很容易造成对纳税人合同自治实现的干预，并对合同自治造成侵害。换句话说，"当反避税条款以极其严厉的方式被解释时，就有遏制企业经营调整和企业重组以及商业交易的风险"②，尤其是在增值税领域。这是因为增值税是这样一种税："接近于登记税，除了对进口等特定的交易，与一项诸如商品交付、服务提供或跨境购买商品等法律交易存在紧密的关联"③，同时在应税行为的成就方面依靠客观标准。为此，并不奇怪会存在这样的观点："但是，反避税的斗争，也就是反权利滥用的斗争，应当在国库利益维护和经济经营自由之间找到一个正当和平衡的妥协。"④

最后，税收中性原则要求国家征税应尽可能减少税收干扰或扭曲市场机制，进一步从微观的角度而言，征税应尽可能减少对企业经营决策的影响，这就要求征税机关应当谨慎实施反避税，避免滥用反避税权力而对企业经营决策产生不利影响，尤其是关于一些创新的业务或交易模式。这无疑与要求征税机关不得滥用反避税权力、侵害企业交易自治是相一致的。需要特别一提的是，中性原则作为增值税制度的一项基本原则，确保了纳

---

① Paolo M. Tabellini, *L'elusione della norma tributaria*, Milano, 2007, p. 66.

② Giuseppe Ripa, *Disposizioni antielusive: confronto tra risparmio d'imposta ed elusione*, in *Corriere Tributario*, n. 18, 2000, p. 1276.

③ Jacques Autenne e Adriano Di Pietro, *Regime definitivo per l'IVA europea unificata: proposta di una nuova fase per il futuro*, un documento interno della SEAST.

④ Maurizio Villani, *Abuso del diritto secondo la recente giurisprudenza della corte di cassazione* in *Altalex*, il 15 luglio 2009, disponibile nel seguente sito: https://www.altalex.com/documents/news/2009/09/09/elusione-fiscale-ed-abuso-del-diritto.

税人不承担增值税税负，而采取反避税措施对中性原则可能的侵害在于这样一个事实，即为应对增值税避税行为，一些反避税措施直接对特定领域中的抵扣权进行限制。

（三）比例原则

"公共机关在履行法律赋予它们的任务时必须采取合适和必要的措施，以尽可能减少给所牵涉的私人处境带来的牺牲"①，这是比例原则最初的核心要点。比例原则源自司法判例，产生于德国法。1882 年，普鲁士一家行政法院认定一项行政决定无效，根据该行政决定，一家销售酒类饮料的食品商店需要关闭，因为没有得到销售许可，而法院认定无效的理由是当局没有考虑采取一项处罚力度更小的措施的可能性。② 事实上，比例原则构成了合理性原则（principio di ragionevolezza）应用中的最重要一部分内容，也可以说是合理性原则的进一步阐述。目前，比例原则不仅已经成为意大利法中的一项一般原则，甚至也已经成为欧盟法中的一项一般原则。③ 作为一项立法过程中的法则，比例原则首次出现在欧洲法院 1956 年的一项判决中。④ 而比例原则在增值税中的适用也已经被欧洲法院判决所明确确认。欧共体理事会在 1989 年 7 月 28 日曾作出了一项决定，授权法国政府可以排除纳税人进项增值税的抵扣权，即使当相关开支可证明具有严格的商业性质，而欧洲法院认为这一决定是不符合比例原则的，因此是无效的。⑤ 需要特别指出，尽管比例原则在最初诞生时是为了限制行政权或行政措施，但是现在该原则也可以用于限制立法权或立法措施以及欧盟司法判例（鉴于其规则的效力）。"关于欧盟法律体制中的法律制定规则，比例原则在其中发挥着重要的作用……它对于平衡共同体法应用框架下的公共和私人部门利益

---

① Alessandro Amaolo, *Pubblica Amministrazione: i principi di ragionevolezza e di proporzionalità*, in *Overlex*, il 19 gennaio 2010, disponibile nel seguente sito: http://www.overlex.com/leggiarticolo.asp? id=2233.

② Cfr. Alessandro Amaolo, *Pubblica Amministrazione: i principi di ragionevolezza e di proporzionalità*, in *Overlex*, il 19 gennaio 2010, disponibile nel seguente sito: http://www.overlex.com/leggiarticolo.asp? id=2233.

③ See Adam Zalasiński, "Proportionality of Anti-Avoidance and Anti-Abuse Measures in the ECJ's Direct Tax Case Law", in *Intertax*, n. 5, 2007, p. 310.

④ See ECJ's judgment of 16 July 1956 (Case C-8/55).

⑤ See ECJ's Judgment of 19 September 2000 (Cases C-177/99 and C-181/99).

非常重要。"①

　　无疑，反避税措施需要经过比例原则的审查。事实上，比例原则已经成为欧洲法院评估意大利等欧盟成员国反避税措施是否可以接受的基石。根据欧洲法院，"其中大部分措施为换取税收利益而牺牲了经济经营者交易选择的自治性，而往往不成比例"②。那么，什么样的反避税措施可以通过比例原则的审查？通常而言，相比于反措施的目标，也就是打击避税的目标，反避税措施不应当是不成比例的，涉及狭义的比例性。具体而言，对于上述目标，反避税措施首先应当是适合的，其次应当是必要的。所谓必要，是指仅当不存在另一项具有同样功效、但对私人利益带来更小消极影响的措施时才必须采取这一措施。换句话说，"任何反避税措施必须是比例的，与它的目标相比。同时，措施对交易的影响是最低限度的，以致并不存在其他具有同样目的、但限制性更小的措施"③。

　　当然，需要特别指出，不同于法律确定性原则、合法预期原则、合同自治原则和中性原则，比例原则并不涉及一项新的可能受到反避税措施实施侵害的私人利益。比例原则更像是一种具体工具，用来评估反避税措施实施能给公共利益带来的好处与可能给私人利益带来的不利影响，其确定这种好处和不利影响是否平衡或成比例。换句话说，如果法律确定性原则、合法预期原则、合同自治原则或中性原则的审查是旨在警告反避税措施的实施应当避免或尽可能减少对私人利益的损害，那么比例原则的审查是旨在提醒反避税措施的实施是可以接受的，如果上述损害并不超过为保护相关公共利益所需的适合和必要程度。因此，比例原则审查是法律确定性原则、合法预期原则、合同自治原则和中性原则审查的延续，一定程度上包括了后面四项原则的审查。

---

① Adam Zalasiński, "Proportionality of Anti-Avoidance and Anti-Abuse Measures in the ECJ's Direct Tax Case Law", in *Intertax*, n. 5, 2007, p. 311.

② Cfr. Pasquale Pistone, *L' elusione fiscale ed il diritto comunitario*, in AA. VV., *La normativa tributaira nella giurisprudenza delle corti e nella nuova legislazione*, Atti del convegno "gli ottanta anni di Diritto e Pratica Tributaria" (Genova 9-10 febbraio 2007), coordinati da Victor Uckmar, CEDAM, 2007, p. 91.

③ Violeta Ruiz Almendral, "Tax Avoidance and the European Court of Justice: What Is at Stake for European General Anti-avoidance Rules?", in *Intertax*, n. 12, 2005, p. 576.

三、反避税事前裁定

（一）基本内容

在意大利税法制度中，涉及避税方面的事前裁定（interpello）有以下三类：（1）1973 年所得税查定法原第 37 条附加第 1 条第 8 款中规定的反避税规则不适用事前裁定；（2）1991 年第 413 号法律原第 21 条规定的反避税特殊事前裁定；① （3）2000 年纳税人权利宪章原第 11 条规定的一般事前裁定。不过，在一般反避税规则统一规定在纳税人权利宪章后，根据 2015 年第 156 号立法令修改后的纳税人权利宪章第 11 条的规定，在规定事前裁定具体事项的第 1 款中，事前裁定的事项增加了关于反避税（权利滥用）规则的适用，即第 3 项，同时，上述第 156 号立法令删去了 1991 年第 413 号法律第 21 条的规定。② 此外，修改后的宪章第 11 条第 2 款又规定了关于反避税规则不适用的事前裁定。2023 年第 219 号立法令又将这一事前裁定调整到了第 1 款中，即第 4 项。为此，上述前面两类涉及避税的事前裁定已经成为纳税人权利宪章第 11 条第 1 款规定的诸多事前裁定事项中的两类，纳入统一的规范之中。

1. 一般事前裁定

关于一般事前裁定，重点需要阐释事前裁定概念、目的与意义。事前裁定是纳税人等主体为了认知一项规则的正确解释并且在具体案件中的相关适用而向征税机关提出请求予以裁定，即给出意见，而请求的提出有时会伴随纳税人对一项税法规则在与之相关的具体案件中的如何适用提出自己的意见。③ 而作为伴随事前裁定设立而产生的一项纳税人拥有的权利，事前裁定权是对纳税人认可的一项请求征税机关在法律和/或事实方面对税收

---

① Cfr. l'art. 21 della Legge 30 dicembre 1991, n. 413.

② Cfr. l'art. 7 del Decreto Legislativo 24 settembre 2015, n. 156.

③ Cfr. Maria Villani, *L'interpello antielusivo*, in *Innovazione e Diritto*, Speciale 2010, p. 121.

规则进行评价的权利，其中税收规则是一具体地可以应用于一项纳税人试图实施或已经实施的事实、行为或交易的规则，其目的在于确保纳税人事前知晓征税机关相关的判断，避免事后的因有风险的行为而造成不利结果，例如，被索要数额更多的税款和/或源于争议产生的司法费用。[1]

设立事前裁定乃是旨在对两个相左的要求进行平衡，即纳税人交易行为法律后果（税收债务）的确定性和可预测性与确保税负公平负担和税收收入。而这种平衡的出发点还是在于保障前者的利益，这样，事前裁定可以使得一些涉及获取信息权、透明、信赖利益和善意保护的一般原则适用也扩展到税收领域。进一步说，关于设立事前裁定的重要意义，可以首先从事前裁定本质是一种公民对行政程序的参与机制的角度来分析，或者说从更一般的角度来看的话，可以有以下五方面的意义：（1）行政活动中民主原则的实现；（2）允许公共行政部门在采取措施时知晓原本未考虑的因素；（3）通过各方参与者的有意图的行动和合作，司法争议得到限制；（4）行政透明原则的实现；（5）赋予公民这样一种可能性，即提出自己的理由来提前保护和保障合法权益。而具体到事前裁定，其设立的重要意义或好处是伴随相关制度的争议抗辩提前、防止征税建立在推定的财富之上、更好地体现负税能力、纳税人可以少担被事后处罚的风险。[2] 当然，事前裁定是如何具体体现上述这些意义的，还需要结合下文相关程序和实体问题的分析。

2. 反避税特殊事前裁定

反避税特殊事前裁定，其特殊是与一般事前裁定而言的，即关于反避税规则的解释和适用的事前裁定，但其基本规则与一般事前裁定是一样的。例如，（1）关于提出事前裁定请求的条件，需存在客观的不确定性，包括特定规则的解释是否与纳税人自己的具体案件相关或适用到纳税人自己的具体案件，征税机关尚未通过诸如通告等可以使纳税人知晓的方式公布就类似的具体案例规则适用的解释措施，纳税人还没有适用作为事前裁定客

---

[1] Cfr. Manlio Mastalli, *L'interpello per la disapplicazione delle norme antielusive e l'abuso del diritto*, Documento di Luiss Guido Carli, Febbraio 2010, p. 10.

[2] Cfr. Manlio Mastalli, *L'interpello per la disapplicazione delle norme antielusive e l'abuso del diritto*, Documento di Luiss Guido Carli, Febbraio 2010, p. 1.

体的规则或还没有实施会受征税影响的交易；（2）可以提出事前裁定请求的主体，除了纳税人之外，还包括税收支付的共同债务人、扣缴义务人、企业和机构的代理人和非居民纳税人。其中，扣缴义务人仅就源泉扣缴的事宜可以提出事前裁定请求；（3）通常向收入局的大区总部提出；①（4）提出请求不产生时效中断或中止，例如纳税人收入申报不能推迟到征税机关给出意见的那一时刻；（5）默认规则；（6）裁定的意见不能被上告或起诉；（7）提出事前裁定的主体需要缴纳一笔特殊捐贡，即事前裁定不是免费的。

反避税特殊事前裁定的特殊之处，顾名思义，在于涉及纳税人权利宪章第11条第1款单列的特殊裁定事项，即在于其请求征税机关事前给出关于具有潜在性地避税特性的交易安排的意见，即关于是否构成避税以及如何调整。具体而言，早先是指1973年所得税查定法原第37条附加第1条中规定的行为、事实和交易。该条第1款规定，这样一些缺乏有效经济理由的行为、事实和交易不可反抗征税机关，即旨在规避税法制度规定的义务或禁止，并且旨在取得税的减少或退还。该条第2款规定，通过征收根据被规避的税法规则确定的税，征税机关不认可基于第一款规定的行为、事实和交易所取得的税收利益。不过，该条反避税的一般规则存在应用的上限制，根据该条第3款的规定，当以下一项或多项交易发生时，第1款和第2款规定的规则才可以适用：（1）企业结构改变、合并、分立、（自愿的）清算以及将并非是通过利润构成的，而是从资本净值项目中攫取的款项分配给股东；（2）投资企业或以企业的转移或享有为目标的交易；（3）信贷的转让……（9）关联企业之间的协议。当然，意大利在一般反权利滥用原则在税收领域适用确定下来后，尤其是纳税人权利宪章第10条附加第1条引入一般反避税规则以后，目前只要潜在可能构成权利滥用的交易安排，纳税人都可以提出反避税特殊事前裁定请求，不再局限于上述1973年所得税查定法原第37条附加第1条规定的9类交易行为，当然也不再局限于所得税的避税。

此外，关于反避税特殊事前裁定特殊之处，需要指出的是，根据收入

---

① 在2006年之前，在反避税特别事前裁定中，裁定主体是作为第三方的反避税规则适用咨询委员会（Comitato Consultivo per L'applicazione delle Norme Antielusive），后被撤销。对其撤销的原因，下文会提及。

局 2001 年第 140/E 通告,① 反避税特殊事前裁定请求只能是在纳税人尚未实施其希望得到征税机关意见的交易行为的情形下。

3. 反避税规则不适用事前裁定

根据 1973 年所得税查定法原第 37 条附加第 1 条第 8 款的规定,反避税规则不适用事前裁定是指纳税人通过该程序可以向收入局的大区总部请求一项反避税规则的不适用,当就一同向收入局的大区总部表明的具体交易安排,纳税人证明该反避税规则试图避免的规避效果不能够被查实。该事前裁定与上述两项事前裁定不同之处在于,其并不是请求征税机关给出一项意见,而是旨在从征税机关获得一项真正的、关系自己的、最终性的行政措施,即税务处理决定。基于这一行政措施,反避税规则不被适用。仔细分析,该项事前裁定主要是针对特殊反避税规则的适用而言的。考虑到特殊反避税规则是建立在相对法律推定基础上的反避税规则,它允许纳税人提出反证来推翻反避税规则的适用,即纳税人可以证明其交易安排不具有避税目的。因此,即使 1973 年所得税查定法第 37 条附加第 1 条被 2015 年第 128 号立法令废除以后,上述反避税规则不适用事前裁定已经失去法律依据,但对纳税人请求不适用特殊反避税规则的权利并没有产生实质影响。何况,纳税人权利宪章第 11 条又规定了反避税规则不适用事前裁定。

(二) 主要适用问题

1. 默认规则

默认是指负有履行义务的主体面对相对人的请求需要在限定的期限内完成义务履行,超过期限未履行的,视为其同意相对人请求的一项法律制度。默认规则在行政法上的应用尤为重要,它对于提高行政办事效率、杜绝行政不作为从而保护相对人的权益意义深重。意大利税法在规范事前裁定时,都规定了默认规则。不过,在原来很长一段时间内,默认规则在一般事前裁定和反避税特殊事前裁定之间存在一定的差异。在一般事前裁定

---

① Cfr. Risoluzione dell' Agenzia delle Entrate 140/E del 2001.

中，根据 2001 年第 209 号部长令第 5 条的规定，[①] 当纳税人在提出请求后120 日内没有收到答复，其在提出请求时同时提出的解释方案视为被承认。在反避税特殊事前裁定中，根据 1991 年第 413 号法律第 21 条第 9 款的规定，在 120 日后征税机关尚未作出回复的，提出反避税特殊事前裁定请求的纳税人需要告诫征税机关在 60 日内履行其回复的义务，在告诫后 60 日依然未回复的，才可以被视为征税机关承认纳税人的解释方案。不过，关于反避税特殊事前裁定默认规则中的 180 天期限，意大利学者曾有批评的意见，认为 180 日期限过长，很少可以满足企业的要求，即迅速的确定性要求，为了能及时就交易安排采取决定，尤其在企业重组的场合下，这样可能使其跟世界上的同行竞争者相比处于不利的低位。[②] 当然，目前一般事前裁定和反避税特殊事前裁定已经适用统一的默认规则，根据纳税人权利宪章第 11条第 5 款的规定，针对所有事项的事前裁定请求，征税机关都应当在 90 天内答复，但 8 月 1 日至 8 月 31 日这段时间排除。据此，征税机关回复的期限总体上是缩短了，这有利于纳税人。不过需要强调的是，征税机关不回复或延期回复，纳税人可以向法院提起诉讼、要求审查。

显然，默认规则的规定，可以促使纳税人在提出事前裁定请求时同时提出自己的解释方案，可以很好地体现设立反避税事前裁定的各项重要意义，例如公民以更积极的方式参与行政程序、可以使征税机关在采取措施时知晓原本未考虑的因素、提出自己的理由来提前保护和保障合法权益或者说争议抗辩提前、司法争议得到限制等。

2. 意见的效力

关于征税机关在反避税事前裁定中作出的回复意见的效力，首先需要指出的是，根据意大利纳税人权利宪章第 11 条第 2 款的规定，意见只对提出请求的纳税人关于其指出的具体案件发生作用，并不对与其他纳税人相关的类似的案件发生作用。不过，该条原第 4 款规定，如果请求涉及一类相似问题，可以通过通告的形式来回复。目前，这一规定已经被删去，但这并不意味着征税机关不可以再实施这一行为。

---

① Cfr. l'art. 5 del Decreto Ministeriale 26 aprile 2001, n. 209.
② Cfr. Carbone Michele, *Le recenti novità in tema di interpello al Fisco*, in *Pratica Fiscale*, n. 8, 2009.

其次，关于意见是否对纳税人具有约束力的问题，虽然意大利已经对于这一问题达成了共识，认为不具有约束力，但之前一直存在争议，有认为具有实质性的效力，即具有约束力。① 意见是否具有约束力，实质在于征税机关在事前裁定中作出的回复意见是否是一项行政措施，即是否可以对其在司法程序上进行审查。对此，在 2007 年，首先意大利宪法法院认为，基于一般事前裁定下的征税机关对于事前裁定请求的回复，只能视为是一种意见，并不代表征税机关面对请求人实施了征税权。② 随后，意大利最高法院认为，通告不具有外部的效力，只是在征税机关内部有效力，仅仅是表面征税机关的立场，并不直接对纳税人的权利造成损害。③ 最后，意大利收入局 2009 年第 5/E 号通告④明确地对此进行了阐明：所有在事前裁定中做的回复是一种非措施性的行政行为，因为其缺少行政措施（具体行政行为）所应具有的特征，即单方面性、强制性和执行性，而这些特征可以合法化纳税人向法院寻求司法保护，当纳税人的权利受到损害的时候。这也意味着请求者没有义务遵守征税机关给予的答复意见。

最后，关于意见是否对征税机关具有约束力的问题，曾经也有争议，目前主流观点认为对征税机关具有约束力，⑤ 纳税人权利宪章第 11 条第 5 款也给予了明确规定，当然限于针对提出事前裁定请求的纳税人和请求所涉的事项和问题。这样，如果征税机关之后作出的征税行为与事前裁定中的意见（包括基于默认规则下的意见）不符合，该征税行为就无效。此时，征税机关可以纠正事前裁定中的意见，但是修改的意见只能对纳税人未来可能实施的同一行为有效。不过，也有观点曾认为意见对征税机关不应具有约束力，在诉讼中其仅仅是作为一种评价、判断的因素。⑥ 在这一观点下，在反避税特殊事前裁定中，虽然征税机关作出的回复意见没有约束力，但是其依然具有一些影响，除了这里要说明的是举证责任倒置的作用外，还包括下文要提到的在保护纳税人信赖利益中的作用。关于举证责任的倒

① Cfr. Ernesto Marco Bagarotto, *Interpello e accordi amministrativi* [*dir. trib.*], in *Diritto on line*, 2013.
② Cfr. la sentenza di Corte Costituzionale del 14 giugno 2007, n. 191.
③ Cfr. la sentenza di Corte di Cassazione del 2 novembre 2007, n. 23031.
④ Cfr. Circolare n. 5/E del 2009 dell'Agenzia delle Entrate.
⑤ Cfr. Gianclaudio Festa, *L'interpello tributario*, in *Ratio Iuris*, Aprile, 2019.
⑥ Cfr. Clelia Buccico, *L'interpello*, in *SlideServe sharing portal*, il 12 marzo 2012, disponibile nel seguente sito: https://www.slideserve.com/townsend/l-interpello-a-cura-di-clelia-buccico.

置，是指没有遵守征税机关作出的意见的一方来承担证明责任。[①] 例如，征税机关认为某一交易行为根据一般反避税规则构成避税，纳税人对于这一意见不认同，依旧实施了该交易行为，如欲阻止征税机关作出纳税调整的决定，纳税人必须证明其不具有避税目的或具有其他有效经济理由的证明。而当对一交易行为征税机关认为根据一般反避税规则不构成避税，纳税人据此实施了该交易行为，征税机关改变主意认为构成避税的，征税机关就需要证明该交易行为获得了税收利益，而赋予纳税人该税收利益有违立法目的，同时不具有其他有效经济理由。不过，对于上述举证责任倒置的影响，是否具有实际的意义，是需要疑问的。关于这一点，特别能从反避税规则适用咨询委员会的撤销中体现出来。

在 2006 年之前，在反避税事前裁定中，意大利原本设有作为第三方的专门的请求审查、答复机构，即反避税规则适用咨询委员会，后由于设立该机构仅具有有限的法律效果和稀少的价值以及经费的问题，根据 2006 年第 223 号法律令第 29 条的规定，反避税规则适用咨询委员会被撤销了。此外，主要问题还是源于意见本身不具有约束力，即使是第三方的反避税规则适用咨询委员会作出的意见，尽管 1991 年第 413 号法律 21 条第 3 款规定遵守意见的一方免除举证责任。为此，征税机关依然可以自由作出查定决定，反驳委员会采纳的那个有利于纳税人的意见，基于谁主张谁举证的一般诉讼法原则，只要能够证明正当化其查定决定的因素以及委员会意见不适当的理由。不过，证明征税主张有根据（符合征税各项要件）的责任本身就应当由征税机关承担，在利用一般反避税规则对纳税人交易安排进行纳税调整时，征税机关就需要事先证明交易安排构成避税。因此，征税机关忽视委员会作出的有利于纳税人的意见，在大部分情形下，实际上并不产生本身按一般规则就应当由征税机关承担的（不管是否启动了事前裁定）举证责任的倒置的效果。[②] 不过，对于反避税规则适用咨询委员会的撤销，在意大利亦有一些批评，主要集中在第三方的取消，使得整个程序都在征税机关内部实施了，并使纳税人的个人立场完全暴露在征税机关面前。[③]

---

① Cfr. Clelia Buccico, *L'interpello*, in *SlideServe sharing portal*, il 12 marzo 2012.
② Cfr. Maria Villani, *L'interpello antielusivo*, in *Innovazione e Diritto*, Speciale 2010, p. 125.
③ Cfr. Maria Villani, *L'interpello antielusivo*, in *Innovazione e Diritto*, Speciale 2010, p. 125.

3. 纳税人信赖利益的保护

征税机关在反避税事前裁定中作出的回复意见对征税机关具有约束力，纳税人的利益自然得到了很好的保护。这里一个主要问题是：如果意见不具有约束力，当纳税人遵守了征税机关在事前裁定中作出的回复意见或通告中的指示，而随后征税机关作出的查定通知改变了意见中的想法，对纳税人的利益如何保护？此时，如果意见对征税机关不具有约束力，相应地也不能对其提出（有效性）审查。对此，纳税人权利宪章第 10 条规定，纳税人与征税机关之间的关系体现合作和善意的原则，征税机关对解释性法律文件的事后修改不能使得其可以对之前遵守该解释性法律文件的纳税人处以处罚以及要求纳税人支付延期利息。不过，虽然该规定保护了纳税人的信赖利益，部分意大利学者认为这是部分地保护了纳税人的信赖利益，[1]但是同时似乎也无差别地合法化了征税机关的"意见的更改"，排除了纳税人提出损害赔偿的诉讼要求的可能性。关于这一点，意大利有学者认为，该条应当已经排除了意见更改在任何情形下的可应用性，即需要对被每一具体情形都需要进行审查，当存在值得信赖保护的情形时，例如，意见修改前后经过了很长的时间、意见解释来源具有特别的可靠性、意见解释已经广泛地散布和事件的极其复杂性等，就不再溯及既往地适用意见更改后的措施，而处罚和利息的不适用是不足够的。[2] 可见，如果对征税机关没有约束力，征税机关在事前裁定中作出的意见的作用，主要就体现在纳税人信赖利益的保护上。

---

[1]　Cfr. Mario Logozzo, *L' ignoranza della legge tributaria*, Giuffrè, 2002, pp. 238-249.

[2]　Cfr. Eugenio Della Valle, *Affidamento e certezza del diritto tributario*, Giuffrè, 2001, p. 128.

第十章　税收查定

一、税收查定的性质与效力

(一) 税收查定的性质

税收查定，也可以称为纳税评估或评定，属于有关税的应用一项行政程序，在征税机关实施的征税行为中最重要也最具有代表性。与纳税申报一道，税收查定意在确定纳税人的应纳税额。具体而言，在纳税人提交申报的情况下调整申报的应纳税额，或者在纳税人未提交申报的情况下依职权确定应纳税额。从本质上看，税收查定是基于事实的调查，旨在证明未申报或在纳税申报中没有记载的事实，或者证明与纳税申报中记载的事实不同的事实，或者对一项事实的法律性质进行不同的认定。[①] 事实上，为获取确定应纳税额所必需的信息，征税机关在很多情况下需要行使调查、检查等权力，相比于纳税评估或评定，"税收查定"一词无疑能明确地包含这一内容。不过，意大利税收法律并没有直接使用"税收查定"一词来命名税收查定这一程序，而是使用了"查定通知"（avviso d'accertamento）一词，即用税收查定的结果来命名。"查定通知"这一法律名词是历史遗留下来的产物，第一次出现在有关动产税的 1864 年第 1830 号法律中。虽然查定通知除了包含查定结果（包括通知给纳税人）的意思外，也包含查定行为的意思，但是意大利学界认为这一法律名词并不合适，不宜仅仅用通知

[①]　Cfr. Tinelli Giuseppe, *Istituzioni di diritto tributario*, CEDAM, 2020, p. 312.

(结果) 来命名税收查定。① 当然，为便于理解，下文将对"税收查定"一词展开阐释。针对不同的税种，意大利并未引入统一的税收程序法或征管法。为此，关于税收查定，不同税种之间并不存在统一的法律规则，相关规则分别规定在不同的税法之中。例如，1973 年所得税查定法规定了所得税的税收查定，1972 年增值税法规定了增值税的税收查定。当然，不管是何种税收的查定，肯定存在一些共同的规则，受一些共同的法律或一般法来规范。例如，针对纳税人的行政公文 (包括查定通知)，意大利纳税人权利宪章第 7 条规定征税行为要说明理由，以及第 7 条附加第 1 条至附加第 5 条规定征税行为的无效等内容，自然适用于各种税收的查定。此外，税收查定是税收程序法的一项重要内容，如果税法没有特别规范的话，适用行政程序法的一般规则，即《新行政程序和查阅行政文件权利法》。②

　　不同于纳税申报属于纳税人实施的"私人"税款确定行为，税收查定是征税机关实施的一种关于税款确定的公权力行为 (atto autoritativo)，并产生合法化征税机关基于确定的税额对纳税人征收对应税款的效力，不管司法是否对税收查定的正当性进行了审查。换言之，税收查定不仅具有强制性，因为征税机关单方面影响纳税人的利益，同时还具有可执行性。为此，为避免征税机关的税收查定权被任意行使，意大利税法对税收查定实施的方法以及查定形式和实质要求有着严格规定。税收查定是一种具体行政行为，按照意大利税法的用语，是一种个人行政措施，虽然行政措施通常可以自由裁量，但是税收查定并不能自由裁量，征税机关在条件满足的情况下有义务实施该行政措施。③ 这是因为基于意大利宪法第 23 条关于税收法定原则的规定，税法完整地规定了应税行为、征税数额以及纳税人，征税机关根据法律的规定应当实施税收查定，换言之，对是否实施税收查定，征税机关没有选择的空间。当然，征税机关对向谁进行检查以及检查方式还是可以自由裁量的，有选择的空间，只是征税机关在通过检查证明确实发生了应税行为或有未缴应纳税额之后，接下来的查定就不能自由裁

①　Cfr. Francesco Tesauro, *Istituzioni di diritto tributario-parte generale*, UTET, 2006, p. 207.

②　Cfr. Legge 7 agosto 1990, n. 241.

③　Cfr. Redazione, *L' avviso di accertamento*, in *Appuntieconomia. it*, il 18 gennaio 2024, disponibile nel seguente sito：https：//www. appuntieconomia. it/diritto-tributario/dispense-di-diritto-tributario/lavviso-di-accertamento.

量了。①

（二）税收查定的效力

通过税收查定，纳税人的应纳税额得以确立。不过，还需要阐释一个相关的理论问题，即对于纳税义务的产生，税收查定发挥一个怎样的效力，是宣示（也可以称为确认）已经产生的纳税义务的效力还是创设纳税义务的效力，这就对应两种不同的理论，分别是宣示理论（teoria dichiarativa）和创设理论（teoria costitutiva）。在意大利，这两种理论分别在1937年和1942年就被系统地阐释了，被提出来则更早。②

1. 宣示理论

根据宣示理论，应税行为一旦发生，纳税义务就产生，纳税义务直接来源于税法的实体规则。税法的程序规则不在国家和纳税人之间创设以纳税义务为内容的税收法律关系，仅仅是查实和执行这一法律关系。为此，税收查定不属于税收法律关系创设制度的一部分，在税收查定实施之前纳税义务已经产生，税收查定仅具有单纯查证法律已完整规范的税收法律关系的功能，对纳税义务也仅仅具有宣示的效力。事实上，在宣示理论下，税收法律关系的典型模式表现为税收债权债务关系，税收法律关系的确定需要事实和规则两个要素。进一步而言，当规则设定的事实发生的时候，法律上的抽象和一般规则可以被自动地识别，抽象和一般规则产生相关的法律后果（纳税义务）。③

基于宣示理论，面对征税机关的查定权，纳税人是一项主观权利的拥有者，这一权利就是受公平课税的权利，④ 换言之，征税机关负有公平课税的客观义务。此时，征税机关的征税行为必然是受约束和限制的，也就没有自由裁量权。面对一项并不准确反映事实或并不符合法律的税收查定行

---

① Cfr. Francesco Tesauro, *Istituzioni di diritto tributario-parte generale*, UTET, 2006, p. 207.

② Cfr. Achille Donato Gianni, *Il rapporto giuridico d'imposta*, Giuffrè, 1937, p. 26, Enrico Allorio, *Diritto processuale tributario*, Giuffrè, 1942, p. 85, per cui cfr. Francesco Tesauro, *Istituzioni di diritto tributario-parte generale*, UTET, 2006, pp. 221-223.

③ Cfr. Francesco Tesauro, *Istituzioni di diritto tributario-parte generale*, UTET, 2006, p. 226.

④ Cfr. Redazione, *L'avviso di accertamento*, in *Appunteconomia. it*, il 18 gennaio 2024.

为，纳税人自然可以基于这项权利寻求司法保护。

2. 创设理论

根据创设理论，纳税义务不直接来源于税法的实体规则，应税行为发生之时纳税义务还未产生，纳税义务的产生必须有税收查定的实施。这样，税法程序规则在要求纳税人承担申报义务的同时赋予征收机关一项税收查定的公权力，即通过适用实体规则来创设纳税义务。这样，税收查定就属于税收法律关系创设制度的一部分，补足了法律中与纳税义务产生相关联的事例，[1] 在税收查定实施之后纳税义务才产生，税收查定对纳税义务具有创设的效力。换言之，纳税义务的产生取决于征税机关征税职能的具体实施。事实上，在创设理论下，税收法律关系的确定需要事实、权力和规则三个要素，而在税收查定之前，公民或企业不存在缴纳税款的可能。进一步而言，针对查实的事实，作为一种规范或有法律效力的行为，税收查定裁决出具体和专门的规则，进而产生相关的法律后果（纳税义务）。

基于创设理论，面对征税机关的查定权，纳税人仅仅是一项合法利益的享有者，即要求征税行为正确实施的合法利益，虽然当该合法利益受损害时，纳税人可以向法院撤销违法的课税行为。[2] 从传统的角度，此时，征税机关的征税行为拥有自由裁量权。[3]

3. 两种理论的评价

目前，相比于宣示理论，创设理论在意大利更占优势，理由有三个方面。首先，从实证法的角度，税收查定在两种理论下还是存在一些相同点，即不管是基于何种理论，都存在一个基于公权力的裁定：关于纳税义务的存在与否。同时，如果征税机关作出的税收查定没有被提出异议（起诉），纳税义务都成为最终性的，纳税人也无从救济了。其次，即使是在创设理论下，征税机关对税收查定的实施没有自由裁量权在当前也已经达成了共识，同时，即使纳税人不拥有一项主观权利，基于意大利宪法所规定的司

---

① Cfr. Francesco Tesauro, *Istituzioni di diritto tributario-parte generale*, UTET, 2006, p. 223.

② Cfr. Redazione, *L'avviso di accertamento*, in *Appuntieconomia. it*, il 18 gennaio 2024.

③ Cfr. Francesco Tesauro, *Istituzioni di diritto tributario-parte generale*, UTET, 2006, p. 224.

法救济权，纳税人就违法的税收查定行为可以要求司法保护。[1] 为此，宣示理论和创设理论的差异在很大程度上已经被填补了。最后，虽然基于宣示理论，税收法律关系在税收查定之前已经存在，但是这样一个税收债权债务关系是想象中的，并没有什么实际意义。具体而言，如果纳税人不提交申报，征税机关不实施税收查定，税收债权并不能实现。换言之，没有税收查定，仅凭应税行为还不足以让征税机关征收税款。[2]

二、所得税查定

所得税，包括企业所得税和个人所得税，在意大利税收收入贡献最大，征税也最为复杂。关于所得税的税收查定，意大利引入了专门的法律，即1973年所得税查定法，[3] 因此，相关规则最为完整和丰富，有必要从查定的程序、方法和类型三个方面进行专门的阐释。

（一）查定的程序

1. 调查

税收查定程序由征税机关启动，且不需要通知纳税人查定程序的启动。在程序启动后，首先进入的是查定的预审讯阶段，在该阶段，征税机关的任务是确定和收集证据，因此这一阶段也是调查阶段。事实上，征税机关需要评估在这一阶段调查取得的证据，以决定是否进入下一阶段的查定程序，例如，对纳税人的纳税情况进行核实以及调整纳税申报。根据1973年所得税查定法第32条（第1款第1项到第4项）和第33条的规定，在调查阶段，征税机关有权对纳税人以及相关资料进行访问、检查和核查，邀请纳税人亲自或通过代理人到场来提供查定相关数据和资料，请纳税人出示

---

① Cfr. Francesco Tesauro, *Istituzioni di diritto tributario-parte generale*, UTET, 2006, p. 225.
② Cfr. Redazione, *L'avviso di accertamento*, in *Appunteconomia. it*, il 18 gennaio 2024.
③ Cfr. Decreto del Presidente della Repubblica 29 settembre 1973, n. 600.

或传送与查定有关的记录和文件，以及向纳税人发送与查定相关的调查问卷。

需要特别指出的是，上述第 32 条在第 1 款中除规定征税机关有权要求纳税人提交相关涉税信息以外，还特别规定了征税机关在满足特定条件下有权要求第三方机构提供相关涉税信息。其中，相关条款内容如下：第 1 款第 5 项规定："要求国家机关和行政部门、非营利的公共机构、保险企业和机构、为第三人考量实施（款项）取得和支付的企业和机构，即使与相关的立法和政府规则相背离，告知有关单个或按类别指出的纳税人的数据和信息。就被保险人的法律关系，征税机关可以向保险企业和机构请求告知有关保险合同期限、保险金额数额和受益主体识别的数据和信息。按类别指出的纳税人的信息应当一并或特别地就每一个属于该类别的纳税人被提供。本条款不适用于中央统计研究所和劳动事务检查员，就他们所实施的调查活动；除本款第 7 项的规定以外，本条款不适用于银行、意大利邮政公司，就他们实施的金融和信贷活动；同时不适用于金融中介公司、投资企业、集体储蓄投资机构、储蓄管理企业和信托公司。"第 1 款第 6 项规定："要求取得存放在公证员、检察官、不动产登记的保存官以及其他公共官方人员中的公文和文件的复印件或清单。这些复印件或清单应当免费开具，并确认与原件一致。"第 1 款第 7 项规定："在收入局的中央主任或大区主任的授权下，或者对于财政警察部门，在大区主管的授权下，要求银行、意大利邮政公司（就他们实施的金融和信贷活动）、金融中介公司、投资企业、集体储蓄投资机构、储蓄管理企业和信托公司提供数据、信息和文件，涉及任何与他们的客户（纳税人）之间缔结的法律关系或实施的交易以及第三方提供的担保。对于信托公司，还可以要求其告知相关主体的身份信息，鉴于信托公司为这些主体保存或管理着财产、金融工具和企业股份。"第 1 款第 7 项附加第 1 项（即第 1 项之一）规定："根据经济和财政部行政指令规定的程序，如果这个程序与相关监管部门协商一致以及与关于监管方面的欧盟和国际规则相符合，以及不管怎么样，在收入局的中央主任或大区主任的授权下，或者对于财政警察部门，在大区主管的授权下，要求相关机关和机构提供信贷、金融和保险的信息、数据、文件和消息，涉及到由这些相关机关和机构实施的监控和监管活动，即使与一些特别的法律规定相背离。"第 1 款第 8 项规定:"要求第 13 条规定的(有义务保存会计账簿的)主体提供数据、信息和文件,涉及在一个特定的纳税周期中开展的活动,当税收查定针对是这些主体的客户、劳动提供者。"第 1 款第 8 项附加第 1 项规定:"要求其他任何主体提供或传送税收上有意义的公文或文件以及提供相关的说明,涉及该主体与纳税人缔结的法律关系。"此外,第 32 条第 2 款规定征税机关应当给予提供涉税信息者一定的时间期间:"上述提到的要求应当根据第 60 条的规定(有关征税机关发通知给纳税人应遵循的程序)进行通知。从通知开始,征税机关确定的期限(履行请求)不能低于 15 日,在第 7 项规定的情形,不低于 30 日。根据金融操作者的请求,经有管辖权的收入局中央主任或大区主任,或者在财政警察部门情况下的大区主管的批准,这个期限可以延长 20 日。"

当然,征税机关对于获取的涉税信息具有保密义务,所得税查定法第 68 条对此进行了专门规定,即"任何涉及查定的信息或通告,在没有法官的同意下,除非法律规定的特别情形,被告知或给予给相关机关以外的主体,即税务部门人员、财政警察以及市委员会税务法院的成员、参与对市公文合法性监控的委员会、参与查定的市(政府)人员以外的人员,属于保密义务的违背。但是,在所得申报中的数据的给予,不构成保密义务的违背。"

2. 调整

在预审讯阶段之后是清算阶段,这一阶段的主要任务修改申报。征税机关主要基于调查取得的证据在识别有用的信息后通过特定的查定方法对纳税人的申报进行调整,大致可以分为三个类型。首先,根据所得税查定法第 36 条附加第 1 条的规定,申报调整的内容主要包括纠正笔误和计算错误、减少税款的抵扣或抵免以及减少所得的扣除。这一调整是基于自动程序实施的,上述税款抵扣或抵免以及所得的减少,也是针对申报的税款抵扣额或抵免额以及所得扣除额比法律规定的大的情形。其次,根据所得税查定法第 36 条附加第 2 条(即第 36 条之二)的规定,申报调整的内容主要包括去除不应得的预扣税款以及不是由扣缴义务人的申报中体现出来的预扣税款、去除不应得的税款抵扣和不应得的所得扣除、确定应得的税款抵免、清算更高金额的个人所得税以及纠正扣缴义务人申报中的笔误和计算错误。这一调整是基于征税机关对申报的形式检查，主要基于对纳税人提供的文件的比对。最后，其他申报调整，主要由所得税查定法第 37 条所规范，这也是最核心的一类申报调整，包括对没有提交纳税申报的纳税人实施的税款清算，基于征税机关通过调查所获取的或者征税机关所掌握的数据和信息对申报进行的检查。

3. 查定通知的内容

对申报进行调整之后，征税机关就需要向纳税人发出税收查定通知。根据所得税查定法第 42 条的规定：除了查定的结果（裁决）外，即查定的税基、适用的税率和应税纳税额，包括应扣除的税款抵扣额、抵免额和预缴税款，通知的内容总体上分为两块，分别是规则和理由说明。规则是指有关税基、税率和纳税义务等涉税事项的法规，理由说明包括事实和法律理由（关于为什么实施税收查定）的说明。当然，如果征税机关采用概括或归纳查定方法，还要说明使用这一查定方法合理性的情况。此外，查定通知必须由收入局局长签字，或由他委派的另一位税务管理人员签字。

税收查定通知中理由的说明非常重要，这也是纳税人权利宪章第 7 条的要求，税收查定通知必须能使纳税人了解到税款缴纳所依据的基本要素，使之能有效地挑战应纳税额是否存在以及金额多少，准备合适的辩护。[①] 事实上，正是由于税收查定通知中理由说明的必要性，意大利最高法院的相关司法判决已经不再将税收查定认定为是对纳税人单纯的"挑衅"（mera provocatio ad opponendum），征税行为的正确性必须受司法控制。[②] 换言之，纳税人提起诉讼也不能补救没有理由说明的缺陷。[③]

4. 查定的期限

为让纳税人知道查定的结果，税收查定需要通知给纳税人，税收查定

---

① Cfr. Andrea Purpura, *Obbligo di motivazione dell' avviso di accertamento tra provocatio ad opponendum*, *diritto alla difesa e contraddittorio endoprocedimentale*, in *Innovazionediritto*, il 1 marzo 2019, disponibile nel seguente sito: https: //www. innovazionediritto. it/obbligo–di–motivazione–dell–avviso–di–accertamento–tra–provocatio–ad–opponendum–diritto–alla–difesa–e–contraddittorio–endoprocedimentale.

② Cfr. la sentenza di Corte di Cassazione del 9 october 2015, n. 20251.

③ Cfr. la sentenza di Corte di Cassazione del 20 settembre 2013, n. 25164.

自然从通知时开始发生效力。根据所得税查定法第 43 条的规定，查定通知必须在提交纳税申报当年后的第 5 年的 12 月 31 日前送达，对于未提交申报的，则在申报应当提交的年度之后的第 7 年的 12 月 31 日前送达。这是 2015 年第 208 号法律进行修改后的规则，[①] 有利于征税机关查定的实施，扩大了查定权。在修改之前，分别是第 4 年和第 5 年的 12 月 31 日前送达。超过上述期限送达的查定通知将失效，而查定通知送达的期限实质上也就是税收查定完成的期限。当然，在期限届满之前，为补充或修改查定的内容，征税机关可以对已经发出的查定通知补充新的查定通知。

5. 查定的无效情形

首先，根据所得税查定法第 42 条第 3 款的规定：如果查定通知没有签字，查定通知没有包含第 42 条规定的内容，或者查定通知没有附上理由说明援引的纳税人不认识也没有收到的另一项公文，税收查定就无效，除非查定通知重复了这一公文的实质内容。根据所得税查定法第 43 条第 3 款的规定，针对下文将提到的补充查定，如果查定通知中没有说明征税机关掌握的新信息以及行为或事实，补充查定就无效。其次，根据《新行政程序和查阅行政文件权利法》第 21 条附加第 6 条（即第 21 条之六）的规定，即如果行政措施缺乏基本内容，行政措施绝对缺乏相关的权限（法律没有赋予相关权限），行政措施违反或规避既决案件（裁判），或者在法律规定的其他情况，则行政措施无效，税收查定无效的情形还包括：针对一个不存在的纳税人的税收查定，税收查定没有通知或通知超过规定的期限，税收查定违反或规避既决案件（裁判）。对此，也可以依据 2023 年第 219 号立法令在纳税人权利宪章第 7 条附加第 2 条等条款中补充规定的征税行为无效的情形。最后，根据纳税人权利宪章第 11 条的规定：如果不符合事前裁定，税收查定也是无效。当然，对于税收查定的无效，需要经过法院的裁决，税收查定才不产生效力。此外，根据最高法院的判决，征税机关可以废除自己作出的税收查定，并重新作出一个没有缺陷（无效的情形）、包含相同征税要求的税收查定，也就是征税机关可以行使自我保护，但是仅仅限于针对因形式上的缺陷而导致税收查定无效的情形，即应纳税额的存在

---

① Cfr. l'art. 1, comma 131, della Legge 28 dicembre 2015, n. 208

或数额是确定的。① 此外，在通知超过规定的期限、存在既决案件（裁判）等情形，税收查定也不能重新作出。

6. 双重查定的禁止

如同法院不得对同一争议裁判两次，征税机关不得对同一应税行为征税两次，即禁止对同一应税行为查定两次同样的税。根据所得税查定法第 67 条的规定：就同一应税行为，相同的税不能被征收多次，即使是面对不同的主体。据此，除了对同一主体的同一应税行为不能查定两次以外，对同一应税行为也不能对不同的主体查定两次，前者属于法律性双重征税的禁止，后者属于经济性双重征税的禁止。② 例如：同一所得，不能先以 A 的所得征税，再以 B 的所得征税，或者不能先以企业的所得征收企业所得税，再以自然人的所得征收个人所得税。需要特别注意的是，所得支付者在税收查定之后缴纳的税款，应当从同一所得的取得者应当缴纳的税款中减去。事实上，虽然被明确规定在所得税查定法中，双重查定的禁止已经成为一项意大利税法体制中的基本原则，纳税人权利宪章第 9 条附加第 1 条也明确规定了。甚至，一项交易已经被征收增值税，也不能再征收登记税。③

（二）查定的方法

征税机关实施税收查定，核心在于查定税基。税基在所得税中表现为各类不同的所得（税基构成中的积极要素）加总减去成本、费用（税基构成中的消极要素）后的总净所得。据此，根据对税基的查定是否建立在考查每一项构成要素的基础上，可以将查定方法分为分析查定和概括查定两种方法。所得税查定法第 38 条（关于自然人的申报调整）和第 39 条（关于经营所得等基于会计账目确定的所得）主要也规定了这两种查定方法，只不过，在这两种查定方法之外还规定了混合查定的方法，即混合使用分析查定和概括查定。

---

① Cfr. la sentenza di Corte di Cassazione del 16 luglio 2003, n. 11114.

② Cfr. Redazione, *L' avviso di accertamento*, in *Appuntieconomia. it*, il 18 gennaio 2024.

③ Cfr. Francesco Tesauro, *Istituzioni di diritto tributario–parte generale*, UTET, 2006, p. 220.

1. 分析查定

该种查定方法通过确定每一种类型的所得金额来确定总净所得金额，其中，对于经营所得，税基通常就根据会计账目来查定。为此，查定确定的总净所得是纳税人实际的所得，更符合量能课税原则下负税能力真实性的要求。不过，分析查定并不意味着总净所得都是纳税人实际的所得所构成，其也可以加入非实际的特殊所得，例如土地所得。具体而言，土地所得是通过地籍册来确定的，且只能通过地籍册来确定。为此，地籍册也可以说是所得分析查定的一种工具。

总体来说，在税收查定中，征税机关应当通过直接证据来证明一项更高的所得或存在纳税人未申报的所得。因此，不管纳税人对所得是否具有会计记账义务，分析查定是征税机关应当优先使用的查定方法，除非在无法实施分析查定的特定情形，才可以使用其他查定方法。事实上，当所得的来源是清晰的，如纳税人基于劳动关系取得工资、薪金，就是应当实施分析查定。即使纳税人未纳税申报，通常无法实施分析查定，但在一些特定的情形，例如在被他人匿名举报的情形，还是可以使用分析查定。[①] 对于主要取得经营所得的企业以及自由职业者，由于具有会计记账义务，征税机关实施的分析查定，具体而言就是会计分析查定，即基于会计账目实施的分析查定。根据所得税查定法第 39 条第 1 款前三项的规定：如果仅仅是申报中记载的内容与纳税人财务表中记载的内容不符合，或者适用关于税基确定的法律（即所得税单一文本）错误（例如，扣除了不相关的费用），或者申报表或其附件中记载的内容不完整、虚假或不准确是从纳税人提供的会议记录、调查表等文件中以确定并直接的方式显示出来的，征税机关需要实施会计分析查定。此时，征税机关可以基于上述相关的直接证据来调整申报。[②]

2. 概括查定

该种查定方法直接确定总所得的金额，不是按照每一类所得单个地一

① Cfr. Redazione, *L'avviso di accertamento*, in *Appuntieconomia. it*, il 18 gennaio 2024.
② Cfr. Gaspare Falsitta, *Manuale di diritto tributario-parte generale*, CEDAM, 2010, p. 428.

一来确定金额，税基就不是根据会计账目来查定，而是根据会计账目以外的资料（信息）来查定。为此，概括查定也叫总额查定或会计外查定。基于上述概括查定的特征，概括查定下的总所得额并非是纳税人实际的所得，而是概括所得，这也是为什么称为概括查定的原因。事实上，概括查定是基于一些特定的因素和事实情况推定出纳税人的所得，即那些被隐匿的所得。概括查定的逻辑在于纳税人对一些开支的承受构成了用于推定出纳税人拥有一笔所得（使其能承受这一开支）的迹象，这些开支包括为使用房屋、汽车或服务人员的开支以及购买房屋、股票、债券等财产而发生的开支，第一类开支源于纳税人对特定财产或服务的支配性，第二类开支则源于增加纳税人的财富。[1] 这一逻辑利用了归纳法，即纳税人承受一些开支往往以其拥有一定的所得为条件，是基于诸多具体事例总结出的一般规律，因此，概括查定在意大利税法中也会被称为归纳查定，在性质上就属于推定税基的查定。当然，推定的税基允许纳税人提出反证，包括所得全部或部分是免税的、已经源泉扣缴（税款）、开支的所得来源或非所得性质的经济支配性等，这是因为此种推定属于意大利民法典第 2729 条（关于间接证据）规定的简化推定（presunzioni semplici），不是由法律规定的推定（法律推定），即不是法律直接规定用于推定被推定事实的事实。对于这类推定，根据上述第 2729 条的规定，应当是严谨的（gravi）、精确的（precise）和一致的（concordanti）。[2] 换言之，征税机关有责任证明推定具有严谨性、精确性和一致性的要求，并接受法院的审核，这也是与法律推定不同之处。需要特别一提的是，对于自然人的税收查定，2010 年第 78 号法律令对所得税查定法第 38 条进行了修改，[3] 扩大了概括查定的适用。修改后的第 38 条第 4 款特别规定了一种法律推定，即纳税人在纳税年度内承受的任何类型的开支，包括上述第一类和第二类开支，应当认为是用了属于该纳税年度内的

---

①　Cfr. Gaspare Falsitta, *Manuale di diritto tributario-parte generale*, CEDAM, 2010, p. 423.

②　严谨意指推定是可靠的，精确意指推定是有充分根据或很有可能的，一致意指在多项推定的情形结果是一致的。Cfr. Niccolini Federica, *L'accertamento analitico, induttivo e sintetico*, in *Dokumen. tips*, il 10 settembre 2019, disponibile nel seguente sito: https://dokumen.tips/documents/laccertamento-analitico-induttivo-e-sintetico.

③　Cfr. l'art. 22 del Decreto Legge 31 maggio 2010, n. 78.

应税所得。① 当然，上述法律推定是相对推定，纳税人可以提出上述提到的反证，并还可以提出所使用的所得不是该纳税年度的。而第 38 条第 5 款进一步规定，所得的概括查定还可以建立在对体现负税能力的因素基于纳税人重要样本的分析所确定的归纳结果的基础之上。其中，样本区分不同情况的家庭以及不同的地区，归纳的结果由经济和财政部每两年颁布一次的部长令进行调整。当然，对于归纳结果，经济和财政部需要咨询国家统计局（ISTAT）和最具代表性的消费者协会，以了解根据纳税人的消费能力和储蓄倾向对总所得额进行归纳重构的方法。此外，上述第 5 款同样规定纳税人可以提出反证。

显然，概括查定所依据的特定因素和事实情况仅仅是间接体现负税能力，概括查定对征税机关有利，但是对纳税人可能会造成不利的影响。因此，征税机关使用概括查定应当进行限制，局限于实际生活水平明显高于基于申报的所得通常能实现的生活水平的纳税人。具体而言，当通过概括查定可确定的总净所得超过申报的所得至少五分之一，② 或者当纳税人申报的所得至少两个纳税年度与查定的所得不匹配，才可以使用概括查定。当然，当纳税人未能配合征税机关的调查活动，也可以使用概括查定。此外，根据所得税查定法第 38 条第 7 款的规定，征税机关实施概括查定，有义务邀请纳税人亲自或通过代理人到场来提供查定相关的数据和资料，在此之后，启动一种名叫"得到赞同的查定（accertamento con adesione）"的查定，③ 该查定也可以称为协议查定。当然，征税机关和纳税人并不必然会达成协议。不过，对于打击纳税人的逃税行为，概括查定在税收查定中占据着非常重要的地位，是必不可少的。而概括查定的难点就在于征税机关如何基于纳税人特定的开支来推定其所得，其起点是识别一些不同于所得来源、与开支相关的特定因素和事实情况。为此，为提高征管效率，基于归纳和推定的，意大利引入了量化概括所得的标准系统。例如，针对自然人，

---

① 根据第 4 款修改前的规定，仅针对第二类开支，即为资本（财产）增加的支出，除非纳税人反证，这些支出应当被推定是用了纳税人取得的所得，即在支付这些支出的年份和过去的 4 年中以直线方式实现的所得。换言之，相关支出对应的金额除以 5（年），就是每年的所得金额。
② 原来规定的是四分之一，2010 年第 78 号法律令第 22 条改为五分之一。
③ 该查定允许纳税人来界定应纳税额，以此来避免产生税务诉讼，属于一种纳税人与征税机关之间的协议。即可以在查定通知发出前达成，也可以在发出后达成，只要纳税人还没有向税务法院提起诉讼。

为执行所得税查定法第 38 条的规定，尤其是第 5 款的规定，经济和财政部在 2012 年颁布了部长令，① 引入了所得计量系统（redditometro），该系统由经济和财政部建设。该系统根据反映纳税人生活水平的某些事实（开支）来确定推定的所得，根据最新关于所得计量系统应用的 2021 年部长令，② 这些事实主要包括：消费，例如购买食品、饮料、服装、鞋类、住房、燃料、能源、家具、家用电器和家政服务、医疗保健服务、运输服务、通信服务、教育服务、文化和娱乐服务以及其他商品和服务；证券和房地产投资；储蓄。③ 上述事实就是所得税查定法第 38 条第 5 款规定的体现负税能力的因素。至于归纳结果，也就是通过归纳的方法重构的属于纳税人承受的开支，2021 年部长令也进行了细化。最终，概括查定下的总所得额就是各类归纳由纳税人承受的开支加总。当然，根据所得税查定法第 38 条第 8 款的规定，针对自然人申报的调整查定（accertamento in rettifica），所得税单一文本第 10 条规定的费用，例如依法缴纳的社保费用、纳税人因分居或离婚定期支付给配偶的生活费、医疗费用等，还可以从总所得额中扣除。这些费用体现生计费用的性质，属于不能从单个所得的确定中扣除的费用。所得计量系统对征税机关有约束力，但是由于所得计量系统是由部长令所规范，税务法院如果认为通过该系统得出的所得有问题，可以取消该系统的使用。④ 当然，征税机关在税务诉讼中只需要证明存在使用概括查定的条件，无须举证证明使用所得计量系统计算出来的所得金额可以从特定的因素和事实情况中推断出来。因此，纳税人可以通过质疑征税机关指出的特定因素和事实情况的存在以及使用所得计量系统进行的所得量化，来对使用所得计量系统计算的所得提出异议。⑤

对企业和自由职业者，也可以通过概括查定或会计外查定来确定税基。此时，征税机关完全或部分不考虑会计账目上的结果，利用收集或已知悉的数据或信息，也可以使用不具备严谨性、精确性和一致性的推定，对申

---

① Cfr. Decreto Ministeriale del 24 dicembre 2012.

② Cfr. Decreto Ministeriale del 9 giugno 2021.

③ Cfr. Redazione, *Redditometro* 2021: *nuovo decreto del MEF*, in *Fisco e Tasse*, il 18 agosto 2021, disponibile nel seguente sito: https://www.fiscoetasse.com/approfondimenti/14259 – redditometro – 2021 – nuovo – decreto – del – mef.

④ Cfr. Redazione, *L'avviso di accertamento*, in *Appuntieconomia. it*, il 18 gennaio 2024.

⑤ Cfr. Redazione, *L'avviso di accertamento*, in *Appuntieconomia. it*, il 18 gennaio 2024.

报进行调整。概括查定适用于在会计记账不可靠的情形。根据所得税查定法第 39 条第 2 款的规定，概括查定适用于以下四种具体情形：纳税申报表中未记载经营所得，会计账簿被隐匿，经检查发现遗漏或虚假或不准确的记载内容数量多、严重且重复，以及纳税人没有回应征税机关关于传送或提交合同等文件的邀请，或没有回复调查问卷。此外，征税机关在以下两种情形也可以使用概括查定：（1）纳税人未提交记载与行业研究（Studi di Settore）系统应用相关的数据的表格，或者纳税人提出排除应用行业研究系统的理由是不存在的，或者不诚信填写上述表格，使得根据正确数据应用行业研究系统估算的金额与基于申报的数据估算的金额相差超 15% 或超过 5万欧元。[①] 行业研究系统是意大利根据 1993 年第 331 号法律令引入的一种经济统计参数，[②] 这些参数旨在帮助纳税人了解其经营活动的趋势，并与竞争对手的情况进行比较，促进其经营活动的良性发展。行业研究系统曾被用作征税机关税收查定的一项工具，通过各类数据和信息，被用于基于推定重构纳税人生产的所得。具体而言，当纳税人申报的所得额与应用行业研究系统得出（推断）的所得额出现严重不一致时，征税机关就可以实施下文将提到的混合查定。因此，纳税人需要诚信填写上述相关表格并提交，否则，征税机关可以实施概括查定。行业研究系统主要针对适用简化会计制度的小企业以及自由职业者，为此，对于这些纳税人，无法完全依靠会计记账的结果来确定所得。简化会计制度在所得税查定法第 18 条中规定，在会计账簿的保存规则方面进行了简化。不过，行业研究系统在 2019 年已经被正式废除，取而代之的是更为精确的系统，即信用综合指数（Indici Sintetici di Affidabilità）系统。这一系统是根据 2017 年第 50 号法律令建立的，[③] 是为了促进纳税人的税收遵循，使企业和自由职业者能自发诚信申报应税所得，并增加纳税人与征税机关的合作。具体而言，通过经济统计的方法衡量纳税人多个纳税年度的数据和信息，得出一个信用综合指数，用于评价纳税人职业或业务管理正常性与一致性的程度。通过这样一种对纳

---

① Cfr. Andrea Barbieri, *I metodi di accertamento-l' avviso di accertamento*, in *Odcecperugia*, il 22 marzo 2016, disponibile nel seguente sito: http://www.odcecperugia.it/wp-content/uploads/2015/12/Accertamento_ Barbieri_ def_ modalit_ compatibilit.

② Cfr. l' art. 62 sexies del Decreto-legge 30 agosto 1993, n. 331.

③ Cfr. l' articolo 9-bis del Decreto-legge 24 aprile 2017, n. 50.

税人纳税行为正确性与否的审查，确定信用好的纳税人并给予其丰厚的奖励。① 当然，如同在行业研究系统下，在信用综合指数系统下纳税人也要填写和提交表格，即报告给征税机关自身的经济、会计等数据和信息，并根据纳税人实施的活动进行分类。最终，纳税人将获得一个 1 到 10 的分数，得分高于 8 分的纳税人被认为具有良好的信用，可以获得一系列奖励，包括在每年增值税抵扣额或退税额不超过 5 万欧元或每年直接税抵免额不超过 2 万欧元的限度内免于加贴合格印章，即可以直接获得抵扣、退税或抵免，而得分小于或等于 6 分的纳税人极有可能受到税务调查。与此不同，在行业研究系统下，奖励机制是允许纳税人提高门槛，即应用行业研究系统得出的所得额与根据纳税人会计账目得出的所得额之间的差异，在超过这一门槛的情况下纳税人才需要调整自己申报的所得额，使之与行业研究系统中得出的所得额相匹配和一致。② （2）未提交纳税申报。根据意大利最高法院的判决，纳税人不提交纳税申报，即使会计账目和核算是非常规范的，征税机关也可以通过归纳查定来确定纳税人的总所得额，利用其掌握的任何数据或信息，甚至可以使用所谓的超简化推定（presunzioni supersemplici），即不满足严谨性、精确性和一致性要求的推定。③

最后，需要特别一提的是，根据意大利最高法院的判决，在征税机关使用概括查定来确定税基的情况下，纳税人有权要求同时确认与被推定的（更高）所得生产相关的成本、费用，也就是有权要求征税机关也要考虑成本、费用的扣除。④

3. 混合查定

除了分析查定和概括查定，所得税查定法第 39 条第 1 款第 4 项还规定了第三类查定方法，即分析与归纳查定，也可以称为混合查定。也正是存在混合查定，上述阐释的概括查定也被称为纯概括查定。混合查定在以下

---

① Cfr. Agenzia delle Entrate, ISA (Indici sintetici di affidabilità) –che cos'è, in *Agenziaentrate. gov. it*, il 13 settembre 2023, disponibile nel seguente sito: https: //www. agenziaentrate. gov. it/portale/schede/dichiarazioni/isa-2020/scheda-info-isa-2020.

② Cfr. Francesco Oliva, *Studi di settore: cosa sono e come funzionano?*, in *Money*, il 31 maggio 2022, disponibile nel seguente sito: https: //www. money. it/Studi-di-settore-cosa-sono.

③ Cfr. la sentenza di Corte di Cassazione del 18 ottobre 2021, n. 28559.

④ Cfr. la sentenza di Corte di Cassazione del 27 gennaio 2012, n. 1166.

情形中适用：申报表或其附件中记载的内容不完整、虚假或不准确，是基于对纳税人会计账簿、凭证的检查、核实或由征税机关通过行使调查权收集的数据和信息基于检查发现的。此时，在满足推定严谨性、精确性和一致性的基础上，征税机关可以根据简化推定来推断存在未申报的活动或不存在申报的成本、费用。例如，最高法院曾指出，根据上述第 39 条第 1 款第 4 项的规定，通过餐巾纸单位消耗量来重构餐馆企业的营业额这样的查定是合法的，其中，单位消耗量是指每顿饭、每位顾客使用一张餐巾纸，餐巾纸消耗总量在减去餐馆企业员工使用的餐巾纸数量后，据此可以合理地推断出顾客实际消费的餐食量。① 在 2019 年之前，征税机关也可以基于应用行业研究系统得出的标准结果进行调整。② 因此，这部分查定就是归纳查定。不过，在上述情形，由于纳税人的会计记账整体上还是可靠的，即纳税人申报中遗漏或虚假或不准确的记载内容并不影响确定其他会计财务表上数据的可靠性，仅仅是部分所得和成本费用的归纳重构，并不是全部所得的归纳重构。换言之，混合查定不会颠覆会计记账制度或纳税人的申报，征税机关根据会计外因素仅对个别项目进行调整。例如，纳税人以 200 的价格卖给他人一项货物，在会计账目中记载 200 的所得，但是该货物市场价格是 1000，征税机关根据市场价格推定纳税人隐匿了 800 的所得，并仅就该个别项目进行调整。此外，意大利最高法院也是强调，只有当纳税人申报的所得与可以合理推断的所得严重不一致时，归纳查定才是合法的，并且归纳查定总是要受量能课税原则的检验。③

（三）查定的类型

首先，根据是否存在需要调整申报的所得，查定可以分为调整查定和依职权查定（accertamento d'ufficio）两种类型。具体而言，根据所得税查定法第 41 条第 1 款的规定，当纳税人未提交纳税申报或纳税申报无效时，征税机关实施依职权查定。在其他情形，征税机关实施的查定就是调整查

① Cfr. la sentenza di Corte di Cassazione del 23 luglio 2010, n. 17408.
② 为此，意大利最高法院曾指出，只有当应用行业研究系统得出的标准结果是与纳税人的个体情形对应并计算得出的，才属于满足严谨性、精确性和一致性要求的简化推定。Cfr. la sentenza di Corte di Cassazione del 18 dicembre 2009, n. 26635.
③ Cfr. la sentenza di Corte di Cassazione del 22 febbraio 2019, n. 5327.

定。需要特别指出的是，在依职权查定下，根据所得税查定法第 41 条第 4
款的规定，如果总所得额基于概括查定确定，适用第 38 条第 5 款的规定来
确定，这一点与调整查定相同。但是与调整查定不同的是，所得税单一文
本第 10 条规定的费用，例如，依法缴纳的社保费用、纳税人因分居或离婚
定期支付给配偶的生活费、医疗费用等，不得扣除。这一差别规定，无疑
表明意大利立法者对打击不申报行为采取更严厉的立场。

其次，根据税收查定是否是一次完成的，查定可以分为全面查定（ac-
certamento generale）、部分查定（accertamento parziale）和补充查定（accer-
tamento integrativo）三种类型。全面查定也就是常规查定，不仅对纳税人所
得全面的确定，也还是最终性的确定，体现了税收查定单一性和全面性的
特点。事实上，税收查定应当是单一的和全面的，即针对纳税人一个纳税
周期中所有的所得进行查定，这也是征税行为发展的一个趋势。因此，作
为一项原则，征税机关不能仅仅就基于部分数据或信息发出一个部分所得
的查定通知，然后再发一个查定通知。① 不过，有两个例外：（1）所得税查
定法第 41 条附加第 1 条规定的部分查定。征税机关基于在预审讯阶段根据
第 32 条第 1 款第 1 项到第 4 项的规定获取的信息，或基于主管收入局中央
主任或大区主任的报告以及其他收入局、财政警察部门、公共行政部门、
公共机构的报告，或者基于纳税登记处（anagrafe tributaria②）的数据，可
以实施部分查定。部分查定的内容是查定纳税人是否存在未申报的所得或
申报的部分所得在金额上是否偏小，是否存在完全或部分不应得的扣除、
免税或优惠待遇，以及是否存在尚未缴纳的税款。征税机关实施了部分查
定，接下来依然可以基于获取的其他信息实施查定活动。对于部分查定，
其正当性来自这样一项需求：就应税行为的一些单个方面，当征税机关已
经掌握一些信息，使之能作出独立的决定，而这一决定非常简单且有充足
的证据，征税机关需要迅速实施查定。③ 这样，部分查定通常以分析查定的
方法展开。（2）所得税查定法第 43 条第 3 款规定的补充查定。具体而言，
在查定的期限届满之前，征税机关如果基于新的信息有了新认识，可以发

① Cfr. Redazione, *L'avviso di accertamento*, in *Appuntieconomia. it*, il 18 gennaio 2024.
② 纳税登记处是一个庞大的信息数据库，保存了收入局拥有的有关意大利和外国纳税人的所有涉税
信息。
③ Cfr. Gaspare Falsitta, *Manuale di diritto tributario-parte generale*, CEDAM, 2010, p. 396.

出新的查定通知来补充或修改之前的查定。当然，为限制补充查定的实施，新的查定通知中必须说明征税机关掌握的新信息以及行为或事实，否则补充查定将无效。需要特别强调的是，征税机关在实施先前的查定时已经将纳税人会计账簿置于自身的支配之下，但是先前查定之后才检查账目发现新信息，不属于补充查定要求的掌握新的信息。此外，如果征税机关已经实施了协议查定，也不能再实施补充查定。对于补充查定的限制，正当性来自禁止基于对先前查定（评估结果）的修正而重启征税行为，以保护纳税人以及提高程序效率（经济）。① 换言之，就征税机关在实施先前的查定的时候就掌握的证据，不能进行不同的评价。而将补充查定限于基于新信息的新认识的情形，与征税机关行使自我保护限于修改查实形式上的缺陷有关。如果征税机关行使自我保护也可以修改查定实体内容的问题，补充查定的上述限制将失去意义。

三、增值税等其他税收的查定

（一）增值税查定

增值税是基于销项税抵扣进项税来确定应纳税额的，这样税款的清算需要考量一个时间周期。与所得税一样，增值税纳税人也需要提交年度纳税申报，② 纳税人履行纳税申报等协力义务对增值税的征收也具有重要的意义，同时，增值税应纳税额的确定也是依靠会计账目和核算。换言之，对于增值税，征税机关也要对纳税人的申报进行检查和清算，如果申报不真实或未申报，也要确定应纳税额，包括确定一项金额更大的销售税税额或一项更低的进项税税额。为此，增值税查定，不管是程序还是查定方法和类型，在很多方面与所得税查定都是相同或类似的，例如，1972 年增值税法第 51 条和第 52 条规定的调查（包括第三方提供涉税信息），第 54 条规定的分析查定、混合查定以及部分查定，第 55 条规定的概括查定，第 57 条规

---

① Cfr. Gaspare Falsitta, *Manuale di diritto tributario-parte generale*, CEDAM, 2010, p. 398.

② Cfr. l'art. 8 del Decreto del Presidente della Repubblica 22 luglio 1998, n. 322.

定的查定期限和补充查定，等等。当然，与所得税查定相比，考虑到增值税征收存在一些特殊内容，例如增值税纳税义务的产生时间、抵扣制度、发票的重要性以及年度申报作用的下降等，增值税查定还是存在一些差异，尽管差异不大，或仅仅体现在法律规定的不同表述，以下以作为税收查定最复杂内容的查定方法举例说明。

1. 分析查定

根据增值税法第 54 条的规定，分析查定适用于以下情形：申报的不诚信、不完整或不准确是直接来自申报内容本身，或者来自与周期清算（即增值税按月或季度清算和缴纳①）或与之前的年度申报对比，或者来自申报中的内容与购买记录和发票的对比，或者来自对发票和其他文件（库存）记册或其他会计记录的检查。

2. 概括查定

首先，增值税法第 55 条第 1 款就明确规定，在纳税人未提交年度申报的情况下，在任何情况下都可以实施概括查定，即完全不考虑会计账目上的结果。其次，根据第 55 条第 2 款的规定，概括查定还适用于以下情形：申报没有签字，申报没有记载核心的内容，纳税人没有保存会计账簿或隐匿会计账簿，纳税人没有开具发票或保存销售发票，以及会计账目中记载的内容遗漏或不准确或形式上的不规范数量多、严重且重复（使会计记账变得不可靠）。此外，针对适用简化会计制度的小企业和自由职业者，也适用报酬、对价以及营业额的特殊量化方法，即建立在推定的参数基础上，行业研究系统也曾同样在增值税查定中应用。②

事实上，在增值税查定中，概括查定的适用范围更宽，例如，即使申报是有效的，当发票开具存在严重问题时，征税机关也可以实施概括查定。与所得税查定相比，这个差异与在增值税领域发票具有更大的重要性有关，同时也与年度申报在增值税应纳税额确定中的作用下降了有关。关于后者，

---

① Cfr. Redazione, *Liquidazione IVA mensile o trimestrale?*, in *Informazionefiscale*, il 2 settembre 2017, disponibile nel seguente sito: https://www.informazionefiscale.it/liquidazione-iva-mensile-trimestrale-istruzioni-codice-tributo.

② Cfr. Gaspare Falsitta, *Manuale di diritto tributario-parte generale*, CEDAM, 2010, p. 439.

年度申报事实上就是对纳税人在纳税年度周期内先行已经履行的增值税申报和缴纳的总结。这是因为从实体法的角度，增值税（销项税）是瞬间税，单个应税交易发生的时候就应纳税额就可以确定了。与此相关，增值税纳税年度（周期）的重要性也更低，增值税法第 55 条第 3 款还特别规定，当税款的征收出现危险的时候，征税机关可以在纳税人年度申报提交前实施概括查定，无须等到年度申报提交的期限届满之时。当然，这一提前实施的概括查定只能针对在所属纳税年度已经过去的那一段期间的交易，以及作用于涉及这一段期间的周期清算未缴纳的税款。

当然，不同于所得税概括查定允许成本、费用扣除，增值税概括查定允许进项税抵扣。同时，根据第 55 条第 1 款的规定，只有纳税人周期清算中得出的可以抵扣的税款才可以在应纳税额的计算中扣除。

3. 混合查定

根据增值税法第 54 条第 2 款和第 3 款的规定，混合查定适用于以下情形：申报的不完整、不诚信或不准确是基于第 53 条规定的法律推定或者基于简化推定间接地推断出来，或者是从是征税机关在对其他纳税人进行调查时获取的数据和信息或者从其他掌握的文件中得出来的。其中，第 53 条规定的法律推定是指，除一些特殊情形以外，纳税人购买的、生产的或进口的商品如果不在纳税人实施经营活动的地点，包括不在纳税人的第二处地点、分支机构、附属机构、场所、商店、仓库，或者也不在纳税人的代表处，视同发生转让。简化推定则需要满足严谨性、精确性和一致性的要求。在增值税的混合查定下，概括查定是确定个别与未申报的应税交易或会计账目中没有记载的应税交易相关的营业额。

（二）登记税等税收的查定

除了所得税、增值税这两大主体税种以外，意大利还征收了许多其他税种。显然，相比于征收最为复杂的所得税和增值税，其他税收的查定总体上相对就简化许多。撇开简化与否不谈，就应纳税额的确定，不同税收之间的查定肯定会存在差异，这种差异集中表现为，相比于纳税人履行申报等相关程序义务的作用，征税机关查定的作用的大小。换言之，对于一些税，例如所得税、增值税，征税机关查定发挥的作用更大一些，对于另一些税，例如印花税，征税机关查定发挥的作用更小一些。事实上，对于印花税，征税机关的职责就是调查是否存在逃税行为，打击违法行为。当然，对于介于上述两类税种之间的税种，还是存在一些有特色的查定规则，值得阐释，例如，登记税、继承与赠与税、抵押税和地籍税。这些税都是瞬间税，应税行为不经常发生，应纳税额的确定不需要考量一个时间周期，同时，这些税的税基总体上由移转的财产或权利价值所构成。因此，这些税的查定与所得税、增值税的查定存在较大的差异，不管是在程序上还是在查定方法、类型上。当然，不管是何种税的查定，税收查定的基本要求还是一样的。以下以 1986 年第 131 号共和国总统令规定的登记税单一文本中的相关规则为主予以说明。①

　　首先，根据登记税单一文本第 51 条第 1 款的规定，作为一般规则，税基就是纳税人申报的价值，除非当事人实际确定的对价要高于申报的价值。换言之，征税机关的查定权受一定的限制，不能审核纳税人申报的价值，即征税机关不能用一个评估价值（例如，数额更大的市场价值）来替代，除非征税机关能够证明纳税人为了少缴税申报的价值比交易当事人实际确定的对价要低，此时可以调整申报的价值。不过，根据上述第 51 条第 2 款的规定，在上述一般规则以外，还是存在特殊规则，即如果移转的财产或权利是不动产、不动产用益物权、企业或企业上的用益物权，税基就是这些财产或权利的市场价值，即使申报的价值是交易当事人实际确定的对价。据此，对于登记税，征税机关的查定主要就是确定不动产等特殊财产或权利的市场价值。不过，登记税单一文本第 52 条第 4 款又进一步限制了这一查定权，即为了减少税务诉讼的数量。针对不动产，如果是土地，规定当纳税人申报的价值不低于地籍册中显示的所得的 75 倍；如果是建筑物，不低于地籍册中显示的所得的 100 倍，就排除税基的调整。显然，在大多数情况下征税机关的查定仅仅是根据纳税人实施的登记行为来确定应纳税额。②当然，征税机关的查定也会确定应税行为及其法律性质、税基和税率，尤其是当纳税人未履行相关义务的时候，如为隐匿未实施登记行为。此时，

---

①　Cfr. Decreto del Presidente della Repubblica 26 aprile 1986, n. 131.
②　Cfr. Gaspare Falsitta, *Manuale di diritto tributario-parte generale*, CEDAM, 2010, p. 408.

登记税的查定与所得税、增值税的查定就一样了。

其次，虽然纳税人还是有义务告知征税机关应纳税额确定所需要的所有信息，根据登记税单一文本第 53 条附加第 1 条的规定，不仅面对登记税，还面对抵押税和地籍税，征税机关也拥有所得税查定法第 32 条等条款规定的调查权，但是不需要纳税人自己来清算税款，而是由征税机关来清算税款。换言之，这些税的征收不能仅仅基于纳税人义务的履行（例如，对相关法律行为进行登记或提交申报）而完结，必须要求征税机关的介入，征税机关至少要实施一个税款清算行为。① 因此，不同于所得税和增值税，登记税的查定结果不是发出查定通知，而是清算通知。当然，清算通知也是征税的公权力行为，也必须具有查定通知中应当包含的实质性内容。例如，根据登记税单一文本第 52 条的规定，对不动产等特殊财产或权利的税基进行调整，清算通知必须包含理由，包括事实理由和法律理由。此外，根据登记税单一文本第 76 条第 1 款和附加第 1 款的规定：对于纳税人未实施登记行为，征税机关应当在 5 年内进行查定；对于纳税人提交的申报调整，清算通知应当在 2 年内送达。显然，因为登记税的征收相对简单，登记税的查定期限也比所得税、增值税的查定期限短。继承与赠与税的查定期限也是如此。②

最后，不像在所得税、增值税领域中查定的修改会受到很大限制，对于已经发出的登记税清算通知，征税机关可以进一步要求纳税人补缴税款，来纠正之前税款清算中的错误，不管是事实认定、计算还是税法规则的解释和适用。③

---

① Cfr. Gaspare Falsitta, *Manuale di diritto tributario-parte generale*, CEDAM, 2010, p. 405.
② Cfr. l'art. 27 del Decreto Legislativo 31 ottobre 1990, n. 346.
③ Cfr. Gaspare Falsitta, *Manuale di diritto tributario-parte generale*, CEDAM, 2010, p. 405.

第十一章 税务法院与诉讼

一、税务法院的历史发展

（一）1947 年宪法实施以前

在意大利，税务法院（corte di giustizia tributaria）的前身是税务委员会（commissione tributaria）。税务委员会在意大利的诞生可以一直追溯到 1848 年宪章实施的时代。根据 1864 年 7 月 14 日第 1836 号法律，[①] 意大利建立了税务委员会，分为负责一审的市税务委员会（后演变为区税务委员会）和负责二审的省税务委员会。随后，意大利又设立了中央税务委员会，纳税人不服省税务委员会的决定，就法律适用问题可以向中央税务委员会提起复查。不过，税务委员会在诞生之初，并非是司法机构，而是隶属于财政行政部门的行政机构，委员会主席、副主席和其他成员的任命由财政行政部门负责。同时，税务委员会案件审理范围仅仅局限于直接税，对间接税，纳税人可以选择向做出行政行为的同一个征税机关提出行政复议，或选择向普通法院提起诉讼。需要指出的是，在意大利颁布 1869 年 5 月 28 日第 3719 号法律以后，[②] 纳税人才可以就中央税务委员会的决定向法院提起诉讼。值得一提的是，意大利在 1936 年 8 月 7 日颁布了第 1639 号国王法令，[③]

---

① Cfr. Legge 14 luglio 1864, n. 1836.
② Cfr. Legge 28 maggio 1869, n. 3719.
③ Cfr. Regio Decreto-legge 7 agosto 1936, n. 1639.

对税务委员会制度进行了改革，其中引入的一项重要内容是间接税纳入到委员会案件审理范围内。至此，纳税人与征税机关的税务行政争议都必须由委员会管辖，但在区或省税务委员会决定成为最终决定后，纳税人还可以向法院提起诉讼。

（二）1947 年宪法实施以后

在二战以后，意大利制定了新宪法，即 1947 年宪法，该宪法一直实施至今。与之前的 1848 年宪章不同的是，现行宪法将公民权利条款置于宪法的基础地位，同时为了保障该宪法得以实施，意大利设立了宪法法院。而对于税务委员会，意大利宪法法院在相当长的一段时间内曾多次就合宪性问题进行过审查，审查的核心问题是税务委员会是否应当属于司法机构。事实上，由于税务委员会属于行政机构，对税务行政案件管辖又具有专属性，这在一定程度上存在违背宪法第 24 条和第 113 条的嫌疑。宪法第 24 条规定："为保护合法的权利和利益，任何人都有权提起诉讼。"第 113 条更是明确规定："公民对公共行政行为不服时，为寻求对其合法权利和利益的司法保护，总是可以向普通司法机构或行政司法机构（即作为特殊法院的行政法院）提出请求。这种司法保护不得以特别的复审方式被排除或限制，也不能针对特定的行为类型，排除或限制这种司法保护。"为此，意大利宪法法院曾试图将税务委员会认定为司法机构，例如在 1957 年的一项判决中。① 但考虑到税务委员会成员的构成缺乏必要的相对于征税机关的独立性，而根据意大利宪法第 108 条的规定，法律要保障享有特别司法权的审判官的独立性，为避免对该宪法条款的违背，意大利宪法法院又曾一度否认税务委员会司法机构的属性，例如在 1969 年的一项判决中。②

税务委员会司法机构的属性从 1972 年开始才得以被广泛认同。在这一年的 10 月 26 日，意大利颁布了第 636 号共和国总统令，③ 对自身的税法体制进行了改革和重构。这次税法体制改革对税务委员会的组成人员、职能和管辖范围进行了修改，目的是为确保税务委员会的自治性、独立性和公

---

① Cfr. la sentenza di Corte Costituzionale del 16 gennaio 1957, n. 12.
② Cfr. la sentenza di Corte Costituzionale del 29 gennaio 1969, n. 6.
③ Cfr. Decreto del Presidente della Repubblica 26 ottobre 1972, n. 636.

正性。主要内容包括：（1）设立一审税务委员会，地址和地域管辖范围与一审普通法院一致，设立二审税务委员会，地址在省首府城市，地域管辖范围与二审普通法院（上诉法院）一致，以及设立中央税务委员会，设在罗马。（2）改革成员任命程序，一审普通法院主席负责一审税务委员会的任命，上诉法院主席负责二审税务委员会的任命。任命的一半人员分别根据市议会和省议会的指派，另一半是根据财政部门制定的名单，但是一审普通法院和上诉法院可以向商会和律师、经济贸易博士、会计师、工程师专业协会请求提供名单。（3）改革独立的税务诉讼规则，在更大的程度上向民事诉讼规则靠拢，[①] 强调征纳关系中纳税人和征税机关的平等地位。

由于上述改革，意大利宪法法院再一次改变了关于税务委员会属性的立场，在 1974 年的一项判决中，[②] 意大利宪法法院认定税务委员会属于司法机构。至此，意大利宪法法院对税务委员会司法机构的属性未再有质疑，税务委员会作为意大利法院体系中的特殊法院得以确立，并在 1992 年意大利实施的最后一次关于税务委员会的改革中，税务委员会作为司法机构在法律中被明确地规定了下来。1992 年 12 月 31 日第 545 号立法令（以下简称"第 545 号立法令"[③]）第 1 条规定，税务领域内的司法机构为税务委员会。事实上，在意大利，在 2022 年 9 月 16 日以前，税务委员会的审判人员已经改称为税务法官（giudice tributario），税务委员会的决定也已经改称为判决。在 2022 年，意大利对税务司法进行了改革，颁布了第 130 号法律，[④]对第 545 号立法令以及下文将提到的第 546 号立法令进行了修改，该法律从当年的 9 月 16 日施行。根据修改后的第 545 号立法令第 1 条，税务委员会被改称为税务法院，其中，省税务委员会改称为一审税务法院，大区税务委员会改称为二审税务法院。此外，经过这次改革，不仅机构名称被正式改为税务法院，税务法官也与其他普通法官一样成为职业法官，[⑤] 第 545 号立法令中规定了职业税务法官（magistrato tributario）职位。

---

① 相关例子，参见下文关于意大利税务诉讼程序的分析。
② Cfr. la sentenza di Corte Costituzionale del 27 dicembre 1974, n. 287.
③ Cfr. Decreto Legislativo 31 dicembre 1992, n. 545.
④ Cfr. Legge 31 agosto 2022, n. 130.
⑤ 根据第 545 号立法令第 13 条附加第 1 条的规定，税法法官的工资收入在年 3.9 万欧元至 8.1 万欧元之间，担任税务法官的头 4 年，工资收入是 3.9 万欧元，然后随着担任年限的增加而增加，在 28 年之后，工资收入是 8.1 万欧元。

（三） 现行法院体系中的税务法院

意大利现行法院体系主要由宪法法院、最高法院、普通法院和特殊法院四个部分组成。① 宪法法院主要负责对法律以及政府制定的条例等规范性文件的违宪审查。普通法院负责审理民事和刑事案件，分为一审法院和二审法院，其中，二审法院又称为上诉法院，一般设在大区。对于上诉法院做出的判决，最高法院还可以主要就法律问题进行终审。特殊法院是指专门审理某一特殊领域案件或组织结构不同于普通法院的法院，目前在意大利特殊法院有以下几类：（1）行政法院，负责审理行政案件，分为作为一审法院的大区行政法院和作为上诉法院的国家理事会，对于后者作出的判决，最高法院还可以主要就法律问题进行终审；（2）审计法院，负责审理涉及公共账务、预算和资金的案件，由设在大区的一审法庭和设在罗马的（中央）上诉法庭所构成；（3）军事法院，负责审理军事犯罪案件，分为一审法院和上诉法院；（4）税务法院，负责审理纳税人不服征税机关行政行为的案件，分为一审税务法院和二审税务法院，对于后者作出的判决，最高法院还可以主要就法律问题进行终审。需要特别一提的是，为尽快处理税务未决争议案件以及确保最高法院在税务领域判决内容的稳定性，2022年税务司法改革后，最高法院设立了一个专门审判税务争议案件的部门。②

据此，税务法院能够和行政法院、审计法院、军事法院并列为四大特殊法院，体现了税务法院在意大利法院体系中占据着重要地位。事实上，税务法院每年审理着大量案件，尽管数量上最近13年整体呈现逐渐下降的趋势。下表显示的是2010年至2022年若干年份税务法院每年审理案件的数量统计：③

---

① 除了这四部分法院以外，在意大利还有巡回法院、青少年法院等。
② Cfr. l'art. 3 della Legge 31 agosto 2022, n. 130.
③ Cfr. Direzione della Giustizia Tributaria, *Appendici statistiche e guida alla relazione sul monitoraggio dello stato del contenzioso tributario e sull' attività delle commissioni tributarie* (*anno 2013*), Roma, 2014, p. 11; Direzione della Giustizia Tributaria, *Appendici statistiche e guida alla relazione sul monitoraggio dello stato del contenzioso tributario e sull' attività delle commissioni tributarie* (*anno 2019*), Roma, 2020, p. 22; Direzione della Giustizia Tributaria, *Appendici statistiche e guida alla relazione sul monitoraggio dello stato del contenzioso tributario e sull' attività delle corti di giustizia tributaria* (*anno 2022*), Roma, 2023, p. 32.

2010 年至 2022 年若干年份税务法院审理案件流量和存量对比

（单位：个）

一审和二审税务法院	2010 年	2012 年	2013 年	2018 年	2019 年	2021 年	2022 年
新增的案件数量	360966	264751	256814	210397	189015	120514	187023
争议解决的案件数量	329553	305611	307059	252987	228147	192928	190441
争议未决的案件数量	696296	683974	633729	374394	335262	273227	269809

二、税务法院的组织与成员

意大利税务法院现有制度是在 1992 年改革后形成的。在这次改革中，意大利颁布了两部重要的立法令，一部是第 545 号立法令，规范了税务法院的组织构成和成员，另一部是 1992 年 12 月 31 日第 546 号立法令（以下简称"第 546 号立法令"），① 规范了税务诉讼。这两部立法令是目前意大利在税务法院以及税务诉讼方面的基本规则。这里先根据第 545 号立法令阐释意大利税务法院的组织结构和成员构成。

（一）组织结构

为了提升税务行政案件司法审判机构的级别以及简化税务法院组织结构，第 545 号立法令取消了区税务法院（原来的市税务委员会）和中央税务法院，将省税务法院改为一审税务法院，地点在省首府，设立大区税务法院，即现在的二审税务法院，地点在大区首府，作出的判决为终审，但是纳税人还可以向最高法院就法律问题提起诉讼。不过，作为意大利使用特殊法律的 5 个自治大区之一，特伦蒂诺–上阿迪杰大区没有设立一审税务法院和二审税务法院，而是在大区下设的特伦托和博尔扎诺两个自治省各自设立了一审税务法院和二审税务法院。②

税务法院内部分为数量不等的若干部门，相当于法院内设置的庭。二

---

① Cfr. Decreto Legislativo 31 dicembre 1992, n. 546.

② Cfr. l' art. 1 e l' art. 42 del Decreto Legislativo 31 dicembre 1992, n. 545.

审税务法院的一些部门可以设立在除大区首府以外的市。每一个税务法院有一名主席，相当于通常而言的法院院长，法院主席也是法院第一部门的主席，相当于通常而言的法院中的庭长。每一个部门又有一名主席、一名副主席和不少于两名的税务法官。判决由三人组成的审判团作出，其中一名是所在部门的主席或副主席。① 不过，为减轻一审税务法院案件审理的压力，2022 年税务司法改革引入了独任法官判决制度，即当争议所涉金额低于 5000 欧元时，可由一名税务法官判决，不需要组成审判团。②

（二）成员资格和任命

1. 税务法院以及部门主席

税务法院以及部门主席在（在职或退休的）税务法官、普通法官、行政法官、审计法官或军事法官中进行任命。其中，部门副主席还可以在"非穿长袍"的成员中进行任命，③ 但必须履行税务法官的职能满 5 年（针对一审税务法院）或履行大区税务法官的职能满 10 年（针对二审税务法院）以上，且毕业于法学或经济和贸易专业。④

2. 税务法官

首先，在 2022 税务司法改革之前，根据修改前的第 545 号立法令第 4 条的规定，一审税务法院法官可以在以下人员中进行任命：（1）在职或退休的普通法官、行政法官和军事法官以及退休的国家律师和检察官；（2）在职或退休的已经至少工作 10 年的国家或公共行政部门职员，其中，至少 2 年的工作必须具有这样的资格：取得该资格必须拥有法学或经济和贸易专业文凭；（3）已经不在常驻服务职位工作的财政警察部门军官，且在常驻服务职位已经至少工作 10 年；（4）登记注册的会计师和贸易专家，且拥有至少 10 年的相关专业工作经验；（5）受他人雇佣、拥有学习资格并以会计师或贸易专家的名义从事税务或行政/会计方面的工作至少 10 年的人

---

① Cfr. l'art. 2 del Decreto Legislativo 31 dicembre 1992, n. 545.
② Cfr. l'art. 6 del Decreto Legislativo 31 dicembre 1992, n. 545.
③ 未通过意大利"司法考试"的人员。
④ Cfr. l'art. 3 del Decreto Legislativo 31 dicembre 1992, n. 545.

员；（6）至少工作 10 年的登记注册的审计员或会计检查员；（7）已经取得在法学、经济学或会计技术方面的教学资格且已经从事至少 5 年的教学工作的人员；（8）法学或经济和贸易专业毕业至少满 2 年的人员；（9）登记注册的工程师、建筑师、测量师、产业专家、农艺和农业技术博士、农业专家，且从事专业工作 10 年以上；（10）可以被任命为二审税务法院法官的人员。

　　根据修改前的第 545 号立法令第 5 条的规定，二审税务法院法官可以在以下人员中进行任命：（1）在职或退休的普通法官、行政法官和军事法官以及退休的国家律师和检察官；（2）在职或退休的在法学、经济学或会计技术方面的大学或高中老师以及研究者；（3）在职或退休的国家或公共行政部门职员，且至少 10 年的工作必须要求具有这样的资格：取得该资格必须拥有法学或经济和贸易专业文凭；（4）已经不在常驻服务职位工作的财政警察部门高级军官或将军；（5）在税务监察局工作至少 7 年后离职的人员；①（6）公证员以及登记注册并从事相关专业工作至少 10 年的律师、检察官或经济贸易博士；（7）在资合企业或审计企业已经从事懂事、监事、经理活动的登记注册的律师、检察官、经济贸易博士、会计师或贸易专家。

　　其次，在 2022 税务司法改革之后，税务法官也成为了职业法官，任命规则进行了大修改，没有再列举可任命税务法官的人员范围，而是规定以考试的方式竞争任命。根据修改后的第 545 号立法令第 4 条的规定，同其他法官一样，一审税务法院法官通过考试竞争上岗，考试分为笔试和口试。其中，笔试分理论和实践两部分，理论考税法和民商法，实践考税务判决书的撰写。口试的重点内容包括税法（包括税收程序法）、民法和民事诉讼法、刑法（特别是税收刑法）、宪法和行政法、商法、欧盟法、企业会计和财务管理、法律信息学原理以及外语（英语、西班牙语、法语或德语）。根据第 545 号立法令第 4 条附加第 1 条的规定，上述考试只针对意大利公民，且参加大学四年以上课程并获得法学专业学位，或拥有经济学硕士学位、经济和商业科学硕士学位，或相关同等学历的毕业生。根据修改后的第 545 号立法令第 5 条的规定，二审税务法院法官在税务法官中任命。

---

① 1998 年第 361 号立法令（Decreto Legislativo 5 ottobre 1998, n. 361）将税务监察局改设为税务咨询和监察局，负责向纳税人提供税务咨询服务以及对征税机关职能行使进行监督。

需要注意的是，在正常情形下，税务法院法官无任职期限，在 2022 税务司法改革之前，一直可以履行职能到 75 岁，在改革之后，缩短到 70 岁。此外，税务法院部门主席、副主席和法官不能在法院的同一部门连续履行职超过 5 年。①

3. 不得担任为税务法院成员的人员

首先，在 2022 税务司法改革之前，根据修改前的第 545 号立法令第 8 条的规定，以下人员在停止履行相关职能或提供相关服务以前，不得担任税务法院成员：（1）国家议会或欧洲议会议员；（2）地方议会议员、征税或分享税收收入的机构的管理者以及上述机构中参与税收查定活动的职员；（3）在收入局、海关和土地局等从事征税工作的职员；②（4）财政警察部门的人员；（5）代理税的征收、提供纳税登记卡管理等技术服务的企业的股东、管理者和职员；（6）税务监察人员；（7）政府派驻省里的官员；（8）在政党中担任领导或执行职能的人员；（9）不管以什么形式，即使是非正规的方式或在提供其他服务时以附带的方式，从事税务咨询活动的人员，或者在纳税人与征税机关的关系中或在税务争议中作为纳税人的代表或提供协助的人员；（10）武装力量部门和警察部门的人员；（11）属于以下这类人员的配偶、二层以内的亲属或一层姻亲③：在税务法院所在地进行登记注册的相关专业人员或进行名单登记的在第（9）项中规定的人员，或者，不管怎么样，经常针对该税务法院履行相关职能的人员。此外，税务法院的成员不能被任命为其他税务法院的成员，夫妇以及四层以内的亲属或姻亲不得成为同一审判团的成员。④

其次，在 2022 税务司法改革之后，不得担任税务法官的规定有所变化，总体上同其他法官一样适用统一的规定，即 1941 年第 12 号国王政令（关于

① Cfr. l'art. 11 del Decreto Legislativo 31 dicembre 1992, n. 545.
② 土地局管理地籍、不动产登记注册等，主要负责不动产税的征收。不过，根据 2012 年第 135 号法律（Legge 7 agosto 2012, n. 135），土地局已经并入收入局。
③ 在意大利，一层亲属例如子女和父母，二层亲属例如孙子和祖父或者兄弟之间，三层亲属例如曾孙和曾祖父或孙子和伯父，四层亲属例如堂兄弟之间。此外，在意大利，一层姻亲例如女婿和岳父，二层姻亲例如丈夫和妻子的兄弟，三层姻亲例如妻子和丈夫的伯父，四层姻亲例如妻子和丈夫的堂兄弟。
④ Cfr. l'art. 8 del Decreto Legislativo 31 dicembre 1992, n. 545.

意大利司法体制）第 16 条的规定。① 根据该规定，法官不能担任公共或私人职务，也不能从事产业或贸易，也不能从事任何自由职业。此外，在 2022 税务司法改革之前，上述第 545 号立法令第 8 条规定的第 11 类不得担任税务法官的人员保留了下来，其他 10 类人员的规定在改革后被删去。当然，税务法院的成员还是不能被任命为其他税务法院的成员，夫妇以及四层以内的亲属或姻亲还是不得成为同一审判团的成员。

4. 任命方法

第 545 号立法令引入了税务司法主席理事会（Consiglio di Presidenza della Giustizia Tributaria），该理事会属于税务法院法官的一个自治机构，每届理事会根据共和国总统令组建。理事会的成员除了 11 名从一省、二审税务法院成员中选举产生的税务法官外，根据 2000 年第 342 号法律，② 还有 4 名来自议会的当选代表。税务司法主席理事会负责对税务法院成员进行管理，包括资格审查、任命、法院内部部门设置、审判团设置等。在税务法院成员（包括法院以及部门主席、副主席和法官）任命方面，税务司法主席理事会先根据为每一家税务法院制定的人员名册中相关人选就对应的职务进行审议并通过，并以经济和财政部政令来任命。③ 其中，根据第 545 号立法令第 43 条的规定，关于部门主席、副主席和法官的任命，为每一家税务法院制定的人员名册中相关人选的编目顺序根据第 545 号立法令附件表格 F 中的计分标准排列。

表格 F：在税务法院提供服务的评估标准和计分

服务项目		分数/年
一审税务法院	法官	0.5
	部门副主席	1
	部门主席	1.5
	法院主席	2

---

① Cfr. l' art. 16 del Regio Decreto 30 gennaio 1941, n. 12.

② Cfr. Legge 21 novembre 2000, n. 342.

③ Cfr. l' art. 9 del Decreto Legislativo 31 dicembre 1992, n. 545.

续表

服务项目		分数/年
二审税务法院	法官	1
	部门副主席	1.5
	部门主席	2
	法院主席	2.5
特伦托和博尔扎诺自治省一审税务法院	法官	1.5
	部门副主席	2
	部门主席	2.5
	法院主席	3.5
特伦托和博尔扎诺自治省二审税务法院以及中央税务法院	法官	2
	部门副主席	2.5
	部门主席	3
	法院主席	4
税务法官以税务司法主席理事会成员等同于二审税务法院主席提供的服务；对于2022年司法改革引入的职业税务法官，上述计分乘以1.25倍。		

值得一提的是，在2022年税务司法改革引入职业税务法官之前，税务司法主席理事会据以确定人选的人员名册中相关人选的编目顺序，是根据第545号立法令附件表格E（目前已经删除）中的计分标准排列的。

表格E：任命税务法院成员的一般评估标准和计分

1. 学术或学习资质		分数
通过大学法学或经济学教授或副教授资格竞试；通过法官职业二级竞试；通过列入在高等司法裁判中实施辩护的资格名册考试		3.5
法学或经济学博士或讲师		2.5
具有从事法学、经济学或会计学教学资格		2
律师或经济贸易博士		2.5

续表

2. 服务项目		分数/年①
A 普通法官、行政法官、审计法官和军事法官	前 10 年	1
	从第 11 年到第 20 年	2
	从第 21 年以后	3
B 专业活动和名誉法官活动（对同一时期，以下各类活动的分数不得累积）		
国家律师、律师、检察官、公证人、经济贸易博士、名誉法官、毕业于法学专业或经济和贸易专业的会计师实际从事相关专业活动	前 10 年	0.5
	从第 11 年到第 20 年	1
	从第 21 年以后	2
从事法学、经济学或会计学的教学活动；国家或公共行政部门的职员实际提供服务（该服务要求必须由毕业于法学或经济和贸易专业的人员提供）	前 10 年	0.25
	从第 11 年到第 20 年	0.5
	从第 21 年以后	0.75
以总领导（Dirigente Generale）的身份在公共行政部门实际工作		1.25
法学或经济学方面的大学研究者或助理教授从事活动	前 10 年	0.5
	从第 11 年到第 20 年	1
	从第 21 年以后	1.5
法学或经济学方面的大学副教授、特聘教授和普通教授从事活动	前 10 年	1
	从第 11 年到第 20 年	2
	从第 21 年以后	3
非毕业于法学专业或经济和贸易专业的会计师或贸易专家实际从事专业活动	前 10 年	0.25
	从第 11 年到第 20 年	0.75
	从第 21 年以后	1
受他人雇佣从事税务或行政/会计方面工作的会计师或贸易专家实际从事专业活动	前 10 年	0.25
	从第 11 年到第 20 年	0.75
	从第 21 年以后	1

① 超过 6 个月按 1 年算。表格 F 中按年的分数计算亦同。

2. 服务项目		分数/年
审计员或会计检查员实际从事专业活动	前 10 年	0.25
	从第 11 年到第 20 年	0.5
	从第 21 年以后	0.75
工程师、建筑师、测量师、产业专家、农艺和农业技术博士、农业专家从事专业活动	前 10 年	0.25
	从第 11 年到第 20 年	0.5
	从第 21 年以后	0.75
在经济和财政部、收入局、土地局、海关以及税务咨询和监察局中实际提供服务	前 10 年	0.5
	从第 11 年到第 20 年	1
	从第 21 年以后	1.5
以领导（但不是总领导）的身份或具有类似的职能在经济和财政部、收入局、土地局和海关中实际提供服务		2
以总领导的身份或具有类似的职能在经济和财政部、收入局、土地局和海关中实际提供服务		2.5
财政警察部门工作	被任命为上校之前的年份	0.75
	作为上校和准将的年份	1.5
	作为少将的年份	2.5
	作为军长级别将军的年份	3

三、税务诉讼的基本制度

（一）案件审理范围

关于税务法院的案件审理范围，需要从三个方面进行论述。第一个方面，税务法院管辖的客体，主要需要明确的问题是除了税收以外，是否还包括其他强制性财产给付，例如费、特殊捐贡等捐贡。第二个方面，哪些征税机关（或其他行政机关）做出的有关上述管辖客体的行为纳税人可以向税务法院提起诉讼。第三个方面，特别说明哪些争议不归由税务法院审理。

1. 管辖客体

第546号立法令第2条（以下简称"第2条"）对此进行了明确规定，不过，2001年第448号法律第12条和2005年第203号法律令第3条对该条进行了大的修改。[①] 修改前的第2条第1款以列举的方式规定了涉及哪些税（例如所得税、增值税等）或捐贡（例如用于固体废物填埋的特殊捐贡）的争议由税务法院管辖，尽管也有兜底条款，即规定其他归由税务法院管辖的捐贡。修改后的第2条1款则以概括的方式规定所有以捐贡为客体的争议，都归由税务法院管辖。其中，捐贡涉及任何一种一般或特殊的捐贡，不管如何命名，包括大区、省和市的捐贡和国家医疗服务捐贡。同时，第2条第1款将修改前的第2条第2款"（在管辖客体范围内的）附加税、（由征税机关处以的）行政处罚、[②] 利息和其他附属金额"规定在第1款中。修改后的第2条第2款在保留修改前的第2条第3款"占有人或持有人提出涉及土地记名、划界、图形、面积和分级以及在共同占有人或持有人之间（就同一块土地）价值或数量分配的争议，以及涉及城市不动产的占有或持有依据、分级和地籍收益的归属的争议，归由税务法院管辖"的基础上，补充规定涉及公共空间和领域占用费、废水的排放和提纯费、城市垃圾排放费、广告、公共张贴费缴纳的争议也归由税务法院管辖。[③] 以下两表分别是对2013年、2019年和2022年新增案件按照争议所涉主要税种（捐贡）的不同进行的数量统计：[④]

---

① Cfr. l'art. 12 della Legge 28 dicembre 2001, n. 448 e l'art. 3 bis del Decreto-legge 30 settembre 2005, n. 203.
② 需要特别说明的是，根据意大利宪法法院2008年第130号判决（sentenza di Corte Costituzionale del 14 maggio 2008, n. 130），公民因违反非税收规则而由征税机关作出的行政处罚不属于税务委员会管辖的客体。
③ 需要特别说明的是，根据意大利宪法法院2008年第64号判决（sentenza di Corte Costituzionale del 14 marzo 2008, n. 64），第2条第3款补充的这些费亦有可能构成私法上的对价，在这种情形下，就不属于税务委员会管辖的客体。
④ Cfr. Direzione della Giustizia Tributaria, *Appendici statistiche e guida alla relazione sul monitoraggio dello stato del contenzioso tributario e sull'attività delle commissioni tributarie* (anno 2013), Roma, 2014, p. 31; Direzione della Giustizia Tributaria, *Appendici statistiche e guida alla relazione sul monitoraggio dello stato del contenzioso tributario e sull'attività delle commissioni tributarie* (anno 2019), Roma, 2020, p. 58; Direzione della Giustizia Tributaria, *Appendici statistiche e guida alla relazione sul monitoraggio dello stato del contenzioso tributario e sull'attività delle corti di giustizia tributaria* (anno 2022), Roma, 2023, p. 89.

2013 年新增的案件数量——按税种划分

	一审税务法院		二审税务法院		总和	
	数量	%	数量	%	数量	%
个人所得税	43863	21.70	15791	28.86	59654	23.23
大区生产活动税①	18998	9.4	8332	15.23	27330	10.64
增值税	15586	7.71	6581	12.03	22167	8.63
登记税	11492	5.69	4679	8.55	16171	6.3
抵押税和地籍税	13934	6.89	2087	3.81	16021	6.24
企业所得税	9035	4.47	3654	6.68	12689	4.94
关税	1562	0.77	775	1.42	2337	0.91
其他国库税（捐贡）	16958	8.39	3978	7.27	20936	8.15
以上国税（捐贡）总和	131428	65.03	45877	83.86	177305	69.04
不动产税	23114	11.44	3706	6.77	26820	10.44
垃圾排放费	21049	10.41	2705	4.94	23754	9.25
机动车费	15025	7.43	1009	1.84	16034	6.24
广告、公共张贴费	2038	1.01	437	0.8	2475	0.96
公共空间和领域占用费	802	0.4	148	0.27	950	0.37
其他地方税（捐贡）	8651	4.28	825	1.51	9476	3.69
以上地方税（捐贡）总和	70679	34.97	8830	16.14	79509	30.96
以上所有税（捐贡）总和	202107	100	54707	100	256814	100

2019 年新增的案件数量——按税种划分

	一审税务法院		二审税务法院		总和	
	数量	%	数量	%	数量	%
个人所得税	25227	17.75	10913	23.29	36140	19.12
大区生产活动税	6788	4.78	1939	4.14	8727	4.62
增值税	11081	7.80	4872	10.40	15953	8.44
登记税	8810	6.20	3264	6.97	12074	6.39
抵押税和地籍税	4104	2.89	2272	4.85	6376	3.37

---

① 在此表中，由于地方税在意大利文文献中仅指收入归属于意大利最低一层政府组织（市）的税收，大区生产活动税因为收入归属大区，不属于意大利文文献中的地方税，因此划到了国税这一类别中。

续表

	一审税务法院		二审税务法院		总和	
	数量	%	数量	%	数量	%
企业所得税	7776	5.47	4554	9.72	12330	6.52
关税	1230	0.87	843	1.80	2073	1.10
其他国库税（捐贡）	15065	10.59	5571	11.89	20636	10.92
以上国税（捐贡）总和	80081	56.33	34228	73.04	114309	60.48
不动产税	22932	16.13	5362	11.44	28294	14.97
垃圾排放费	19844	13.96	4149	8.85	23993	12.69
机动车费	10432	7.34	1149	2.45	11580	6.13
广告、公共张贴费	1590	1.12	424	0.90	2014	1.07
公共空间和领域占用费	570	0.40	205	0.44	775	0.41
其他地方税（捐贡）	6705	4.72	1345	2.87	8050	4.26
以上地方税（捐贡）总和	62072	43.67	12634	26.96	74706	39.52
以上所有税（捐贡）总和	142153	100	46862	100	189015	100

2022 年新增的案件数量——按税种划分

	一审税务法院		二审税务法院		总和	
	数量	%	数量	%	数量	%
个人所得税	23213	15.9	9024	22.0	32237	17.2
大区生产活动税	4276	2.9	1833	4.5	6109	3.3
增值税	10911	7.5	4712	11.5	15623	8.4
登记税	6394	4.4	2584	6.3	8978	4.8
抵押税和地籍税	4065	2.8	1284	3.1	5349	2.9
企业所得税	5767	4.0	3887	9.5	9654	5.2
关税	1094	0.7	520	1.3	1614	0.9
统一特殊捐贡①	1510	1.0	232	0.6	1742	0.9

---

① 统一特殊捐贡，也可以称为统一缴款，全称为"登记入册的统一特殊捐贡"（contributo unificato di iscrizione a ruolo），由意大利 2002 年第 115 号共和国总统令（Decreto del Presidente della Repubblica 30 maggio 2002, n.115）所引入，对诉讼行为征收的一种税，包括民事、刑事、行政以及税务诉讼，即起诉或上诉时在法院登记入册时缴纳，根据争议案件所涉金额的大小征收。之所以称为统一特殊捐贡，是因为该税征收后，原来需要缴纳的印花税、登记入册费等费用不再征收。

续表

	一审税务法院		二审税务法院		总和	
	数量	%	数量	%	数量	%
其他国库税（捐贡）	29628	20.3	5130	12.5	34758	18.6
以上国税（捐贡）总和	86858	59.5	29206	71.1	116064	62.1
不动产税	26966	18.5	7278	17.7	34244	18.3
垃圾排放费	17059	11.7	2983	7.3	20042	10.7
机动车费	8735	6.0	517	1.3	9252	4.9
广告、公共张贴费	570	0.4	256	0.6	826	0.4
公共空间和领域占用费	383	0.3	296	0.7	679	0.4
其他地方税（捐贡）	5401	3.7	515	1.3	5916	3.2
以上地方税（捐贡）总和	59114	40.5	11845	28.9	70959	37.9
以上所有税（捐贡）总和	145972	100	41051	100	187023	100

基于上述，修改后的第 2 条扩大了税务法院案件审理的范围。但无论如何，可以明确的是，意大利税务法院管辖的客体不仅限于税收，还包括公民缴纳给公共机构的费、特殊捐贡等其他强制性财产给付。因此，税务法院严格上来讲应称为"捐贡法院"或"强制性财产给付法院"，但为便于论述以及鉴于税收在各类捐贡中的主体地位，下文依然称为税务法院，相关制度和规则也依然指称税的相关制度和规则。此外，需要说明的是，第 2 条第 2 款规定的不动产相关争议由税务法院管辖，与意大利征收抵押税、地籍税和不动产税有关，因为征税机关管理土地记名等业务，而相关争议的解决直接影响当事人相关税种的纳税义务。

2. 可以提起诉讼的征税机关行为

只有在纳税人对征税机关做出的行为提起诉讼以后，税务诉讼才得以形成。对此，第 546 号立法令第 19 条明确规定了以下这些征税机关做出的行为纳税人可以直接向税务法院提起诉讼：（1）税的查定通知；（2）税的清算通知；（3）处罚决定；（4）税款缴纳名册和卡（ruolo e cartella di paga-mento）。税款缴纳名册是由征税机关编制、填写，记载纳税人（姓名或名称和税号）和应缴纳的税款。税款缴纳卡则是征税机关就自身对纳税人享有的税收债权向纳税人交付的一项公文，告诉纳税人征税机关已经将上述税收债权记入在税款缴纳名册中；（5）税的欠款通知；（6）关于不动产抵押的登记；（7）注册的动产扣押；（8）有关第2条第2款规定的不动产业务的行政行为；（9）明确拒绝（纳税人）关于退还不应当支付的税款、罚款和利息或其他附属利益的请求或不做回应；（10）拒绝或撤销税收优惠或否定对纳税人有利的税收关系认定的请求；（11）法律规定的其他可以独立的向税务法院提起诉讼的行为。

基于上述，不难发现，税务法院只审理纳税人不服征税机关做出的具体行政行为的案件，同时，征税机关做出的不同于上述行为的具体行政行为，纳税人不能独立地对其提起诉讼，而是需要等到征税机关做出上述某一项行为后，再向税务法院同时对这两项行为提起诉讼。换言之，为满足征税机关税款征收简化和迅速的要求，并非所有征税机关的具体行政行为都是立即可以被提起诉讼的，这样，对没有明确规定可提起诉讼的行为，纳税人享受的是一种延迟司法保护。①

3. 由普通法院和行政法院审理的涉税案件

首先，由普通法院审理的涉税案件主要由以下几类：（1）根据修改后的第546号立法令第2条第1款和意大利民事诉讼法典第9条的规定，② 有关税收强制执行的争议由普通法院审理。原因在于这类争议不涉及征税机关向纳税人课税要求的合法性，否则就构成重复保护。此外，这类争议还会涉及第三人财产的保护，例如第三人对扣押的财产拥有所有权或其他物权的时候；（2）对纳税人主观权利（diritto soggettivo）的保护也属于普通法院的审理范围，③ 例如征税机关的调查可能会侵害纳税人的私人住宅不可侵犯的权利或隐私权；（3）归由税务法院审理的案件争议必须发生在纳税人（或扣缴义务人或纳税责任人）和征税机关之间，如果争议发生在私人之间，即使涉及税收规则的适用，也由普通法院审理。不过，需要指出的是，对于一些民事法律问题，例如合同的无效或解释等，如果这些问题影响税

---

① Cfr. Gaspare Falsitta, *Manuale di diritto tributario-parte generale*, CEDAM, 2010, p. 585.

② Cfr. l'art. 9 del Codice di Procedura Civile.

③ 主观权利就是通常所说的权利，例如民事主体享有的民事权利。

务争议的解决，税务法院可以附带地审查，但是审查决定的结果没有既决效力；（4）涉税犯罪案件由普通法院审理。①

其次，根据意大利纳税人权利宪章第 7 条第 4 款的规定，当税务法院无法向合法权益受损的纳税人提供司法保护时，由行政法院提供司法保护，对相关案件进行审理。这些案件主要有以下几类：（1）税务法院只审理征税机关的具体行政行为，因此，征税机关的抽象行政行为，尤其是规章，就属于行政法院的审理范围。事实上，税务法院也可以裁决征税机关征税决定所依据的抽象行政行为的违法性，但仅仅是附带地认定，没有既决效力，且仅不适用于所审理的案件。而抽象行政行为是否合法是行政法院的主要审理内容，如果违法，行政法院可以裁定该抽象行政行为不适用于一切案件；（2）针对具体案件，征税机关做出的决定，不在第 546 号立法令第 19 条规定的范围内，或者这一决定对作出第 19 条规定的行为并非是紧要的手段，例如关于纳税人纳税地点的决定，由行政法院审理；（3）征税机关对纳税人合法利益造成损害的审讯或调查行为。②

（二）税务诉讼程序规则

税务法院审理案件适用一套独立的税务诉讼程序规则体系，即由第 546 号立法令所规定。受税收债权、债务关系理论的影响，意大利税务诉讼程序规则在整体上与民事诉讼程序规则非常接近，正如第 546 号立法令第 1 条第 2 款规定，如果第 546 号立法令没有规定的，税务法官适用民事诉讼法典的规则，只要这些规则与第 546 号立法令并不冲突。事实上，意大利税务诉讼程序规则的制定乃是基于民事诉讼原则，换言之，意大利乃是基于民事诉讼原则构建了税务诉讼程序规则体系，主要体现在以下两个方面：（1）由当事人对争议的事项进行界定，法官不得扩大审理范围；（2）诉讼由当事人推动。此外，还需要明确的是，关于正当程序的宪法原则也适用于税务诉讼程序中。因此，税务诉讼程序也应当遵循意大利宪法第 111 条的规定，即诉讼应当通过当事人间的对质并面对公正且作为第三方的法官进行、法律确保合理的诉讼期限以及所有的司法裁决都应当有明确的理由。

① Cfr. Gaspare Falsitta, *Manuale di diritto tributario-parte generale*, CEDAM, 2010, pp. 560-566.
② Cfr. Gaspare Falsitta, *Manuale di diritto tributario-parte generale*, CEDAM, 2010, pp. 566-568.

关于具体的税务诉讼程序规则，主要有以下几个方面：

1. 提起诉讼

根据第 546 号立法令第 21 条的规定，对于征税机关做出的具体行政行为，纳税人可以从受通知之日起 60 日内直接向税务法院提起诉讼，其中对纳税人退还请求不做回应的，从纳税人在提出请求之日起满 90 日后（直至相关退还权利失效）可以直接向税务法院提起诉讼。此外，纳税人提起诉讼并不自动中止争议行政行为的执行，除非纳税人根据第 546 号第 47 条的规定，认为争议行政行为的执行会对其造成严重和无法挽回的损害，向税务法官提出中止执行请求。

2. 审判

根据第 546 号立法令第 33 条、第 35 条和第 37 条的规定，除非当事人一方提出公开庭审的要求，否则案件争议在当事人不在场的情况下在审议室内讨论。经过公开庭审或审议室讨论，审判团必须在 30 日内作出判决，同时判决必须在作出之日起 10 日内向社会公开。此外，根据 2022 年第 130 号法律第 4 条的规定，庭审可以远程实施。

3. 举证分配

纳税人提供有利于他的证据，例如正当化退税请求、税收债务减少（抵扣、扣除要求等）和征税机关措施违法等证据，征税机关则提供证据以正当化自身的具体行政行为，不能提供证据者败诉。① 这体现了意大利民法典第 2697 条规定的关于举证责任的一般原则。2022 年第 130 号法律在第 546 号立法令第 7 条第 5 款增加了附加第 1 款（即第 5 款之一），在税务诉讼中明确规定了这一规则。当然，征税机关实施的概括查定不受影响。此外，根据第 546 号立法令第 7 条的规定，税务法官可以依职权调查新证据。在 2022 年税务司法改革之前，证人证言不被允许，在改革之后，根据修改后的第 7 条第 4 款的规定，如果认为有必要，税务法官可以认可书面形式的证人证言作为新证据，不需要经过争议当事人的同意。由于诉讼阶段的调

---

① Cfr. Gaspare Falsitta, *Manuale di diritto tributario – parte generale*, CEDAM, 2010, p. 600.

查权功能在于控制和查实在行政程序阶段实施的调查结果的合规性，因此在诉讼阶段，税务法官不能行使在行政程序阶段未实施的调查。

4. 司法调解

根据第 546 号立法令第 48 条的规定，在一审中，如果争议事实无法准确查实，当事人一方可以向另一方提出司法调解，法院也可以提出司法调解。从 2016 年起，在一审之后，例如在二审中，也允许司法调解。① 为促进司法调解的成功率，经 2022 年税务司法改革修改，第 546 号立法令第 15 条规定，当事人一方对调解方案不同意的，又没有正当理由，最后判决承认这一当事人的要求比调解方案中的要求要低，该当事人的诉讼费用增加 50%。

5. 上诉

根据第 546 号立法令第 62 条的规定，二审之后，当事人还可以向最高法院提起诉讼，如果当事人提出民事诉讼法典第 360 条第 1 款规定的五项理由之一：法院不具有管辖权、不在法院案件审理范围内、违法或错误适用法律、判决或诉讼无效、对判决具有决定影响的事实没有审查。

6. 判决的执行

根据第 546 号立法令第 68 条的规定，税务法官的判决立即产生执行性，即使被上诉。当判决有利于纳税人时，征税机关应当在判决通知之后 90 日内将在审判期间征的税款和利息退还给纳税人，但对征税机关强制执行需要等到判决成为最终判决的时候。以下两表分别显示的是 2014 年第 4 季度、2019 年和 2022 年按照争议所涉主要税种（选取若干重要税种）案件经税务法院一审和二审的结果：②

---

① Cfr. Agenzia delle Entrate, *Contenzioso tributario* (luglio 2019), p. 2, disponibile nel seguente sito: https://www.agenziaentrate.gov.it/portale/documents/20143/233439/Guida_ Contenzioso_ tributario.pdf/1dc8549f-d392-397d-428f-4ff28deeff05.

② Cfr. Direzione della Giustizia Tributaria, *Appendici statistiche al Rapporto trimestrale sullo stato del contenzioso tributario: PERIODO OTTOBRE - DICEMBRE* 2014, Roma, 2015, p. 38; Direzione della Giustizia Tributaria, *Appendici statistiche e guida alla relazione sul monitoraggio dello stato del contenzioso tributario e sull'attività delle commissioni tributarie* (anno 2019), Roma, 2020, p. 75; Direzione della Giustizia Tributaria, *Appendici statistiche e guida alla relazione sul monitoraggio dello stato del contenzioso tributario e sull'attività delle corti di giustizia tributaria* (anno 2022), Roma, 2023, p. 112.

税务法院 2014 年第 4 季度解决的争议结果

	有利于纳税人	居中判决	有利于征税机关	司法调解	其他结果
一审税务法院					
个人所得税	26.28%	13.88%	47.34%	1.29%	11.21%
大区生产活动税	28.00%	15.61%	44.91%	1.87%	9.61%
增值税	27.76%	13.01%	48.43%	1.59%	9.21%
登记税	30.34%	10.79%	41.94%	0.44%	16.48%
企业所得税	28.46%	14.59%	42.91%	2.98%	11.07%
不动产税	29.22%	10.94%	44.85%	0.70%	14.30%
二审税务法院					
个人所得税	36.68%	9.86%	47.29%		6.17%
大区生产活动税	38.54%	14.64%	42.84%		3.98%
增值税	36.12%	12.69%	46.73%		4.46%
登记税	48.95%	8.48%	36.46%		6.12%
企业所得税	37.93%	15.12%	42.21%		4.74%
不动产税	31.75%	10.54%	52.89%		4.83%

税务法院 2019 年解决的争议结果

	有利于纳税人	居中判决	有利于征税机关	司法调解	其他结果
一审税务法院					
个人所得税	23.66%	13.04%	51.50%	0.50%	11.30%
大区生产活动税	23.14%	13.82%	51.19%	0.66%	11.18%
增值税	23.15%	11.06%	54.85%	0.40%	10.55%
登记税	32.54%	9.28%	43.15%	0.28%	14.75%
企业所得税	25.02%	13.34%	50.76%	1.20%	9.69%
不动产税	29.30%	10.88%	46.60%	0.46%	12.76%
二审税务法院					
个人所得税	32.40%	8.73%	47.50%	0.22%	11.16%
大区生产活动税	36.60%	10.19%	41.86%	0.32%	11.03%
增值税	33.73%	7.87%	47.20%	1.02%	10.18%
登记税	41.31%	9.30%	39.09%	0.16%	10.16%

续表

	有利于纳税人	居中判决	有利于征税机关	司法调解	其他结果
企业所得税	34.48%	9.76%	44.58%	0.69%	10.48%
不动产税	31.09%	8.38%	50.25%	0.54%	9.74%

税务法院 2022 年解决的争议结果

	有利于纳税人	居中判决	有利于征税机关	司法调解	其他结果
一审税务法院					
个人所得税	22.4%	10.7%	56.7%	0.5%	9.8%
大区生产活动税	17.0%	13.2%	58.5%	0.8%	10.5%
增值税	20.2%	9.7%	60.7%	0.4%	9.0%
登记税	33.1%	8.7%	45.5%	0.3%	12.5%
企业所得税	20.1%	12.7%	55.9%	1.7%	9.5%
不动产税	28.0%	10.8%	48.0%	0.4%	12.8%
二审税务法院					
个人所得税	27.3%	8.5%	54.3%	0.3%	9.6%
大区生产活动税	28.9%	10.0%	51.2%	0.5%	9.5%
增值税	28.8%	8.5%	53.8%	0.5%	8.4%
登记税	43.6%	7.8%	40.0%	0.2%	8.4%
企业所得税	31.2%	10.5%	48.5%	0.6%	9.3%
不动产税	26.8%	7.7%	56.0%	0.5%	9.0%

第十二章　税收犯罪

一、税收犯罪刑事立法历史回顾

（一）1929 年刑事立法

从意大利统一以来，对逃税行为予以刑事处罚，可以一直追溯到意大利王国成立之时，即 1861 年 10 月 21 日颁布的《海关条例》对关税逃税行为引入了刑事制裁条款，[①] 而之所以首先在关税领域引入犯罪刑事立法，是因为在那个时期意大利最重要的财政收入形式是关税。在直接税领域，虽然在 1873 年 6 月 23 日意大利颁布了第 844 号法律，[②] 首次对直接税逃税行为规定了刑事处罚，但是在实践中该法并没有得到适用。[③] 这种状况直到很多年后，意大利在 1928 年 12 月 9 日颁布第 2834 号法律，名为《直接税领域的刑事处罚》，[④] 才得以改变，不过该法刑事处罚的是税款征收环节的违法行为，而不是税款查定环节的违法行为。[⑤] 事实上，税收刑法在意大利的诞生被公认为并不是源于上述第 2834 号法律，而是随后在 1929 年 1 月 7 日

[①] Cfr. Regolamento Doganale del 21 ottobre 1861.

[②] Cfr. Legge 23 giugno 1873, n. 844.

[③] Cfr. G. Spagnolo, *Diritto penale tributario*, in AA. VV., *Manuale di diritto penale dell' impresa*, Bologna, 1999, p. 719, per cui cfr. Irene Tomada, *La dichiarazione fraudolenta mediante altri artifici*, Tesi di dottorato (Anno Accademico 2013/2014) in Dipartimento di Giurisprudenza di Libera Università Internazionale degli Studi Sociali, p. 4, disponibile nel seguente sito: https://tesi.luiss.it/13913/1/tomada-irene-tesi-2014.pdf.

[④] Cfr. Legge 9 dicembre 1928, n. 2834-Penalità in materia di imposte dirette.

[⑤] Cfr. Enzo Musco, *Brevi note sulla riforma del diritto penale tributario*, in *Rassegna Tributaria*, n. 5, 2010, p. 1179.

颁布的第 4 号法律，名为《旨在打击违反涉及国家税收的财政法律的行为一般规则》（以下简称"1929 年法"），① 尽管该法也包括了税收行政处罚的规则。这是因为只有 1929 年法才属于一般法，正如该法名称所体现的那样，具有普遍适用的属性。具体而言，基于重构税收刑事处罚规则的目的，该法在税收刑事处罚制度中引入了一些背离一般刑法制度的原则，且长期、稳定地规范税收刑事处罚规则，从而建立起打击税收违法行为的特别刑事法律体制。② 根据规定的内容，1929 年法的特点和问题分别如下：

1. 1929 年法的特点

首先，对刑法典一般规则的背离。针对税收犯罪行为，源于特殊性的考虑，即相比于其他领域的犯罪行为，1929 年法在刑法典之外专门规定了刑事处罚制度，这样引入了诸多不同于刑法典一般规则的特别规则。例如，1929 年法第 20 条规定了"超活跃性"（ultrattività）原则，即刑事法律应当适用于在这些法律生效后实施的犯罪，如果这些法律之后被撤销或修改，这些刑事法律也依然适用于上述犯罪，即使替换或修改后的刑事法律对于犯罪实施者更为有利。事实上，这一原则通常应用于程序法中，而 1929 年法将其应用扩展至实体法中。这样，这一原则背离了意大利刑法典第 2 条的规定，③ 即"对于一项事实，如果根据之后的法律，这一事实并不构成犯罪，那么没有人可以被处罚"④，换言之，该条规定了更有利刑法的溯及既往适用性。再如，关于连续犯，意大利刑法典第 81 条规定适用法律归集（cumulo giuridico）的原则，即多次犯罪行为从法律上被归集为一项罪行，不过在量刑上，先确定根据最严重的一次犯罪行为所应受到的处罚，然后在该处罚至该处罚的三倍处罚之间进行量刑。与此不同的是，根据 1929 年法第 8 条的规定，对于税收领域的连续犯，一方面法律归集并不是强制性的，而是取决于法官自由裁量，另一方面在归集下，处罚的提高不能超过所有单次犯罪行为所应受到的处罚加总后的一半。

---

① Cfr. Legge 7 giugno 1929, n. 4-Disposizioni generali per la repressione delle violazioni delle leggi finanziarie relative ai tributi dello Stato.

② Cfr. Enzo Musco e Francesco Ardito, *Diritto penale tributario*, Zanichelli, 2016, p. 2.

③ Cfr. l'art. 2 del Codice Penale.

④ Cfr. Maurizio Villani, *Cenni di diritto penale tributario*, in *Legali*, il 26 luglio 2011, disponibile nel seguente sito: https://www.legali.com/spip.php? article1526.

其次，刑事诉讼程序的非独立性。这是源于 1929 年法在第 21 条第 3 款规定了税务先决（pregiudiziale tributaria）原则，条款内容为："对于有关直接税的法律所规定的犯罪而言，刑事行动在税和相关的附加税的查定行为成为最终性以后发生。"根据该原则，相对于刑事诉讼程序而言，税务行政程序应当先决，具体而言，前者应当仅源于并跟随于后者的完结，同时前者应当遵循后者决定的内容。[1] 引入这一原则的主要目的在于直接税复杂的技术性，逃税的查定需要交由专业机构——征税机关以及税务法院来实施，而不是由刑事法官来实施，[2] 体现的是税收特殊主义。税务先决原则在意大利 1972 年增值税法第 58 条以及 1973 年所得税查定法第 56 条被重申。

再次，税收犯罪行为集中于逃税。这与刑事诉讼程序非独立性相关，换言之，税务先决原则源于税收的复杂技术性，涉及纳税义务产生以及税额确定，而与这种复杂技术性相对应的税收犯罪行为就集中体现为逃税行为。当然，这里所指的逃税行为（即指广义的逃税）不仅指税收查定环节中的逃税行为（即指狭义的逃税），还包括税收征收环节中的逃税行为，即逃避缴纳已确定应纳税额的行为，这是因为对后一种犯罪行为的查实也以纳税义务产生以及税额确定为前提。因此，1929 年法确立的税收刑事处罚制度就建立在关于税的逃脱的犯罪行为的基础上，[3] 纳入刑事处罚的税收违法行为范围有限，并集中于税收实害行为，即对国家税收利益造成实际损害的行为。

最后，刑事处罚以罚金为主。根据上文提到的 1928 年第 2834 号法律，逃税行为，包括不申报和欺诈申报所得的行为，仅受罚金的刑事处罚。相反，在征收环节的税收犯罪行为，例如欺诈逃避缴纳税款行为，才受监禁（以拘押的形式）的刑事处罚，这反映当时的立法者认为在征收环节的逃税现象更为严重。[4] 1929 年法认可以罚金为主的刑事处罚基本格局，直到 1956 年税收刑事处罚方式的规则才有所改变。在 1929 年法确定的税收犯罪

---

[1]　Cfr. Maurizio Villani, *Cenni di diritto penale tributario*, in *Legali*, il 26 luglio 2011.

[2]　Cfr. Enzo Musco, *Brevi note sulla riforma del diritto penale tributario*, in *Rassegna Tributaria*, n. 5, 2010, pp. 1179–1181.

[3]　Cfr. Enzo Musco, *Brevi note sulla riforma del diritto penale tributario*, in *Rassegna Tributaria*, n. 5, 2010, p. 1181.

[4]　Cfr. Enzo Musco e Francesco Ardito, *Diritto penale tributario*, Zanichelli, 2016, p. 2.

制度下，意大利在 1956 年颁布的第 1 号法律，① 对于不申报所得行为规定了拘押的刑事处罚，期限最长为 6 个月，而对于欺诈申报所得的行为则规定可以处最长期限为 6 个月的有期徒刑。② 据此，此时虽然限制人身自由的刑罚适用有所扩大，但立法脚步依然是畏畏缩缩。事实上，以罚金为主的刑事处罚基本格局直到 1973 年才发生实质变化，即在这一年实施的改革中，受监禁刑事处罚的税收违法行为范围扩大了，拘押和有期徒刑的最长期限也分别提高到了 3 年和 5 年。③

2. 1929 年法的主要问题

首先，对刑法典一般规则的部分背离存在正当性的疑问。例如，1929年法引入的"超活跃性"原则，旨在正当化的理由包括：相比于刑法典保护的其他法益，国家税收利益需要更为严格的保护；税收刑法应当保持确定性；相比于其他类型的犯罪，要避免逃税者基于（更为）狡猾或者幸运而取得一项利益；税收刑法本身具有特殊和临时的属性。显然，这些理由并不具有太大的说服力，考虑到以下几个方面的质疑：国家税收利益未必比其他法益需要更大的保护；法律确定性作为一般法律原则，一般刑法同样需要保持；在溯及既往适用更有利的刑法规则下，之前因为狡猾或者幸运未被处罚的主体受益，并不局限于逃税犯罪；税收刑法的特殊性未必那么大，临时性则应当否定。④

其次，税务先决原则下税收刑事处罚制度缺乏实际功效。一方面，由于刑事诉讼程序需要等到行政程序的完结才能启动，这样犯罪追诉期限往往在行政程序完结前已经经过，从而导致税收刑事诉讼的案件数量极少。⑤另一方面，对于极少的税收刑事诉讼案件，由于行政程序先决以及当时税务诉讼四级审判制度，⑥ 导致税收刑事诉讼完结非常缓慢，所需的时间异常长久，广受批评。因此，在 1929 年法税务先决原则下，税收犯罪在意大利

---

① Cfr. Legge 5 gennaio 1956, n. 1.

② Cfr. Gaspare Falsitta, *Manuale di diritto tributario-parte generale*, CEDAM, 2010, p. 544.

③ Cfr. Enzo Musco e Francesco Ardito, *Diritto penale tributario*, Zanichelli, 2016, p. 7.

④ Cfr. Enzo Musco e Francesco Ardito, *Diritto penale tributario*, Zanichelli, 2016, p. 5.

⑤ Cfr. Andrea Perini, *La repressione penale dell' evasione fiscale nella legislazione italiana: evoluzione della normativa*, in *Il Fisco*, n. 19, 2002, p. 2980.

⑥ 包括一审税务委员会、二审税务委员会、中央税务委员会以及最高法院四级审判。

一直处于刑事司法实践中的边缘位置,税收刑事处罚制度本应具有的震慑功能也严重不足。

(二) 1982 年刑事立法

意大利从 20 世纪 60 年代开始,伴随向社会国的转变,国家职能极大增加,尤其是为满足政府社会、经济政策目标的实现,需要数量更为巨大且更为稳固的财政收入。与此相左的是,逃税问题却越来越严重,并演变为一种普遍的现象,严重损害到了国家税收利益。此外,逃税的危害还体现在:改变经济的正常发展以及企业间的竞争;阻碍政府财税措施的成功;深刻影响收入的分配,加剧不同社会阶层间的不公平;产生可恨和负面的反稳定性效果;等等。[①] 据此,为确保财政收入,同时基于效率和公平的考虑,意大利便求助于刑法这一最锋锐的工具来打击逃税现象。显然,1929年法并不能满足上述需求,何况 1929 年法本身存在的一些问题也亟待解决。最终,意大利在 1982 年 8 月 7 日颁布了第 516 号法律,名为《打击所得税和增值税逃税以及便利税收方面悬案解决法》(以下简称"1982 年法"),[②]作为税收单行刑法,这是意大利税收刑法第一次重大改革,在意大利引入了一个错综复杂的税收犯罪刑事处罚制度。

1. 1982 年法的特点

首先,引入逃税预备行为犯罪。所谓逃税预备行为是指那些在形式上具有损害税收利益的违法行为,例如,未开具发票、违反规则保管会计账簿、扣缴义务人未扣缴税款等,特点是仅仅具有程序上的违法性以及对税收利益损害的预备性,对税收利益的损害还只是一种抽象意义上的"危险"。[③] 为简化和便利刑事调查和有效打击逃税行为,1982 年法将这些行为也纳入刑事处罚的范围,创造出所谓逃税的预备行为犯罪。这构成了被称为"给逃税者戴上手铐"(manette agli evasori)法的 1982 年法的一项特征

---

① Cfr. Enzo Musco e Francesco Ardito, *Diritto penale tributario*, Zanichelli, 2016, p. 9.

② Cfr. Legge 7 agosto 1982, n. 516–Norme per la repressione dell'evasione in materia di imposte sui redditi e sul valore aggiunto e per agevolare la definizione delle pendenze in materia tributaria.

③ Cfr. Bruno Sechi, *Riforma dei reati tributari: più pregi che difetti*, in *Penale*, il 3 febbraio 2001, disponibile nel seguente sito: http://www.penale.it/document/sechi_ 01. htm.

性制度。[①] 而引入逃税预备行为犯罪，乃出于对课税透明的维护，因为这些预备行为可以抽象地阻碍税收遗漏或违规行为的调查以及真实收入的查定，从而威胁到课税透明的维护。[②]

逃税预备行为犯罪的引入反映出 1982 年法的一项指导思想是避免税收犯罪刑事立法集中于逃税行为，使税收犯罪行为的构成脱钩于逃税的查实，这极大扩张了税收犯罪行为的范围。[③] 此外，预备行为犯罪的引入使税收犯罪行为的完成得以提前，此时形成的犯罪仅仅是一种推定危险的犯罪。这是因为相比于逃税，相关预备行为体现的仅仅是一项有害（税收）意图，逃税并没有被查实，税收利益被推定处于受损的危险之中。据此，也反映出 1982 年法不再基于法益侵害的严重性来规定犯罪行为。[④] 这些预备行为犯罪具体包括：（1）根据 1982 年法第 1 条以及第 2 条第 1 款和第 3 款的规定，未开具或部分地开具发票，未登记计入或部分登记计入交易对价，未保存或不规范保存会计账目，不规范打印、购买、持有和记录单据；（2）根据第 4 条的规定，虚假交易开具发票等虚假行为；（3）根据第 2 条第 2 款的规定，在征收程序阶段的扣缴义务人未缴扣税款。[⑤]

其次，废除税务先决原则、体现税收刑事程序的独立性。在 1929 年法规定的税务先决制度下，税收刑事处罚制度从实质的角度来看是无效的，换言之，税收特殊主义强烈地限制了对税收犯罪的刑事打击。因此，为有效实现 1982 年法的税收刑事处罚指导思想，税务先决原则的废除势在必行。事实上，意大利宪法法院在 1982 年 5 月 12 日作出的两项判决，分别认定 1929 年法第 21 条第 3 款规定的和 1972 年增值税法第 58 条规定的税务先决原则违宪，这是因为根据宪法第 101 条的规定，法官仅仅受制于法律，而在税务先决原则下，刑事法官要受制于税收查定，有违自由定罪（libero convincimento）原则；[⑥] 1972 年增值税法规定的虚开发票行为，不管是否造成逃

[①] Cfr. Giovanni Negri, *Manette agli evasori: la lunga marcia dal 1982 fino a Monti e Renzi*, il 25 ottobre 2019, disponibile nel sito seguente: https://www.ilsole24ore.com/art/la-lunga-marcia-manette-evasori-ACKSuOu?refresh_ce=1.

[②] Cfr. Bruno Sechi, *Riforma dei reati tributari: più pregi che difetti*, in *Penale.it*, il 3 febbraio 2001.

[③] Cfr. Gaspare Falsitta, *Manuale di diritto tributario-parte generale*, CEDAM, 2010, p. 544; 参见施正文、翁武耀：《意大利逃税刑事法律责任的立法及其对我国的借鉴》，《税务研究》2010 年第 6 期。

[④] Cfr. Gaspare Falsitta, *Manuale di diritto tributario-parte generale*, CEDAM, 2010, p. 544.

[⑤] Cfr. Enzo Musco e Francesco Ardito, *Diritto penale tributario*, Zanichelli, 2016, p. 10.

[⑥] Cfr. la sentenza della Corte Costituzionale, 12 maggio 1982, n. 88.

税，都需要受处罚，这样如果在税收查定变为最终性前检察机关不能实施刑事起诉，就背离了刑事起诉的强制性要求，即违反宪法第 112 条关于检察机关有义务实施刑事起诉的规定。① 事实上，由于 1982 年法引入了逃税预备行为犯罪，如果对于逃税行为而言，基于税收复杂的技术性适用税务先决原则姑且认可的话，那么对于这些预备行为而言，上述理由就缺乏足够的说服力了。这样，为使刑事法官能够及时介入到税收刑事违法行为打击工作中，刑事法官不应受征税机关税收查定结果的约束，同时也考虑到通常情况下试图逃税的主体会实施相关预备行为。② 为此，在 1982 年法颁布之前，意大利在 1982 年 7 月 10 日颁布的第 429 号法律令第 13 条废除了上文提到的 1972 年增值税法第 58 条以及 1973 年所得税查定法第 56 条关于税务先决的规定。③ 伴随着税务先决原则的废除，意大利确立了税收行政程序与刑事程序的双轨制，即各自的独立性，税收刑事诉讼程序也就可以及时展开。这也是意大利税收刑事处罚制度演变的一项重要标志，因为税收特殊主义不再盛行，在该主义下刑法在界定税收违法行为中没有独立的作用。④

2. 1982 年法的主要问题

首先，刑事介入的过度。由于 1982 年法改革的指导思想是取消根据法益侵犯的严重性选择税收犯罪行为，并将逃税预备行为纳入犯罪行为的范围，使得面临刑事责任的主体范围也极大扩张，从而限制了刑罚正义。⑤ 一方面，在未发生税款流失或税收利益受损的情况下，税收犯罪行为也构成，换言之，受当时在意大利盛行的泛刑事主义的重要影响，将仅仅是形式违法行为纳入刑事处罚的范围，但这样的犯罪行为规则违反了刑法的极端缘由（extrema ratio）理念，即只有在特殊必要性的时候刑法才应介入，⑥ 因

① Cfr. la sentenza della Corte Costituzionale, 12 maggio 1982, n. 89.
② Cfr. Antonio D'Avirro, Marco Giglioli e Michele D'Avirro, *Reati tributari e sistema normativo europeo*, Wolters Kluwer, 2017, p. 214
③ Cfr. l'art. 13 della Decreto-legge 10 luglio 1982, n. 429.
④ Cfr. Enzo Musco, *Brevi note sulla riforma del diritto penale tributario*, in *Rassegna Tributaria*, n. 5, 2010, p. 1182.
⑤ Cfr. Gaspare Falsitta, *Manuale di diritto tributario-parte generale*, CEDAM, 2010, p. 544.
⑥ Cfr. Enzo Musco, *Brevi note sulla riforma del diritto penale tributario*, in *Rassegna Tributaria*, n. 5, 2010, p. 1181.

此也可以称为刑法谦抑理念。另一方面，许多预备行为犯罪对尚远离逃税或税款损失的行为进行刑事处罚，表现为对国库利益刑法保护的过度提前。① 1982 年法规定的新税收刑事处罚制度缺乏理性以及相关刑事政策缺乏令人信服的正当理由，使得很多小企业受到致命打击。②

其次，刑事诉讼案件数量大增、诉讼完结缓慢。对税收违法行为，1982 年法实施 360 度全方位的刑事制裁，刑事处罚带有十足的预防性功能，因此，税收刑事诉讼案件在 1982 年以后数量急剧增加。③ 这严重限制了意大利检察机关刑事案件处理的能力和效率，因为没有足够的人力和资源来应对这些数量庞大的司法追诉任务。以下数据充分说明了这一点：从 1989 年 10 月到 1993 年 12 月，检察机关应当追诉的刑事案件大概有 170 万件，其中大概 60 万（即超过 1/3）件是关于 1982 年法规定的税收犯罪。此外，令 1982 年法制定者意想不到的是，在税务先决原则取消以后，普通的刑事法官在面对逃税查定的问题时，由于缺少像税务法官那样的税务专业能力，刑事法官不得不求助专家的著作，以替代税务法官进行逃税的查定。这导致刑事诉讼时间变长，诉讼完结缓慢，刑事处罚的震慑度受损。④ 这样，1982 年法追求的简化和便利刑事调查和有效打击逃税行为的目的也未能实现。

最后，在 1982 年法下，税收犯罪行为不仅繁杂而且数量众多，其中不乏一些社会危害性不大的行为，刑事处罚的极端过度严重限制了公民的自由空间。这样，1982 年法创制的新的税收犯罪刑事处罚制度不仅被认为缺乏正当性，同时，从新制度意图让公民对履行纳税义务产生一种新的道德意识的角度，也被认为是失败的，换言之，1982 年法有效打击逃税的目标也落空了。⑤ 事实上，对于 1982 年法而言，存在不可克服的理论和实践的制约：逃税不能仅仅靠刑法来打击，需要其他手段的介入，与刑法手段相协调，例如行政介入或政策介入；在打击社会大规模的现象中，刑事处罚制度的作用存在结构性的限制，即对于重大的社会病症，在刑法中是找不

① Cfr. Bruno Sechi, *Riforma dei reati tributari: più pregi che difetti*, in *Penale*, il 3 febbraio 2001.
② Cfr. Enzo Musco e Francesco Ardito, *Diritto penale tributario*, Zanichelli, 2016, p. 13.
③ Cfr. Andrea Perini, *La repressione penale dell'evasione fiscale nella legislazione italiana: evoluzione della normativa*, in *Il Fisco*, n. 19, 2002, p. 2980.
④ Cfr. Enzo Musco e Francesco Ardito, *Diritto penale tributario*, Zanichelli, 2016, p. 12.
⑤ Cfr. Enzo Musco e Francesco Ardito, *Diritto penale tributario*, Zanichelli, 2016, p. 12.

到有效药剂（补救措施）。[1]

（三）2000 年刑事立法

1982 年法的问题以及刑事政策的失败，使得意大利在 20 世纪末不得不开始实施税收刑法的第二次重大改革。而促使这次改革顺利实现的，与当时意大利具有宪法依据的刑法极端缘由理念的重新稳固以及泛刑事主义进入危机有着紧密关联。与这一时代背景相关，意大利税收刑法第二次改革的主要内容为：将税收刑法纳入到刑法的共同体之中，在税收领域也贯彻刑法的极端缘由理念，使税收犯罪刑事介入最小化但合理且有效。[2] 这样的刑事政策改革无疑翻转了 1982 年法的刑事政策，又回归到犯罪的侵害严重性原则，逃税预备行为的刑事处罚势必取消，对这些行为仅保留行政处罚，而仅对直接有损国库利益的行为予以刑事处罚。这次改革从 1997 年开始，最终意大利在 1999 年 6 月 25 日颁布第 205 号法律，名为《授权政府实施低微犯罪的去刑事化以及税收与刑事制度的修改》（以下简称"1999 年授权法"），[3] 授权政府实施税收刑事法律制度改革。而 1999 年授权法第 6 条明确废除了税收刑法的"超活跃性"原则。2000 年 3 月 10 日，意大利政府基于授权立法颁布了第 74 号立法令，名为《新所得税和增值税犯罪处罚法》（以下简称"2000 年法"）。[4] 延续单行刑法的立法模式，意大利现行关于税收犯罪与刑事处罚的制度就规定在 2000 年法中。此外，正如该法名称揭示的那样，专门的税收犯罪仅涉及所得税和增值税领域，这一点延续了1982 年法的规定。这是因为意大利绝大部分的税款来自这两大税种，例如，个人所得税与企业所得税占意大利 2018 年税收收入总额的 47.5%，增值税占 28.8%。[5] 其他小税种因为数额有限，独立入罪处罚的可能性（例如超过

---

① Cfr. Enzo Musco, *Brevi note sulla riforma del diritto penale tributario*, in *Rassegna Tributaria*, n. 5, 2010, p. 1182.

② Cfr. Enzo Musco e Francesco Ardito, *Diritto penale tributario*, Zanichelli, 2016, p. 15.

③ Cfr. Legge 25 giugno 1999, n. 205-Delega al Governo per la depenalizzazione dei reati minori e modifiche al sistema penale e tributario.

④ Cfr. Decreto Legislativo 10 marzo 2000, n. 74-Nuova disciplina dei reati in materia di imposte sui redditi e sul valore aggiunto.

⑤ Cfr. Ministero dell'Economia e delle Finanze, *Bollettino delle entrate tributarie* 2018, disponibile nel seguente sito: https: //www. finanze. it/export/sites/finanze/it/. content/Documenti/entrate_ tributarie_ 2018/Bollettino - entrate-Dicembre2018. pdf.

入罪门槛）和必要性都较小，因此 2000 年法并没有涉及。不过，这并不意味着关于所得税、增值税以外的税种的逃税等违法行为不存在入罪处罚。事实上，考虑到违法行为的手段，可以根据刑法典以及相关法律以其他非税收犯罪罪名的形式入罪处罚，例如，关税可以根据刑法典以及海关法相关条款以走私罪的名义入罪处罚，[①] 其他税种可以根据刑法典以虚假文件罪等罪名的名义入罪处罚。[②]

二、现行立法基本内容、特点与问题

（一）2000 年法的结构与内容概述

2000 年法共分为五章，分别是"定义""罪行""共同条款""与行政处罚制度的关系以及刑事、行政程序关系"和"协调和最后条款"。

第一章（仅 1 条），2000 年法采用了国际法源（规则）制定的惯用技术，对本法条款所涉及的主要法律概念进行界定，一开始即揭示复杂概念的内涵、外延，以确保随后规定的具体条款能够得到正确解释，复杂则是因为这些概念与实体税法相关。第一章界定的概念包括："虚开发票或其他文件""积极或消极要素"[③]"申报""逃税的目的""使第三方逃税的目的""逃避（税款）缴纳的目的""所逃税款""客体或主体虚假的交易"以及"欺诈手段"。2000 年法专门在第一章对上述概念进行界定，意味着这些概念的定义是独立的，既相对于一般刑事法律制度，也相对于税收法律制度。换言之，对同一概念，不同的法律体制根据不同的情形可能都会提供定义，可能一致，也可能不一致，在后者的情形，相关定义在本法律制

[①] 后者参见意大利 1973 年 1 月 23 日第 43 号共和国总统令（《海关领域立法条款单一文本的批准》）第 295 条。

[②] 意大利刑法典第七章规定了侵害公信力犯罪，其中就包括了虚假文件罪。虚假文件可以分为两类：一是"物质上"的虚假文件，即文件本身是虚假的，例如伪造的文件；二是"观念上"的虚假文件，即文件本身是真实的，但是文件记载的内容是虚假的。Cfr. Paolo Emilio De Simone, *I reati di falso*, Maggioli, 2018, pp. 23-24. 显然，关于所得税、增值税以外的税种，逃税等违法行为的实施通常也会利用虚假文件，虚假发票就是其中一类。

[③] 即确定、影响税基和税额多少的要素，例如收入、成本、（销项、进项）交易额等。

度内生效。这样，上述这些概念的定义在 2000 年法的有限范围内生效。

第二章第一节（第 2 条至第 6 条），关于申报类罪行，分别规定了"利用虚开发票或其他文件的欺诈申报罪""利用其他虚假手段的欺诈申报罪"①"不诚信申报罪""不申报罪"以及"未遂（的不处罚性）"。原本存在的第 7 条，规定一些不构成第 3 条和第 4 条规定罪行的行为，例如，违反权责发生制进行账本和财务报表记入，但是会计记账的方法是一贯、持续的，被 2015 年第 158 号立法令所删除。② 第二章第二节（第 8 条至第 11 条），关于会计资料类罪行和税款缴纳类罪行。第 8 条规定了"虚开发票或其他文件罪"，第 9 条规定了"虚开或利用虚开发票或其他文件情形下的共犯"，第 10 条规定了"隐匿或销毁会计文件罪"，第 10 条附加第 1 条、第 2 条和第 3 条（即第 10 条之一、之二和之三）分别规定了"扣缴税款不缴纳罪""增值税税款不缴纳罪"和"不正当的税款抵销罪"，以及第 11 条规定了"欺诈逃避缴纳税款罪"。其中，第 10 条附加第 3 条又进一步规定了两类不正当税款抵销罪行，分别是该条第 1 款规定的利用不所属的债权进行抵销和该条第 2 款规定的利用不存在的债权进行抵销。事实上，第二章除了规定罪行以及关于这些罪行条款适用、但背离普通刑法的规则（即第 6 条和第 9 条）以外，在每一项罪行界定的同时规定了处罚内容。

第三章（第 12 条至第 18 条），关于应用上述罪行条款的共同规则。第 12 条规定了"辅助刑罚"，第 12 条附加第 1 条规定了"（财产）没收"，第 13 条规定了"不处罚性的缘由——税收债务的缴纳"，第 13 条附加第 1 条规定了"处罚的（减轻、加重）情节"，第 14 条规定了"（处罚）减轻情节——税收债务因时效而消灭情形下的损害弥补"，第 15 条规定了"源于税收规则解释的违法行为"，第 17 条规定了"时效中断"，第 18 条规定了"管辖地"，以及第 18 条附加第 1 条规定了"被扣押财产的司法保管"。其中，原本规定的第 16 条，关于纳税人在遵循反避税规则适用咨询委员会意见的情况下行为不受本法处罚，被 2015 年第 158 号立法令所删除。

第四章（第 19 条至第 21 条），关于如何处理刑事处罚与行政处罚的关

---

① 其他虚假手段是指利用虚开发票或其他文件以外的方式，例如，通过虚假交易来掩饰真实的交易，或者利用虚假的文件等。

② Cfr. Decreto Legislativo 24 settembre 2015, n. 158.

系以及刑事与行政程序的关系，分别规定了"特殊性原则""刑事程序与税务行政程序、诉讼的关系"以及"针对刑事违法行为的行政处罚"。

第五章（第22条至第25条），分别规定了"税收债务消灭发生的证明方式""财政警察资料使用方面的修改""1983年第18号法律第2条的修改"以及"废除（其他法律中与本法规定不一致的条款）"。

（二）2000年法的特点

1. 保护法益的双层性

作为税收刑法，2000年法所保护的法益为国家的税收利益并无疑问。关于税收利益，可以理解为税款的及时、足额入库，或者说，根据意大利宪法第53条的规定，确保纳税人根据负税能力为国家公共开支提供财源。因此，根据侵害严重性原则，2000年法仅仅对严重侵害税收利益的行为定罪处罚。对此，从一定意义上，2000年法可以说是回到1929年法的轨道。不过，由于经历了1982年法大范围引入逃税预备行为犯罪之后，即使推翻了1982年法的刑事政策或扭转了1982年法税收犯罪刑事处罚过度的问题，2000年法并没有完全、绝对地与1982年法相隔断，后者的影响在小范围内还是存在，例如在关于税收刑法所保护的法益的理解上。事实上，如果将税款的及时、足额入库理解为最终的法益的话，税收刑法所保护的法益还包括手段的法益，即征税机关税收查定职能的正确履行。[①] 因此，关于上述两种法益的理解，可以分别归为第一层面和第二层面的法益，而第二层面的法益无疑源于1982年法，尽管2000年法基于第二层面的法益所构建的税收犯罪行为要远远少于1982年法，即局限于下文将提到的两项会计资料类罪行。事实上，税收查定职能的保护源于征税透明的利益，虽然这一层面的法益并非是立法者所认为的税收刑法应当保护的理想的法益，但是，就妨碍税收查定职能正确履行的行为，例如虚开发票行为，取消对其刑事化处理很难，因为对其刑事化能够发挥一般性预防（针对税收利益受损）的

---

① Cfr. Di Amato A. , *La rilevanza penalistica dell'elusione fiscale*, in AA. VV. , *I reati tributari*, a cura di Di Amato A. -Pisano R. , Padova, 2002, p. 135, per cui cfr. Antonio D'Avirro, Marco Giglioli e Michele D'Avirro, *Reati tributari e sistema normativo europeo*, Wolters Kluwer, 2017, p. 221.

功能，能有效震慑逃税行为，从而有必要使刑事处罚介入提前。① 此外，这两层法益指向税收利益，两者的关系并非是原则与例外或背离的关系，能够共存。

2. 减少税收犯罪行为、集中于逃税犯罪行为

1999 年授权法第 9 条授权政府重新设计税收犯罪行为的范围时，确定了一项指导性标准，即为大幅度减少犯罪行为，犯罪行为应具有对税收利益明显侵害性的特征。据此，在重新回归侵害严重性原则下，2000 年法对于税收犯罪行为的规定建立在刑事干预作为辅助性手段的基础上，并且集中于逃税行为。② 具体而言，2000 年法对税收违法行为进行刑事处罚尽可能延迟到纳税人实施年度申报的时点，即原则上只有到最终性的逃税客观上发生的时点才构成税收犯罪行为，而在年度申报之前的税收违法行为仅仅受行政处罚。为此，2000 年法仅规定了以下三类罪行：（1）申报类罪行，包括欺诈申报、③ 不诚信申报④以及不申报。显然，申报类罪行是 2000 年法规定的基础、核心类罪行；（2）会计资料类罪行，包括虚开发票或其他文件以及隐匿或销毁会计文件。虚开行为是实施欺诈申报行为的前期行为之一，而隐藏或销毁行为会使所得或交易额的重构无法完成，虽然这两类行为并不直接引起国库利益的损害，但引起国库利益受损的巨大危险。需要指出的是，虽然 2000 年法颠覆了 1982 年法刑事立法理念，取消逃税预备行为犯罪，但是保留了两项预备行为犯罪，保留可能是无法避免的，作为 2000 年法刑事立法理念的例外，即上述两项会计资料类罪行;⑤（3）税款缴纳类罪行，即纳税人（拒）不缴纳已经确定的应纳税款，逃脱税款的强制征收。

需要特别补充的是，由于意大利刑法典第 56 条规定了犯罪未遂，即构

---

① Cfr. Enzo Musco e Francesco Ardito, *Diritto penale tributario*, Zanichelli, 2016, pp. 42-43.

② Cfr. Andrea Perini, *La repressione penale dell'evasione fiscale nella legislazione italiana: evoluzione della normativa*, in *Il Fisco*, n. 19, 2002, p. 2980.

③ 例如，纳税人建立在利用虚开发票或虚假文件基础上的申报。虽然都属于不真实的申报，但不同于不诚信申报，在欺诈申报下，未申报或少申报的所得或交易额存在虚开发票或虚假文件的支持（作为证据），因此对征税机关的欺骗性更大。

④ 例如，在仅仅是在成本扣除项中记入了不存在的成本。

⑤ Cfr. Antonio D'Avirro, Marco Giglioli e Michele D'Avirro, *Reati tributari e sistema normativo europeo*, Wolters Kluwer, 2017, p. 214.

成一项罪行所需要实施的行为尚未完成的时候，亦应当以（未遂）犯罪的名义受刑事处罚，为避免除上述虚开行为、隐藏或销毁行为以外的逃税预备行为以逃税犯罪未遂的名义被刑事处罚，从而再现逃税预备行为犯罪以及逃税预备行为或手段行为受刑事处罚，2000 年法第 6 条明确规定了申报类罪行不能基于（犯罪）未遂的名义被处罚，即不构成逃税的（未遂）犯罪。这对于确保 2000 年法取消预备行为犯罪的意图具有重要的意义。至此，在税收犯罪行为范围大小上，在经历 1982 年法的极大扩张后，2000 年法回归 1929 年法有限范围（集中于税收实害行为）的轨道，尽管数量上多于后者，源于社会经济发展的需要，并在可以接受的程度内，2000 年法在确定税收犯罪行为范围时可以说是恰如其分。

3. 处罚的谦抑

2000 年法不仅在犯罪行为的规定上遵循严重侵害性原则，在处罚问题上同样遵循了这一原则，主要体现在：（1）对于大部分罪行，涉及申报类罪行和税款缴纳类罪行，规定入罪门槛，体现为逃税或逃避缴纳税额数额超过一个绝对值，一些罪行还要求同时逃避征税的所得或交易额超过申报中的量的一定比例，或者逃避征税的所得或交易额超过一个绝对值。换言之，只有在侵害的税收利益数量上不小的情况下才对相关违法行为进行刑事处罚，以此限制刑事处罚的介入；（2）规定刑事处罚减免制度，即在一审开庭审理前，税款已经补缴，同时相关罚款和利息也已经缴纳的，针对不同税收犯罪，罪犯可以免于或减轻刑事处罚。刑事处罚减免制度可以鼓励税收犯罪行为人积极弥补税收利益损失，也间接体现 2000 年法打击税收实害行为的理念；（3）为避免刑事和行政处罚的重复，即对于一项税收违法行为如果需要同时受刑事处罚和行政处罚，规定仅适用体现特殊性的刑事或行政处罚条款。①

4. 回归普通刑法的属性

意大利税收刑法是伴随着对刑法典的背离而诞生的，即一些税收犯罪共同性制度、规则不同于刑法典（尤其是总论中）的相关原则，整体上而

---

① 以上三方面的制度属于 1999 年授权法第 9 条规定的新原则。

言，税收刑法这一特点从 1929 年法一直延续到 1982 年法，这也使 1982 年法在应用层面陷入了实效性的危机。[1] 2000 年法的制定，改变了这一特点，回归普通刑法的属性，即遵循普通刑法（刑法典）的基本原则，或者与普通刑法的基本原则相协调、融合。例如，在犯罪行为范围的界定上，回归侵害严重性原则。再如，在刑事处罚方式上，2000 年法对税收犯罪行仅规定了自由刑，没有规定金钱罚，这是因为刑事法官如果认为需要，可以根据意大利刑法典第 24 条关于罚金的规定补充判处罚金。[2] 同时，2000 年法遵循刑法典关于资格刑（辅助刑罚）类型的规定，首次对税收犯罪引入了资格刑，包括禁止在法人、企业担任领导职务、禁止担任涉税的代理、协助职务以及禁止担任公职等。事实上，在 2000 年法与刑法典的关系上，除非 2000 年法有特别规定的，即少数例外的条款，税收刑法适用刑法典的一般规则。[3] 例如，在追诉时效方面，原来长期应用特别规则（基于税收利益的考量），对于纳税人不是很有利。2000 年法将追诉时效制度统一于普通刑法规定的时效一般规则中，因此，税收犯罪行为的处罚可以直接适用意大利刑法典第 157 条规定的一般条款：最长时效为就所涉罪行刑法规定的最高刑期，但是最低不得少于 6 年。据此，2000 年法规定的不同罪行，最高刑期并不一样，其中最严重的罪行最高刑期是 8 年，这样，如果没有下文将提到的 2000 年法在 2011 年关于追诉时效的修改，追诉时效期限分 6 年、7 年和 8 年三类。需要补充的是，上述 2000 年法减少税收犯罪行为、处罚谦抑的特点，与税收刑法从特殊刑法回归普通刑法密不可分，这是因为特殊刑法是源于国库利益特别保护的需要而产生，因此在入罪处罚上比刑法典一般规则更为严苛。

　　税收刑法回归普通刑法的属性，有助于实际发挥 2000 年法打击税收犯罪的效力。也正是从这个角度，是否保留税收单行刑法的模式，还是将税收刑法编排在刑法典中，其实已经变得不重要了。事实上，一项刑事规范的适当性或重要性并不取决于其所处的位置，而在于其内容。税收刑法在回归普通刑法的属性之后，即使存在于刑法典之外，其合法性也并不丧失，

---

[1]　Cfr. Enzo Musco e Francesco Ardito, *Diritto penale tributario*, Zanichelli, 2016, p. 39.

[2]　该条规定，对于为盈利而实施的犯罪，如何法律仅规定了有期徒刑，法官可以补充处以 50 欧元至 25000 欧元的罚金。

[3]　Cfr. Francesco Terauro, *Istituzioni di diritto tributario-parte generale*, UTET, 2006, p. 346.

普遍的震慑功能也不会减损。当然，在刑法典中规范税收犯罪与处罚，可能的优势包括使税收方面的刑事制裁更能够被公众所知晓以及得到一个更为广泛的社会认同。不过，这些可能的优势价值也是非常有限，况且税收犯罪刑事立法修改在单行刑法下更加便利，例如，2000 年法之后又经历了多次修改。因此，在意大利税收刑法纳入刑法典的问题至今未有提出。①

（三）2000 年法的问题

2000 年法施行后，意大利在打击逃税以及提高公民对履行纳税义务的道德意识方面取得了很大的进展，也有效地预防了税收犯罪的发生。不过，之后意大利对该法又进行了多次修改，而 2000 年法的问题正是源于这些立法修改，体现在之后的立法修改对 2000 年法确立的目标和原则有所背离，尽管这些问题并不掩盖 2000 年法整体上的成功。

1. 扩大税收犯罪行为的范围

2004 年 12 月 30 日颁布的第 311 号法律在 2000 年法第 10 条引入了附加第 1 条，② 规定了扣缴税款不缴纳罪。随后，2006 年 8 月 4 日颁布的第 248 号法律又在 2000 年法第 10 条引入了附加第 2 条和第 3 条，③ 分别规定了增值税税款不缴纳罪和不正当的税款抵销罪。这三项罪行的引入扩大了 2000 年法税收犯罪行为的范围，且扩大本身存在以下两项具体问题：（1）体现决疑术的规则技术，即针对多个不同的具体情形（基于个案）分别规定为犯罪行为，换言之，犯罪行为规则一般性、抽象性不足；（2）这三类罪行并不伴随欺诈，仅仅是应纳税款的不缴纳，同时，这三项罪行的构成并不特别要求行为人具有逃避缴纳税款故意的主观状态，因此与 2000 年法追求的侵害严重性原则相背离。

2. 加大处罚力度

在处罚方面，2011 年 9 月 14 日颁布的第 148 号法律对 2000 年法亦有所

---

① Cfr. Enzo Musco e Francesco Ardito, *Diritto penale tributario*, Zanichelli, 2016, p. 19.

② Cfr. Legge 30 dicembre 2004, n. 311.

③ Cfr. Legge 4 agosto 2006, n. 248.

修改,① 而内容上与最初的 2000 年法并不协调:(1)对 2000 年法第 3 条、第 4 条和第 5 条规定的申报类罪行,即分别是利用其他虚假手段的申报、不诚信申报和不申报,降低了入罪门槛。例如,对于第 3 条规定的罪行,入罪门槛(逃的税款数额)从原来的 1.5 亿里拉(大概是 7.7 万欧元)降至 3 万欧元;(2)删除了 2000 年法第 2 条利用虚开发票欺诈申报(逃税)和第 8 条虚开发票两项罪行中关于处罚减轻情节的规定,即原来对于虚假的收入或交易额未超过 3 亿里拉(大概 15.5 万欧元)的情形,规定最高刑减少至 2 年,而这两项罪行没有入罪门槛的规定;(3)在 2000 年法第 17 条增加(附加)一款,对第 2 条至第 10 条规定的罪行,但不包括第 10 条附加第 1 条、第 2 条和第 3 条规定的三项罪行,规定追诉时效期限延长三分之一;②(4)在 2000 年法第 12 条增加附加第 2 款,对第 2 条至第 10 条规定的罪行,在逃的税款超过营业额的 30%并超过 300 万欧元的情形,规定不适用意大利刑法典第 163 条规定的处罚执行暂停制度。③

3. 面临重新步入特殊刑法的危险

意大利在 2015 年 9 月 24 日颁布了上文提到的第 158 号立法令,以及在 2019 年 10 月 26 日颁布了第 124 号法律令,④ 对 2000 年法又分别进行了两次修改。2015 年修改的内容主要包括:(1)申报类犯罪不再局限于年度申报,纳税人实施的任何纳税申报就可以构成相关犯罪行为,税收犯罪行为范围有所扩大;(2)对于一些罪行提高入罪门槛。例如,关于逃税数额,不诚信申报罪从 5 万欧元提高至 15 万欧元,不申报罪从 3 万欧元提高至 5 万欧元;(3)对于一些罪行提高量刑。例如,不申报罪和第 10 条规定的隐匿或销毁会计文件罪,分别从原来的 1 年到 3 年和半年到 5 年提高至 1.5 年到 4 年和 1.5 年到 6 年的有期徒刑;(4)对于能够悔改的罪犯,即及时缴纳

---

① Cfr. Legge 14 settembre 2011, n. 148.
② 结合相关罪行的最高刑期,关于第 2 条、第 3 条和第 8 条规定的罪行,追诉时效为 10 年 8 个月,关于第 4 条和第 5 条规定的罪行,追诉时效为 8 年,关于第 10 条规定的罪行,追诉时效为 9 年 4 个月,关于第 10 条附加第 1 条、第 2 条和第 3 条以及第 11 条规定的罪行,追诉时效为 6 年。Cfr. Claudio Ramelli, *La prescrizione nei reati tributari*, il 28 marzo 2020, disponibile nel sito seguente: https://studiolegaleramelli.it/2020/03/28/la-prescrizione-nei-reati-tributari/.
③ 根据意大利刑法典第 163 条的规定,在判决有罪并处以不超过 2 年的刑期或监禁的情形,法官如果认为罪犯不会再实施犯罪,可以裁定暂停执行处罚(5 年)。
④ Cfr. l'art. 39 del Decreto-legge 26 ottobre 2019, n. 124.

所逃税款以及相关罚款和利息的，加大激励制度：从减轻处罚到免除处罚（主要是针对第 10 条附加 3 条的罪行），或者减半处罚，即上文提到的刑事处罚减免制度；（5）删除了一些似乎是多余、意义不大的条款。从上述 2015 年立法令修改的主要内容来看，此次修改并没有多大创新，虽然相比于 2004 年、2011 年两次修改，属于进步的，但是进步有限。换言之，前两次修改使得 2000 年法有所偏离刑法极端缘由的理念，将一些侵害性不严重的行为入罪量刑，2015 年修改虽然加大了处罚减免的力度，但并没有从根源上扭转上述偏离。2019 年修改的主要内容是全面加大了税收犯罪的处罚力度并降低了个别罪行的入罪门槛，以更严厉打击税收犯罪、维护国库利益：（1）在刑罚提高方面，包括 4 类申报类逃税犯罪以及两类逃税预备行为犯罪等，刑期普遍增加了 1 至 2 年，例如上述不申报罪和隐匿或销毁会计文件罪，刑罚又分别提高至 2 年到 5 年和 3 年到 7 年的有期徒刑；（2）在入罪门槛降低方面，例如不诚信申报罪，逃税数额和逃避征税的所得或交易额分别从 15 万欧元、300 万欧元降低到 10 万欧元、200 万欧元。总体上，经过几次修改后的 2000 年法面临重新步入特殊刑法的危险，即背离普通刑法一般原则或规则的制度数量有所增加，这有待下一次的税收刑法修改来审慎应对。

三、税收犯罪主要制度

（一）税收犯罪行为的客观要件

根据上文已经阐释的 2000 年法的立法理念以及特征，第 2 条、第 3 条规定的两项关于欺诈申报的罪行以及第 11 条规定的欺诈逃避缴纳税款罪行无疑处于整个税收犯罪刑事处罚制度的核心地位，而这三项罪行也覆盖了最主要的广义上的逃税行为。因此，2000 年法关于税收犯罪行为客观要件的特征，可以通过检视这三项罪行的规定进行概括，具体包括两个方面：逃税先前行为的欺诈性与逃税行为的实害性。

首先，欺诈性的先前行为。所谓逃税的先前行为，是指纳税人实施不实申报行为之前的行为，例如在会计账目中根据虚开的发票或者根据虚假的交易来记入收入、支出或交易额，或者为逃避税款的缴纳，使得征税机关强制执行不成，纳税人先行虚假转让相关财产等行为。关于上述先前行为的欺诈性特征及其效力，从两项申报类罪行来看，欺诈性先前行为实质在于提供申报资料上的虚假数据的佐证，妨碍征税机关实施虚假性查定。事实上，在申报中虚列收入、支出或交易额并不构成逃税犯罪行为的欺诈性，因为征税机关还可以正常地实施税收查定。换言之，当申报不仅仅是不真实、与事实不符，同时还有能够使征税机关上当的虚假数据的支持时，才构成欺诈，逃税犯罪行为才构成，欺诈性的先前行为是构成相关逃税犯罪的必要条件。这一点被 2003 年 4 月 7 日颁布的关于授权政府实施国家税收制度改革的第 80 号法律所确认：根据该法第 2 条第 1 款的规定，税收刑事处罚只适用于那些欺诈、同时对税收收入有现实、严重的损害的情形。[1]这样，不难发现 2000 年法第 4 条规定的纳税人不诚信申报，并不具有能导致征税机关在收入或交易额查定的职能履行中犯错误的欺诈意图和手段，按照上述第 80 号法律所明确确定的原则，这种相对"简单的"不诚信申报犯罪应该不会再产生。[2] 总之，在税收刑事法律中，欺诈和逃税是不可分割的。[3] 因此，2000 年法原来的第 7 条还特别规定了当纳税人基于一种持续、延续的会计确定方法或者根据在资产（负债）表中所标明的标准（例如各种折旧标准）实施的会计评估和账目编辑不构成虚假会计核算评估，即不构成申报犯罪中的欺诈行为。因为纳税人使用这种方式，基于上述所实际遵循的标准，征税机关是能够正确地实施其税收查定职能的。[4] 而从第 11 条规定的欺诈逃避缴纳税款罪行来看，虚假转让相关财产等行为妨碍征税机关对纳税人真实财产的查定，纳税人虚假的财产不足构成对征税机关的欺诈，是构成本罪的必要条件。相反，2000 年法第 10 条附加 3 条规定的关于逃避税款缴纳的三项罪行，因为缺乏对欺诈性构成要件的要求，所以才深受批评和质疑。不过，正如下文将指出的那样，针对这三项罪行的刑事

① Cfr. l' art. 2, comma 1, della Legge 7 aprile 2003, n. 80.
② Cfr. Enrico Mastrogiacomo, *Problemi e dibattiti: i reati tributari a sei anni dalla riforma*, in *Il Fisco*, n. 18, 2006, p. 1.
③ Cfr. Andrea Perini, *Sulla nozione di "mezzi fraudolenti idonei ad ostacolare l' accertamento" nell' ambito del delitto di dichiarazione fraudolenta mediante altri artifici*, in *Rassegna Rributaria*, n. 1, 2002, p. 172.
④ Cfr. Bruno Sechi, *Riforma dei reati tributari: più pregi che difetti*, in *Penale*, il 3 febbraio 2001.

处罚，2000 年法规定了适用条件相对宽松的豁免制度，与这三项罪行不要求欺诈性构成要件、危害性较轻相关，一定程度上也减少了批评和质疑，三项罪行也尚未被取消。

其次，实害性的逃税行为。逃税犯罪行为的构成必须以行为实际造成税收利益受损为条件。因此，虽然 2000 年法规定了逃税的先前行为，这些先前行为的实施在性质上乃是为欺诈申报等罪行制造条件，而按照刑法理论，这些先前行为的实施就可以构成犯罪预备，受刑事处罚，但 2000 年法第 6 条却排除了仅仅实施这些先前行为的纳税人的刑事处罚性，明确规定实施第 2 条、第 3 条和第 4 条规定的犯罪行为未遂不具有刑事处罚性。这里（未遂）实施相关条款中的犯罪行为特指纳税人先前行为的实施，例如在会计账目中登记虚开的发票、但并没有根据这些虚假数据来填写申报。换言之，对于第 2 条、第 3 条和第 4 条规定的罪行而言，申报（伴随虚假信息的记载）提交的时刻才是犯罪完成的时刻，在纳税人提交申报之前，征税机关还无法识别一项对税收利益有害的行为。这样的规定正是基于 2000 年法刑事立法改革的指导思想，即仅仅治罪于那些直接与逃避缴纳税款相关联的行为——有效、现实损害税收收入利益的行为，而将那些仅仅具有程序上的违法性、尚未对税收利益造成现实损害的行为置于征税机关的专属权限管辖范围之内，仅仅处以行政处罚。此外，需要补充的是，2000 年法并没有将第 5 条规定的不申报罪行纳入未遂不构成犯罪的规定中来，这是因为未遂（伴随先前行为的实施）完全与一项纯粹的不作为犯罪不协调。①

（二）税收犯罪行为的主观要件

关于税收犯罪的主观要件，除了第 10 条附加条款所规定的三项罪行以外，2000 年法在规定每一项罪行时，都明确犯罪主体实施犯罪应当源于特定的故意，即基于逃税（包括逃避缴纳税款）或让第三方逃税的目的，也就是基于直接逃税或间接逃税的目的。为此，第 10 条附加条款所规定的三项罪行广受争议。因此，税收犯罪属于基于特定蓄意的犯罪，或者说属于逃税目的犯，如果纳税人不具有逃税的目的，就不构成相关税收犯罪，体现了限制税收违法行为入罪处罚的立法理念。其中，关于会计资料类犯罪，

---

① Cfr. Maurizio Villani, *Cenni di diritto penale tributario*, in *Legali*, il 26 luglio 2011.

第 8 条的罪行要求让第三方逃税的目的，第 10 条的罪行除了为自己逃税的目的外，也包括让第三方逃税的目的。而对于两项欺诈申报类犯罪，由于欺诈行为的特征就是求助于旨在实现逃税的诡计，因此对于犯罪主体而言逃税的目的是唯一性的。[1] 至于逃税的内容，可以根据 2000 年法第 1 条第 f 项对所逃税款的界定进行理解，该项规定：所逃税款是指实际应当缴纳的税款与在申报中记载的税款之间的差，或者在不申报情况下实际应当缴纳的全部税款，再减去由纳税人或者第三方以预缴、扣缴的名义或者在申报（或相关期限截止）前已经缴纳的税款，剩下的余值。此外，根据 2000 年法第 1 条第 d 项的规定，逃税的形式还包括纳税人取得一项不应有的退税或被认可一项不存在的税收债权，以及让第三人取得这些税收利益。

(三) 入罪门槛

为限制税收违法行为入罪处罚，即入罪处罚局限于对保护的法益具有严重损害能力的行为，除了第 2 条、第 8 条和第 10 条规定的罪行以外，这些罪行的犯罪手段本身具有严重危害性，2000 年法在规定其他罪行时都引入了入罪门槛。不过，根据不同的罪行，源于犯罪手段以及危害性差异，入罪门槛的构成、计算以及数量有所不同：（1）利用其他虚假手段的欺诈申报罪和不诚信申报罪都存在两个门槛，需要同时满足。一是逃税的数额（涉及某一税种）超过一个绝对值，分别是 3 万欧元和 10 万欧元；二是逃避征税的所得或交易额超过申报中的量的一定比例，分别是 5% 和 10%，或者逃避征税的所得或交易额超过一个绝对值，分别是 150 万欧元和 200 万欧元；（2）其余罪行都仅有一个门槛，所涉金额超过一个绝对值，但是计算方法、数量有所不同。不申报罪，涉及某一税种，所逃的税额超过 5 万欧元；扣缴税款不缴纳罪、增值税税款不缴纳罪和不正当的税款抵销罪，则是在一个纳税年度内，逃避缴纳的税额（或不正当抵销的税款）总量分别超过 15 万欧元、25 万欧元和 5 万欧元；欺诈逃避缴纳税款罪，逃避缴纳的税额以及相关罚款和利息总额超过 5 万欧元。税收犯罪入罪门槛的规定，减少了税收刑事案件的数量，同时限制了法官关于是否存在刑事违法行为的

---

[1]　Cfr. Maurizio Villani, *Cenni di diritto penale tributario*, in *Legali*, il 26 luglio 2011.

解释裁量权，使公民的个人自由得到了更高水平的保护。①

关于入罪门槛的规定，这里还需要强调的是，门槛应当作为相关税收犯罪的构成要件，而不是意大利刑法典第 44 条规定的处罚客观条件，因此不宜称为处罚门槛。根据该条的规定，处罚的客观条件不属于一项罪行的内容，存在于罪行之外，其并不在罪行实施者的意图（作为实施者积极行为或不作为的结果）范围内。因此，根据刑法的一般原则，当一项特定条件，例如逃税数额超过入罪门槛，属于犯罪行为主体意图及表现的客体，该条件就应当被视为是一项罪行的构成要件。② 显然，在逃税数额超过入罪门槛的情况下，逃税行为人意图实施超过入罪门槛的逃税行为并表现出逃税数额超过该门槛这个结果自可成立。事实上，逃税数额超过入罪门槛，形成对税收利益的严重侵害，不涉及与逃税犯罪行为不相关的利益，应当属于逃税犯罪行为的构成要件。这一点，不仅旨在说明 2000 年法制定情况的政府报告予以了认可，③ 宪法法院在 2004 年的一项判决中也给予了认可。④

（四）辅助刑罚

除作为主刑的自由刑外，2000 年法对税收犯罪创新地在第 12 条引入了辅助刑罚，即资格刑。资格刑共分为两类，一类是适用于 2000 年法所规定的所有犯罪行为，一类是适用于特定的犯罪行为。关于第一类，第 12 条第 1 款规定了五种资格刑：（1）禁止在法人、企业担任领导职务 6 个月到 3 年；（2）在 1 年至 3 年内，不得与行政部门签订合同（交易）；（3）禁止担任涉税的代理、协助职务 1 年到 5 年；（4）永久不得成为税务法院组成人员；（5）根据意大利刑法典第 36 条的规定，公开判决。关于第二类，第 12 条第 2 款规定，对于第 2 条和第 3 条规定的两项欺诈申报罪和第 8 条规定的虚开发票罪，罪犯还要被禁止担任公职 1 到 3 年。不难发现，2000 年法规定的资格刑内容非常丰富，可以覆盖各种不同类型的犯罪主体，同时，对于不同的税收犯罪，源于对税收利益侵害性的不同，适用的资格刑数量上

---

① Cfr. Enzo Musco e Francesco Ardito, *Diritto penale tributario*, Zanichelli, 2016, p. 47.
② Cfr. Maurizio Villani, *Cenni di diritto penale tributario*, in *Legali*, il 26 luglio 2011.
③ Cfr. Relazione Ministeriale al Decreto Legislativo 10 marzo 2000, n. 74.
④ Cfr. la sentenza di Corte di Cassazione del 1 giugno 2004, n. 161.

也不一样。事实上，鉴于资格刑所具有的剥夺或限制再犯能力的独特功能，在涉税犯罪中引入资格刑，特别是禁止担任与税务相关的职位的资格刑，有助于惩处、警诫相关涉税犯罪人员，进而更有效打击、抑制税收犯罪。[①]

（五）刑事处罚的减免

在贯彻打击税收实害行为的刑事立法理念上，2000 年法规定的刑事处罚减免制度亦是重要体现。换言之，虽然实施了税收犯罪行为，但是纳税人能够积极采取补救措施，例如补缴税款等，最终没有造成国家税收利益损害的结果，刑事处罚应当减免。至于哪种情形应当给予免除处罚，哪种情形应当给予减轻处罚，2000 年法则根据不同税收犯罪行为体现的危害性差异分别予以规定，减免适用的条件也有所不同。

首先，2000 年法第 13 条第 1 款规定，对于第 10 条附加第 1 条、第 2 条和第 3 条第 1 款规定的犯罪，如果在一审开庭审理之前，税收债务以及相关的行政处罚和利息已经通过完整缴纳应支付款项而消灭，包括在悔改下缴纳以及在税收法规所规定的税收和解等特殊程序下缴纳的情形，所涉犯罪就不具有处罚性。事实上，根据第 1 款的规定，不难发现，由于第 10 条附加的 3 条所规定的犯罪危害性最轻，因为不要求欺诈性以及主观逃税故意，不仅给予免除处罚的待遇，同时适用条件也最为宽松，例如，在一审开庭审理之前完成补救措施即可。其次，第 13 条第 2 款规定，对于第 2 条、第 3 条、第 4 条和第 5 条规定的犯罪，如果税收债务以及相关的行政处罚和利息已经通过完整缴纳应支付款项而消灭，包括在悔改下缴纳或者通过在下一个计税周期相关的申报的提交期限内提交未提交的申报而缴纳的情形，所涉犯罪就不具有处罚性。不过，第 2 款同时规定，为发生不处罚的效果，悔改或者提交未提交的申报，必须在罪犯正式知晓征税机关实施税务访问、调查、检查之前实施，或者在任何行政查定活动或刑事程序活动开始前实施。显然，对于申报类犯罪而言，由于危害性增加，因此虽然也可以享受免除处罚的对待，但是适用条件明显变得更为苛刻，纳税人补救措施需要在一个更为提前、及时的时间点实施。最后，2000 法第 13 条附加第 1 条规

---

① 参见施正文、翁武耀：《意大利逃税刑事法律责任的立法及其对我国的借鉴》，《税务研究》2010 年第 6 期。

定，在上述适用免除处罚待遇的情形之外，如果在一审开庭审理之前，税收债务以及相关的行政处罚和利息已经通过完整缴纳应支付款项而消灭，包括在税收法规所规定的税收和解等特殊程序下缴纳的情形，就本法中的罪行所规定的刑罚减半适用，同时辅助刑罚不再适用。事实上，刑罚的减半适用针对的罪行包括利用不存在债权的不正当抵销罪和欺诈逃避缴纳税款罪，换言之，针对这些罪行，纳税人即使积极采取补救措施，挽回国家税收利益损失，也要受到减半的刑事处罚，保留震慑力。当然，除了上述两项罪行以外，第 13 条第 2 款规定的四项罪行，如果满足不了享受免除处罚待遇的条件，也存在减半适用处罚的可能性。[①]

显然，2000 年第 13 条规定的目的在于通过处罚减免这一激励机制来弥补国库损失。需要特别强调的是，也正是源于这一目的，该条所规定的减免情节是客观的，这是因为这种与税收债务及时履行相挂钩的处罚减免效果，在税款的缴纳是由第三人（不同于纳税人的主体）执行的情况下也可以产生，同时，罪犯的主观心态也不重要，只要税款实际缴纳了就可以。[②]

（六）税收行政执法与刑事司法的关系

为避免对纳税人一事二罚，2000 年法在税收行政执法与刑事司法的关系问题上进行了专门规定。当然，这与 1982 年法之后确立税收行政程序与刑事程序各自独立有关。对于两类程序的相互独立性，2000 年法第 20 条进行了再次明确并规定："税收查定程序和税务诉讼程序不因以同一事实或以特定的事实（相关的裁判要取决于该事实的查定）为客体的刑事程序的悬而未决而中止。"这里需要特别强调的是，该规则在税收刑事程序与税务诉讼程序的关系上与 1982 年法的规定有所不同。根据 1982 年法第 12 条的规定，对于在税务诉讼中裁判的事项，涉及裁判客体的事实，不可撤销的有罪或无罪的判决具有威权性。在 2000 法第 20 条的规定下，1982 年法第 12 条的规定已经删除，未保留。这也与意大利刑事诉讼法典第 654 条的规定相一致，即刑事裁判的约束效力并不发生于税务诉讼中。[③] 这样，现在对于税

---

① Cfr. Gian Luca Soana, *I reati tributari*, Giuffrè, 2018, pp. 532–533.

② Cfr. Maurizio Villani, *Cenni di diritto penale tributario*, in *Legali*, il 26 luglio 2011.

③ Cfr. Maurizio Villani, *Cenni di diritto penale tributario*, in *Legali*, il 26 luglio 2011.

务诉讼而言，刑事裁判没有任何的威权性，即使在刑事阶段查定的事实是同一些事实，即基于这些事实，征税机关实施了税收查定。因此，就征税机关某项税收查定活动的效力，税务（行政）法官不再需要援引一项涉及税收犯罪的刑事判决。与之相对应，根据最高法院 2018 年的一项判决，基于查实是否超过入罪门槛的目的，确定逃税的金额是刑事法官的专属任务，不存在税务（行政程序）的先决。[①]

基于税收行政程序与刑事程序的相互独立性，2000 年法第 21 条第 1 款规定："就作为犯罪客体的税收违法行为，主管征税机关无论如何要做出行政处罚。"换言之，根据独立原则，即使需要受行政处罚的税收违法行为同时涉及刑事违法性，征税机关也应当处以行政处罚。不过，针对上述税收违法行为，考虑到刑事程序下予以刑事处罚判决作出的可能性，此时无疑会产出一事二罚的危险。对此，在行政处罚和刑事处罚之间，2000 年法首先在第 19 条引入了特殊性原则，即第 1 款规定："当同一事实既需要根据（本法令）第二章规定的条款之一受处罚，也需要根据某一规范行政处罚的条款受处罚，在这两项条款之间仅适用那项特殊的条款。"相比于 1982 年法，规定对行政违法行为和刑事犯罪的处罚需要同时适用，2000 年法这一条款属于重要创新。当然，从文义上来看，这一条款并没有确认刑事处罚优先或者行政处罚优先，而是根据哪类处罚规则体现出特殊性的因素来决定应当适用哪类处罚。对此，结合具体处罚规则，不难发现，通常刑事处罚规则的适用条件要更为苛刻，规定行政处罚所不要求的特殊条件，刑事处罚条款也就往往被视为更为特殊的条款，换言之，特殊性原则有利于刑事处罚条款的适用。例如，在行政处罚条款没有门槛的规定，而刑事处罚条款规定门槛的情况下，后者就是体现特殊性的条款。再如，刑事处罚条款明确规定行为人主观上应具有专门的逃税故意，亦体现出特殊性。[②] 不过，为落实特殊性原则，还需要程序上的保障，为此，2000 年法第 21 条第 2 款规定："除非刑事程序以不予受理裁决，或者以不可撤销的免诉或无罪判决而终结，即除非事实的刑事意义被排除，上述处罚（第 1 款规定的行政处罚）不具有执行性。"根据这一款的规定，当刑事程序悬而未决时，行

---

① 　Cfr. la sentenza di Corte di Cassazione del 28 maggio 2008, n. 21213.

② 　Cfr. Maurizio Villani, *Cenni di diritto penale tributario*, in *Legali*, il 26 luglio 2011.

政处罚应当中止执行，只有当不可撤销地判决或决定了无罪、驳回起诉或不予受理，即不需要刑事处罚的时候，行政处罚才可以执行。① 相反，当最终判决需要刑事处罚时，根据特殊性原则，就排除行政处罚的适用。

关于上述特殊性原则，事实上在 2000 年法下存在背离的情况，即在刑事处罚适用未排除的情况下适用行政处罚，而背离特殊性原则的是 2000 年法第 13 条规定的刑事处罚减免规则。② 因为根据该条规定，刑事处罚减免的前提条件是纳税人已经缴纳税收债务以及相关的行政处罚和利息，这意味着第 21 条第 2 款规定行政处罚中止执行并不妨碍纳税人主动承担相关行政处罚的责任，以享受刑事处罚减免的待遇。换言之，从落实刑事处罚减免制度的角度，需要先行适用行政处罚。

---

① Cfr. Bruno Sechi, *Riforma dei reati tributari: più pregi che difetti*, in *Penale*, il 3 Febbraio 2001.
② Cfr. Bruno Sechi, *Riforma dei reati tributari: più pregi che difetti*, in *Penale*, il 3 Febbraio 2001.

第十三章　欧盟税法原理

一、欧盟税法的概念

欧洲联盟（简称"欧盟"）是根据 1992 年签署的《马斯特里赫特条约》（*Maastricht Treaty*）（也称为《欧洲联盟条约》）所建立的国际组织。欧盟的历史可追溯至 1952 年建立的欧洲煤钢共同体，当时只有六个成员国，除了意大利以外，还包括法国、西德、荷兰、比利时和卢森堡。1957 年，六国在意大利罗马签署《罗马条约》，并在 1958 年根据《罗马条约》成立了欧洲经济共同体和欧洲原子能共同体。1967 年，加上欧洲煤钢共同体，三个共同体统合在根据《布鲁塞尔条约》（*Brussels Treaty*）（也称为《欧洲共同体条约》）成立的欧洲共同体之下，1993 年又统合在欧盟之下，欧盟也渐渐地从贸易实体转变成经济和政治联盟。同时，欧共体和后来的欧盟在 1973 年至 2013 年期间进行了七次扩大，成员国由最初的 6 个增至 27 个。欧盟是世界上最有力的国际组织，在贸易、农业、金融等方面趋近于一个统一的联邦国家，而在内政、国防、外交等其他方面则类似一个独立国家所组成的同盟。由于欧盟的政治体制与世界其他大的国际组织不同，因此可以把欧盟视作一个独特的实体。而伴随欧盟一体化进程不断深入发展起来的欧盟税法，作为一个相对独立的税法部门，已经形成一套以促进生产和就业、构筑欧盟内部统一市场（以下简称"统一市场"）、保护税基、防止有害税收竞争为特点的税法规则，对包括意大利在内的欧盟成员国（国内）税法产生了深刻的影响。事实上，意大利 2001 年宪法第 117 条明确规定："国家和大区行使立法权（包括税收立法权）所必须遵守的限制包括来自于欧盟法（包括欧盟税法）的限制。"此外，正如本书在第四章中所指出的，意大利纳税人权利宪章已经明确规定宪章也是对欧盟法原则的执行，同时，意大利将要制定的税法典在税法的一般原则编中就包括欧盟税法的一般原则。

欧盟税法是欧盟法中对欧盟成员国征税产生影响或予以限制的原则和规则的总称，是有关欧盟成员国税法整合的税法部门。与欧盟税法相关的概念还有欧洲税法（European tax law）和欧洲共同体税法（EC tax law）这两个概念。关于三者的区别与联系可归纳如下：欧盟税法和欧洲共同体税法两者实质上是相同的，唯一的区别在于前者用欧盟作限定词，后者用欧洲共同体作限定词，其实欧洲共同体是欧洲联盟发展的一个初始阶段而已，正如前文所介绍的，欧盟由欧洲共同体（三大共同体）发展而来。两者研究对象都包括欧盟相关条约、条例、指令及欧洲法院判决等。但欧洲税法的研究对象比这两者更宽，不仅包括欧盟相关条约、条例、指令及欧洲法院判决等，还包括欧洲人权法院的判决、适用于欧洲大陆的共同法律原则、成员国的一般法律原则和欧洲贸易自由联盟裁决。不过，三者在习惯上用法差异不大，都包括欧盟一体化税法和需要在欧盟层面上协作、配合的成员国税法。相关的法律渊源包括基础条约（constitutive treaties）、条例（regulations）、指令（directives）、决定（decisions）、裁决（judgments）、建议（recommendations）、意见（opinions）、通知（notice）和行为准则（code of conduct）。① 需要说明的是各大共同体（包括欧洲煤钢共同体、欧洲共同体、欧洲原子能共同体）的法律规范统称为共同体法，也就是现在所称的欧盟法的前身。其中的基础条约称为基础性欧盟法，条例、指令等称为派生性欧盟法，都属于狭义上的欧洲法，而广义的欧洲法还包括存在于欧洲的欧盟以外其他独立的国家间合作组织的法律规范。据此，欧洲税法也可以有狭义和广义之分，狭义的欧洲税法就是指欧盟税法。此外，研究欧盟税法的一个基本、原初的方法是将成员国税法规则的比较和欧洲法院共同体司

---

① See Commission of the European Union, "Types of EU law", available at following site: https: //commission. europa. eu/law/law-making-process/types-eu-law_ en.

法判例的创制相结合。该方法在意大利博洛尼亚大学十多年的欧洲税法博士课程讲授中被一直应用和强调。欧盟税法的发展与欧盟以及欧盟法的发展密切相关，它独特的形成机制、理论框架和发展模式使它成为不同于国内税法和国际税法的第三类税法部门。未来，虽然欧盟税法在发展速度和方向方面还存在分歧，特别是关于哪些税应该进行协调的问题还存在实质性的争议，但欧盟税法的重要性毫无疑问将与日俱增。

二、欧盟税法的制度基础

（一）欧盟的自有财源（own resources）[①]

根据《欧洲联盟条约》第 3 条的规定，只有当某项政策目标在欧盟范围内实行比各国各别实施能更好地实现时，欧盟才予以介入。因此目前欧盟本身基本上不存在社会保障、法律和秩序以及教育等方面的支出，欧盟预算仅有行政开支和农业开支。为此，欧盟规定了一些所谓的自有财源，属于具有税收特性的强制性收入，但这些收入并非来自"共同体税"或"欧盟税"，而是由成员国规定并收取的"收入"所构成。换言之，欧盟税法并不涉及欧盟自己开征的税。目前，根据欧盟理事会 2020 年 12 月 14 日所作的决定，[②] 这些自有财源可具体分为以下四项：

1. 关税以及针对欧盟与第三国间的贸易征收的其他费用。目前，这部分收入的核心就是关税，即对来自或出口到欧盟境外的商品所征收的关税。欧盟成员国间的商品进出口并不课征关税。从 1968 年起，欧盟设立关税同盟，其禁止对在成员国间的进出口商品征收关税及类似效果的税费。

2. 符合基础性条约所确立的标准的欧盟政策法规规定的其他税费，其

---

① 自有财源涉及欧盟自身的财政收入来源的问题。在自有财源制度之前，欧盟采用的是与其他国际组织的资金筹措方式相同的分摊制，即由成员国分摊缴纳的制度。根据《罗马条约》第 201 条的规定，在经过一个过渡期之后，欧盟的资金来源制度也应过渡到"自有财源"制度。该过渡在 1970 年 4 月 21 日理事会作的决定中得以实现。其中，在上述过渡期内，实行以根据每一个成员国支付能力的大小而确定该成员国应缴纳的份额为基础的分摊缴纳制度。

② See the art. 2 of Council Decision 2020/2053 of 14 December 2020 on the system of own resources of the European Union.

中包括来自增值税的自有财源，即欧盟对成员国增值税收入的参与分享。关于来自增值税的这部分自有财源，该收入通过将统一的百分比乘以根据欧盟规则规定的、对所有成员国都一致的方式所确定的增值税评估核定基数而得到，每一成员国所确定的评估核定基础不得超过其国民生产总值的50%。由于目前各成员国所确定的增值税税率存在差别，以及在增值税应纳税额确定时关于不可抵扣的进项税的规定的差异上，成员国间尚未完全协调好，上面提到的基数是通过相当复杂的公式计算而得到的。此外，从2021年至2027年，上述统一的百分比是0.3%，比以往有所下降。

3. 塑料包装废弃物费，即针对在每个成员国产生的没有被回收的塑料包装废弃物，按照重量乘以一个统一的费率得出的收入。目前，这一费率是每公斤0.80欧元。同时，每一年，对于国民生产总值低于欧盟平均水平的成员国，塑料包装废弃物费可以减少缴纳。

4. 所有成员国国民生产总值的总和的一部分，该收入仅仅是被用来平衡欧盟预算的收支，根据平衡预算的需要来确定具体比例，对所有成员国统一适用。①

通过不同的方式，上述四项收入构成了欧盟的自有财源制度。其中，第一项收入由相关生产者或经营者缴纳，由于它们具有税收的特性，并不是来源于成员国的财政资金，所以又被称为传统的自有财源。当然，面对数量众多的缴纳者，根据上述欧盟理事会2020年12月14日的决定，第一项收入还是由成员国负责征收，但成员国可以基于征收费的名义保留25%的收入。② 而第二、三、四项收入的缴纳直接由成员国负担履行，其中第四项收入的确立是因为即使第二项收入的确立仍然不能保证欧盟预算资金的足额到账，所以第四项收入又被称为补足的财源。③ 在2021年，这些收入的总和覆盖了欧盟1400亿欧元的开支。其中，欧盟的第四项收入，即成员国依据相应的国民生产总值来上交欧盟的收入，已经占据了中心的地位，在2021年占欧盟全部自有财源的73%，而第二项收入占11%，第三项收入

---

① 至于成员国国民生产总值的计算，是根据1995年欧洲账户（会计）系统（European system of accounts），而不是根据成员国自身的核算体系。

② See the art. 9 of Council Decision 2020/2053 of 14 December 2020 on the system of own resources of the European Union.

③ 在这四项收入中，前两项收入首先在理事会1970的决定中得到确立，但第二项收入在1980年首次实行，而第四项收入直到1988年才由理事会确立。第三项收入最晚，是从2021年开始实行。

占 4%。① 第四项收入的引入是对均衡成员国间给付义务的要求的回应，且它建立了在相关数据基础上的分配规则，更符合平等和合理原则。而第二项收入，即成员国依据相应的增值税收入来上交欧盟的收入，不能提供一个理想的有效措施，因为其事实上强烈地受不同国家的消费倾向差异所影响，并不必然地直接与成员国的国民生产总值的变化相关，它使得该项收入具有强烈的逆向性。② 此外，在各个成员国间，意大利对欧盟自有财源的贡献是很大的，例如，在 2018 年，意大利的贡献占欧盟全部自有财源的11%多，排在第 4 位，如果排除英国，就是第三位。③

（二）欧盟基础条约及其确立的相关制度

作为现行欧盟两项首要的基础条约之一，《欧洲联盟运行条约》是欧盟税法最重要的基本法律渊源。另外一项基础条约就是《欧洲联盟条约》。《欧洲联盟运行条约》的前身是 1957 年《欧洲经济共同体条约》。《欧洲经济共同体条约》是欧洲经济共同体的构建性条约，它是欧洲经济共同体缔造者们以缔造一个经济联盟和建立一个商品、服务、人（包括自然人和企业）和资本能够自由流动的统一市场为目的而构思出来的。显然，这四大要素的自由流动是建立市场经济秩序的必要前提之一。事实上，欧盟税法是关于欧盟统一市场的税法，其核心任务便是消除以下这些阻碍欧盟统一市场良好运行的税收阻碍：（1）针对欧盟内商品、服务、人和资本跨境的税收负担；（2）国内商品、服务和外国商品、服务间的差别征税；（3）居民和非居民间的差别征税；（4）国内资本或所得和外国资本或所得间的差别征税；（4）成员国间税法的差异；（5）国际双重征税。1967 年，《欧洲经济共同体条约》和《欧洲原子能联营条约》、《欧洲煤钢共同体条约》合并为《欧洲共同体条约》，欧洲经济共同体则改称为欧洲共同体。2005 年，欧盟宪法搁浅，2007 年，欧盟颁布了替代欧盟宪法的《里斯本条约》（Lisbon Treaty），对《欧洲共同体条约》进行了修改，修改后称为《欧洲联盟运

---

① See Deutsche Bundesbank, "Member States' Financial Relationships with the EU Budget and the Next Generation EU Off-budget Entity in 2021", Monthly Report October 2022.
② Cfr. Gaspare Falsitta, *Corso istituzionale di diritto tributario*, CEDAM, 2009, p. 626.
③ See Katharina Buchholz, "How Much are Member States Contributing to the EU?", on May 24 of 2019, available at following site: https://www.statista.com/chart/18135/member-state-contributions-to-eu-budget/.

行条约》（以下简称《条约》）。

《条约》最大的贡献在于在成员国建立统一市场的政治意愿的基础之上，提供了法律机制的保障。因为条约规定的四大流动自由的实现需要有一套行之有效的、对成员国具有强制约束力的实施机制，而欧盟的法律体系则是以条约为基础的，条约对于欧洲一体化和法律体系的形成具有重要的意义。① 因此，研究欧盟税法体系必须首先了解该条约的一些相关内容。条约的内容结构如下：第一部分规定欧盟的原则；第二部分规定非歧视与欧盟公民身份；第三部分规定欧盟政策与对内行动，涉及欧盟统一市场建立和上述提到的四大流动自由等内容；第四部分规定与非欧盟国家和地区的关系；第五部分规定欧盟的对外行动；第六部分规定欧盟的机构框架和财政基本制度；第七部分规定一般条款和最后条款。以下就其中与欧盟税法相关的重要制度予以阐释。

1. 欧盟机构框架

欧盟的主要机构包括欧洲议会（European Parliament）、欧盟理事会、②欧盟委员会（Commission of the European Union）与欧洲法院。各自的职权分别为：欧洲议会是欧盟内唯一经直接选举产生的机构，其主要享有民主监督权及欧盟预算的决定权，并且有权以 2/3 多数的不信任投票罢免欧盟委员会成员（条约第 223 条到第 234 条）；欧盟理事会是欧盟的主要决策机构（相当于立法者），负责制定欧盟法律、法规和有关欧盟发展、机构改革的各项重大政策，并负责共同外交和安全政策、司法、内政等方面的政府间合作与协调事务（条约第 235 条到第 243 条）；欧盟委员会是欧盟体系内的执行机构，主要负责贯彻执行欧盟理事会和欧洲议会的决策，并行使其创议权就法律规定、政策措施和项目提出建议（条约第 244 条到第 250 条）；欧洲法院的主要职责在于确保欧盟法律得到认真地贯彻与执行，条约得到正确的解释和运用，有权裁决和认定欧盟成员国是否按条约规定履行义务，欧盟法律制定是否得当，以及欧洲议会、欧盟理事会或委员会是否按规定

① 当然，欧盟法律体系的许多重要规则与重要原则的发展离不开欧洲法院的司法实践。
② 目前在欧盟理事会之外又成立了欧洲理事会（European Council），前者是由欧盟各成员国政府的部长组成，后者由各成员国政府首脑和国家元首组成，其已经成为欧盟的最高决策机构。不过，在税收领域，欧盟的相关决策或立法（例如增值税指令）主要是由欧盟委员会作出的。

行事。欧洲法院也是唯一能够应各国法院请求对条约的解释以及欧盟法律的效力和解释做出裁决的机构（条约第 251 条到第 281 条）。目前在一体化税法的制定上，上述相关机构的职责分工具体如下：首先欧盟委员会行使排他性的创议权，其次欧洲议会主要担任咨询机构的角色，再次欧盟理事会采用全体一致同意的表决方式通过决定，最后欧洲法院对是否遵从欧盟法进行监督。这样一种结构分工也解释了目前在税收领域整合进程的僵局，对此下文将在涉及直接税整合中作进一步分析。

2. 欧盟的权限范围和立法形式

从分割的市场到统一的市场，其必然伴随着规制市场的方式及相关机构权能的变化，而在欧盟统一市场的形成中，就必然涉及成员国相关权能的让渡，即让渡于相关的欧盟机构，如上述提到的欧盟委员会、欧盟理事会和欧洲法院。根据条约第 3 条的规定，关税同盟、对确保欧盟统一市场运行所必要的竞争规则、以欧元为本国货币的成员国货币政策、欧盟共同渔业政策下海洋生物资源的保护、欧盟共同商业政策属于欧盟专属权限领域。根据条约第 4 条的规定，欧盟统一市场、社会政策（在条约特别规定的领域）、环境、能源等属于欧盟和成员国共享权限的领域。根据条约第 2 条的规定，在专属权限领域，只有欧盟才能颁布有法律约束力的立法，在共享权限领域，欧盟和成员国都可以颁布有法律约束力的立法，但成员国仅在欧盟还没有在该领域履行权限或停止履行权限时履行权限。需要特别一提的是，《马斯特里赫特条约》曾对《欧洲经济共同体条约》第 3 条进行修改，补充规定："在非共同体专属权限的领域，应依据从属原则，只有在拟议中的行动目标成员国没有充分能力予以完成，而出于拟议中的行动的规模和效果的原因，共同体能更好地完成时，才由共同体采取行动。共同体的任何行动都不应超越完成本条约的目标所必须的限度。"该规定在强调欧盟在非专属权限领域外亦可以采取行动的同时，又对其进行了限制，防止欧盟权能过分扩张。目前，税收总体上属于共享权限领域，源于成员国承担自己的公共开支，税权的重心在成员国。成员国主要让渡的是部分重要间接税的立法权，但也仅仅是基于保护市场竞争自由的需要，例如关税、增值税、消费税，因为对贸易和统一市场的影响更为直接。在所得税、财产税等直接税方面，成员国则基本上没有让渡，同时，在税收征管方面，由于与一国的主权联系更为紧密，成员国更没有让渡。

关于立法形式，条约第 288 条规定："为履行职能，欧盟机构应当采用（颁布）条例、指令、决定、建议和意见。"相关立法形式的法律效力如下：（1）条例，具有普遍效力，并直接对每一个成员国具有约束力。（2）指令，有约束力，但一般并不具有直接约束力，也不是普遍性的，针对指令所指向的成员国，同时，指令所要求达到的目的、结果是一定的，但达到该结果的手段、方式成员国可以自主选择。对于指令中绝对确定的规定，在指令规定的成员国采取相应手段、方式以达到指令规定的目标的期限期满之后，其效力即在未履行国生效，而对于指定赋予成员国消极性义务的规定则自动生效，如关于增值税指令中特定免税事项的规定。[①]（3）决定，对于决定中指明的目标者具有直接的效力。（4）建议和意见，不具有约束力。

3. 独特的欧盟司法体制

条约在司法体制方面最重要的一个规定是创制了欧洲法院这一凌驾于成员国司法体系之上的裁判机构。虽然相当一部分成员国并不承认欧洲法院是它们司法体系的延伸，它们仍然认为自身的宪法法院或最高法院是本国最终的裁决者，但不可否认的是欧洲法院在欧洲法律一体化的过程中发挥着不可替代的作用：首先，前文已经提到，欧洲法院拥有条约的解释权；其次，欧洲法院具有条约规定案件的专属管辖权，主要涉及违反条约义务，包括委员会诉成员国违反条约义务（条约第 258 条）、成员国诉其他成员国违反条约义务（条约第 259 条）、自然人或法人诉欧盟相关机构违反条约义务（条约第 263 条）、欧盟机构诉其他欧盟机构违反条约义务（条约第 265 条）；[②] 最后，欧洲法院具有先予裁决（preliminary ruling）权（条约第 267

[①] Cfr. Francesco Tesauro, *Istituzioni di diritto tributario（nona edizione）*, UTET Giuridica, 2006, p. 34.

[②] 关于违反条约之诉的具体程序，可以举例条约第 258 条确定的违反条约（处理）程序（infringement procedure）。根据该条规定，纳税人和其税务顾问认为国内税收法规违反条约或二级立法（条例、指令、决定）确定的基本自由时，有权向欧盟委员会提出申诉，欧盟委员会认为该成员国的税收法规确实违反条约等义务的，在给予该成员国提交其申辩的机会之后，应向该成员国出具理由充分的意见，如果该成员国没有在委员会规定的日期内履行其意见的，委员会可以将争议提交欧洲法院。See Peter Schonewille, "Eliminating Tax Barriers via the Infringement Procedure of Article 226 of the EC Treaty", in *EC Tax Review*, n. 3, 2006, p. 147.

条），即当成员国法院的案件，其判决将取决于条约的解释、欧盟机构发布的法令的有效性和解释及依据理事会的法令成立的机构发布的法规的解释，成员国法院可要求欧洲法院对相关的解释作出先予裁决。通过先予裁决，建立了欧洲法院和成员国司法体系的联系，有助于统一的欧盟司法体系的形成。需要指出的是，欧洲法院在 Van Gend & Loos 案中和 Simmenthal 案中确立的特定欧盟法直接效力原则和欧盟法最高效力原则，① 成为了欧盟整合成员国法的法律基础，包括在税收领域。其中，直接效力是指特定的欧盟立法能够在成员国法院得到执行，条约对成员国施加的义务能够以个人法律权利的形式在成员国法院通过个人而得到执行。同时欧洲法院制定了直接效力确立的标准，一般称为"Van Gend"标准，即当所涉条款十分地清晰和明白、无条件或非依赖性且赋予了成员国公民特定的权利以支持其请求时，该公民即可以要求其国内法院执行该权利。最高效力原则是指共同体法的效力优于共同体成员国的国内法。当然，上述提到的欧洲法院具体职权从某种意义上都对欧盟法律一体化及税收整合发挥着极其重要的辅助作用。辅助作用是因为在判定一个成员国是否违反条约规定的流动自由时，欧洲法院应该仅审查该成员国的税收法规，而不应该将所有成员国相关的税收法规都纳入裁判之中，否则很难确定一个成员国的责任，同时，欧洲法院不能代替立法者以及行使欧盟法律协调（harmonization）这一立法者的职能。②

4. 四大流动自由与国家援助禁止

首先，四大流动自由是指商品、服务、人与资本在欧盟内的自由流动，不仅是建立欧盟统一市场的基础，更可以说是构成了欧盟的基础，并成为欧洲一体化从经济领域向其他领域扩展的基石。在税收领域，这四大流动自由的重要作用在于，它是欧盟委员会作出有关涉税决议等的基本前提，同时它也是欧洲法院在裁判成员国某一税收法规是否有碍于统一市场的形成的重要原则和依据。目前欧洲法院通过司法判决所创制的许多重要规则或原则，例如一般性禁止成员国依据是否为本国居民而给予纳税人歧视性

---

① See ECJ's judgment of 5 February 1963 (Case C-26/62) and ECJ's judgment of 9 March 1978 (Case C-106/77).
② See Michael Lang, "Recent Case Law of the ECJ in Direct Taxation: Trends, Tensions, and Contradictions", in *EC Tax Review*, n. 3, 2009, p. 98.

的税收待遇（主要涉及保障人的自由流动），① 都是以四大流动自由为裁判理由的，这也起到了欧盟对税收消极整合（negative integration）的作用。需要说明的是，在条约中对税收具有直接影响的规则首先是关于专门为保障商品自由流通的规则（条约第 28 条到第 29 条）、关税同盟的规则（条约第 30 条到第 33 条）、禁止数量限制的规则（条约第 34 条到第 37 条）。其中，关税同盟的规则禁止在欧盟内部征收关税及类似效力的税费，② 并创建了统一的海关税则。重要的法源都是以条例的形式颁布的，包括 2013 年第 952 号条例（《欧盟海关法典》）、③ 1987 年第 2658 号条例（《关税和统计术语以及共同海关关税》）。④ 接下来是关于确保竞争不被歧视性征税扭曲的规则，例如，禁止成员国直接或间接地对来自欧盟内其他成员国的商品征收比国内商品更多的税的规则（条约第 110 条）、禁止成员国对其出口到欧盟内其他成员国的商品给予比实际征收的税额更多的退税（条约第 111 条）等。为更好地理解欧盟流动自由原则在税收消极整合中的作用，以下以意大利两项征税规则是否限制条约第 63 条规定的资本自由流动为例予以说明。其一，关于意大利的金融交易税，2022 年欧洲法院审理过就交易产生于受意大利法律管辖的资产的衍生金融工具征收的金融交易税是否限制资本的自由流动，即是否会阻碍外国投资者投资这类衍生金融工具。结论是这一金融交易税并不构成歧视性征税，相比于居民国为意大利的金融市场投资者，因此没有对资本自由流动造成限制，理由是不管金融市场投资者的居民国是哪一国，且不管交易在哪里签署，都要征收这一金融交易税。⑤ 其二，意大利最高法院在 2022 年裁决了意大利一项所得税征收规则违反了资本自由流动原则。⑥ 根据该规则，意大利公司向外国投资基金分配的股息，基于源泉扣缴被征收的所得税（即预提税），要重于向意大利投资基金分配的股息被征收的预提税，因为前者适用 27%的税率，后者适用 12.5%的税率。为此，源于不平等，外国资本向意大利公司的投资被限制了。

---

① See Ben J. M. Terra, Peter J. Wattel, *European Tax Law*, Kluwer Law International, 2005, p. 67.

② 关于在欧盟内流通不需要缴纳关税的商品有两类：一类是在共同体内生产的商品，另一类是来自第三国、已经履行完毕所有进口手续并且已支付关税（没有完全或部分地被退还）的商品。

③ See Regulation（EU）No 952/2013.

④ See Council Regulation（EEC）No 2658/87.

⑤ See ECJ' judgment of 30 April 2022（Case C-565/18）.

⑥ Cfr. le sentenze di Corte di Cassazione del 6 luglio 2022, nn. 21454, 21475, 21479, 21480, 21481 e 21482.

其次，一成员国如果对本国特定产业或企业给予政府援助，会导致竞争的扭曲。这是因为在商品、服务、人和资本在成员国间自由流动的情况下，一国特定产业或企业如果取得政府的援助，包括税收优惠，就会比其他成员国的同类产业或企业更具有竞争优势，这无疑也有违欧盟统一市场。统一市场要求在同一市场内不同成员国间产业或企业竞争的公平性。为此，根据条约第 107 条的规定，成员国以任何形式向特定产业或企业给予援助，如果扭曲了竞争或会扭曲竞争，以至于影响到成员国间的贸易，由于与欧盟统一市场相背离，就构成应当被禁止的国家援助。例如意大利曾经长期对港口实施企业所得税的免税政策，但是在 2020 年 12 月，欧盟委员会宣布意大利的这一税收优惠政策构成条约所规定的应当被禁止的国家援助，要求从 2022 年 1 月 1 日起所有意大利港口应当向其他企业一样缴纳企业所得税。这是因为港口也从事经济活动并取得利润，例如港口基础设施的商业开发活动，使意大利港口在欧盟统一市场中取得竞争优势，即相比于其他成员国港口，且具有选择性，即仅针对港口行业，产生了竞争扭曲。[①]

三、意大利等成员国税制的整合

（一）整合的方式

为实现税法的一体化，欧盟需要对成员国税制进行整合。欧盟成员国税制的整合分为积极（positive integration）和消极整合两种方式。其中，积极整合是指立法整合，而消极整合是指司法整合，正如前文已经举例的，即欧洲法院通过宣布成员国某项税收规则因违反条约规定的流动自由和（禁止的）国家援助而裁判其禁止、废除。通过这两种税制整合方式，欧盟税法对成员国税法产生了很大的影响，这里再以意大利纳税人权利宪章第 10 条的修改举例说明。2023 年第 219 号立法令对宪章第 10 条第 2 款作了补充，新增一项规定，即"仅就欧盟的税收（受欧盟税法影响的税收）而言，

---

① Cfr. Comunicato stampa della Commissione Europea-Aiuti di Stato: la Commissione chiede all'Italia di mettere fine alle esenzioni fiscali a favore dei porti（Bruxelles, 4 dicembre 2020）.

如果征税机关的解释，符合欧盟判决或欧盟机构颁布的规则，并引发纳税人的合法信赖，随后由于上述欧盟判决或规则的变化而修改，则无需支付任何税款"。这一新规虽然是在规定纳税人信赖利益的保护，但却是针对受欧盟税法影响的税收，且专门予以规定，从侧面反映了意大利国内的征税必须要考量欧盟税法。当然，在两种税制整合方式中，决定欧盟成员国税制整合程度的无疑是积极整合，以下也仅就积极整合进行阐释。

税收协调和协作（coordination）两者都是欧盟对其成员国税制进行积极整合的方式。根据条约第45、49、54、56和63条的规定，成员国的税收制度和成员国间的税收条约无论如何都得遵守条约确立的基本原则，包括劳工、服务、资本流动自由的原则，公司、企业及其分支机构、子公司等自由设立的原则，以及非歧视性原则。① 但成员国或是基于对自身税基的保护，或是为了对付有害或正当的税收竞争，在很多领域，成员国的税收规则违反了上述原则，从而对欧盟统一市场的运行造成了阻碍和困难，这样就需要进行税收整合，即关于税收的协作和协调。当然，两者存在差异。协调是在所有的成员国各自的法律规则内部引入一共同适用的法规（如增值税第六号指令），欧盟机构在其中发挥着实质性的协调作用。税收协调一般经过三个阶段，分别是需要协调的税种的选择、税基的协调和税率的协调，税收协调根据不同情形分为不同的层次，当所有成员国都引入相同的税种但税基不同时，称为名义的协调；当税基得到协调但税率不同时，称为税基的协调；当税率也相同时，则称为完全的协调。② 而协作并不是在成员国法律规则中引入新的法规，而是使成员国的法规相互之间或与条约之间相容、并存，这些目标只通过非法律强制性的协定而达到，成员国在其中发挥着主要作用，虽然欧盟机构也会参与其中，比如在特定情形也会发布相关指令。例如，欧盟2003年6月3日发布的利息税指令，③ 其并非是为了实现在利息税领域的协调，而是提供供成员国选择的关于信息自动交换的合作框架，成员国在保持与条约相容的前提下可以自由确定对存款利息

---

① 根据1994年1月1日生效的《欧洲经济区协议》（*Agreement on the European Economic Area*），商品、人、服务与资本流动自由的原则、同等条件下的竞争原则及非歧视原则扩大适用到冰岛、列支敦士登和挪威这三个非欧盟国家，当然欧盟的二级立法不在这些国家适用。

② See Danuse Nerudova, "Tax Harmonization in the EU", in *MIBES E-BOOK*, 2008, p. 90.

③ See Directive 2003/48/EC.

征税的有效方式。① 关于两者的使用，欧盟委员会反复强调，成员国的税收制度并不需要全面地进行协调，只要成员国能遵守欧盟规则，成员国可以自由选择它们认为最合适的并符合它们的偏好的税收制度，只有当个别的成员国间的行动不能提供一个有效的措施时，欧盟层面的行动才开始介入，许多税收问题事实上简单地通过成员国税收政策的协作就可以解决。②

（二）间接税的整合

1. 欧盟间接税规则的若干基点③

首先，规则出台的前提和程序。根据欧盟委员会的建议，欧盟理事会在预先咨询欧洲议会及其经济与社会委员会的前提下，为了在增值税、消费税及其他间接税立法领域达到协调的目的，以全体一致同意的表决方式，通过、采纳相关规则。这种协调对于统一市场的建立和运行是必需的，是一种手段性的工具，而协调的内容和方式则由欧盟的立法者们来斟酌、选择。其次，非歧视性原则。显而易见，为了确保一个统一市场的诞生，不能存在任何基于国籍的歧视。非歧视原则是欧盟的基本原则之一，它的实质在于确认了在欧盟内部对于所有的要素（商品、人员、服务和资本）给予同等对待的权利，禁止为了保护或利于某成员国的要素而对来自其他欧盟成员国的要素给予区别对待。该原则适用的必然结果是与本国同类产品相比，禁止以直接或间接的方式对来自其他成员国的产品征收更多的税。再次，关于退税与国家保护，禁止成员国对本国的出口产品退还比实际直接或间接征收的更多的税，同时禁止成员国为了间接地保护本国生产而引入征税规则。最后，关税的取消。

2. 增值税的协调

欧盟增值税是指在欧盟增值税区的国家所采用的增值税制度，其中欧盟增值税区并不等同于欧盟，它由所有欧盟成员国和特定非成员国所

---

① Cfr. Adriano Di Pietro, *Per una costituzione fiscale europea*, CEDAM, 2008, pp. 23-24.

② See Commission of the European Union, "EU Tax Policy Strategy", available at following site: https://taxation-customs. ec. europa. eu/taxation-1/eu-tax-policy-strategy_ en.

③ Cfr. Gaspare Falsitta, *Corso istituzionale di diritto tributario*, CEDAM, 2009, p. 628.

构成。① 目前增值税在欧盟内已经得到了很好的协调，但税率尚未完全协调，目前各国标准税率在 16% 至 27% 之间不等。② 成员国的增值税制度总体上由欧盟增值税第一号、第二号指令和第六号指令进行规范。其中，第一号指令于 1967 年 4 月 11 日发布，引入了以商品和服务价格的一定比例为税额的一般消费税（所以欧盟增值税被称为消费型的增值税），并要求成员国于 1970 年 1 月 1 日以前全部实行增值税。同日，第二号指令也被发布，详细规定了征税范围、关于税率和免税的特别条款等。由于税收制度的转化，会带来一些诸如引起成员国预算开支压力等的严重问题，为避免成员国因政治上的原因而拒绝指令，之后又有新的指令对个别成员国实行的日期予以了延长。在 1969 年 12 月 9 日发布的第三号指令将比利时实行的日期延长到 1972 年底，③ 在 1971 年 12 月 20 日和 1972 年 7 月 4 日发布的第四号和第五号指令将意大利实行的日期延长到 1973 年底。④ 当然，在增值税领域最重要的指令是 1977 年 5 月 17 日发布的第六号指令，该指令被认为是一项基础指令，因为其内容涉及税基、征税对象、纳税主体、税率等，它的目标在于，在保持与第一号、第二号指令中所包含的先决条件相一致的前提下，协调成员国不同的增值税制度，特别协调关于欧盟内的跨境交易的征税。第六号指令已经被修改了 20 多次，直到 2007 年 1 月 1 日新的指令生效，即被 2006 年指令所替。该指令是第六号指令的一次重铸，将第六号指令和其他指令包括在一个文本中。

关于增值税协调的具体方面，可以通过欧盟增值税指令的立法架构予以说明。对此，首先需要审查增值税第二号指令。第二号指令共 21 条以及两个附件，未设章节，每条未概括标题，前 15 条所涉及的内容如下：第 1 条，前言，规定成员国按照本指令规定增值税制度；第 2 条，应税交易的一般规定；第 3 条，适用的地域范围；第 4 条，形式上是纳税人的定义，即以

---

① 其中非成员国包括摩纳哥，当然也并不是所有的成员国的地区都包括在欧盟增值税区中，比如丹麦的格陵兰岛、法国的海外领地、意大利的 Livigno、德国的 Heligoland 等。See Commission of the European Union，"Territorial Status of EU Countries and Certain Territories"，available at following site：https：//taxation-customs. ec. europa. eu/territorial-status-eu-countries-and-certain-territories_ en.

② See Cristina Enache，"2023 VAT Rates in Europe"，in *Tax Foundation*，on January 31 of 2023，available at following site：https：//taxfoundation. org/value-added-tax-2023-vat-rates-europe/.

③ See Third VAT Directive 69/463/EEC.

④ See Fourth VAT Directive 71/401/EEC and Fifth VAT Directive 72/250/EEC.

独立和惯常的方式从事有关生产者、商人或提供服务主体的活动的交易的主体，不管是否为了收益，但实质上是对应税一般客体——经济活动或经营活动的定义；第5条，商品提供，内容包括一般定义、属于商品提供的特殊交易、交易发生地、纳税义务生产时间等；第6条，服务提供，内容包括一般定义、交易发生地、纳税义务生产时间等；第7条，商品进口；第8条，税基的确定；第9条，税率，内容包括标准税率、低税率；第10条，免税交易；第11条，抵扣制度，内容包括允许抵扣的事项、不允许抵扣的事项、比例抵扣、抵扣除外等；第12条，纳税人义务，内容包括会计核算、凭证保存、开具发票、月申报、缴税等；第13条，成员国规定（背离指令规则的）特殊措施的程序；第14条，针对小企业的特殊规则；第15条，针对农业活动的特殊规则。其余条款涉及过渡条款、杂项条款、最后条款等，附件是列举符合某项条文规定事项（例如第6条第2款规定适用本指令规则的服务）具体内容的目录。其次，欧盟增值税第六号指令取代了第二号指令，对包括立法架构在内的诸多内容进行了修改。修改后的立法架构分为19章，共38条，章和条都有标题概括，另加多个附件，前15章如下：第一章"介绍条款"，规定成员国按照本指令修改增值税制度；第二章"范围"，涉及应税交易的一般规定；第三章"地域适用"；第四章"纳税人"；第五章"应税交易"，其中，第5条"商品提供"，第6条"服务提供"，第7条"进口"；第六章"应税交易地"；第七章"应税事件和税的可征收性"，涉及纳税义务产生时间；第八章"税基"；第九章"税率"；第十章"免税"，其中，第13条"一国领域内的免税交易"，第14条"对进口的免税"，第15条"出口免税和国际运输"，等等；第十一章"抵扣"，其中，第17条"抵扣权的产生和范围"，第18条"抵扣权行使规则"，第19条"抵扣比例计算"，第20条"抵扣调整"；第十二章"有义务缴税的主体"；第十三章"有义务缴税的主体的义务"；第十四章"特殊制度"，其中，第24条"小企业特殊制度"[①]，第25条"农民固定比例（补偿）制度"[②]，第

[①]　根据该制度，小企业按营业额的固定百分比缴纳增值税，无权要求抵扣进项税，但可以依照正常方式向其消费者收取增值税并可自行开具增值税发票。参见翁武耀、郭志东：《论欧盟增值税小企业固定比例制度》，《国际税收》2013年第2期。

[②]　根据该制度，农民从事农产品销售活动，按照一个低税率向顾客收取一笔费用，不用缴纳给征税机关，自己保留以作为补偿，因为农民无法或没有能力主张抵扣购买相关商品或服务所承担的增值税。

26 条 "旅行社特殊制度"①; 第十五章 "简化程序", 涉及成员国规定特殊措施的程序。其余 4 章分别是 "过渡条款" "增值税委员会" "杂项条款"和 "最后条款", 附件包括 "农业生产活动目录" 等。总体而言, 第六号指令在立法架构方面沿用了第二号指令, 所做的修改在于完善, 尤其是将应税交易发生地和纳税义务产生时间分别设为一章, 独立于客体意义上的应税交易。最后, 上述立法架构一直延续至今, 取代第六号指令的 2006 年指令在立法架构上未做实质的修改, 所做的修改主要有以下几个方面: (1) 删减 4 章, 包括原第一章 "介绍条款", 原第十二章 "有义务缴税的主体", 该章作为第一节并入现第十一章 "纳税人和特定的非纳税人的义务", 原第十六章 "过渡条款" 和原第十七章 "增值税委员会", 该章并入现第十四章 "杂项条款"; (2) 在编排上, 有些内容丰富的章又分设多个节, 有些节甚至又进一步细分, 每一级都有标题; (3) 与上述修改相对应, 2006 年指令将第六号指令许多条款拆分为更多的条款, 表现为将款、项分别提升为条、款, 条数也增加到 414 条。②

欧盟增值税指令对成员国增值税法产生了很大的影响, 从立法架构开始, 毕竟这些成员国在实施增值税立法或修改时需要贯彻指令的立法理念、执行指令规定的基本制度和相关条文。不过, 指令主要规定了欧盟增值税的基本原则、标准和统一评估基础, 赋予成员国关于如何执行指令以实现这些基本原则、标准和统一评估基础所确定的结果的自由裁量权。这样, 各成员国在将指令转化为国内法时, 在许多内容上会出现差异。此外, 鉴于在程序法方面很难实施欧盟法的协调, 指令并不涉及增值税征管方面的内容, 指令让成员国立法来规定关于税收申报、查定和征收的行政措施, 除非是为了协调跨境增值税的征收, 例如, 欧盟增值税一站式申报制度 (EU Import One – Stop Shop)。对此, 以意大利 1972 年增值税法为例: (1) 第一章 "一般条款", 共有 20 条: 第 1 条 "应税交易", 属于一般规则; 第 2 条 "商品转让"、第 3 条 "服务履行"、第 4 条 "企业经营"、第 5 条 "技艺和自由职业经营", 内容都是首先对这些概念进行定义, 然后进行积极和消极的列举; 第 6 条 "交易实施", 涉及纳税义务产生时间; 第 7 条

---

① 适用差额征收制度。
② See Ben J. M. Terra, Peter J. Wattel, *European Tax Law*, Kluwer Law International, 2012, p. 173.

"税的地域性"，涉及交易发生地；第 8 条和第 9 条分别涉及不征税交易的货物出口和国际服务；第 10 条"免税交易"；第 11 条"置换交易和代物清偿"；第 12 条"辅助性商品转让和服务提供"；第 13 条"税基"；第 14 条"正常价值的确定"；第 15 条"税基计算的排除"，涉及纳入税基的因素；第 16 条"税率"；第 17 条"纳税主体"；第 18 条"补偿"，规定纳税人有权利和义务向顾客求偿增值税税款；第 19 条"抵扣"，另加 4 个附加条款，详细规定了抵扣权的产生和范围、比例抵扣、抵扣排除、修正以及非商业机构的抵扣等内容；第 20 条"营业额"。（2）第二章"纳税人的义务"，原本也有 20 条，涉及发票开具、交易登记、月申报、年申报、缴纳、客户和销售方名单提供、退税、小规模纳税人简化义务、农业生产者特殊规则、经营活动初始、变更和停止申报、对经营多项活动增值税的统一计算、会计账目和凭证保存等内容。（3）第三章"处罚"，规定对纳税人违反义务的行政和刑事处罚，已删除，目前是另行单独立法。[①]（4）第四章"查定和征收"，共 16 条，全面且详细。（5）第五章"进口"，共 4 条，规定需要征税和不征税的货物进口、税的确定和应用。（6）第六章"杂项条款"，其中一部分条款针对特殊部门（例如报刊、书籍销售、[②] 破产、[③] 旅游机构等）规定不同于第一章和第二章的特殊规则。（7）第七章"过渡和最后条款"。（8）附件，包括"适用 4% 税率的商品和服务"、"适用特殊规则的产品"和"表演和其他活动"3 个表格。

3. 其他间接税的协调

这里所指的间接税主要是指消费税，又称为制造税和销售税，是一种特别税，它使得对一小部分产品课以比绝大多数只承担增值税税负的产品

---

① 关于增值税刑事处罚立法，目前规定在《新所得税和增值税犯罪处罚法》，详见本书第十二章。关于增值税行政处罚立法，目前规定在意大利 1997 年颁布的第 471 号立法令（Decreto Legislativo 18 dicembre 1997, n. 471）中，规定了所得税、大区生产活动税、增值税和税款征收中违法行为的行政处罚。此外，同年，意大利还颁布了第 472 号立法令（Decreto Legislativo 18 dicembre 1997, n. 472）和第 473 号立法令（Decreto Legislativo 18 dicembre 1997, n. 473），前者规定了税收行政处罚的共同规则，后者规定了登记税、继承与赠与税、地籍税、抵押税、消费税等其他税收中违法行为的行政处罚。
② 对于这类部门，特殊规则主要体现在税的应用是单一阶段的，即出版者或发行者是唯一的纳税人，销售者或零售者等中间商在向最终消费者销售时不用缴纳增值税。税基为公共销售价格乘以销售数量，税率为 4%。
③ 对于这类部门，特殊规则主要体现在破产管理人或清算委员会来承担本来应当由破产企业承担的增值税相关义务，例如发票开具。

多的税负成为可能。由于增值税税率相当低，如果这些消费税被取消，随之造成的税收收入的损失将引起增值税税率的提高。与增值税相比，消费税在价格中所占的比例更大，从而对价格影响也更大，这样如果在不同成员国间消费税存在巨大差异，那么对应的产品也将存在巨大差异，随之将扭曲欧盟内部正常的市场竞争，并对统一市场产生消极影响，比如侵蚀税基、扭曲税负等。而1992年的一系列指令，其中最基本的是1992年2月25日欧盟理事会发布的关于应税产品的一般安排的指令，即1992年消费税指令，随后欧盟理事会发布了针对个别应税产品具体应用的指令,[①] 使欧盟的消费税得到了协调，这些指令涉及消费税课税产品的一般规则、持有、流通、监管和具体规定矿物油、烟草制品、酒及含酒精饮料的消费税的税目和税率。目前，已有成员国将在接受这些指令时，统一规定在一个法律文本中，如意大利。[②] 同时，欧盟委员会发布了若干关于应税产品管理的条例，如关于随附的管理凭证、免税凭证等。[③] 对于能源产品的征税（也称为能源税），目前由欧盟理事会于2003年10月27日颁布的指令规范,[④] 该指令旨在扩大能源产品的征收范围，即在矿物油之外，将电力、天然气和煤等也纳入了征收范围。需要说明的是，欧盟理事会2008年12月16日发布了消费税的新指令，即2008年消费税指令，该指令涉及包括能源产品在内的应税产品的一般安排，于2010年4月1日起适用于整个欧盟，替代了上述1992年消费税指令。

事实上，除了一般安排以外，欧盟针对不同的应税产品还分别发布有关具体应用的指令。以烟草消费税为例，目前适用的指令是欧盟在2011年6月21日发布的指令。[⑤] 根据这一2011年指令，在欧盟需要征收消费税的烟草制品具体包括卷烟、雪茄、小雪茄、细切烟丝和其他用于吸烟的制品。对于卷烟，该指令特别要求，成员国必须在根据加权平均零售价一定比例征收的消费税外，再征收一项根据每单位产品计算的特别消费税。而对于其他烟草制品，成员国可以自由选择上述从价消费税或特别消费税，当然

---

① See Directive 92/80/EEC and Directive 92/84/EEC. 这两个指令分别有关烟草和酒、含酒精饮料。
② Cfr. Decreto-legge 30 agosto 1993, n. 331.
③ See Regulation (EEC) No 2719/92, Regulation (EEC) No 3649/92 and Regulation (EC) No 31/96.
④ See Directive 2003/96/EC.
⑤ See Directive 2011/64/EU.

也可以结合两者来征收。此外，对于税率，该指令针对每一项烟草制品规定了最低税率水平，因此成员国可以根据自己的需要自由在此税率水平之上规定具体税率：对于卷烟，从价消费税加特别消费税的最低消费税总额不得低于加权平均零售价的 57%，加权平均零售价等于上一年度流入消费市场的卷烟的全部价值除以上一年度流入消费市场的卷烟的全部数量，而其中按照每 1000 支卷烟单位征收的特别消费税不得低于 64 欧元。在 2014 年 1 月 1 日以后，上述两项税率水平分别又提高到 60% 和 90 欧元。不过，如果成员国在特别消费税方面征收标准超过 115 欧元后，就无须遵守 60% 的要求了；对于细切烟丝，从价消费税不得低于加权平均零售价的 40%，或者特别消费税不得低于每公斤 40 欧元。在 2013 年 1 月 1 日以后，开始逐步提高上述两项税率水平，一直到 2020 年 1 月 1 日后，分别达到 50% 和 60 欧元；对于雪茄和小雪茄，从价消费税不得低于零售价的 5%，或者特别消费税不得低于每 1000 支或每公斤 12 欧元；对于其他吸烟制品，从价消费税不得低于零售价的 20%，或者特别消费税不得低于每公斤 22 欧元。当然，同增值税税率，成员国烟草消费税的税率各有不同，以卷烟类为例，在 2021 年，意大利卷烟类消费税总额占加权平均零售价的比例为 59.8%，德国为 53.47%，法国为 68.09%。[1]

　　欧盟通过上述 2008 年消费税指令和关于烟草消费税的 2011 年指令，在完善欧盟控烟政策的同时，也实现了烟草消费税的深度协调，具体包括以下几个方面：（1）进一步协调意大利等成员国间的烟草消费税规则，不管是在结构还是税率方面，以尽可能减少成员国间的差异，这样除了确保各国企业间公平竞争外，还可以减少税收欺诈和走私等违法活动而维持消费烟草制品的税收成本；（2）鉴于各类烟草制品税负的差异，对相关烟草制品进行了明确定义，重点区分了卷烟与雪茄的差异，将那些功能、味道、外观等体现卷烟特征的"雪茄"视为卷烟处理；（3）逐步提高烟草消费税最低征税水平，尤其是消费量最大的卷烟和细切烟丝两类产品。此外，力求使这两类产品在最低消费税征税水平方面逐步接近，这有助于防止细切烟丝成为卷烟的替代品，因为两者消费存在竞争关系，而对健康的危害却

---

[1]　See Commission of the European Union, "Excise Duty Tables", available at following site: https://taxation-customs. ec. europa. eu/system/files/2021-09/excise_ duties-part_ iii_ tobacco_ en. pdf.

是一样的；（4）为解决征税可能带来的烟草制品之间的消费替代以及竞争扭曲问题，在计算最低消费税征税水平时采用更为科学的"加权平均零售价"作为基数；（5）鉴于从价消费税会增加价格差，并会促使吸烟者消费更便宜的烟，引入按消费数量计征的特别消费税，以最小化价格差，并使税收更稳定。总之，一方面，欧盟要求成员国在消费数量最大的卷烟领域，结合使用从价和从量两类计税方式，另一方面，在其他烟草制品领域，允许成员国灵活选择适用从价和从量两类计税方式。①。在意大利，根据1995年消费税单一文本第39条附加第7条（即第39条之七）的规定，卷烟以外的其他烟草制品适用从价计税方式。

（三）直接税的整合

在欧盟法中，除经常使用"协调"这一术语外，还经常使用"趋同"（approximation）一词，两者最大的不同在于所用的立法形式："趋同"一词在条约第115条中规定，其只能采用指令这一立法形式，而"协调"一词在条约关于间接税的第113条中规定，可以采用多种立法形式，这也是造成直接税整合程度要低于间接税整合程度的原因。一般认为，欧盟通过上述条约115条规定的"立法趋同"的方式在直接税领域亦能有所作为已经得到了认同，该条规定："欧盟理事会在预先咨询欧洲议会及其经济与社会委员会的前提下，以全体一致同意的表决方式发布指令，从而旨在对统一市场的建立和运行有直接影响的成员国立法（包括一般法律、行政法规）进行趋同。"事实上，欧盟基础条约在直接税领域强调趋同而不是协调，与成员国在直接税领域保留很大的立法权有很大关联。

1. 整合的基本情况

在直接税整合的过程中，欧盟相关机构遇到了不少困难，比如为了提出一个在直接税领域的指令方案，欧盟委员会必须证实不同成员国间直接税规则的差异阻碍了统一市场的良好运行。当然正是由于这些困难的存在，使得通过欧洲法院司法判例（通过先予裁决）的消极整合在直接税领域起

---

① See Proposal for a Council Directive amending Directives 92/79/EEC, 92/80/EEC and 95/59/EC on the structure and rates of excise duty applied on manufactured tobacco (COM, 459/2, 2008).

着越来越重要的作用。[1] 在经历 1960 年至 1970 年这十年间的一系列失败的尝试后，1990 年欧盟委员会发布了一份文件，在这份文件中，一方面重新肯定了为了统一市场的建立同样需要欧盟介入（干涉）到直接税领域，另一方面强调这种介入应限制在对统一市场建立必要的限度之内。[2] 但是任何关于企业所得（利润）的直接税协调的意图都被抛弃了，欧盟局限于在跨国征税的领域予以介入并协调。目前，关于后者，欧盟分别发布了以下这些指令：（1）关于在不同成员国的母子公司的征税制度指令，即 1990 年母子公司指令；[3]（2）关于在不同成员国的公司合并、分立、资产转让和股份交换的征税制度指令，1990 年合并指令；[4]（3）关于在不同成员国的关联公司间的利息和特许权使用费支付的征税制度指令，即 2003 年利息和特许权使用费指令。关于协调的内容，三个指令是一致的，这里以第三个指令为例予以说明。该指令在 2003 年出台，目的是消除利息和特许权使用费跨境支付下的双重征税，因为取得所得的关联公司所在国可以基于居民国征税，同时，支付所得的关联公司所在国可以基于来源地国征税。为此，指令规定这笔所得的征税权仅由居民国（取得所得的关联公司所在国）享有，来源地国禁止征收预提税。为执行该指令，意大利在 2005 年颁布了第 143 号立法令，[5] 对 1973 年所得税查定法第 26 条增加了一款，规定免除对支付给关联企业的利息和特许权使用费的征税。而在修改之前，根据上述第 26 条的规定，意大利对支付给意大利非居民企业的利息和特许权使用费征收预提税。这里还需要提到的是，1990 年 7 月 23 日，关于消除与关联企业利润调整相关的双重征税的协定在布鲁塞尔签署，[6] 该协定于 1999 年以协定书的形式被修改，并在 2004 年 11 月 1 日生效。同时欧盟委员会仔细地研究过欧盟相关条约和成员国间或成员国与第三国间签署的双重征税双边协定

---

[1]　Cfr. Manuela Norcia, *Il ravvicinamento comunitario della fiscalità diretta*, in *FiscoOggi*, il 1 febbraio 2005, disponibile nel seguente sito: https://www.fiscooggi.it/rubrica/attualita/articolo/ravvicinamento-comunitario-della-fiscalita-diretta-1.

[2]　Cfr. Gaspare Falsitta, *Corso istituzionale di diritto tributario*, CEDAM, 2009, p. 629.

[3]　See Directive 90/435/EEC. 该指令在 1990 年 7 月 23 日发布，并在 2003 年 12 月 22 日被修改（see Directive 2003/123/EC）。

[4]　See Directive 90/434/EEC. 该指令在 1990 年 7 月 23 日发布，并在 2005 年 2 月 17 日被修改（see Directive 2005/19/EC）。

[5]　Cfr. Decreto Legislativo 30 maggio 2005, n. 143.

[6]　See Convention 90/436/EEC.

之间可能存在的冲突，而成员国间的双重征税协议也将继续处在欧洲法院的审查之下。需要补充的是，2001 年 10 月欧盟委员会在其通告中提出了未来几年欧盟领域内公司税发展的最新计划，[①] 认同了去除跨境贸易的税收障碍需要采取的一般步骤。但欧盟委员会推断，从长远来看成员国应该同意允许欧盟企业就欧盟范围内的利润使用单个统一的税基。而目前欧盟委员会在公司税领域一直在紧密、持续地从事两件工作，一方面为解决特别的问题而研究个别的措施，比如上述提到的母子公司指令的发布等，另一方面则研究其从长远角度提出的统一税基的提议。欧盟委员会之所以将重心移到统一税基这一提议上，有着背后的原因：目前欧盟成员国的直接税税制在具体税目上已经很接近了，但在内部依然存在着巨大的差异，特别是会计制度的差异及不同会计制度下导致的所得概念的差异。在欧洲存在两种不同会计制度，一种是税收会计，记入的经营所得等同于税基，另一种是一般会计，记入的经营所得不等同于税基，这些经营所得必须经过特殊的处理才转化为税基。这样不仅税目的协调有问题，税率的协调也有问题，可以说使用统一的税率是不可能的。[②] 因此欧盟委员会已不再试图在直接税的税率上进行协调，而主要从事于税基的协调。关于直接税税基的协调，不得不提到统一公司税税基（common consolidated corporate tax base，CCCTB）。应用统一的公司所得税税基的草案提议在 1988 年的 Neumark report 中首先提出，在 2001 年发布的通告中，[③] 欧盟委员会认为建立统一公司税税基是消除欧盟企业在欧盟内跨境经营产生的障碍的唯一方法。但目前统一公司税税基的进程并不顺利：首先，欧盟理事会全体一致同意的表决方式是一个障碍；其次，统一税基复杂的技术方法使得成员国政府极不情愿；[④] 最后，部分成员国，尤其是适用较低税率的成员国，担心统一的公司税税基意味着税率的协调。

2. 个人所得税整合的补充

以上所述的直接税主要是关于公司所得税，至于更多用来承担财富再

---

① See Communication, COM（2001）582.

② 欧盟委员会目前主要分析研究成员国的有效税率。

③ See Communication, COM（2001）582.

④ See Howard M. Liebman, "Book Review: *Company Tax Reform in the European Union* by Dr. Joann Martens-Weiner（Springer Science & Business Media, Inc. 2006）", in *EC Tax Review*, n. 4, 2008, p. 182.

分配功能的个人所得税，整合的程度更低。欧盟委员会在其 2001 年 5 月 23 日发布的通告中指出：即使欧盟达到了一个比目前更高水平的整合程度，个人所得税依然可以置于成员国的规范之下。[①] 当然，欧盟委员会也承认，为了避免在跨境情形下的双重征税或无意识的不征税及对付跨境逃税，同样需要对个人所得税进行协作。欧洲法院也一致性地认为，在缺乏协调的前提下，个人所得税属于成员国的税收权限范围内，但也必须遵守基本条约原则。目前在个人所得税领域，欧盟层面的动态主要有如下几个方面：（1）2001 年 4 月和 2003 年 12 月，欧盟委员会分别发布了关于退休金和股息征税的两个通告，[②] 该两个通告是成员国基于欧洲法院在上述两领域创制的重要判决而进行协作的回应，同时都强调成员国可自由选择退休金、股息的征税规则，只要不违反条约基本自由。（2）在跨境劳工领域，该领域在人的流动自由原则适用范围内，通过消极整合，欧洲法院已经发展出了很多关于不是从居民国中取得所得的自然人的征税规则，例如，判决由所得来源地国赋予个人和家庭基本生活费用扣除。[③]（3）由于资本的自由流动以及银行保密义务，自然人取得存款利息所得很容易逃脱征税，为限制成员国间有害竞争，欧盟在 2003 年颁布了储蓄税指令，[④] 关于储蓄所得（以利息支付的形式）征税，目的是确保储蓄所得被征税，措施是支付所在国对支付给非居民自然人的利息征收预提税。不过，该指令发挥的是协作的功能。对此，意大利在 2005 年颁布了第 84 号立法令予以执行该指令，[⑤] 但又在短期内取消了立法令。

3. 直接税整合的困难

关于欧盟直接税目前的发展状况，总体而言，可以说该领域的合作是困难的，这也是众所周知的，同时在该领域也存在着问题，并且还在增多。比如对于经营者来言，与他们在欧盟市场经营活动的策略不相容的税收障碍，而对于成员国征税机关来言，很多成员国认为通过与条约基础自由相

[①] See Communication, COM (2001) 260.

[②] See Communication, COM (2001) 214, and Communication, COM (2003) 810.

[③] See ECJ' judgment of 1 July 2004 (Case C-169/03).

[④] See Directive 2003/48/EC.

[⑤] Cfr. Decreto Legislativo 18 aprile 2005, n. 84.

容的方式合作，他们不再能够保护其应有的税基。可以说，目前欧盟直接税的趋同处于僵局之中，正如前文已提到的，存在一些原因，但造成这种僵局的原因最终可归结为欧盟理事会决议的表决机制，因为部分成员国的担忧最终通过表决机制来体现，这种表决机制表现为：关于统一市场的决议，采用的是有效多数表决机制，而关于社会、税收政策的决议，采用的是全体一致同意的表决机制。这也造成了上述两领域发展一前一后的矛盾局面。① 针对这一问题，在 2003—2004 年度的欧盟政府间会议中，就在税收领域引入有效多数表决机制，欧盟委员会提出应该在有限的税收领域引入有效多数表决机制，比如与统一市场运行相关的税收制度、对付税收欺诈或逃税的措施及与保护环境相关的征税。② 当然需要强调的是，有效多数表决机制并不意味着欧洲征税的协调，也不意味着征税的增加，它的目的在于确保成员国间的税收制度及成员国的税收制度与条约之间相兼容。除此之外，欧盟委员会已开始更多地采用不具有约束力的途径（法律渊源形式），作为试图在税收领域取得进展的方式，比如采用"建议"的形式，同时次层面的具有相似意向的成员国之间的更紧密的合作这一途径也已经被探索出来。总之，直接税的整合任重而道远。

---

① Cfr. Adriano Di Pietro, *Per una costituzione fiscale europea*, CEDAM, 2008, p. 12.

② See Commission of the European Union, "Taxation and Qualified Majority Voting", available at following site: https://taxation-customs.ec.europa.eu/taxation-and-qualified-majority-voting_en#Introduction.

参考文献

1. Adam Zalasiński, "Proportionality of Anti–Avoidance and Anti–Abuse Measures in the ECJ's Direct Tax Case Law", in *Intertax*, n. 5, 2007.

2. Adolf Berger, *Encyclopedic Dictionary of Roman Law*, The Lawbook Exchange, Ltd., 2002.

3. Adriana Salvati, *I proventi illeciti e la disciplina positiva comunitaria e interna*, in *Rassegna Tributaria*, n. 4, 1999.

4. Adriano Di Pietro, *Per una costituzione fiscale europea*, CEDAM, 2008.

5. Alessandro Amaolo, *Pubblica Amministrazione: i principi di ragionevolezza e di proporzionalità*, in *Overlex*, il 19 gennaio 2010, disponibile nel seguente sito: http://www.overlex.com/leggiarticolo.asp?id=2233.

6. Alessandro Giovannini, *Il divieto d'abuso del diritto in ambito tributario come principio generale dell'ordinamento*, in *Rassegna Tributaria*, n. 4, 2010.

7. Alessandro Giovannini, *Capacità contributiva*, in *Diritto on line*, 2013.

8. Alessandro Traversi, *I reati tributari in materia di imposta dirette e IVA*, Milano, 1986.

9. Andrea Amatucci, *L'ordinamento giuridico della finanza pubblica*, Jovene, 2007.

10. Andrea Di Gialluca, *Riforma fiscale: evoluzione e prospettive*, Tesi di Laurea in Diritto tributario (A. A. 2011/2012).

11. Andrea Barbieri, *I metodi di accertamento–l'avviso di accertamento*, in

Odcecperugia, il 22 marzo 2016, disponibile nel seguente sito: http: //www. odcecperugia. it/wp-content/uploads/2015/12/Accertamento_ Barbieri_ def_ modalit_ compatibilit.

12. Andrea Fedele, *La riserva di legge*, in *Trattato di diritto tributario*, diretto da Amatucci, volume I, tomo I, CEDAM, 1994.

13. Andrea Fedele, *Federalismo fiscale e riserva di legge*, in *Rassegna Tributaria*, n. 6, 2010.

14. Andrea Perini, *Sulla nozione di "mezzi fraudolenti idonei ad ostacolare l'accertamento" nell'ambito del delitto di dichiarazione fraudolenta mediante altri artifici*, in *Rassegna Rributaria*, n. 1, 2002.

15. Andrea Perini, *La repressione penale dell'evasione fiscale nella legislazione italiana: evoluzione della normativa*, in *Il Fisco*, n. 19, 2002.

16. Andrea Purpura, *Obbligo di motivazione dell'avviso di accertamento tra provocatio ad opponendum, diritto alla difesa e contraddittorio endoprocedimentale*, in *Innovazionediritto*, il 1 marzo 2019, disponibile nel seguente sito: https: //www. innovazionediritto. it/obbligo-di-motivazione-dell-avviso-di-accertamento-tra-provocatio-ad-opponendum-diritto-alla-difesa-e-contraddittorio-endoprocedimentale.

17. Angelo Garcea, *Il legittimo risparmio di imposta: profili terori e casi materiali*, CEDAM, 2000.

18. Antonio D'Avirro, Marco Giglioli e Michele D'Avirro, *Reati tributari e sistema normativo europeo*, Wolters Kluwer, 2017.

19. Antonio Karabatsos, *La tassazione dei proventi illeciti*, in *FiscoOggi*, il 15 aprile 2005, disponibile nel seguente sito: https: //www. fiscooggi. it/rubrica/attualita/articolo/tassazione-dei-proventi-illeciti-1.

20. Antonio Paladino, *Inerenza all'esercizio d'impresa e detraibilità IVA: orientamenti giurisprudenziali*, in *Altalex*, il 6 dicembre 2002, disponibile nel seguente sito: https: //www. altalex. com/documents/news/2002/12/09/inerenza-all-esercizio-d-impresa-e-detraibilita-iva-orientamenti-giurisprudenziali.

21. Antonio Riolo (a cura di), *Federalismo fiscale: scenari e prospettive*, Edi-

esse, 2010.

22. Artuso Emanuele, *La "ghettizzazione" del principio di capacità contributiva nel piano meramente sostanziale del diritto tributario: brevi osservazioni su una recente pronuncia della Corte costituzionale*, in *Rivista di Diritto Tributario*, n. 6, 2008.

23. Battistoni Ferrara, *Eguaglianza e capacita contributiva*, in *Rivista di Diritto Tributario*, n. 6, 2008.

24. Ben J. M. Terra, Peter J. Wattel, *European Tax Law*, Kluwer Law International, 2012.

25. Bieter Birk, *Diritto tributario tedesco*, Giuffrè, 2006.

26. Bruno Sechi, *Riforma dei reati tributari: più pregi che difetti*, in *Penale. it*, il 3 febbraio 2001, disponibile nel seguente sito: http://www. penale. it/document/sechi_ 01. htm.

27. Clelia Buccico, *L' interpello*, in *SlideServe sharing portal*, il 12 marzo 2012, disponibile nel seguente sito: https://www. slideserve. com/townsend/l-interpello-a-cura-di-clelia-buccico.

28. Cociani Simone Francesco, *Attualità o declino del principio della capacità contributiva?*, in *Rivista di Diritto Tributario*, n. 7/8, 2004.

29. Cristina Enache, "2023 VAT Rates in Europe", in *Tax Foundation*, on January 31 of 2023, available at following site: https://taxfoundation. org/value-added-tax-2023-vat-rates-europe/.

30. Danuse Nerudova, "Tax Harmonization in the EU", in *MIBES E - BOOK*, 2008.

31. Davide De Grazia, *L' autonomia finanziaria degli enti territoriali nel nuovo Titolo V della Costituzione*, in *Le Istituzioni del Federalismo*, n. 2, 2002.

32. Domenico Irollo, *La tassazione dei proventi dell' illecito nell' esegesi del disposto di cui all' art. 14, comma 4, legge n. 537/1993*, in *Rivista di Diritto Tributario*, n. 1, 2001.

33. Elisabetta Vassallo, *Abuso del diritto nell' ordinamento tributario*, in *Altalex*, il 8 febbraio 2011, disponibile nel seguente sito: https://www. altalex. com/

documents/news/2011/02/08/abuso-del-diritto-nell-ordinamento-tributario.

34. Elspeth Reid, "The Doctrine of Abuse of Rights: Perspective from a Mixed Jurisdiction", in *e-Journal of Comparative Law*, vol. 8, 2004.

35. Eme Okechukwu I. , Izueke Edwin, "Local Government and Fiscal Autonomy for Local Government in Nigeria", in *Review of Public Administration and Management*, n. 3, 2013.

36. Enrico De Mita, *Principi di diritto tributario*, Giuffrè, 2007.

37. Enrico Fazzuni, *Il diritto di detrazione nel tribute sul valore aggiunto*, CEDAM, 2000.

38. Enrico Mastrogiacomo, *L' indeducibilità dei costi penalmente illeciti*, in *Il Fisco*, n. 42, 2005.

39. Enrico Mastrogiacomo, *Problemi e dibattiti: i reati tributari a sei anni dalla riforma*, in *Il Fisco*, n. 18, 2006.

40. Enzo Musco, *Brevi note sulla riforma del diritto penale tributario*, in *Rassegna Tributaria*, n. 5, 2010.

41. Enzo Musco e Francesco Ardito, *Diritto penale tributario*, Zanichelli, 2016.

42. Ernesto Marco Bagarotto, *Interpello e accordi amministrativi [dir. trib.]*, in *Diritto on line*, 2013.

43. Eugenio Della Valle, *Affidamento e certezza del diritto tributario*, Giuffrè, 2001.

44. Fabrizio Mancinelli, *Evasione ed elusione: alcuni aspetti politici e giuridici*, in AA. VV. , *Evasione ed elusione*, a cura di Fabrizio Mancinelli, Napoli, 1989.

45. Fiorentino Stefano, *Il problema dell' elusione nel sistema tributario positivo*, in *Rivista di Diritto Tributario*, n. 7/8, 1993.

46. Fiorenza Salvatore, *Brevi appunti in tema di riserva di legge, capacità e "prestazioni contributive"*, in *Giurisprudenza Italiana*, n. 4, 1970.

47. Francesco Arditi, *La nullità come sanzione di norme tributarie evoluzione storica e prospettive di riforma dei rapporti tra diritto tributario e diritto civile*, Tesi di Dottorato di Ricerca in Diritto Europeo su Base Storico Comparatistica - xix

ciclo, Università degli Studi Roma Tre.

48. Francesco Rodorigo, *I quattro pilastri della riforma fiscale* 2023, in *Informazionefiscale*, il 24 gennaio 2023, disponibile nel seguente sito: https://www.informazionefiscale.it/Riforma-fiscale-tributi-provvedimenti-legge-delega.

49. Francesco Tesauro, *Istituzioni di diritto tributario - parte generale*, UTET, 2006.

50. Franco Gallo, *Profili di una teoria dell'imposta sul valore aggiunto*, Roma, 1974.

51. Franco Gallo, *Ordinamiento comunitario, ordinamenti nazionali e principi fondomentali tributari*, in *Diritto e Pratica Tributaria*, n. 6, 2006.

52. Franco Gallo, *Note minime sull'abuso del diritto in materia fiscale*, in *Giurisprudenza delle Imposte*, n. 1, 2010.

53. Frans Vanistendael, "Taxation, Tax Avoidance and the Rule of Law", in *Asia-Pacific Tax Bulletin*, n. 3, 2010.

54. Gaspare Falsitta, *Osservazioni sulla nascita e lo sviluppo scientifico del diritto tributario in Italia*, in *Rassegna Tributaria*, n. 2, 2000.

55. Gaspare Falsitta, *Il doppio concetto di capacità contributiva*, in *Rivista di Diritto Tributario*, n. 7/8, 2004.

56. Gaspare Falsitta, *Manuale di diritto tributario - parte speciale*, CEDAM, 2008.

57. Gaspare Falsitta, *Corso istituzionale di diritto tributario*, CEDAM, 2009.

58. Gaspare Falsitta, *Manuale di diritto tributario - parte generale*, CEDAM, 2010.

59. Gestri Marco, *Abuso del diritto e frode alla legge nell'ordinamento comunitario*, Milano, 2003.

60. Gian Luca Soana, *I reati tributari*, Giuffrè, 2018.

61. Giancarlo Zopponi, *Abuso del diritto e dintorni (ricostruzione critica per lo studio sistematico dell'elusione fiscale)*, in *Rivista di Diritto Tributario*, n. 7/8, 2005.

62. Gianclaudio Festa, *L'interpello tributario*, in *Ratio Iuris*, Aprile, 2019.

63. Gianfranco Gaffuri, *Garanzie di giustizia e diritto tributario: la capacità*

contributova, in *Iustitia*, n. 4, 2008.

64. Gianni Marongiu, *Lo Statuto del contribuente e i vincoli al legislatore*, atti di convegno di studi 2008-Lo Statuto dei diritti del contribuente, disponibile nel seguente sito: http://www. ilfisco. it/pdf/atti_ convegno_ rossano2008. pdf.

65. Gianni Marongiu, *Lo Statuto dei diritti del contribuente*, in *ANTI*, il 16 luglio 2015, disponibile nel seguente sito: http://www. associazionetributaristi. eu/index. php/articoli-e-pubblicazioni/698-g-marongiu-lo-statuto-dei-diritti-del-contribuente-16-7-2015.

66. Gianni Marongiu, *Statuto del contribuente*, in *Diritto on line*, 2016.

67. Giovambattista Palumbo, *Tassazione più che legittima per i proventi illeciti*, in *FiscoOggi*, il 27 novembre 2007, disponibile nel seguente sito: https://www. fiscooggi. it/print/pdf/node/47641.

68. Giovambattista Palumbo, *La riforma del sistema tributario*, in *Informazionefiscale*, il 6 luglio 2021, disponibile nel seguente sito: https://www. informazionefiscale. it/riforma-sistema-tributario-legge-delega-proposte.

69. Giovambattista Palumbo, *Tassazione dei proventi illeciti: lecito ogni tipo di accertamento*, in *Litis*, il 3 novembre 2010, disponibile nel seguente sito: https://www. litis. it/2010/11/03/tassazione-dei-proventi-illeciti-lecito-ogni-tipo-di-accertamento.

70. Giuseppe Ripa, *Disposizioni antielusive: confronto tra risparmio d'imposta ed elusione*, in *Corriere Tributario*, n. 18, 2000.

71. Giuseppe Spidalieri, *Breve storia del sistema fiscale italiano dal 1864 ad oggi*, in *Studiospidalieri*, il 17 Marzo 2011, disponibile nel seguente sito: https://www. studiospidalieri. it/breve-storia-del-sistema-fiscale-italiano-dal-1864-ad-oggi. html.

72. Guglielmo Fransoni, *Abuso di diritto, elusione e simulazione: rapporti e distinzioni*, in *Corriere Tributario*, n. 1, 2011.

73. Horst Eidenmüller, "Abuse of Law in the Context of European Insolvency Law", in *European Company and Financial Law Review*, n. 1, 2009.

74. Howard M. Liebman, "Book Review: *Company Tax Reform in the Europe-*

an Union by Dr. Joann Martens – Weiner (Springer Science & Business Media, Inc. 2006) ", in *EC Tax Review*, n. 4, 2008.

75. Irene Tomada, *La dichiarazione fraudolenta mediante altri artifici*, Tesi di dottorato (Anno Accademico 2013/2014) in Dipartimento di Giurisprudenza di Libera Università Internazionale degli Studi Sociali, disponibile nel seguente sito: https: //tesi. luiss. it/13913/1/tomada–irene–tesi–2014. pdf.

76. Jacques Autenne e Adriano Di Pietro, *Regime definitivo per l'IVA europea unificata: proposta di una nuova fase per il futuro*, un documento interno della SEAST.

77. Jacques Grosclaude e Philippe Marchessou, *Diritto tributario francese*, Giuffrè, 2006.

78. Joachim Englisch, "VAT/GST and Direct Taxes: Different Purposes", in M. Lang and P . Melz (ed.), *Value Added Tax and Direct Taxation: similarities and Differences*, IBFD, 2009.

79. Juan Martin Queralt (ed.), *Curso de derecho financiero y tributario*, Tecnos, 2011.

80. Luciana Di Renzo, *Principi di legalità: art. 23 cost.*, disponibile nel seguente sito: http: //www. federica. unina. it/giurisprudenza/diritto – finanziario – cattedra–3/art23/2/.

81. Luciano Carta e Francesco Fratini, *Elusione tributaria e verifica fiscale*, Cacucci, 2000.

82. Lucio D ' Acunto, *Dal principio dell' autoimposizione al principio di legalità*, in *L'Amministrazione Italiana*, n. 6, 1973.

83. Luigi Ferlazzo Natoli, *Fattispecie tributaria e capacità contributiva*, Giuffrè, 1979.

84. Manlio Mastalli, *L'interpello per la disapplicazione delle norme antielusive e l'abuso del diritto*, Documento di Luiss Guido Carli, Febbraio 2010.

85. Marco Greggi, *Il ruolo d'inerenza e le eagioni della detraibilità dell'imposta*, in aa. vv., *Lo stato della fiscalità dell'Unione europea*, a cura di Adriano Di Pietro, Roma, 2003, I.

86. Marco Greggi, "Avoidance and Abus De Droit: The European Approach in Tax Law", in *e-Journal of Tax Research*, n. 1, 2008.

87. Maria Villani, *L'interpello antielusivo*, in *Innovazione e Diritto*, Speciale 2010.

88. Mario G. Rossi, *Il problema storico della riforma fiscale in Italia*, in *Italia Contemporanea*, n. 170, 1988.

89. Mario Logozzo, *L'ignoranza della legge tributaria*, Giuffrè, 2002.

90. Matteo Calogero Lo Giudice, *Relazione tra carico fiscale e delocalizzazione delle imprese in Italia dal 1975 ad oggi*, Tesi di Laurea in Storia dell'economia e dell'impresa (A. A. 2019/2020).

91. Matteo Di Bari, *L'autonomia economico-finanziaria degli enti locali*, in *Diritto*, il 16 gennaio 2018, disponibile nel sito seguente: https://www.diritto.it/l-autonomia-economico-finanziaria-degli-enti-locali-analisi-del-nuovo-dettato-dell-art-119-cost.

92. Mauricio A. Plazas Vega, *Il diritto della finanza pubblica e il diritto tributario*, Jovene, 2009.

93. Maurizio Logozzo, *L'insegnamento del diritto tributario nella facoltà di Economia*, in *Rassegna Tributaria*, n. 4, 2008.

94. Maurizio Villani, *Abuso del diritto secondo la recente giurisprudenza della corte di cassazione* in *Altalex*, il 15 luglio 2009, disponibile nel seguente sito: https://www.altalex.com/documents/news/2009/09/09/elusione-fiscale-ed-abuso-del-diritto.

95. Maurizio Villani, *Cenni di diritto penale tributario*, in *Legali*, il 26 luglio 2011, disponibile nel seguente sito: https://www.legali.com/spip.php?article1526.

96. Michael Lang, "Recent Case Law of the ECJ in Direct Taxation: Trends, Tensions, and Contradictions", in *EC Tax Review*, n. 3, 2009.

97. Michele Cantillo, *Lo Statuto del contribuente nella giurisprudenza*, in *ANTI*, il 13 dicembre 2005, disponibile nel seguente sito: www.associazionetributaristi.it/files/RelazioneCantillo.pdf.

98. Michele Rossi, *Lo Statuto dei diritti del contribuente a dieci anni dalla sua entrata in vigore*, in *Innovazione e Diritto*, n. 7, 2010.

99. Niccolini Federica, *L'accertamento analitico, induttivo e sintetico*, in *Dokumen. tips*, il 10 settembre 2019, disponibile nel seguente sito: https://dokumen. tips/documents/laccertamento-analitico-induttivo-e-sintetico.

100. Oreste Ranelletti, *Lezioni di diritto finanziario*, CEDAM, 2009.

101. Patrizia De Juliis, 1861-1875: *gli interventi fiscali che "pareggiarono" il bilancio*, in *FiscoOggi*, il 16 marzo 2011, disponibile nel seguente sito: https://www. fiscooggi. it/rubrica/attualita/articolo/1861-1875-interventi-fiscali-che-pareggiarono-bilancio.

102. Paolo Centore, *L'evoluzione della giurisprudenza comunitaria in tema di frodi IVA*, in *Rivista di Giurisprudenza Tributaria*, n. 10, 2006.

103. Paolo Costantini e Federico Monaco, *L'elusione tributaria*, Maggioli, 1997.

104. Paolo Emilio De Simone, *I reati di falso*, Maggioli, 2018.

105. Paolo M. Tabellini, *L'elusione della norma tributaria*, Milano, 2007.

106. Pasquale Pistone, *Abuso del diritto ed elusione fiscale*, CEDAM, 1995.

107. Pasquale Pistone, *L'elusione fiscale ed il diritto comunitario*, in AA. VV., *La normativa tributaira nella giurisprudenza delle corti e nella nuova legislazione*, Atti del convegno "gli ottanta anni di Diritto e pratica tributaria" (Genova 9-10 febbraio 2007), coordinati da Victor Uckmar, CEDAM, 2007.

108. Pasquale Russo, *Manuale di diritto tributario – parte generale*, Giuffrè, 2007.

109. Paulus Merks, "Tax Evasion, Tax Avoidance and Tax Planning", in *Intertax*, n. 5, 2006.

110. Peter Schonewille, "Eliminating Tax Barriers via the Infringement Procedure of Article 226 of the EC Treaty", in *EC Tax Review*, n. 3, 2006.

111. Redazione, *Redditometro* 2021: *nuovo decreto del MEF*, in *Fisco e Tasse*, il 18 agosto 2021, disponibile nel seguente sito: https://www. fiscoetasse. com/approfondimenti/14259-redditometro-2021-nuovo-decreto-del-mef.

112. Redazione, *L'avviso di accertamento*, in *Appuntieconomia. it*, il 18 gen-

naio 2024, disponibile nel seguente sito: https: //www. appuntieconomia. it/diritto-tributario/dispense-di-diritto-tributario/lavviso-di-accertamento.

113. Raffaele Botta, *L' interpretazione dello Statuto del contribuente nelle sentenze della Suprema Corte di Cassazione*, atti di convegno di studi 2008-Lo Statuto dei diritti del contribuente, disponibile nel seguente sito: http: //www. ilfisco. it/pdf/atti_ convegno_ rossano2008. pdf.

114. Raffaele Perrone Capano, *L' imposta sul valore aggiunto*, Jovene, 1977.

115. Renato R. Lupi, *Diritto tributario-parte speciale*, Milano, 1992.

116. Rita Perez, *Autonomia finanziaria degli enti locali e disciplina costituzionale*, in *Rivista Giuridica del Mezzogiorno*, n. 4, 2010.

117. Salvini Livia, *La detrazione IVA nella sesta direttiva e nell' ordinamento interno: principi generali*, in *Rivista di Diritto Tributario*, n. 1, 1998.

118. Saverio Capolugo, *La tassazione dei proventi illeciti ai fini IVA*, in *Il Fisco*, n. 16, 2007.

119. Silvia Cipollina, *La legge civile e la legge fiscale: il problema dell' elusione fiscale*, CEDAM, 1992.

120. Silvia Cipollina, *La riserva di legge in materia fiscale nell' evoluzione della giurisprudenza costituzionale*, in *Diritto tributario e Corte costituzionale*, a cura di Perrone e Berliri, Edizioni Scientifiche Italiane, 2006.

121. Stefani Giorgio, *Studio e insegnamento della scienza delle finanze e diritto finanziario in Italia*, in *Bollettino Tributario D' informazioni*, n. 15/16, 2006.

122. Stefania Gianoncelli, *Riserva di legge, soggetti passivi e natura tributaria del contributo al CNF*, in *Giurisprudenza Italiana*, n. 5, 2014.

123. Tinelli Giuseppe, *Istituzioni di diritto tributario*, CEDAM, 2020.

124. Umberto Morello, *Frode alla legge*, Giuffrè, 1969.

125. Vacca Ivan, *Abuso del diritto ed elusione fiscale*, in *Rivista di Diritto Tributario*, n. 12, 2008.

126. Valeria Mastroiacovo, *Il principio di legalità nel diritto tributario: riflessioni in materia tributaria*, in AA. VV. , *Il principi europei del diritto tributario*, a cura di Adriano Di Pietro e Thomas Tassani, CEDAM, 2013.

127. Valerio Giuliani, *Fatture a società inesistenti. La buona fede va provata*, in *FiscoOggi*, il 16 novembre 2011, disponibile nel seguente sito: https: // www. fiscooggi. it/rubrica/giurisprudenza/articolo/fatture-societa-inesistenti-buona-fede-va-provata.

128. Violeta Ruiz Almendral, "Tax Avoidance and the European Court of Justice: What Is at Stake for European General Anti-avoidance Rules?", in *Intertax*, n. 12, 2005.

129. 陈清秀:《税法总论》,法律出版社 2019 年版。

130. 陈少英:《税法基本理论专题研究》,北京大学出版社 2009 年版。

131. 葛克昌:《所得税与宪法》,北京大学出版社 2004 年版。

132. 黄茂荣:《法学方法与现代税法》,北京大学出版社 2011 年版。

133. 刘剑文、熊伟:《税法基础理论》,北京大学出版社 2004 年版。

134. 刘剑文:《税法学》(第五版),北京大学出版社 2017 年版。

135. 施正文:《税收债法论》,中国政法大学出版社 2008 年版。

136. 施正文:《税法要论》,中国税务出版社 2007 年版。

137. 熊伟:《法治、财税与国家治理》,法律出版社 2015 版。

138. 杨小强:《税法总论》,湖南人民出版社 2002 年版。

139. 张守文:《税法原理》(第十版),北京大学出版社 2021 年版。

140. 朱大旗:《税法》(第三版),中国人民大学出版社 2015 年版。

责任编辑:黄煦明
封面设计:姚　菲

图书在版编目(CIP)数据

意大利税法研究/翁武耀 著. —北京:人民出版社,2024.6
ISBN 978-7-01-026463-9

Ⅰ.①意…　Ⅱ.①翁…　Ⅲ.①税法-研究-意大利　Ⅳ.①D954.622

中国国家版本馆 CIP 数据核字(2024)第 098165 号

意大利税法研究

YIDALI SHUIFA YANJIU

翁武耀　著

人民出版社 出版发行
(100706　北京市东城区隆福寺街 99 号)

北京九州迅驰传媒文化有限公司印刷　新华书店经销

2024 年 6 月第 1 版　2024 年 6 月北京第 1 次印刷
开本:710 毫米×1000 毫米 1/16　印张:20.5　字数:335 千字

ISBN 978-7-01-026463-9　定价:81.00 元

邮购地址 100706　北京市东城区隆福寺街 99 号
人民东方图书销售中心　电话 (010)65250042　65289539